Fiktionen des Faktischen in der Renaissance

D1740094

TEXT UND KONTEXT

Romanische Literaturen und
Allgemeine Literaturwissenschaft

Herausgegeben von
Klaus W. Hempfer

Band 32

Ulrike Schneider / Anita Traninger (Hg.)

Fiktionen des Faktischen in der Renaissance

Franz Steiner Verlag Stuttgart 2010

Gedruckt mit freundlicher Unterstützung durch das Dekanat und die Frauenbeauftragte des Fachbereichs Philosophie und Geisteswissenschaften der Freien Universität Berlin

Umschlagabbildung:
Roma, Galleria Borghese, Raffaello, *Ritratto di giovane donna con unicorno* (inv. 371)
Archivio Fotografico Soprintendenza Speciale P.S.A.E.
e Polo Museale città di Roma

Bibliografische Information der Deutschen Nationalbibliothek:
Die Deutsche Nationalbibliothek verzeichnet diese Publikation in der Deutschen Nationalbibliografie; detaillierte bibliografische Daten sind im Internet über <http://dnb.d-nb.de> abrufbar.

ISBN 978-3-515-09675-1

Inhaltsverzeichnis

Fiktionen des Faktischen: Zur Einführung

ULRIKE SCHNEIDER / ANITA TRANINGER

In Raffaels *Dama con liocorno* zeigt sich uns eine Dame in gleichermaßen züchtiger wie nonchalanter Haltung auf einem an Leonardos *Mona Lisa* geschulten Balkon mit Blick in die landschaftliche Weite. Ihre Hände sind beschäftigt, und zwar nicht mit einem Schoßtier oder einer erbaulichen Schrift, sondern mit einem Einhorn. Im *qua* Konvention realistischen Porträt hat sich ein (freilich symbolträchtiges) Fabelwesen niedergelassen, das nicht mehr im archaischen Wald als wildestes und dabei scheuestes aller Tiere allein der Jungfrau den Kopf in den Schoß legt, wie es dies in den französischen Tapisserien des Spätmittelalters zu tun pflegt. Nachgerade beiläufig hat sich das Fabulöse hier unter dem Arm der Dame in einen zeitgenössischen Bürgerkontext eingefügt, zahm und handlich wie ein Schoßhund. Man weiß nicht so recht, was diese Attribuierung der Dame mit dem Bild macht: Hat das Einhorn die Kraft, auch die Dame in den Bereich des Mythischen zu ziehen?[1] Oder macht sein Einrücken zwischen die Säulen des Balkons das Einhorn real? Ist das Porträt noch ‚realistisch‘? Ist das Tier noch mythisch?

Die Renaissance ist offenbar nicht allein durch neue Lizenzen zum Fingieren gekennzeichnet, sie zeichnet sich vielmehr auch durch ein deutliches Oszillieren zwischen unterschiedlichen Diskursmodi ebenso wie zwischen Spiel und Ernst, zwischen Zurechnung und Suspension von außertextueller Geltung aus. Über den engeren Bereich der Dichtung hinaus ist ein verstärktes Auftreten von Ambiguisierungsstrategien zu beobachten, die nicht zuletzt auch den theoretischen Diskurs durchziehen. Zum Teil handelt es sich um inszenierte Spielformen, zum Teil sind Phänomene der Verwischung der Grenzen von Fakt und Fiktion der Tatsache geschuldet, dass sich die Texte in antike Gattungstraditionen einschreiben und intertextuell auf autoritative Mustertexte im Sinne der *imitatio* Bezug nehmen. Typischerweise dominieren hier prätextuelle Vorgaben gegenüber der Verpflichtung auf Faktentreue. Die Konzeptualisierung dieses Phänomens über Fragen von Lüge und Wahrheit, Faktentreue und Fabulieren stößt rasch an ihre Grenzen angesichts von Texten, die sich einer Festlegung gerade durch ihre ambige Faktur entziehen. In diesem Sinn ist dieser Sammelband nicht primär dem Aufdecken von Kollisionen von Fakt und Fiktion gewidmet, sondern dem Kartieren der Graubereiche, an denen man in der Renaissance so viel Gefallen fand. Dabei ist das

---

1   Wenngleich sich bis in das 17. Jahrhundert Belege für einen Glauben an die Existenz des Einhorns finden lassen, so war es doch kein Versatzstück der Alltagswelt und jedenfalls im Graubereich des Wunderbaren angesiedelt. Eine Kartierung der ab dem 16. Jahrhundert daran anknüpfenden Debatten um den Status des Einhorns zwischen Fakt und Fiktion bietet die 750 Seiten starke, zweibändige *thèse* von Bruno Faidutti (FAIDUTTI 1996). Die Fakt-Fiktionsfrage stellt sich mithin in Raffaels Porträt als *mise-en-abyme* dar.

Textsortenspektrum, in dem diese Phänomene zu lokalisieren sind, überraschend weit aufgefächert: von den literarischen Formen des *romanzo* und der Lyrik über die Satire, die rhetorische *declamatio* und den Dialog bis hin zu Geschichtsschreibung und Autobiographie, um nur einige der in diesem Band behandelten Gebiete zu nennen.

Die titelgebende Wendung dieses Bandes ist Reinhart Koselleck geschuldet, der im Hinblick auf die Vertextungsformen der Geschichtsschreibung von der „Fiktion des Faktischen" gegenüber einer stets vergangenen Wirklichkeit spricht. Die Quellenlage schließe nur aus, was nicht gesagt werden *darf*, sie schreibe aber nicht vor, was gesagt werden *kann*. Der Historiker nähere sich damit „jenem literarischen Geschichtenerzähler [an], der ebenfalls der Fiktion des Faktischen huldigen mag, wenn er seine Geschichte glaubwürdig machen will".[2] Die Debatte über einen möglichen fiktionalen Zug der Historiographie hat insbesondere durch die Auseinandersetzung um Hayden Whites zeitgleich mit Kosellecks Aufsatz publizierte Arbeit *Metahistory* einen nachhaltigen Impuls erhalten.[3] Dass sowohl Geschichtsschreibung als auch literarisches Erzählen auf narrativen Vertextungsverfahren gründen, war eine der Strukturparallelen, die in der Diskussion prominent figurierten. Über das dem literarisch-narrativen und dem historiographischen Diskurs gemeinsame *emplotment* wurde zum einen die Grundprämisse exponiert, der zufolge der historiographische Text eine vorgängige Geschichte vertexte, während der fiktionale Text vielmehr seinen *plot* im Gang des Erzählens erst konstituiere.[4] Zum anderen aber wurde und wird dadurch eine strukturelle Differenzierung, die die literaturwissenschaftlichen Fiktionalitätstheorien klar benannt haben, gerade nicht ausgehebelt: Während für den historiographischen Text eine Identität von Autor und textinternem Sprecher anzusetzen ist, ist für fiktionale Texte dagegen von einer Disjunktion auszugehen.[5] Anders gesagt: Das Kriterium der Zurechnung verschiebt die Problemlage von der epistemologischen Frage nach historischer Wahrheit vs. poetischer Erfindung in Richtung Pragmatik: Dem Historiker können alle im Text gemachten Aussagen zugerechnet werden, er ist direkt dafür verantwortlich; der literarische Autor hingegen delegiert gerade diese ‚Haftung' an den Erzähler, der als Stimme selbst ein Figment des Textes ist – so regelt es die Konvention in der Moderne.

Während es sich hierbei um Theorieentwicklungen des 20. Jahrhunderts handelt, verweist ein Aspekt der Debatte im Anschluss an Koselleck und White jedenfalls implizit auf ein wesentliches Spezifikum rinascimentalen Schreibens: die Diskursgebundenheit dessen, was ‚Faktum' genannt wird. Roland Barthes' zur Maxime geronnene Formulierung „le fait n'a jamais qu'une existence linguistique"[6] fasst prägnant zusammen, worauf die Diskursanalyse seit Foucault insi-

---

2   KOSELLECK 1973, S. 313.
3   Siehe WHITE 1973; auf deutsch erschienen noch vor der Übersetzung von *Metahistory* (1991) die Aufsatzsammlung WHITE 1986 sowie der Band WHITE 1990.
4   COHN 1995, S. 107f.
5   Siehe etwa GENETTE 1972, S. 226 sowie GENETTE 1991. Zur Vernachlässigung dieses Aspekts insbesondere in den Debatten der Historiker s. MÜLLER 2004, bes. S. 283.
6   BARTHES 1984, S. 175.

stiert: dass ‚Wirklichkeit' immer schon diskursiv vermittelt ist, der Wirklichkeitsbezug somit letztlich ein Bezug auf Diskurse ist – und dass mithin ‚das Faktische'
sich nicht mit den beobachtbaren Gegenständen der Wirklichkeit deckt.

In der Renaissance ist es das Prinzip der *imitatio*, das derartige ‚Fiktionen des
Faktischen' steuert. *Imitatio* bzw. *aemulatio* als Nachahmung und Überbietung
von Modellautoren und Modelltexten, als mithin immer schon literarisch vermitteltes Sprechen/Schreiben steht von vornherein zum Anspruch auf Referentialisierbarkeit der Aussagen in einem gewissen Spannungsverhältnis.[7] Ähnliches gilt
für das jeweilige Aktualisieren oder auch das bloße Aufrufen spezifischer Gattungstraditionen. Beide, das *imitatio*-Prinzip wie auch die Gattungstraditionen,
liegen in gewisser Hinsicht quer zu der, zumal uns heute geläufigen, dichotomischen Unterscheidung von Fakt und Fiktion bzw. Faktualität und Fiktionalität.
So gibt zunächst einmal die Gattungswahl maßgeblich einen konventionalisierten
Spielraum für einen jeweiligen außertextuellen Wahrheitsanspruch vor: Die Gattungen – um einige in diesem Sammelband behandelte Beispiele aufzugreifen –
der *declamatio* oder des *romanzo* tun dies, je spezifisch, in begrenzterem Umfang
als etwa die Gattung des *commentarium* oder selbst die Satire. Das gleichzeitige
Aufrufen unterschiedlicher Gattungstraditionen modifiziert diesen Spielraum
noch, lässt sich seinerseits zuweilen aber auch als Strategie der *aemulatio* gegenüber vorgängigen Gattungsmustern und Modellautoren begreifen.

Die Beiträge dieses Bandes legen insgesamt nahe, für die Renaissance von
einer forcierten Interdependenz zweier textueller Bezugsebenen auszugehen: einer
Ebene literarischer Bezugnahmen unter agonalen Vorzeichen und einer Ebene von
Bezügen zur außerliterarischen Wirklichkeit. Letztere erweist sich dabei häufig
als der ersten nach- bzw. untergeordnet. Eine Voraussetzung dieser Konstellation
lässt sich wohl darin erkennen, dass durch Rhetorik und Poetik die Mischung von
Realem und Erfundenem in gewissen Grenzen für den faktualen wie den fiktionalen Diskurs positiv sanktioniert war, insofern damit die Glaubwürdigkeit bzw.
Wahrscheinlichkeit der Aussage gestärkt werden konnte.

Zur Prägekraft der Gattungstraditionen und der *imitatio*-Bestrebungen tritt der
Metadiskurs der Poetologie, dessen Reichweite freilich weit schwieriger zu
determinieren ist. In der Renaissance ist sowohl ein gegenüber dem Mittelalter
erweiterter Spielraum des Fingierens zu beobachten, gleichzeitig aber auch eine
ungemein intensivierte poetologische Debatte über Normen, Gegenstände und
Verfahren der Dichtung.[8] Seit jeher freilich stehen poetologische, im Weiteren
auch rhetorische Regeln einerseits und Textproduktion andererseits in einem
Spannungsverhältnis, sodass den normativen Vorgaben zu jeder Zeit Werke ent-
gegenzusetzen sind, die deren Parameter unterlaufen oder verschieben. Insbesondere die Friktionen aber, die sich zwischen den einzelnen Positionen der Poetik
und der Dichtungskritik beobachten lassen, legen es nahe, von einer Konstruktion

---

7   Vgl. jüngst ENENKEL 2008, der für die frühneuzeitliche Autobiographie gezeigt hat, wie die
    Konstruktion des Individuums in Auseinandersetzung mit antiken Gattungsmustern erfolgt,
    denen eine – wie immer geartete – Faktizität des Biographischen untergeordnet wird.
8   Vgl. allein die Kompilationen in WEINBERG (Hg.) 1970–1974; vgl. ferner KAPPL 2006 spe-
    ziell zu zentralen Aspekten der Rezeption der Aristotelischen *Poetik* im Cinquecento.

des *einen* doktrinären Referenzhorizonts für Dichtung abzusehen. An dieser Stelle kann dies nicht systematisch vertieft werden, es mögen ein paar Hinweise auf besonders signifikante Bruchstellen genügen.

Seit der Antike wurde Dichtung über den Lügenbegriff als Kehrseite des Faktischen denunziert. Dichtung wurde mithin in einer Dichotomie von Wahrheit und Lüge auf der ‚falschen‘ Seite verortet. Gleichzeitig bildete die antike Rhetorik ein dreistelliges Modell des Verhältnisses von Wahrheit und Fiktion aus, das im Mittelalter ungebrochen gelehrt wurde: zwischen die *historia* als eine der historischen Faktizität verpflichtete Rede und die freie, typischerweise auch phantastische Erfindung der *fabula* tritt das *argumentum*, die nicht wahre, aber doch mögliche, wahrscheinliche Geschichte.[9] In der *Rhetorica ad Herennium* und in Ciceros *De inventione* ausformuliert, profitierte dieser Ansatz von der Kanonisierung dieser Texte als Lehrwerke an den Universitäten des Mittelalters.[10] In der jüngeren Forschung wurde freilich argumentiert, dass die Dreiteilung überall dort rasch aufgegeben wurde, wo sie genauer reflektiert wurde.[11] Doch nachdem von ihrer Tradierung bis zur Umstellung des Grammatik- und Rhetorikunterrichts unter humanistischem Einfluss nicht abgesehen wurde, haben wir es mit einem dichotomischen Lügenkonzept auf der einen Seite und einer Triade auf der anderen zu tun, die miteinander nicht verrechenbar sind.

Dass die vermeintliche Lügenhaftigkeit, die weitaus öfter Erwähnung findet als das rhetorische Modell und damit als gewichtiger angesehen werden kann,[12] insbesondere seit der christlichen Antike nicht in einem unbedingten Sinn für die Beurteilung von Dichtung und damit konsequenterweise für deren Einschränkung oder gar Unterbindung in Anschlag gebracht wurde, ist evident. Zum einen wurden bekanntermaßen die hermeneutischen Modi der Allegorie und des *integumentum* entwickelt, die Fabulöses oder Inkongruentes in den Horizont des Wahren und Akzeptablen zurückdrängten.[13] Zum anderen aber bestand ein differenzierteres Verständnis von ‚Lüge‘, als zuweilen angenommen wird.

Augustinus ist zunächst für den Problemkomplex der Lüge – innerhalb und außerhalb der Fiktion – ein oft zitierter Gewährsmann. In *De doctrina christiana* (II, 42ff.) handelt er ausführlich von den Gefahren der *fabula* und betont dagegen den Nutzen der *historia*. Augustinus stellt auch klar, dass Lüge jedenfalls dann eine Sünde ist, wenn sie mit Täuschungsabsicht erfolgt.[14] In den *Soliloquia* (II, 9) aber unterscheidet er Erfundenes mit Täuschungsabsicht (*fallax*) und Erfundenes ohne die Absicht, jemanden zu täuschen (*mendax*). Unter letztere Kategorie fällt für Augustinus das Theater und ‚verschiedene Dichtungen‘ („mimi et comoediae et multa poemata"), die lügen, um zu amüsieren, nicht um zu täuschen. Dieser Bereich des Lügenhaften wird in keiner Weise inkriminiert, ja vielmehr als

9 Cic. de inv. I, 19, 27; Rhet. ad Her. I, 8, 13.
10 Siehe zum Festhalten an diesen beiden Schriften im Mittelalter die Beiträge in Cox/Ward (Hgg.) 2006; instruktiv auch Ward 1978.
11 Siehe Trappen 1998, S. 141.
12 Vgl. den Überblick bei Ernst 2004.
13 Vgl. ebd.
14 Vgl. Feehan 1988 und 1991.

distinkter, eingehegter Bereich akzeptiert. Der dahinter stehende Lügenbegriff weist mithin in die Richtung eines embryonalen Verständnisses von Fiktionalität, wenngleich er terminologisch aus heutiger Sicht irreführend ist.[15]

Umgekehrt war es die Wiederentdeckung der Aristotelischen *Poetik* und ihre großflächige Akzeptanz als Richtschnur im 16. Jahrhundert, die zu einer Entlastung der Dichtung von einer – wie immer abgemilderten – Verpflichtung auf Wahrheit und zur Eröffnung eines neuen Möglichkeitshorizonts wesentlich beitrug. Mit der *Poetik* war eine Konzeption wieder verfügbar, die die epistemologische Frage von Wahrheit und Lüge zugunsten der gattungstheoretischen Leitdifferenz von Dichtung versus Geschichtsschreibung zur Seite rückte. Während der Historiker wiederzugeben habe, was geschehen ist, solle der Dichter davon handeln, was geschehen könnte. Die Dichtung erhält damit eine Zuständigkeit für das Allgemeine, das allein auf Plausibilität verpflichtet ist.[16] Eine Besonderheit der Rezeption der Aristotelischen *Poetik* in der Renaissance ist freilich – wie die neuere Forschung gezeigt hat – nun gerade darin auszumachen, dass insbesondere die Kategorie der Wahrscheinlichkeit in deutlich abweichender Weise gefasst wurde. Im Unterschied zu Aristoteles, demzufolge die Wahrscheinlichkeit einer Darstellung maßgeblich an werkinternen Parametern zu bemessen ist,[17] wandelt sich dieses Kriterium in den rinascimentalen Poetiken hin zur Frage der Glaubwürdigkeit der Schilderung, die sich ihrerseits an einem erheblich weiter gefassten Bezugsrahmen bemisst, der über die Grenzen des Textes hinausgeht, insofern etwa auch die Naturgesetze und die Toleranzschwelle des Publikums relevant werden.[18]

Zum einen eröffnet sich in der Renaissance also ein ganz neuer Spielraum für die Dichtung, zum anderen folgt durch die Setzung von Aristoteles' Schrift als unabdingbare Norm in der zweiten Hälfte des Cinquecento dessen Beschränkung auf dem Fuß. Doch die normative Kraft von Aristoteles' *Poetik* erweist sich insofern als unterminierbar, als gerade dieser Text einer derartigen Fülle auch divergenter Interpretationen unterzogen wurde, dass stets zu fragen ist, welche Auslegung für einen bestimmten zu untersuchenden Text gerade produktiv gesetzt werden kann bzw. darf. Aus der unbedingten Akzeptanz der *Poetik* folgt schließlich auch, dass sie auf mehr Gattungen appliziert wurde, als von Aristoteles behandelt werden – man denke insbesondere an den Dialog oder die Lyrik. Die Forschung hat sich mit diesen Facetten der Aristoteles-Rezeption bislang allerdings weit weniger intensiv befasst als mit übergeordneten Kategorien einerseits und den zentralen Gattungen Tragödie und Epos andererseits.

Neben der Diskussion um die Lizenz zum Fingieren ist in rinascimentalen Poetiken auch ein Ringen um die Bestimmung der Sprecherposition in Gattungen,

---

15 Ulrich Ernsts „Poetik des Mendakischen" basiert dementsprechend auf einer „Lizenz zum Lügen", s. ERNST 2004, S. 100.

16 *Poetik*, 1451a–b und 1460.

17 Vgl. hierzu KABLITZ 1989. Im Unterschied zu Kablitz machen Schmitt und Kappl die Kategorie des Charakters als Parameter auch für die Wahrscheinlichkeit bei Aristoteles stark (vgl. SCHMITT 2004 und KAPPL 2006).

18 Siehe hierzu KAPPL 2006, S. 69.

die – wie etwa die *lirica* – noch nicht umfassend kodifiziert sind, zu beobachten. Verkürzt gesagt werden in den poetologischen Debatten bereits beide kategorialen Oppositionspaare, die für die moderne Fiktionsforschung relevant sind, verhandelt: die ontologische Opposition von ‚real‘ vs. ‚erfunden‘ und die diskursive Opposition von ‚Faktualität‘ und ‚Fiktionalität‘.[19] Der Status des Fiktiven – im Gegensatz zum Realen – betrifft den Wirklichkeitsbezug des Ausgesagten, des *énoncé*. Fiktionalität – im Gegensatz zur Faktualität – bezieht sich dagegen auf den Status der Aussage, der *énonciation*. Während das Fiktive entlang der Dichotomie von wahr / falsch kategorisiert werden kann, sind fiktionale Aussagen nicht an eine Fiktivität ihres Gegenstandes gebunden. Sie sind dem binären Code der referentiellen Absicherung gerade entzogen und etablieren einen Möglichkeitsraum eigenen Rechts. Es geht folglich um Sprechakte, die sich einer eindeutigen Zurechenbarkeit entziehen. Sie eröffnen damit auch einen Aktionsraum, in dem Positionen vertreten werden können, die keiner realen Überzeugung des Autors entsprechen müssen, die mithin keine lebensweltliche Deckung haben müssen.

Auch wenn im Titel mit den Begriffen ‚Fiktion‘ und ‚Faktisches‘ zwei Eckpunkte der Fragestellung dieses Bandes aufgerufen sind, ergibt sich aus dem soeben Gesagten noch eine wesentliche weitere Dimension. Natürlich geht es um das *Fiktive* im Sinne eines Erfundenen als Oppositionsbegriff zu intersubjektiv überprüfbarer Realitätsreferenz; es geht aber auch und wohl gar vor allem um den Sprechakt des Als Ob, das Einführen von *personae*, das Entkoppeln von Diskursen von lebensweltlichen Sprechinstanzen – und damit um *discours*-Phänomene, um die Art und Weise der Darstellung, mit anderen Worten: um die Frage der *Fiktionalität*.[20] Die Zuschreibung der Textaussage an eine textinterne, fiktive Instanz, die heute allein in der literaturwissenschaftlichen Fiktionalitätstheorie behandelt und die auch als literaturspezifisch bestimmt wird,[21] ist in der Renaissance über das Textsortenspektrum hinweg anzutreffen. Sie speist sich zentral aus der Rhetorik und den dort, vor allem in der *declamatio*, konzeptualisierten *personae*; gleichermaßen stellt die Tradition der Satire eine solche *persona* zur Verfügung. Hier kommt nicht zuletzt die Dimension des Meinbaren ins Spiel, die in Texten der Renaissance so oft Gegenstand spielerischer Inszenierung ist und mindestens ebenso sehr wie das fabulierende Erfinden die Imagination der Autoren angespornt zu haben scheint. Die lyrische Dichtung wiederum ringt um die Modalitäten des Auseinandertretens von lyrischem und Dichter-Ich, doch eilt dort die Praxis ihrer Theoretisierung voraus.

Die Beiträge des Bandes sind ein deutliches Zeichen dafür, dass es die Fiktionalitätsfrage ist und damit einhergehend insbesondere die Differenz von Autor und Erzähler/Sprecher, von lebensweltlichem Ich und textinterner Instanz, die besonders bearbeitenswert erscheint. Wir haben es in der Renaissance mit einem Aushandlungsprozess dessen zu tun, was in der englischsprachigen Forschung ‚the protocol of fictionality‘ genannt wird. So ist beispielsweise in der humanisti-

---

19   Siehe hierzu etwa ZIPFEL 2001.
20   Zur Bestimmung des Fiktionalen über das Moment des Als Ob s. bes. WARNING 1983.
21   Siehe MÜLLER 2004, S. 284.

schen Debattenkultur zu beobachten, wie Fiktionskontrakte gleichsam offeriert werden – ein Beispiel ist die Erasmianische Deklamation –, diese aber nur von bestimmten Rezipientengruppen eingegangen, von anderen demonstrativ missachtet werden. Daran geknüpft sind Verfahren des *community-fashioning*, um eine Wendung von Bernd Häsner aufzugreifen,[22] die ein gruppenspezifisches, in diesem Fall humanistisches, Einverständnis über textuelle Konventionen bedingen. In Rezeptionszeugnissen, wie etwa Kommentaren oder Briefen, manifestiert sich darüber hinaus nicht selten eine deutliche Diskrepanz zwischen literarischer Praxis und/oder poetologischer Theoretisierung einerseits und zeitgenössischen Lesarten andererseits, wenn in Letzteren eine eindeutige Referentialisierung von Textaussagen vorgenommen wird. Derartig vereindeutigende Lektüren mögen sich darauf berufen können, dass in den zur Diskussion stehenden Texten gerade keine klare Suspendierung *jeglichen* Wahrheitsanspruchs der poetischen Äußerung bzw. ihrer Referentialisierbarkeit vorliegt. Denn die im Rahmen der Fiktion getätigten Äußerungen können sich eben durchaus *auch* als Aussagen über die außertextuelle Welt verstehen. Zugleich aber – und dies unterläuft wiederum die vereindeutigenden Lektüren – erheben die Autoren keinen *eindeutigen* Anspruch auf faktische Geltung, schreiben sie sich vielmehr in fiktionale Diskurstraditionen ein – und vermögen dabei zugleich den intertextuell fundierten Rückgriff etwa auf Gattungstraditionen oder einzelne wirkungsmächtige Modelltexte gerade zur Stärkung ihrer Aussage zu nutzen.

An diese Beobachtungen lassen sich weiterführende Überlegungen zum oftmals unhintergehbar ambigen Status von Äußerungen zwischen Fakt und Fiktion in der Renaissance anschließen. So deuten die in diesem Band vorliegenden Untersuchungen von auf den ersten Blick ganz unterschiedlichen Textphänomenen, Gattungen und Fragestellungen darauf hin, dass sich in Texten der Renaissance, aber auch schon des Spätmittelalters nicht nur nicht immer klar zwischen Fakt und Fiktion unterscheiden lässt – und nicht einmal die dreipolige Differenzierung von *historia*, *argumentum* und *fabula* hier hilfreich wäre –, sondern dass eine gewisse Ununterscheidbarkeit in Kauf genommen bzw. gar postuliert wurde. Diese kann in metatextuellen Äußerungen eines literarischen Werkes ausformuliert sein, wie Klaus Hempfer in seinem Beitrag belegt, sie kann aber auch in dem Ringen um eine Theoretisierbarkeit des Status einer Gattung in den poetologischen Debatten der Zeit nur implizit aufscheinen, wie in den von Ulrike Schneider diskutierten Beispielen. Besonders brisant sind hier ganz offensichtlich Bezüge zur jeweils aktuellen Wirklichkeit, wohingegen der Rekurs auf zeitlich zurückliegende historische Ereignisse eher geregelt bzw. bereits kodifiziert war – dies dokumentieren die Beiträge von Marc Föcking und Rolf Lohse.

Aus dieser Konstellation ergeben sich mitunter nicht unerhebliche methodologische Schwierigkeiten bei dem Versuch, entsprechende Textphänomene zu erfassen und angemessen zu beschreiben. Zugespitzt gesagt besteht in der modernen Fiktionalitätstheorie eine Neigung, sofort von einer ‚möglichen Welt' oder vom Kontrafaktischen zu sprechen, wenn auch nur einzelne Textdaten nicht refe-

---

22 Siehe HÄSNER 2004, S. 48–52.

rentialisierbar sind.[23] Der Wahrheitsbegriff der Renaissance, wenn man denn
überhaupt so verkürzend eine Homogenität herstellen kann, ist demgegenüber
ungleich grobmaschiger. Die Wahrheit des Details ist vergleichsweise wenig relevant gegenüber der Wahrheit der Gesamtaussage, der Geschichte, des Berichts.
Moralische Wahrheit wiederum rechtfertigt die Integration fiktiver Elemente, wie
schon die antike rhetorische Theorie festhielt.[24]

Der Notwendigkeit einer begrifflich präzisen Darstellung steht die Uneindeu-
tigkeit der Phänomene gegenüber. Dies lässt sich am Beispiel der Rede von einem
‚autobiographischen Substrat‘, das Werken selbstverständlich zugrundeliegen
kann, verdeutlichen: Aufgrund von durch andere schriftliche Quellen gewonne-
nem Wissen über Lebensumstände und biographische Eckdaten eines Verfassers
lässt sich ein Bezug zu bestimmten textuellen Daten herstellen, denen mithin aus
dieser Sicht der Status von ‚Fakten‘ zukommt. Dass als Folge ihrer Einbindung in
einen fiktionalen Textzusammenhang diesem dann aber auch eine autobiographische Referenz zugesprochen werden kann, ist damit noch nicht gesagt. Denn die
einer solchen Zuschreibung zugrundeliegende Annahme einer Referentialisierbarkeit kann der Text mittels Ambiguisierungsstrategien wiederum gerade unterlaufen, ja er kann sogar die generelle Unterscheidbarkeit von Faktischem und
Fiktivem *innerhalb* eines Textes derart außer Kraft setzen, wie dies der Beitrag
von Andrew Johnston belegt. Hierbei lassen sich grundsätzlich zwei Bewegungs-
richtungen unterscheiden: Es kann, wie im erwähnten Beispiel, zu einer ‚Fiktio-
nalisierung des Faktischen‘ kommen, es kann aber auch zu einer hierzu gegenläufigen Bewegung einer ‚Faktualisierung des Fiktiven‘ kommen, wie etwa die Beispiele von Ariosts Satiren, die Susanne Goumegou in diesem Band behandelt,
oder, ganz anders gelagert, das Beispiel des mythographischen Diskurses (s. den
Beitrag von Françoise Lavocat) belegen. Und zugleich ist auch dieses Konstrukt
einer konzeptuellen Unterscheidung nicht ganz unproblematisch, setzt es doch
eine grundsätzliche Unterscheidbarkeit von Fakt und Fiktion voraus. Allerdings
tun dies ganz offensichtlich auch die Autoren bzw. Texte ihrerseits, insofern die
spezifischen ambigen Effekte, welche die Texte generieren, gerade einer solchen
grundsätzlichen Unterscheidbarkeit als Prämisse bedürfen. Es wird mithin eine
Unterscheidbarkeit von Fakt und Fiktion postuliert, die als Fundament für Ambiguisierungsstrategien dient. Gegenüber der Theoriebildung haben die textuellen
Aussagen dabei selbstredend den Vorteil, dass sie ihre Prämissen nicht zu formulieren brauchen. Der wissenschaftliche Diskurs hingegen kann nur versuchen, die
Textbewegungen im Nachvollzug zu beschreiben: In den Beiträgen dieses Bandes
ist dementsprechend häufig von einem ‚Oszillieren‘ oder ‚Changieren‘ zwischen
Fakt und Fiktion, zwischen Faktualität und Fiktionalität die Rede – Montaignes
Bild der ‚branloire perenne‘, das Andreas Mahler in seinem den Band eröffnenden
Beitrag zitiert, hat diesbezüglich paradigmatischen Wert.

Die zahlreichen Instanzen des *If* als einer Konflikte entschärfenden Schaltstelle zwischen Fakt und Fiktion in Shakespeares *As You Like It* bilden den

---

23   Vgl. DOLEZEL 1998; zu einer neueren Gegenposition vgl. etwa DANNEBERG 2006.
24   Vgl. KABLITZ 2001. Differenzierend dazu GRAFTON 2007.

Ausgangspunkt für Andreas Mahlers Entwurf einer historischen Genealogie und systematischen Schematisierung der Möglichkeiten des ‚Anders-Sagens‘ in der Frühen Neuzeit. Jeder sprachlichen Äußerung, so zeigt Mahler unter Berufung auf Benveniste, eignet eine extratextuelle und eine Binnenpragmatik. Jede Sprachverwendung ist mithin gedoppelt, und jeder kommunikative Austausch beruht auf einem Kontrakt, der die Bedingungen des Offenlegens oder Verdeckens dieser doppelten Pragmatik steuert. Vor diesem Hintergrund überführt Mahler die Dichotomie von Fiktionalität und Faktualität in eine Matrix des Fingierens, die vier Positionen umfasst: Referentialität (referentiell, Beispiel: Alltagskommunikation), Heteroreferentialität (fiktional, Beispiel: Drama), Pseudoreferentialität (fiktional, Beispiel: Roman), Autoreferentialität (metafiktional, Beispiel: Roman). Mahler geht so weit, von einer grundständigen Fiktionalität aller Sprachverwendung auszugehen und Faktualität zu einem partikularen Sonderfall werden zu lassen. In der Konsequenz ist alle Rede Als Ob. In der Frühen Neuzeit tendiert nun Rede verstärkt zur Offenlegung ihrer Doppelheit, indem die Bedingungen ihrer Erkenntnisproduktion mit einbezogen, ausgestellt, verhandelt, befragt oder verstärkt werden. Den Ankerpunkt für diese Entwicklung setzt Mahler in der ‚Entzauberung der Welt‘, der Verabschiedung eines geschlossenen Glaubenssystems.

Dass Ambiguisierungsstrategien hinsichtlich des Status des Dargestellten zwischen Fakt und Fiktion im Kontext dynastischer Enkomiastik gerade keine bzw. zumindest nicht per se eine Ironisierung derselben zeitigen, sondern vielmehr auf die Nichtfixierbarkeit der Wahrheitsbedingungen des dichterischen Diskurses aufmerksam machen, verdeutlicht Klaus W. Hempfer in seinem Beitrag zum *Orlando Furioso*. Der Fokus des Beitrags liegt auf dem Aspekt der Verknüpfung von fiktiven und realen Elementen und deren Funktionalisierung. Ariosts *romanzo*, der ebenso an die *cantari*-Tradition wie an die antike Epik anknüpft, ist explizit als fiktionaler Diskurs ausgewiesen. Zugleich aber enthält er, insbesondere an Schlüsselstellen wie dem Prooöm und dem letzten Gesang, enkomiastisch-genealogische Textkomponenten, die dem Lobpreis des Herrscherhauses der Este dienen, in dessen Dienst Ariost stand. In der Verknüpfung von Fakt und Fiktion bei Ariost wird nicht nur die Grenzziehung zwischen faktualem und fiktionalem Diskurs unterlaufen; in den metafiktionalen Aussagen der Rede des Evangelisten Johannes im 35. Gesang wird diese vielmehr gar aufgehoben. Vor dem Hintergrund der zeitgenössischen Debatten um den Wahrheitsstatus dichterischer Rede thematisiert Ariost damit eine anders geartete Funktion solcher Rede: Dichtung *schafft* Wirklichkeit.

Eben diesem Phänomen geht Françoise Lavocat in ihrem Beitrag am Beispiel fiktiver und mythologischer Schöpfungen wie Circe und den Satyrn nach. Im Rückgriff auf mythographische und dämonologische Texte der Spätrenaissance untersucht sie, wie Fabelwesen in Natur wie Geschichte zeitweise ein ontologischer Status und mithin ihrer Darstellung eine außertextuelle Referenz zugesprochen werden konnte, bevor sie dann endgültig als Fiktion begriffen wurden. Besondere Brisanz erfährt dieses Phänomen zusätzlich dadurch, dass etwa die Deutung von Metamorphosen durch Jean Bodin als real möglich zeitgenössisch der Hexenverfolgung Argumente geliefert hat. Hier liegt mithin ein Beispiel für die lebensweltliche Instrumentalisierung einer angesetzten Faktizität von Fiktionen vor.

Dass in der Frühen Neuzeit, aber auch schon im ausgehenden Mittelalter die Fakt-Fiktionsproblematik kaum von dem Prinzip der *imitatio* und *aemulatio* getrennt zu betrachten ist, belegt der Beitrag von Andrew James Johnston nachdrücklich am Beispiel von Thomas Hoccleve, zunächst an dessen autobiographischem Gedicht *La male regle de T. Hoccleue* und dann insbesondere an den *Series* (1419–1421). Johnston zeigt, wie maßgeblich der Rekurs auf Chaucer auch für Hoccleves autobiographisch motivierte Fiktionen des Faktischen war: Die Kombination des Autobiographisch-Faktischen mit dem Fiktionalen führt hier nicht zuletzt zu einer Radikalisierung gegenüber Chaucers Position in dessen *Canterbury Tales*. Dabei nutzt Hoccleve seine lebensweltliche Erfahrung des Wahnsinns, um sein eigenes Erzählen zu motivieren: Das zwangsläufig immer wieder scheiternde Unternehmen, seine wiedererlangte Zurechnungsfähigkeit zu belegen, weist Hoccleves Erzählen derart als ein potentiell unendlich fortzuschreibendes Projekt aus. Hoccleve erzielt dabei über das Spiel mit literarischen Konventionen und den Anschluss an den großen Modellautor Chaucer einen eindrücklichen Effekt von Authentizität, den der metafiktionale Gehalt der *Series* jedoch unterläuft.

Angelpunkt von Bernd Häsners Beitrag sind problematische Implikationen der Selbstdarstellung des Autors im Dialog, einer Textform mithin, die gerade in der Renaissance häufig zu auktorialem *self-fashioning* genutzt wird. Prominentes Beispiel sind die Dialoge Tassos, in denen sich der Autor mit der Figur des „Forestiero napolitano" seine fiktionsinterne *persona* geschaffen hat. Während die Maske des Forestiero zumeist als vollständig transparent erscheint und den Autor weniger verbirgt als ihm vielmehr prägnante Konturen verleiht, werden in zwei Dialogen Tassos, *Il Conte overo de l'imprese* und *Il Gianluca overo de le maschere*, Friktionen zwischen dem lebensweltlichem Dichter und seiner Repräsentation im Text deutlich. Beide Dialoge bezeugen Ambitionen, das auktoriale Selbst als ein in Zeit und Raum nicht identisch bleibendes, sondern beständig sich veränderndes zu begreifen und zur Darstellung zu bringen; zugleich führen sie in unterschiedlicher Weise vor, dass der Dialog und generell eine im Zeichen der *imitatio* stehende Selbstdarstellung derartigen Ambitionen nicht gerecht werden kann. Insbesondere der *Gianluca* lässt sich in diesem Zusammenhang als Korrektiv und Supplement der nahezu gleichzeitig entstandenen Dialogpoetik Tassos lesen, in der – wie in den einschlägigen Poetiken der Epoche überhaupt – der Aspekt einer Präsenz des Autors in der Dialogfiktion unerörtert bleibt.

Susanne Goumegou argumentiert in ihrem Beitrag über die Satiren Ariosts gegen die ältere Forschung, die in den Texten einen unverstellten Blick auf das private Dichter-Ich („Ariosto in veste di camera") und seine ureigensten Meinungen und moralischen Urteile präsentiert zu bekommen meinte. Sie ruft die Tradition der Satire als die Textaussage steuerndes Modell in Erinnerung und zeigt, dass der Rückgriff insbesondere auf Horaz mit rinascimentalen Konzepten von Autorschaft kontaminiert wird. Das resultierende Dichterideal wird dabei als allein intertextuell konstituiert, nicht aber in der Realität lebbar deutlich. Der spezifische oblique Wirklichkeitsbezug der Satire wiederum bricht die vermeintlich direkten Aussagen über das Hofleben. Wie schon im Beitrag Klaus Hempfers geht es auch hier nicht zuletzt um eine wesentliche pragmatische Relation der Literatur der Renaissance, jene der Patronagebeziehung. In diesem Kontext produzierte Texte werden über ästhetische und rhetorische Codes – insbesondere jenen der Enkomiastik – gleichermaßen gesteuert. Sie zeugen stets auch von impliziten Aushandlungsprozessen über Ambitionen und Aktionsradius des Dichters gegenüber Ansprüchen und Aufträgen des Patrons sowie fiktionsspezifischen Mitteln der Kommentierung und auch Subvertierung faktischer Dependenz. Beide Beiträge erweisen, dass die Zwänge der Patronagebeziehung subtile Verwischungen der Grenzen von Fakt und Fiktion geradezu befördern.

Ulrike Schneider greift in ihrem Beitrag die poetologischen Debatten des Secondo Cinquecento um den Status der *lirica* auf und fokussiert insbesondere drei Aspekte, die zugleich für die Frage nach dem textuellen Status der Lyrik relevant sind: die Kategorie der Nachahmung, die Diskussion um das Redekriterium und seine Übertragbarkeit auf die *lirica* und die mit der Frage nach dem Wahrheitsgehalt der Lyrik verbundene Kategorie der Wahrscheinlichkeit, in deren Radius sogenannte Realitätsreferenzen anzusiedeln sind. Die Tatsache, dass einzelne Theoretiker tentativ eine Unterscheidung zwischen textexternem Dichter und verschiedenen textinternen Instanzen formulieren, erweist die Prämissen für ein kommunikationstheoretisches Textmodell als bereits denkmöglich. Die diesem Modell zugrundeliegende Grenzziehung zwischen Text und Welt bildet nun gerade die Voraussetzung für ihre Umspielung in einzelnen Gedichten. Das Problem, das sich den Theoretikern stellt, lässt sich an einer Formulierung des Redekriteriums, dem *parlare in persona propria*, festmachen: Es ist genau diese, unreduzierbar ambige, Instanz der *persona propria*, die zum zentralen Punkt der Erörterungen wird und die zur gerade nicht eindeutig lösbaren Frage führt, ob Bezeichnungsidentität von textexternem Dichter und textinterner Sprechinstanz auch Referenzidentität bedeutet oder nicht.

Anita Traninger plädiert in ihrem Beitrag zu Lorenzo Vallas Nachweis der Fälschung der Konstantinischen Schenkung dafür, die Etikettierung des Textes als ‚declamatio‘, wie sie Ulrich von Hutten zu Beginn des 16. Jahrhunderts vornahm, ernst zu nehmen. Durch die Perspektivierung auf diese Gattungstradition gewinnen nicht nur die extravaganteren Elemente von Vallas *oratio* wie die eingebauten fiktiven Reden historischer Personen und der aggressive Ton an Plausibilität; es wird umgekehrt auch deutlich, dass die „ficta causa", um die es der Deklamation traditionell zu tun ist und die auch Vallas *oratio* unterliegt, keineswegs jede ernsthafte Textgeltung eliminiert. Der Kontroversmodus, in dem Valla seine Widerlegung vorträgt, etabliert eine Differenz zwischen der lebensweltlichen Person Vallas und dem textinternen Orator, wobei die Zurechnung der Textaussage beständig zwischen Innen und Außen oszilliert. Als Konsequenz sind nicht alle im Text vorgebrachten Äußerungen wörtlich zu nehmen, sie sind aber auch nicht im Sinne von Fiktionalität suspendiert. Der Beitrag schlüsselt die komplexe Faktur von Vallas Text mit Blick auf die jeweils referenzierten charakteristischen Elemente der antiken Gattungstradition der *declamatio* auf und zeigt, dass er zugleich bereits auf das im Umfeld des Erasmus rekonfigurierte Gattungsverständnis vorausweist.

Der Beitrag von Marc Föcking verdeutlicht am Beispiel des Berichts von Angelo Poliziano über die Pazzi-Verschwörung von 1478 gegen Lorenzo und Giuliano de' Medici eine grundsätzliche Problematik der Darstellung zeitgenössischer Ereignisse bzw. aktueller *res factae*, bei welcher die in der Herennius-Rhetorik vorgegebene Unterscheidung von *historia*, *fabula* und *argumentum* nicht greift. Auf der Grundlage der Feststellung, dass der Begriff *res facta* primär ‚Gemachtes' meinte, unterscheidet Föcking zwischen verschiedenen Typen von Faktizität in der Frühen Neuzeit und schreibt Polizianos Werk die Kategorie ‚diskursivierter Faktizität' zu. War der Historiker zuvor darauf verpflichtet, über lange zurückliegende Ereignisse zu berichten, so untermauert Poliziano seine doppelte Autorität als Augenzeuge des Geschehens und Historiker mit Hilfe des Rekurses auf vorliegende Modelltexte und Gattungen. So ruft bereits der Titel, *Coniurationis commentarium*, einerseits Sallusts *De coniuratione Catilinae* und andererseits die, traditionell gegenwartsgebundene, Form des *commentarium* auf. Der gleichzeitige Rekurs auf Dantes *Divina Commedia* scheint hierzu zunächst gegenläufig, wird jedoch im Sinne einer scharfen Verurteilung der Verschwörer funktionalisiert. Im enkomiastischen Impetus des *Commentarium* tritt mithin die Absicht Polizianos hervor, die Mediceische Herrschaft zu stützen. Die uns heute geläufige Unterscheidung zwischen Fakt und Fiktion erscheint ihr klar nachgeordnet.

Rolf Lohse diskutiert schließlich, wie mit den Schwierigkeiten umgegangen wurde, die das Einpassen von in der traditionellen Theoriebildung nicht berücksichtigten Elementen in die akzeptierten poetologischen Normhorizonte der Zeit machte. Zunächst wird in dramentheoretischen Diskussionen des 16. Jahrhunderts von einer Verpflichtung der Tragödie auf historische Stoffe ausgegangen und damit an einer Position festgehalten, die auf den spätantiken Traktat *De fabula* des Euanthius zurückzuführen ist. Mit der Neurezeption der Aristotelischen *Poetik* kommt eine Lizenz zur Verwendung fiktiver Gehalte in Verbindung mit einem Wahrscheinlichkeitsgebot ins Spiel. Nachdem beide Ansätze nahezu gleichwertig nebeneinander bestehen, kann nicht nur von einem strikten Aristotelismus in der Tragödienpoetik keine Rede sein; Lohse zeigt auch, dass die beiden genannten Ansätze in ganz unterschiedliche Richtungen ausgedeutet wurden. Am Beispiel dreier Tragödien des Secondo Cinquecento – Barbaros *Tragedia*, Giustis *Irene* und Fulignis *Bragadino* –, die jeweils aktuelles Zeitgeschehen verarbeiten, exploriert Lohse schließlich einen blinden Fleck der Theoriebildung und zeigt, wie Entwicklungen in der literarischen Praxis die poetologischen Vorschriften letztlich aushebeln.

Die Beiträge dieses Bandes sind aus den Diskussionen einer Sektion am 30. Deutschen Romanistentag im September 2007 in Wien hervorgegangen. Der Frauenbeauftragten des Fachbereichs Philosophie und Geisteswissenschaften danken wir für die Unterstützung der Drucklegung und Klaus W. Hempfer für die Aufnahme des Bandes in die Reihe Text und Kontext. Christiane Riess sei für die umsichtige Manuskripteinrichtung gedankt.

Literaturverzeichnis

ARISTOTELES 1982:
Aristoteles, *Poetik*, Griechisch/Deutsch, übers. u. hg. v. M. Fuhrmann, Stuttgart 1982.

AUGUSTINUS 1951:
Augustinus, A., *Selbstgespräche. S. Aurelii Augustini Soliloquiorum libri duo*. Lateinisch und deutsch, hg. v. P. Remark, München 1951.

AUGUSTINUS 2002:
Augustinus, A., *Die christliche Bildung (De doctrina christiana)*, Übers., Anm. und Nachw. v. K. Pollmann, Stuttgart 2002.

BARTHES 1984:
Barthes, R., „Le discours de l'histoire", in: ders., *Le bruissement de la langue. Essais critiques IV*, Paris 1984, S. 163–177.

BRINKMANN 1971:
Brinkmann, H., „Verhüllung (‚integumentum') als literarische Darstellungsform im Mittelalter", in: *Der Begriff der* repraesentatio *im Mittelalter*, Berlin u.a. 1971, S. 314–339.

CICERO 1998:
Cicero, *De inventione. Über die Auffindung des Stoffes*. Lateinisch – deutsch, hg. und übers. v. Th. Nüßlein, Düsseldorf/Zürich 1998.

COHN 1995:
Cohn, D., „Narratologische Kennzeichen der Fiktionalität", *Sprachkunst* 26 (1995), S. 105–112.

COX/WARD (Hgg.) 2006:
Cox, V./Ward, J. O. (Hgg.), *The Rhetoric of Cicero in its Medieval and Early Renaissance Commentary Tradition*, Leiden u.a. 2006.

DANNEBERG 2006:
Danneberg, L., „Weder Tränen noch Logik. Über die Zugänglichkeit fiktionaler Welten", in: *Heuristiken der Literaturwissenschaft. Disziplinexterne Perspektiven auf Literatur*, hg. v. U. Klein, K. Mellmann u. S. Metzger, Paderborn 2006, S. 35–83.

DOLEZEL 1998:
Doležel, L., *Heterocosmica: Fiction and Possible Worlds*, Baltimore, MD 1998.

ENENKEL 2008:
Enenkel, K. A. E., *Die Erfindung des Menschen. Die Autobiographie des frühneuzeitlichen Humanismus von Petrarca bis Lipsius*, Berlin 2008.

ERNST 2004:
Ernst, U., „Lüge, *integumentum* und Fiktion in der antiken und mittelalterlichen Dichtungstheorie: Umrisse einer Poetik des Mendakischen", *Das Mittelalter* 9 (2004), S. 73–100.

FAIDUTTI 1996:
Faidutti, B., *Images et connaissance de la licorne (fin du Moyen-Âge – XIXème siècle)*, thèse de doctorat, Université Paris XII, 1996.

FEEHAN 1988:
Feehan, T. D., „Augustine on Lying and Deception", *Augustinian Studies* 19 (1988), S. 131–139.

FEEHAN 1991:
Feehan, T. D., „Augustine's own Examples of Lying", *Augustinian Studies* 22 (1991), S. 165–190.

GENETTE 1972:
Genette, G., „Discours du récit. Essai de méthode", in: ders., *Figures III*, Paris 1972, S. 65–267.

GENETTE 1991:
Genette, G., „Récit fictionnel, récit factuel", in: ders., *Fiction et diction*, Paris 1991, S. 65–93.

GRAFTON 2007:

    Grafton, A. T., *What was History? The Art of History in Early Modern Europe*, Cambridge u.a. 2007.

HÄSNER 2004:

    Häsner, B., „Der Dialog. Strukturelemente einer Gattung zwischen Fiktion und Theoriebildung", in: *Poetik des Dialogs. Aktuelle Theorie und rinascimentales Selbstverständnis*, hg. v. K. W. Hempfer, Stuttgart 2004, S. 13–65.

HEMPFER 1990:

    Hempfer, K. W., „Zu einigen Problemen einer Fiktionstheorie", *Zeitschrift für französische Sprache und Literatur* 100 (1990), S. 109–137.

KABLITZ 1989:

    Kablitz, A., „Dichtung und Wahrheit – Zur Legitimität der Fiktion in der Poetologie des Cinquecento", in: *Ritterepik*, hg. v. K. W. Hempfer, Stuttgart 1989, S. 77–122.

KABLITZ 2001:

    Kablitz, A., „Lorenzo Vallas Konzept der Geschichte und der Fall der Konstantinischen Schenkung. Zur ‚Modernität‘ von *De falso credita et ementita Constantini donatione*", in: *Historicization – Historisierung*, hg. v. G. W. Most, Göttingen 2001, S. 45–67.

KAPPL 2006:

    Kappl, B., *Die Poetik des Aristoteles in der Dichtungstheorie des Cinquecento*, Berlin/New York 2006.

KOSELLECK 1973:

    Koselleck, R., „Darstellung, Ereignis und Struktur", in: *Geschichte heute. Positionen, Tendenzen und Probleme*, hg. v. G. Schulz, Göttingen 1973, S. 307–317.

MÜLLER 2004:

    Müller, J.-D., „Literarische und andere Spiele. Zum Fiktionalitätsproblem in vormoderner Literatur", *Poetica* 36 (2004), S. 281–311.

RHETORICA AD HERENNIUM 1994:

    Rhetorica ad Herennium. Lateinisch – deutsch, hg. und übers. v. Th. Nüßlein, Zürich/München 1994.

SCHMITT 2004:

    Schmitt, A., „Die *Poetik* des Aristoteles und ihre Neudeutung in der Dichtungstheorie des Secondo Cinquecento", *Anglia. Zeitschrift für Englische Philologie* 122 (2004), S. 6–23.

TRAPPEN 1998:

    Trappen, S., „Fiktionsvorstellungen der Frühen Neuzeit: Über den Gegensatz zwischen ‚fabula‘ und ‚historia‘ und seine Bedeutung für die Poetik. Mit einem Exkurs zur Verbreitung und Deutung von Laktanz, *Divinae institutiones* I 11, 23–25", *Simpliciana* 20 (1998), S. 137–163.

WARD 1978:

    Ward, J. O., „The Commentator's Rhetoric. From Antiquity to the Renaissance: Glosses and Commentaries on Cicero's *Rhetorica*", in: *Medieval Eloquence. Studies in the Theory and Practice of Medieval Rhetoric*, hg. v. J. J. Murphy, Berkeley/Los Angeles/London 1978, S. 25–67.

WARNING 1983:

    Warning, R., „Der inszenierte Diskurs. Bemerkungen zur pragmatischen Relation der Fiktion", in: *Funktionen des Fiktiven*, hg. v. D. Henrich u. W. Iser, München 1983 (Poetik und Hermeneutik 10), S. 183–206.

WEINBERG (Hg.) 1970–1974:

    Trattati di poetica e retorica del Cinquecento, hg. v. B. Weinberg, 4 Bde., Bari 1970–1974.

WHITE 1973:

    White, H., *Metahistory. The Historical Imagination in Nineteenth Century Europe*, Baltimore/London 1973.

WHITE 1986:

White, H., *Auch Klio dichtet oder die Fiktion des Faktischen. Studien zur Tropologie des historischen Diskurses*, Stuttgart 1986.

WHITE 1990:

White, H., *Die Bedeutung der Form. Erzählstrukturen in der Geschichtsschreibung*, übers. v. M. Smuda, Frankfurt a.M. 1990 (Orig.: *The Content of the Form. Narrative Discourse and Historical Representation*, Baltimore/London 1987).

ZIPFEL 2001:

Zipfel, F., *Fiktion, Fiktivität, Fiktionalität. Analysen zur Fiktion in der Literatur und zum Fiktionsbegriff in der Literaturwissenschaft*, Berlin 2001.

Glauben, Nicht-Glauben, Anders-Sagen

Wege des Fingierens in Englands früher Neuzeit

ANDREAS MAHLER (Graz)

1. *Much virtue in If*

Kurz vor Schluss in Shakespeares *As You Like It*,[1] bevor sich die Konflikte lösen, die Fäden zusammenlaufen, alles ‚even‘ – gleich, harmonisch – wird, begegnen sich der Narr Touchstone und der Melancholiker Jaques noch einmal im Wald. Es geht um die rechte Inszenierung des Duells, um Provokation und Friedensschluss, um Unterstellung und Versöhnung. Jaques fragt nach den Stufen solcher Auseinandersetzung; Touchstone erklärt:

> O sir, we quarrel in print, by the book; as you have books for good manners. I will name you the degrees. The first, the Retort Courteous; the second, the Quip Modest; the third, the Reply Churlish; the fourth, the Reproof Valiant; the fifth, the Countercheck Quarrelsome; the sixth, the Lie with Circumstance; the seventh, the Lie Direct. All these you may avoid but the Lie Direct; and you may avoid that too, with an If. I knew when seven justices could not take up a quarrel, but when the parties were met themselves, one of them thought but of an If, as, ‚If you said so, then I said so‘. And they shook hands and swore brothers. Your If is the only peacemaker: much virtue in If. (V.4.89ff.)

Das *If* bestimmt den Lauf der Welt. Es ist die Schaltstelle zwischen Fakt und Fiktion. Die sieben Stufen von sich steigernder Anschuldigung – der jeweils erneuerte ‚Fehdehandschuh‘ – und entsprechender Abwehr – der ‚Höfliche Bescheid‘ (1), der ‚Feine Stich‘ (2), die ‚Grobe Erwiderung‘ (3), die ‚Kurze Abfertigung‘ (4), der ‚Streitbare Widerspruch‘ (5), die ‚Ehrenrührige Beleidigung‘ (6), die ‚Öffentliche Ohrfeige‘ (7) – binden oder lösen.[2] Auf jeden Versuch, ein ehrenrühriges Faktum zu benennen oder zu schaffen, folgt ein Versuch, es zu entkräften, zu vernichten: einem In-die-Welt-Setzen folgt ein Aus-der-Welt-Schaffen, einer aggressiven Fiktion folgt in verschiedenen Stufen eine moderierende Wahrheit, einer aggressiven Wahrheit eine ausweichende Fiktion. Dies läuft bis zur letzten Stufe, der ‚Öffentlichen Ohrfeige‘ (‚the Lie Direct‘), und selbst da, wo juristisch – durch die Präsenz von ‚seven justices‘ – nichts mehr rettbar scheint, gibt es noch einen Ausweg wie in dem von Loriot nachmals populär gemachten Sketch „Auf der Rennbahn" von Wilhelm Bendow: ‚Nehmen Sie dies etwa zurück?‘ – ‚Nein.‘ – ‚Na, wenn das so ist, denn ist die Sache für mich erledigt.‘[3] *Much virtue in If.*

---

1   Alle Zitate folgen SHAKESPEARE 1975.
2   Ich übernehme die Übersetzung von Frank Günther in SHAKESPEARE 1996.
3   Ich zitiere für mein Argument sinngemäß.

Das *If* schafft notwendige Illusion. Der Glaube an die Wirklichkeit der Illusion ist im Wesentlichen Kontrakt.[4] Ein solcher bestimmt das gesamte Spiel von *As You Like It*.[5] Ganz zu Beginn schon werden die Zuschauer eingeschworen. „Stand you both forth now", fordert selbiger Touchstone Celia und Rosalind auf, „stroke your chins, and swear by your beards that I am a knave." – „By our beards", sagen die Mädchen, „if we had them, thou art." – „By my knavery", antwortet Touchstone, „if I had it, then I were", und erklärt: „But if you swear by that that is not, you are not forsworn" (I.2.69ff.). Solches nicht unlautere Beschwören des Nicht-Existenten ist auch Tätigkeit des Dichters. „Now, for the poet", so der elisabethanische Dichterfürst Sir Philip Sidney in seiner *Defence of Poetry*, „he nothing affirmeth, and therefore never lieth."[6] Dichtung, so Sidney, sei keine Lüge, weil sie nur so tut ‚als ob'. ‚Your If is the only peacemaker: much virtue in If.' Und solche befriedenden *Ifs* durchziehen programmatisch das gesamte Stück: „You say", sagt Ganymede / Rosalind zum Herzog, „if I bring in your Rosalind / You shall bestow her on Orlando here?" (V.4.6f.), und Phebe schließt noch einmal den Kontrakt: „So is the bargain" (15). Am Ende triumphiert das *If*:

DUKE SEN.	If there be truth in sight, you are my daughter.
ORL.	If there be truth in sight, you are my Rosalind.
PHEBE.	If shape and sight be true,
	Why then my love adieu.
ROS.	I'll have no father, if you be not he.
	I'll have no husband, if you be not he.
	Nor ne'er wed woman, if you be not she. (115ff.)

Hierzu ist sodann der Schluss der wahre Epilog. „If it be true that good wine needs no bush", sagt Rosalind als ungewohnte Epilogsprecherin, „'tis true that a good play needs no epilogue" (197f.), und steht im Moment des Dementis gleichwohl auf der Bühne. Der Epilog erneuert den Kontrakt und treibt ihn zugleich paradoxal über die Rampe. Nicht nur in der Fiktion des Dramenspiels kann Rosalind, die Magierin und Meisterin der Illusion, „do strange things", auch in der Realität des Theaters: „My way is to conjure you" (208). Dies ist die Mischung von Ernst und Spiel, Faktum und Fiktion: das Publikum wird verzaubert *und* verpflichtet – die Frauen, „for the love you bear to men, to like as much of this as please you", die Männer, „for the love you bear to women [...] that between you and the women the play may please" (209ff.). „If", so fährt Rosalind schießlich fort, und in diesem letzten *If* zeigt sich augenzwinkernd der letzte noch verbliebene Rest an Illusion:

If I were a woman, I would kiss as many of you as had beards that pleased me, complexions that liked me, and breaths that I defied not. And I am sure, as many as have good beards, or

---

4   Zum Kontraktcharakter des Fiktiven s. WARNING 1983, insbes. S. 194: „Das Fiktionalitäts- kriterium ist also wesentlich pragmatisch, es beruht auf einer pragmatischen Präsupposition, auf einem Kontrakt zwischen Autor und Leser, und dieser Kontrakt ist Bestandteil der be- treffenden Gattungskonventionen."

5   Ich übernehme im Folgenden Gedanken aus MAHLER 1996, v.a. S. 276ff.

6   SIDNEY 1962, S. 31. Zu dem vor allem die poetologische Diskussion des Mittelalters bestim- menden Lügenvorwurf s. die Einleitung der Herausgeberinnen im vorliegenden Band.

good faces, or sweet breaths, will for my kind offer, when I make curtsy, bid me farewell. (214ff.)

Erst ab der Restaurationszeit gibt es auf der englischen Bühne die Schauspieler*in*. Der *boy actor* – für die Zuschauer Rosalind, im Wald Ganymede, für Orlando Rosalind als Ganymede – wird als „the lady the epilogue" (198) wieder *boy* und *actor*, die temporäre Enklave der Komödie schließt sich, die Fiktion kollabiert, und das Spiel ist aus.

2. Matrix des Fingierens

Nicht das Fingieren allein, jedes Sprechen, jeder kommunikative Austausch beruht auf einem Kontrakt. Dies zeigt sich vor allem an der Verwendung der Personalpronomina der 1. und 2. Person. Der französische Sprachwissenschaftler Émile Benveniste teilt alle Rede in solche mit Dominanz der 3. und solche mit Dominanz der 1. und 2. Person.[7] Ersteres nennt er – mit Blick auf den Effekt – ‚histoire' (oder präziser ‚énonciation historique'), Letzteres – mit Blick auf die Ursache – ‚discours' (bzw. ‚énonciation discursive'): d.h. jede *histoire*-orientierte Rede leugnet ihre Verfasstheit, negiert die ihr zugrundeliegende – und sie dadurch ermöglichende – *énonciation* und blickt so scheinbar unverstellt auf das jeweils Vermittelte, den Inhalt, ihr wahrheitsgebundenes oder lügenhaftes *énoncé*; jede *discours*-bestimmte Rede hingegen erkennt die eigene Verfasstheit an und bringt sich auf diese Weise immer schon mit ins Spiel, stellt sich als Rede aus, zeigt Vermitteltes *und* Vermittler, wahr/falsches *énoncé und* wahrheitsgetreu ‚eigentliche' oder auch bloß vortäuschend ‚uneigentliche' *énonciation*. Die Verschiebung weg von der inhaltlichen Wahrheit/Unwahrheit eines *énoncé* hin zur erprobenden Erkundung der solche Wahrheit/Unwahrheit allererst herstellenden, vermittelnden *énonciation* ist Signum semiotischer Krisen; dies zeigt sich nicht zuletzt in den weithin beobachtbaren Tendenzen welt- wie selbstbefragender Alterierung, Pluralisierung, Partialisierung, Perspektivierung, ‚Subjektivierung' der frühen ‚Moderne'.[8] In früher Neuzeit wird Rede mithin im Benveniste'schen Sinne verstärkt ‚diskursiv', *discours*-bestimmt, da dies die Bedingungen ihrer Erkenntnisproduktion mit einbezieht, ausstellt, verhandelt, befragt oder verstärkt.

---

7   Siehe BENVENISTE 1966, S. 283ff.
8   Zu rinascimentalen Tendenzen autoritäts- und wahrheitsbefragender Pluralisierung und Heterogenisierung s. HEMPFER 1993; zu Englands früher Neuzeit als Epoche einer Autoritäts- und Repräsentationskrise und insbesondere zum englischen Theater nach 1588 als Ort, an dem „der große Gegensatz zwischen offiziellem Weltbild und inoffizieller Welterfahrung" ausgetragen wo „die alte Vorstellung von der großen Kette hierarchischer Existenz schon in Zweifel gezogen werden konnte, ohne dass die Denkweisen der neuen Zeit (darunter Individualismus und Gewinnstreben) bereits eine notwendige Alternative darstellten", s. WEIMANN 1988, S. 163ff., die Zitate S. 171 u. 173 (vgl. auch den konzisen kenntnisreichen Abriss bei PFISTER 1991). Zur kulturkontaktspezifischen diatopischen Parallelfrage, „how is it possible for one system of representation to establish contact with a different system?", vgl. GREENBLATT 1991, das Zitat S. 91.

Jede Sprachverwendung, jede Rede, jede *énonciation* ist potentiell gedoppelt. Die „Simultaneität zweier Situationen"[9] eignet nicht dem Fingieren allein. Als Medium der Welterfassung bespielt Sprache (mindestens) vier Ebenen;[10] teilt man in lebensweltliche ‚Realität' (E_1), materialen ‚Text' (E_2), vorgestellte ‚Vermittlung' (E_3) und vermittelten ‚Inhalt' (E_4), also extratextuelle Pragmatik, Syntaktik, Binnenpragmatik und Semantik, so etabliert Sprache/Rede syntaktisch-textuell (E_2) auf binnenpragmatischer Ebene konzeptuelle Koordinaten (E_3), welche textintern als Vorstellungsmodell dienen, mithilfe dessen auf der extratextuellen oder auch binnenfiktionalen Ebene reale (E_1) oder fiktive Sprecher (E_3) die Semantik ihrer Äußerungen (E_4) mit der realen oder fiktiven ‚Welt' (E_1 oder E_4) verbinden. Jedem Sprechakt eignet so in der Regel eine doppelte Pragmatik, ‚doppelte Navigation': die Überlagerung zweier deiktischer Zentren mit einer internen – ‚fiktiven' – Relation zwischen dem Text (E_2) und den von ihm etablierten Äußerungsinstanzen (E_3) und einer externen – ‚realen' – zwischen dem Text (E_2) und seinen tatsächlichen Nutzern (E_1).[11] Erstere etabliert eine unhintergehbare binnenfiktionale Situierung mit der Vorstellung textinterner ‚endophorischer' Referenz, Letztere eine mögliche zusätzliche extratextuelle Situierung mit der Vorstellung weltgerichtet ‚exophorischer' Referenz.[12] Damit Sprache problemlos weltvermittelnd, weltdarstellend, weltherstellend – mimetisch – funktioniert, muss genau diese Doppelung verdeckt gehalten sein, muss sich die interne Relation zugunsten illusionärer Geltung der externen tilgen; dies ist die sprachliche Latenz.[13] Typologisch führt dies zu einer Matrix von vier Positionen.[14]

9   So die bündige Formel bei WARNING 1983, S. 193. Zur gegenläufigen Präzisierung, dass nicht schon die Doppelung Fiktionalität konstituiere, sondern eine vorgängige Fiktionalitätsannahme allererst einen gedoppelten pragmatischen Zugriff bewirke, s. HEMPFER 1990, v.a. S. 123: „Damit konstituiert jedoch nicht die Doppelung der Sprecherinstanz Fiktionaliät, sondern die Trennung der Sprecher- und Leserinstanzen ist Konsequenz der Tatsache, daß ein Text als fiktionaler angesehen wird. Damit muß es jedoch Ausgestaltungen der fiktiven Instanzen im Text geben, die dergestalt sind, daß sie eine nichtfiktionale Lektüre des Textes nicht zulassen oder zu unauflösbaren Verständnisproblemen führen. Dies heißt, es ist nicht die Doppelung der Sprechsituation als solche, sondern die in bestimmten Fällen auffällige Ausgestaltung der textinternen Sprechsituation, die zur Ausbildung einer generellen Fiktionalitätskonvention geführt hat."

10 Ich greife in der Folge auf, was ich bereits in anderem Zusammenhang systematisch zu diskutieren versucht habe in MAHLER 2006, S. 240ff.

11 Zu den Deiktika oder *shifters* wie zum Begriff des ‚deiktischen Zentrums' s. LEVINSON 1983, S. 54ff., v.a. S. 64; vgl. auch JAKOBSON 1971.

12 Zu exophorischer und endophorischer Referenz s. BROWN/YULE 1985, S. 192ff.

13 Zum Gedanken, dass „menschliches Verhalten sich Teilaspekte seiner sozialen Wirklichkeit verdecken müsse, um Orientierbarkeit und Motivierbarkeit nicht zu verlieren", vgl. LUHMANN 1974, das Zitat S. 69, ähnlich LUHMANN 1995, Bd. 1, S. 63ff. und LUHMANN 1999, S. 136ff.; vgl. auch HAVERKAMP 2002. Sprachliche Latenz ist mithin die notwendige Verdeckung der Tatsache, dass Sprache erst über den Umweg eines internen Konstrukts in der Lage ist, sich auf Wirklichkeit zu beziehen.

14 Ich konzentriere mich hierbei auf die Ebene der *énonciation*, den Akt der Äußerung; wie der bereits gemachte Verweis auf die wahrheitssemantische Entgegensetzung wahr/falsch (nicht-wahr/nicht-falsch) verdeutlicht, ließe sich eine solche vierstellige Typologie auch für die Ebene des Inhalts, das *énoncé* skizzieren.

2.1. Referentialität

Wird die interne Relation auf die externe projiziert und löscht sich so aus, d.h. tut ein externer Sprecher – und mit ihm externe Hörer – so, als gäbe es die interne Relation nicht, dann liegt ein Sprachgebrauch vor, den wir für gewöhnlich als ,referentiell' bezeichnen: ein realer Sprecher spricht ,authentisch', eigentlich, seine Rede ist nicht ,fiktional', sondern ,faktual', er tut so, als wäre E_3 unmittelbar E_1. E_3 wird mithin nach dem Latenzgebot verdeckt gehalten, neutralisiert; die deiktischen Textelemente auf E_2 erscheinen vektorial ausschließlich auf E_1 gerichtet, in rein exophorischem Gebrauch, und stehen so im Dienst der Faktualität: es gilt allein das äußere Zentrum. Dies ist das Modell nicht-fiktionaler Transparenz. Es ist der Sprachgebrauch der Alltagskommunikation; er findet sich in Zeitung, Funk, Fernsehen, im Alltagsgespräch, im Sachbuch, in der öffentlichen Rede.

2.2. Heteroreferentialität

Wird hingegen die externe Relation auf die interne rückprojiziert, d.h. tut ein externer Sprecher – und mit ihm externe Hörer – so, als sei die externe Situation, durch die er sich bewegt, eine erfundene interne, indem er zwar E_3 gemäß Latenzgebot tilgt, E_1 aber zugleich im Schein durch ein erfundenes neues E_3 ersetzt, dann spricht er als realer Sprecher inauthentisch, uneigentlich, seine Rede ist ,fiktional', redekriteriumsbezogen ,dramatisch': er nutzt die Deiktika des Textes (E_2) so, als seien sie vektorial auf das Faktum (E_1) gerichtet, also exophorisch, obwohl sie ihrerseits Fingiertes (E_3), also Endophorisches, meinen. In diesem Sinn doppelter Bezogenheit nenne ich dies heteroreferentiell: es gilt das äußere Zentrum als inneres. Dies ist der Sprachgebrauch dramatischer Gattungen; er findet sich im Theater wie im Film. Solches tut eine Emma Thompson (oder als *boy actor* vielleicht besser ein Brad Pitt; beide E_1) als Rosalind (E_3); dies tut in der Potenz verschoben auch eine Rosalind als Ganymede.

2.3. Pseudoreferentialität

Wird umgekehrt die interne Relation von einer nunmehr internen Instanz so genutzt, als sei sie als Instanz extern, d.h. tut ein interner, fiktiver Sprecher so, als sei die interne Situation eine externe, indem er E_1 durchstreicht, gar nicht braucht, und scheinbar durch sein eigenes E_3 ersetzt, dann spricht er als fiktiver Sprecher inauthentisch, uneigentlich, seine Rede ist ,fiktional', redekriteriumsbezogen ,narrativ': er nutzt die Deiktika des Textes (E_2) so, als bezeichneten sie exophorisch Fakten (E_1), auch wenn es diese nur endophorisch, intern, gibt (E_3). In diesem Sinn ist der Gebrauch pseudoreferentiell: es gilt das allein existierende innere Zentrum als mögliches äußeres. Dies ist der Sprachgebrauch des Romans wie jedes in modaler Hinsicht narrativen Texts. Solches behauptet das Balzacsche „*All is true*"[15]; es führt sich vor etwa im *Tristram Shandy*: „Didst thou ever see a white bear?", fragt Walter Shandy in referenzbewusster Hinterlist Corporal Trim und fährt trotz des Corporals entschiedener Verneinung rhetorisch fort: „But thou couldst discourse about one, Trim, said my father, in case of need?"[16]

2.4. Autoreferentialität

Bleibt als Letztes noch die interne Instanz, der fiktive Sprecher, der authentisch-eigentlich spricht, sich also zu seiner Fiktionalität bekennt, sie ausstellt und damit E_3 als das benutzt, was es auch ist, nämlich nichts anderes als Schein, interne Fiktion, ohne externe Referenz auf Faktuales. Seine Rede ist entsprechend ‚meta-fiktional‘, näherhin ‚metanarrativ‘: er nutzt die Deiktika (E_2) nur endophorisch zur Bezeichnung einer binnenpragmatischen Vorstellung (E_3), vektoriell rein nach innen. Sein Sprachgebrauch ist demnach ganz auf sich bezogen, ‚autoreferentiell‘: es gilt allein das innere Zentrum. Dies ist der Gestus metafiktionalen Erzählens: „This story I am telling", sagt in selbstenthüllender, präsensgebundener Offenheit John Fowles' Erzähler in *The French Lieutenant's Woman*, „is all imagination. These characters I create never existed outside my own mind."[17]

Die Matrix umfasst also vier Möglichkeiten:[18]
1. ein realer Sprecher spricht ‚eigentlich‘, exophorisch (‚faktual‘, ‚referentiell‘: Typ 1);
2. ein realer Sprecher spricht ‚uneigentlich‘, endophorisch (‚fiktional‘ [‚drama-tisch‘], ‚heteroreferentiell‘: Typ 2);
3. ein fiktiver Sprecher spricht ‚uneigentlich‘, exophorisch (‚fiktional‘ [‚narra-tiv‘], ‚pseudoreferentiell‘: Typ 3);
4. ein fiktiver Sprecher spricht ‚eigentlich‘, endophorisch (‚metafiktional‘ [d.h. ‚faktual‘ im Fiktiven], ‚autoreferentiell‘: Typ 4).

Die vier Typen teilen sich in zwei ‚eigentliche‘ (Typ 1 und 4) und zwei ‚uneigent-liche‘ (Typ 2 und 3), also in Äußerungsformen mit scheinbar einfacher Naviga-tion, die jeweils nur eine Ebene – die äußere (Referentialität; E_1) oder die innere (Autoreferentialität; E_3) – im Spiel halten, und solche mit doppelter, die auf

---

15 BALZAC 1974, S. 6.
16 STERNE 1975, S. 396; das Verbum ‚discourse‘ entspricht hier, wie das ‚thou‘ verdeutlicht, dem Benveniste'schen ‚*discours*‘-Begriff: das innere deiktische Navigationszentrum verbürgt eine (a-referentielle) Artikulierbarkeit, welche vom äußeren ungedeckt bleibt.
17 FOWLES 1969, S. 85.
18 Zur Unterscheidung von authentischem und inauthentischem bzw. eigentlichem und un-eigentlichem Sprechen vgl. MARTÍNEZ-BONATI 1996, insbes. S. 68ff. (ihm gilt allerdings alles fiktive Sprechen als ‚inauthentisch‘); zu einem ähnlichen Versuch mit den Begriffen ‚gerader‘ und ‚ungerader‘ Sprachverwendung s. MAHLER 1992, S. 39ff. Im Sinne des Aristotelischen Redekriteriums nenne ich ‚dramatisch‘ alle Rede, in der ein realer Sprecher so tut, als wäre er fiktiv, und ‚narrativ‘ alle Rede, in der ein fiktiver Sprecher so tut, als wäre er real.

paradoxale Weise beide Ebenen zugleich – die äußere *und* die innere (E_1 als E_3; Heteroreferentialität) bzw. die innere *und* die äußere (E_3 als E_1; Pseudoreferentialität) – überkreuz bespielen. Nennt man referentielle Rede mit Blick auf die Existenz von ‚Welt‘ (E_1) ‚Affirmieren‘ und autoreferentielle ‚Negieren‘, gruppieren sich die vier Typen – ähnlich der wahr/falsch-Kontrarität mit den kontradiktorischen Komplementen nicht-wahr/nicht-falsch auf der semantischen Ebene des *énoncé* – auf der pragmatischen Ebene als *énonciations* zu einem semiotischen Viereck mit heteroreferentieller Rede als einem ‚Nicht-Affirmieren‘, welches zugleich behauptet *und nicht* behauptet, und pseudoreferentieller als ‚Nicht-Negieren‘, das zugleich *nicht* behauptet *und* behauptet.[19]

Faktualität und Fiktionalität sind demnach *beides* Effekte der Pragmatik. Man kann vielleicht sogar so weit gehen, zu sagen, dass Faktualität der enge Sonderfall ist, in dem die grundständige Fiktionalität aller Sprachverwendung strategisch geschickt vergessen ist.[20] Alle Rede ist ‚Als-Ob‘. Ihre ‚natürlichste‘ Form ist mithin die, die sich zeigt; das ist die ‚metafiktionale‘: sie ist ‚unkonventionell‘ in dem Sinn, dass sie keinen künstlichen Konventionen folgen muss, um ihren Als-Ob-Charakter zu verdecken. Demgegenüber ist die ‚künstlichste‘ Form von Rede folgerecht die ‚faktuale‘: diejenige streng konventionell geregelter strikter Verpflichtung auf die ‚Realität‘.

3. Gesten der Alterierung

Wer also faktual kommuniziert, tut so, als ob er dem ‚Referenz‘-Typ (Typ 1) glaubt; er tut so, als erfasse das interne System vollständig und unverstellt die externe Realität, indem er Vorstellung sofort direkt auf Wirklichkeit projiziert und ihren Konstruktcharakter, die prinzipielle Stellvertretung, tilgt. Solcher Glaube beruht auf der jeweilig geltenden Konzeption von Sprache. Bis in unsere Zeit hinein ruht Referenzglaube auf der ‚modernen‘ Konzeption sprachlicher Transparenz, welche die Materialität – oder genauer Medialität – von Sprache auflöst zugunsten des ‚Transports‘ allein Geltung beanspruchenden Sinns und auf diese Weise Sprache funktionalisiert und instrumentalisiert zum selbstauflösenden Vermittlungsmedium.[21] Bis in die Renaissance hinein ruht referentieller Glaube hingegen auf einer in ganz anderer Weise weltverbürgenden vormodernen Konzeption sprachlicher Ähnlichkeit, welche Materialität und Vorstellung, *verba* und

---

19 Zum semiotischen Viereck allgemein s. in knapper Form die zusammenfassende Darstellung in GREIMAS/COURTÉS 1979, S. 29 ff.; im Gegensatz zu Greimas geht es mir um die Ausstellung der paradoxalen Doppelung in den beiden Überkreuztypen, also um das ‚und‘ (bzw. ein ‚weder/noch‘).

20 Solches ‚Vergessen‘ scheint ein wesentliches Stadium im Spracherwerb von Drei- und Vierjährigen, welche anhand unermüdlicher Erprobungen des Auch-Möglichen die eingrenzende Verpflichtung von Sprache auf das Geltende einüben: den Erwerb von Referenz.

21 Zum Gedanken sprachlicher Transparenz – spätestens nach Port-Royal – s. FOUCAULT 1992, S. 60ff., v.a. S. 70: „Le langage se retire du milieu des êtres pour entrer dans son âge de transparence et de neutralité.“

res, verbindet zur konkomitanten Sinnfindung und folgerecht Sprache sachgleich (*vox ut res*) auffasst und gebraucht als materiales Findungsinstrument von Wahrheit.[22] Der Glaube, so tun zu können, als zeige Sprache unverstellt Wirklichkeit, hängt also ab von der jeweils herrschenden epistemischen Formation, von dem, was man für Wirklichkeit hält, von der jeweiligen Wirklichkeitskonzeption.

Mittelalterlich-christliches Denken kennzeichnet weithin eine Konzeption göttlicher ‚Garantie‘, in welcher Gott als verlässlicher Bürge gilt für den geschlossenen Kosmos, für die ‚Welt‘, für alles, ‚was der Fall ist‘.[23] In solcher Konzeption ist faktuales Sprechen geleitet über das Sinnversprechen der Vernetzungen sich stets bestätigender Analogien;[24] es ist gehalten über Gott als ‚dritte‘ und zugleich unhintergehbare Letztinstanz der Wirklichkeit. Dies ist in einem orthodox begriffenen christlich-mittelalterlichen Rahmen sprachlicher ‚Glaube‘. Wofern solcher Glaube je fix war, beginnt er in jedem Fall schriftlich belegbar bereits vereinzelt zu korrodieren ab dem 13. Jahrhundert.[25] Wo solcher Glaube korrodiert, entsteht ‚Nicht-Glauben‘; damit einher gehen Verlockungen alternativer Weltvorstellung und tentativen ‚Anders-Sagens‘. Erst dies ist der Moment der Legitimität alterierender Weltbehauptung; erst dies eröffnet als überhaupt sinnvoll denkbare Möglichkeit den ernsthaft-spielerischen Gestus hetero- bzw. pseudoreferentieller Rede der überkreuz genutzten Typen 2 und 3.[26] Es ist der Schritt von einer ‚funk-

---

22 Zum Ähnlichkeitsdenken s. ebd. S. 32ff.; vgl. auch die korrigierenden und differenzierenden Ausführungen bei OTTO 1992.

23 Zu den vier die okzidentalen Kulturen prägenden Wirklichkeitskonzeptionen spontaner ‚unmittelbarer Evidenz‘ (Antike), verbürgter ‚göttlicher Garantie‘ (Mittelalter), resultathafter linearer ‚Realisierung‘ (Moderne) und widerständiger nicht-gefügiger ‚Kontingenz‘ (evtl. ‚Postmoderne‘) s. BLUMENBERG 1964, zum Mittelalter v.a. S. 11f. (der letzte Wirklichkeitsbegriff erscheint vorerst lediglich als bloße Negation des dritten). Sie implizieren weder Vollständigkeit noch das Versprechen chronologischer Teleologie; wohl aber stellen sie den jeweils dominanten Zugriff auf die ‚Welt‘, auf „alles, was der Fall ist" (WITTGENSTEIN 1985, S. 11, Satz 1).

24 Zu Theorie und Praxis analogen Denkens vgl. OTTO 1984, v.a. S. 107ff., DUBOIS 1985 und MAHLER 1992, S. 99ff.

25 Dies ist das Problem von Genesis und Geltung, also von der Erstbenennung eines Phänomens bis hin zu dessen weithin anerkannter Akzeptanz; zum Begriffspaar ‚Genesis‘ und ‚Geltung‘ vgl. KOSELLECK 1973, zur Spanne seiner Applikation auf die Epoche der ‚Moderne‘ bzw. ‚Neuzeit‘ (13.–18. Jahrhundert) s. KROHN 1977 und KOSELLECK 1989.

26 Im Rahmen mittelalterlicher Geschlossenheit erscheinen mithin sinnvoll nur die Typen 1 und 4: der ‚faktuale‘ Sprachgebrauch als *sensus litteralis* und der ‚metafiktionale‘ als über Ähnlichkeit ins System rückbindbarer *sensus allegoricus* (zu den verschiedenen mittelalterlichen Bedeutungstypen vgl. OHLY 1977). Zu einer Trennung in Gottes Schöpfung als erster Welt (W_1), den Text als zweiter (W_2) und ein vorgestelltes Ideal als dritter (W_3) s. BERGER 1988; zu einer systematischen Weiterentwicklung dieser Triade für eine imaginationsorientierte Theorie der Renaissancefiktion s. LOBSIEN/LOBSIEN 2003, S. 52ff., und LOBSIEN 2003, S. 28ff. u. 293ff. Wo die zweite Welt (W_2) lediglich – allemal imperfektes – allegorisches Abbild der Idealwelt (W_3) bleibt, scheint Fiktion als bereits ausgestellte immer schon legitim (Typ 4); wo sie jedoch in Rivalität zur ersten (W_1) gerät, entstehen die frühneuzeittypischen häresieverdächtigen Verwerfungen und Irritationen der beiden Überkreuztypen ‚doppelten‘ Fingierens (Typ 2 und 3).

tionalen' zur ,autonomen' Fiktionalität.[27] Diskursiv halten sich Verlockungen der Alterierung oft in Schach[28] – über Ausgrenzung wie in der Negation von Andersgläubigkeit, über Tabuierung wie in der Verteufelung der *curiositas* zur Todsünde, über Bestrafung wie bei der Ahndung von Häresie.[29] Ich skizziere in der Folge einige Faktoren, die zur Möglichkeit der Befragung eines solchermaßen geschlossenen Glaubenssystems führen und die auf diese Weise den überkommenen analogen Kontrakt zu lösen beginnen und – allmählich und unmerklich in einem langsamen, unterschwelligen Prozess – überführen in einen neuen, anderen, auf einer anderen Sprach- wie Wirklichkeitskonzeption basierenden ,digitalen' Kontrakt der Welt- und Selbstversicherung.[30] Dabei führt der Weg von einem ,Glauben', das zugleich identifiziert ist mit ,Wissen', zu einem ,Nicht-' und ,Anders-Glauben', welches ,Glauben' und ,Wissen' allmählich differenziert, und hierüber zur tentativen Anders-Rede eines ,Fingierens' (Typ 2 und 3), das in aller Legitimität Möglichkeiten erkundet, die weder funktional noch institutionell noch zeitlich-räumlich mehr gehalten sind.[31] Dies ist die frühneuzeitliche Befreiung, die Entfesselung des Imaginären.[32]

27   Siehe MÜLLER 2004; Müller spricht etwa für die Zeit um 1200 von einem „Autonomisierungsschub" (S. 285), betont aber zugleich die stete Gebundenheit mittelalterlichen Fingierens: „Fiktionalität im Mittelalter schließt den affirmativen Bezug auf geltende Ordnungen nicht aus; sie setzt im Rahmen solcher Ordnungen an. Der Spiel-Raum, den der Rahmen lässt, ist unterschiedlich groß, in Abhängigkeit von Themen, Gattungen, Diskursen. Im religiösen Kontext gelten andere Beschränkungen als z.B. beim Erfinden einer wunderbaren Aventiurewelt. Spielerische Fiktionen – innerhalb oder außerhalb literarischer Texte und in literarischen Texten unterschiedlichen Typs – können sich mehr oder weniger weit von den pragmatischen Bedingungen der Welt, auf die sie bezogen sind, entfernen, ganz lösen dürfen sie sich, um den Preis ihres Wahrheitsanspruches, nicht" (S. 310f.). Zur These von der Geburt der Fiktionalität bei Chrétien und seinen Nachfolgern s. zusammenfassend HAUG 2003; zu den zwei genannten Fiktionsbegriffen vgl. BURRICHTER 1996.

28   Zu den Prozeduren der Diskurskontrolle wie Ausschließung, Einschränkung, Verknappung der Benutzer, also äußerliche, innere, pragmatische Kontrolle, s. FOUCAULT 1971, S. 10ff.; zur diskursiven Sicherung des ,Wahren' vgl. v.a. auch S. 37: „Il se peut toujours qu'on dise le vrai dans l'espace d'une extériorité sauvage; mais on n'est dans le vrai qu'en obéissant aux règles d'une ,police' discursive qu'on doit réactiver en chacun de ses discours" (Foucaults Diskurs-Begriff ist ein anderer als der Benvenistes). Das heißt nochmal: Fingieren scheint bis in die frühe Neuzeit hinein solange erlaubt, wie es erkennbar im ,wilden Außen' bleibt und zugleich über hermeneutische Verfahren ins Innere zurückholbar ist (Typ 4); sobald es Außen und Innen zu mischen beginnt (Typ 2 und 3), muss ihm begegnet werden. Zu einem Fingieren im wilden Außen eines ,Wahnsinns's. den Beitrag von Andrew Johnston in diesem Band.

29   Zur *curiositas* als einer Gefahr „der autonomen Erkenntnissicherheit, der *impia superbia*", s. BLUMENBERG 1988, S. 103ff., das Zitat S. 104.

30   Zu den sprachlichen Veränderungen in früher Neuzeit s., für die Romania, TEUBER 1989, v.a. S. 20ff., für den deutschsprachigen Raum, RATHMANN 1991, für das frühneuzeitliche England, SCHMIDT 2006. – Im vorliegenden Rahmen kann dies bestenfalls nur Skizze bleiben; ich beschränke mich auf einige unsystematische Hinweise.

31   Zu Tendenzen der allmählichen Legitimierung des Fingierens, v.a. mit Blick auf das England des 17. Jahrhunderts, s. ASSMANN 1980.

32   Zu den Bedingungen und Möglichkeiten frühneuzeitlicher Imagination s. LOBSIEN/LOBSIEN 2003 und LOBSIEN 2003; vgl. auch MAHLER 2008 (ich nehme in der Folge einige Gedanken hiervon wieder auf).

3.1. Nominalismus

Die epistemologischen Grundlagen hierfür scheinen gelegt in Konjunkturen ‚nominalistischer' Sprachkonzeption.[33] Erst die sich aus gängigem Sprachrealismus lösende Dissoziation von Zeichen und Bezeichnetem, *verba* und *res*, eröffnet den Möglichkeitsraum prospektiver Anders-Rede; erst die sympathieaufkündigende, analogieungläubige Dissoziation von Zeichen und Bezeichnetem ermöglicht einen Sprachgebrauch, welcher „die Wiederkehr lebensweltlicher Realität im Text bewirkt" und so „das Imaginäre in eine Gestalt zieht", dass dies überhaupt zur „Vorstellbarkeit" des durch die vermeintlich wiederkehrende Realität „Bezeichneten" werden kann, d.h. zur neuzeitlichen – autonomen – ‚Fiktion'.[34] Hierin verändert die Sprache die Rede und die Rede die Sprache: die Rede findet nicht mehr nur über Sympathien Gegebenes, sondern *er*-findet potentiell Neues, und die Sprache erfasst nicht mehr nur das abgesicherte ‚Reale', sondern auch – in aller Unzulänglichkeit – das Ungewisse, Entzogene, Kontingente, d.h. die ‚Sachen' (*res*) fungieren nicht mehr als verlässliche Bindungsgaranten der ‚Wörter' (*verba*), sondern zwischen Wörtern und Sachen öffnet sich sicht- und spürbar eine „Kluft".[35] Rede zeigt sich auf diese Weise mit einem Mal auch als – bis dahin in der Latenz verborgener – *discours*: als nicht von Haus aus über verbürgte Weltinhalte (*énoncés*) garantiert, sondern darüber hinaus als mögliches Produkt einer Wahrheit einstellenden, perspektivierenden, herstellenden subjektgebundenen *énonciation*.[36] Die Nobilitierung des Fingierens zur Legitimität eigenständiger ‚Literatur' scheint sich dementsprechend entscheidend mit zu verdanken solcher in ‚nominalistischer' Sprachveränderung gründender Aktivierbarkeit eines imaginativen Alteritätspotentials; in ihr liegt der Beginn der Möglichkeit von Welt-‚Realisierung'.[37]

---

33 Zum Versuch der Begründung des Literarischen aus den Wurzeln nominalistischen Denkens s. KEIPER 1997; vgl. auch RATHMANN 1991, S. 41ff. Zur wichtigen Betonung, dass es sich bei der Realismus/Nominalismus-Debatte zuallererst um einen Streit um Universalien handelt, in dem es um die präsupponierte Existenz bzw. Nicht-Existenz von Allgemeinbegriffen geht, s. HEMPFER 1973, S. 30ff. Die Begrifflichkeit ist heikel; mir geht es im vorliegenden Zusammenhang vornehmlich nur um die vektorielle Drehung: darum, dass im Rahmen ‚nominalistischer' Positionen mit einem Mal unversehens auch nicht über Existenz Abgesichertes bezeichen- und beredbar wird.

34 Siehe ISER 1993, die Zitate S. 20.

35 Zum Aufreißen einer Kluft zwischen *verba* und *res* etwa bei Boccaccio vgl. FLASCH 1993, das Zitat S. 17.

36 Systematisch ist, wie in Punkt 2 gezeigt, eine sprechersituierende *énonciation discursive* stets gegeben; historisch allerdings scheint ihre eigenständige Sichtung wie Nutzung jeweils erst mit Ausfall selbstverständlicher epistemologischer Gehaltenheit denkbar und sinnvoll.

37 Zum Realisierungsbegriff s. BLUMENBERG 1964, S. 12f.

3.2. Mystik

Die Folgen solcher Aktivierbarkeit zeigen sich zunächst in aller Unschuld in den skeptisch-euphorischen Hoffnungen mystischer Rede. Dort findet sich der Glaube so weit getrieben, dass Anders-Sagen, obwohl als Perfektionierung des an sich Geschlossenen gedacht, die Grenzen der menschlich erkennbaren Welt ahnungs- wie hoffnungsvoll transgrediert und so in einer unversehens häresieverdächtigen ‚Theopoetik' gipfelt, welche theologische Wahrheit in endlosen poetischen Erfin- dungen supplementär versichtbarend zu ergänzen sucht.[38] Aus Allegorie entsteht Ästhetik.[39] Der Text schafft also, ‚macht' erst die Erfahrung, die er abzubilden vorgibt; die innere Navigation erspielt sich tentativ – spekulativ – eine entzogene Exophorik (und mit ihr vermeintlich verbürgbare *énoncés*), deren Existenz sie sich von nachträglicher göttlicher Beglaubigung erhofft, für deren Behauptung sie indes im Moment der Rede keinen rechtfertigenden Beleg besitzt. Dies ist vorder- hand pseudoreferentiell; aus dem *discours* emergiert eine Performanz, welche mimetisch nicht mehr recht einholbar ist: die sprachlich bezeichenbare Welt scheint mehr als was ‚der Fall ist'.[40]

3.3. Skepsis

Dies geht einher mit den Wiederbelebungen skeptischer Rede im späten Mittel- alter, namentlich zunächst in der ‚negativen Theologie' des Nikolaus von Kues. Dessen zweifelnd explorative Haltung denkt immer wieder transgressiv ins Unbestimmte hinaus, um das eingestandenermaßen Unzugängliche im Sinne einer *docta ignorantia* zuweilen aus Versehen glückhaft vorstellbar zu machen.[41] Solch erkenntnisoffenes Nicht-Wissen, solch ungläubig/gläubig erprobendes Anders- Sagen, und immer wieder nochmals Anders-Sagen, findet schließlich sein früh- neuzeitliches Momentum in der *crise pyrrhonienne*.[42] Im Jahr 1562 erscheint in Paris die folgenreiche lateinische Übersetzung der *Pyrrhonischen Hypotyposen*

---

38 Zu Begriff und Theorie einer den Sinnrahmen des Theologischen ästhetisch überschießenden Theopoetik s. TEUBER 2003, zur mystischen Rede als *énonciation*-verändernder ‚Überschrei- bung' S. 133ff., insbes. S. 137 (bei Teuber auch weitere Literaturhinweise). Vgl. in diesem Zusammenhang auch WITTGENSTEIN 1985, S. 115, Satz 6.522: „Es gibt allerdings Unaus- sprechliches. Dies *zeigt* sich, es ist das Mystische." (Hervorh. im Original).

39 Vgl. in diesem Zusammenhang schon das für Dantes *Divina Commedia* beobachtete äs- thetische Überschießen des theologisch bestimmten figuralen Deutungsrahmens, die Umkehr der Funktionalisierungsrichtung zwischen Theologie/Ideologie und Fiktion/Ästhetik, bei AUERBACH 1977, v.a. S. 192ff.

40 Zum Begriffspaar ‚Mimesis'/,Performanz' vgl. ISER 1993, S. 481ff.; zu den ähnlich gela- gerten Paaren ‚Imitieren'/,Symbolisieren' bzw. ‚Nachahmung'/,Vorahmung' S. 430ff.

41 Zur Bedeutung der Skepsis für die Artikulierbarkeit des Nicht-Realen s. LOBSIEN 1999, zur Beschreibung des Projekts des Cusaners unter dem den Vorahmungscharakter des Unter- fangens bezeichnenden Stichwort ‚inszenierter Transzendenz' näherhin S. 49ff.; zum Cusaner vgl. auch RATHMANN 1991, S. 75ff.

42 Vgl. POPKIN 1979.

des Sextus Empiricus von Henri Estienne.[43] Sie führt über Montaigne auf den
„Königsweg"[44] der Rezeption skeptischen Gedankenguts in die englische Früh-
moderne. In ihr entfaltet sich der Gedanke der Alterität, die Vorstellung, „daß
alles auch ganz anders sein könnte",[45] die zweifelnde Verwerfung aller *énoncés*
und zugleich unermüdlich hoffende Weiterproduktion von *énonciations* als
grundlegendes Denkprogramm. Hierin liegt die frühneuzeitliche Emanzipation
des *discours*, die programmatische Befreiung eines weltenschaffenden *If*; hierin
liegt ein wesentlicher genealogischer Strang von ‚Literatur'. Es entstehen Texte
eines Ungesagten, ‚Neuen', welche die überkommenen Wahrheiten überführen in
die Affirmationslosigkeit – Sidneys ‚nothing affirmeth' – offener Fragen: Texte
nicht bloß der Thematisierung des Zweifels, sondern seiner strukturellen Erfahr-
barmachung im ewig abwägenden Hin und Her der ‚branloire perenne'.[46] Hierin
liegt zudem der Nexus zur vor allem die Romania prägenden Moralistik; endloses
Anders-Sagen gründet in einer ‚negativen Anthropologie': in grundständiger Ent-
zogenheit jeder Gewissheit hinsichtlich der eigenen Verortung wie der letzten
Fragen und der Verweigerung ihrer Überführung in sich demütig fügenden
‚naiven' Glauben.[47]

3.4. Kasuistik

Daneben hat die Alterierung einen angestammten ‚Sitz im Leben' in funktionalen
Fiktionen wie etwa jenen der Kasuistik.[48] In der vor allem für England maß-
geblichen Tradition des *case law* eröffnen sich Alternativen des Auch-Möglichen,

---

43 SEXTUS EMPIRICUS 1985; s. v.a. auch die ausführliche Einleitung von M. Hossenfelder. Zur
    rezeptionsgeschichtlichen Relevanz des Datums 1562 vgl. LOBSIEN 1999, S. 11.
44 Ebd. S. 87.
45 Ebd. S. 35.
46 Zur systematischen Unterscheidung von thematischer und struktureller Skepsis s. ebd. S. 9ff.
    Zu Begriff und Vorstellung der ‚branloire perenne', der ‚Schaukel' eines ewigen Hin und
    Her, beständiger Alterierung, einer endlos relativierenden, alterierend vergleichenden Kipp-
    bewegung vgl. MONTAIGNE 2001, S. 1255 (III.2, „Du repentir"). Gerade bei Montaigne ist
    beobachtbar, wie sich im Verlauf skeptischer Alterierung die Glaubensinhalte einer *énon-
    ciation historique* immer mehr zerreiben zugunsten einer allein übrig bleibenden, subjekt-
    geleitet ‚oberflächlichen', aber eben auch nicht mehr in ‚Wahrheit' arretierbaren, mithin
    aporetischen *énonciation discursive*. Zu Montaignes „Inszenierung der Unausweichlichkeit
    von Aporie" und einer damit verbundenen, nicht stillstellbaren Dialektik von Selbstermäch-
    tigung und Selbstentmächtigung vgl. auch KABLITZ 1997, S. 532: „Erst in dieser schonungs-
    losen Akzeptanz der Unhintergehbarkeit des Aporetischen gewinnt der Diskurs die Freiheit
    einer Selbstentlarvung, die ihn zur Fiktion seiner selbst werden lässt und mit dieser
    Selbstdistanzierung ein letztes Stück der Mächtigkeit über das Unausweichliche bewahrt" (zu
    einer Kritik an Kablitz' Zweifel an Montaignes ‚Skeptizismus' vgl. LOBSIEN 1999, S. 86ff.).
47 Zur Moralistik allgemein s. FRIEDRICH 1993, S. 167ff.; zum hierauf bezogenen Gedanken
    einer skepsisgeleiteten selbstungewissen ‚negativen Anthropologie' vgl. STIERLE 1985.
48 Für diesen Hinweis danke ich Anita Traninger. Zum aus der formgeschichtlich argumentie-
    renden Theologie entlehnten funktionalen Begriff vom ‚Sitz im Leben' als Institutionalisie-
    rungsort von Rede s. BERGER 1987, S. 156ff.

welche im Rahmen der Wahrheitsfindung legitimerweise durchgespielt werden müssen, damit verlässliche Entscheidungen getroffen werden können.[49] Die abwägende Herstellung möglicher *énoncés* durch rhetorisch geleitete *énonciations* kennzeichnet neben dem juristischen auch den medizinischen und den theologischen Diskurs; in ihnen wird eine *res dubia* solange durchdekliniert, bis sich ein vorerst überzeugendes Ergebnis evidenter Wahrscheinlichkeit einstellt, welches angesichts der Ungewissheit darüber, was ‚der Fall ist‘, zumindest in Aussicht stellt, was ‚der Fall sein könnte‘.[50] Hierin aktiviert sich das *If*; voraussetzungs- und bedingungsreich produziert, ‚realisiert‘ der *discours* Plausibles, ohne dass vorderhand entscheidbar ist, ob sich dies aufrechten Abwägens oder interessierter Täuschung verdankt.[51]

3.5. Karneval

Schließlich hat Anders-Reden/Anders-Handeln seinen angestammten, wenn auch zeitlich begrenzten, institutionellen Ort immer schon auch im Karneval.[52] Die Vorstellung, ‚dass alles auch ganz anders sein kann‘, realisiert sich dort konkret stets neu als rituell wiederkehrende „Möglichkeit einer *anderen* Welt" und erlaubt auf diese Weise „einen anderen Blick auf die Welt, die Erkenntnis der Relativität alles Seienden und der Möglichkeit einer grundsätzlich anderen Weltordnung".[53] Für den Moment des Fests darf mithin auch ganz anderes ‚der Fall sein‘: im Lizenzraum der ernsthaft-unernsten Enklave kommen temporär *énoncés* ins Spiel, deren Geltung *und Nicht-Geltung* in aller fröhlich relativierenden Legitimität zugleich behauptet werden kann. Hierin entbirgt sich eine eigene *énonciation discursive*; es ist die Doppelung des Behauptens/Nicht-Behauptens der Fiktion. ‚If I were a woman […]‘, sagt der *boy actor*, wie schon zitiert, in der Maske der Rosalind und ist zugleich Frau *und ist es nicht*. Im Karneval ist der Maskierte stets ein anderer und er selbst;[54] im Fiktionsspiel von *As You Like It* behauptet die fiktive Rosalind endophorisch, sie sei ein Mann, was sie als *boy actor* exophorisch ist, und der reale *boy actor* behauptet zugleich endophorisch, Frau zu sein, und ist

---

49 Zum ernsthaft-spielerischen Durchexerzieren forensischer Alterierung vgl. etwa die Tradition der Disputationen simulierenden *moots* an den Londoner Rechtsschulen der Inns of Court; vgl. FINKELPEARL 1969, S. 9ff. Zu frühneuzeitlichen Grenzgängen zwischen funktionaler Fiktion und freiem, respektlosem Spiel in den Kontexten der Akademia vgl. MULSOW 2007.

50 S. PICHL 1998.

51 Zu im Lauf des 16. Jahrhunderts überhand nehmenden Fällen der Täuschung s. JONSEN/ TOULMIN 1988.

52 Zur Rekonstruktion eines das Jahr beschreibenden, reich durchsetzten Festkalenders für das elisabethanische England s. LAROQUE 1993, v.a. S. 74ff.

53 BACHTIN 1987, die Zitate S. 99 u. 85 (Hervorh. im Original); vgl. auch die Zusammenfassung in BACHTIN 1985, S. 113ff, wo von den Karnevalskategorien und insbesondere von der grundständigen Funktionalität des Karnevals, der Alterierungsgeste einer „fröhliche[n] Relativität alles Bestehenden" (S. 140), die Rede ist.

54 Zum frühneuzeitlichen Zusammenhang von Rolle, Täuschung, Maske und Identität s. MAHLER 1995; vgl. hierzu auch den Beitrag von Bernd Häsner in diesem Band.

zugleich auch exophorisch Mann. Über das ausgestellte Ausagieren solcher Möglichkeit zieht sich der Karneval in die Fiktion; aus einer mündlich bestimmten, zeitlich begrenzten Äquivalenzagentur wird eine schriftliche, vom Text begrenzte: dies ist der Weg der ‚Transposition' des Karnevals in die ‚Literatur'.[55]

4. *Of the force of imagination*

In früher Neuzeit aktivieren solche Gesten der Alterierung zunehmend die Matrix des Fingierens. In Hoffnung, Zweifel, Übung, Feier bekommt das Imaginäre, welches mittelalterlich weitgehend noch gebannt scheint durch den ungebrochenen Glauben an die Instanz Gottes als dem Schöpfer aller Welt, unversehens eigenen, autonomen Raum; vermehrt zeigt es sich als ungebundenes, rohes, offenes Vermögen.[56] Physiologisch hat dies sein Fundament in der Wirkweise des Gehirns; dessen Tätigkeit stellt man sich zeitgenössisch vor als Zusammenwirken dreier Kammern: die erste registriert und konzeptualisiert, die zweite klassifiziert und relationiert, die dritte memoriert.[57] Erste und zweite Kammer erscheinen so als Ort der Herstellung epistemologischer Doppel zur gedanklich-geistigen Bewältigung erfahrener Wirklichkeit; sie erstellen ein fiktives Modell (E_3) und betrachten es als ‚einbildendes' Abbild der realen Welt (E_1). Dies ist der (Normal-)Weg von den *res* zu den *verba*. Dieser ist allerdings auch umgekehrt denk- und nutzbar; in Nachordnung der *res* hinter die *verba* produzieren diese mit einem Mal unratifizierte *res* und andere Welten: der Mensch kann aus den memorierten Inhalten der dritten Kammer Rekombinationen und Konzeptualisierungen bilden, die vorderhand von seiner unmittelbaren Dingwahrnehmung nicht gedeckt sind.[58] Solches zeigt sich etwa im Traum; es zeigt sich auch in autosuggestiver Manipulation.

55 Zur These von der „Transposition des Karnevals in die Literatursprache" und ihrem Ausweis als „eins der wichtigsten Probleme der historischen Poetik und der Gattungspolitik insbesondere" s. BACHTIN 1985, die Zitate S. 137 u. 120. Zum Versuch einer medienbezogenen Systematisierung dieses Sachverhalts unter dem Stichwort der Äquivalenz vgl. MAHLER 1993, insbes. S. 94ff.; zu einer der Autonomisierung der Fiktion gegenläufigen frühneuzeitlichen Politisierung – d.h. manifesten Funktionalisierung – des Karnevals s. BURKE 1985, S. 213ff.

56 Zur Unterscheidung eines gesellschaftlich instituierten, gebundenen ‚transitiven' Imaginären einerseits, das Bilder ‚von' etwas produziert und darüber menschliche Vorstellungen kanalisiert und regelt, von einem radikalen, offenen ‚intransitiven' Imaginären andererseits als reinem Vermögen zur Bilderproduktion s. CASTORIADIS 1999, etwa S. 8: „L'imaginaire dont je parle n'est pas image *de*. Il est création incessante et essentiellement *indéterminée* (socialhistorique et psychique) de figures/formes/images, à partir desquelles seulement il peut être question *de* ‚quelque chose'" (Hervorh. im Original).

57 S. LOBSIEN/LOBSIEN 2003, S. 11ff.; es geht näherhin um fünf Sinne in drei Kammern.

58 In negativer Sicht ist dies zu vermeidender Trug und Täuschung, in positiver Sicht zu begrüßendes wahrnehmungs- und erkenntniserweiterndes Vermögen; zum vektoriellen Umschlag von *res*-abbildenden zu *res*-produzierenden *verba* vgl. ebd. S. 33: „Es kann bei der Bestimmung jener Rolle, die die Imagination in den Renaissancediskursen spielt, nicht darum gehen, sie und ihre Produkte referentiell an vorgeblich nicht-imaginative Kontexte zurückzubinden [...]. Ebensowenig lässt sich die basale Doppelungsstruktur der Imagination auf einen bloßen

Dies ist zentrales Thema in Montaignes „De la force de l'imagination", bei Florio „Of the force of imagination".[59] Florios Übersetzung erschien 1603 im Druck. Teile davon müssen allerdings vorher schon in Manuskriptform in den Intellektuellenkreisen an den Inns of Court und hierüber insbesondere auch bei den zeitgenössischen Theaterschaffenden bekannt gewesen sein.[60] Die Wirkung der Florio-Übersetzung im frühneuzeitlichen London ist kaum zu überschätzen; zu Beginn des 17. Jahrhunderts erscheint sie fast als so etwas wie ein Kultbuch, heutzutage gilt sie zuweilen gar als kanonischer Text gerade auch der englischen Literatur.[61] Der Essay zur Imagination wirkt auf den ersten Blick kurios; er springt von Anekdote zu Anekdote, scheint wenig strukturiert, bildet aber gerade darin strukturell seinen Redegegenstand ab.[62] Sein Auftakt profiliert eine Sentenz:

> Fortis imaginatio generat casum. A strong imagination begetteth chance, say learned clearks. I am one of those that feele a very great conflict and power of imagination. All men are shockt therewith, and some overthrowne by it. The impression of it pierceth me, and for want of strength to resist her, my endeavour is to avoid it. I could live with the only assistance of holy and merry-hearted men. The sight of others anguishes doth sensibly drive me into anguish: and my sense hath often usurped the sense of a third man. If one cough continually, he provokes my lungs and throat. I am more unwilling to visit the sicke dutie doth engage me unto, than those to whom I am little beholding, and regard least. I apprehend the evill which I

Effekt des Übergangs zwischen Diskursen reduzieren. Sie refiguriert vielmehr das zu Verbindende und bindet es in ganz neue, unvorhersehbare Gestalten ein. Die Imagination ist wesentlich ein Vermögen der Grenzüberschreitung, und gerade in dieser Qualität liegt ihre (produktive) Ambivalenz; denn einerseits stabilisiert sie Bilder der Realität, indem sie ihnen Grenzen setzt und Formen einprägt, und andererseits weist sie doch stets über das so Begrenzte hinaus."

59 MONTAIGNE 2001, S. 146ff. (I.20) bzw. MONTAIGNE/FLORIO o.J., Bd. 1, S. 92ff. Zur Imagination bei Montaigne als Präfiguration einer „Theorie des literarischen Diskurses" im Sinne einer herstellenden „Performanz des Schreibens" s. LOBSIEN/LOBSIEN 2003, S. 40ff., die Zitate S. 40 u. 41 (dort auch Verweise auf andere Essays); zu den Gemeinsamkeiten zwischen Skepsis und Imagination vgl. LOBSIEN 1999, S. 85ff. Ich verzichte im vorliegenden Zusammenhang auf eine nähere Analyse des Essays und beschränke mich auf einige wenige Hinweise zur Konvergenz von Imagination und Weltwahrnehmung; zu profunden rezenten Lektüren des Essays s. ausführlich WESTERWELLE 2002, S. 409ff. (dort auch eine genaue Berücksichtigung der drei Textstufen des Essays), und, mit Blick auf Castoriadis, MAIER-HOFER 2003, S. 32ff.

60 Zu „Bilingued FLORIO" als zentralem kulturellen Mittler im elisabethanischen England s. PFISTER 2005, das Zitat S. 36. Zu den Inns of Court als intellektuellem Zentrum s. FINKEL-PEARL 1969, S. 3ff.; zur Verbindung zwischen den Inns und den Theatern, v.a. über die karnevaleske Institution der *Revels*, vgl. ELTON 2000.

61 Zum Vorschlag, dass die „Kongenialität und Verbreitung" der Florio'schen Übersetzung „es rechtfertigt, die Essays als Teil der englischen Renaissanceliteratur zu betrachten", s. LOBSIEN 1999, S. 87, dort auch Belege zu Rezeption und Verbreitung. Da es mir um die Wege des Fingierens im frühneuzeitlichen England geht, profiliere ich schwerpunktmäßig den Florio-Text; ich füge das Montaigne'sche Original im Anmerkungsapparat bei.

62 Zur *copia*-haften Unstrukturiertheit, Heterogenität, ‚Kuriosität' des Essays s. WESTERWELLE 2002, S. 413.

studie, and place it in me. I deeme it not strange that she brings both agues and death to such as give her scope to worke her wil, and applaude her.[63]

Im Auftakt des Essays ist mithin der Vektor schon gedreht: statt Gegebenes dem Gedächtnis einzuprägen, in ein Bild zu bringen, ‚einzubilden‘ ($E_1 > E_3$), produziert Eingebildetes, Vorgestelltes neue Gegebenheit, ‚bildet‘ sie ‚aus‘ ($E_3 > E_1$); nicht schon die Welt selbst ist ‚der Fall‘, sondern die innere Navigation, der *discours*, erzeugt erst, was ‚der Fall‘ (‚imaginatio generat casum‘), der ‚Zufall‘ (*chance*), ist; das interne deiktische Zentrum erweist sich als Ursprung von ‚Welt‘. Auf diese Weise bricht die sprachliche Latenz skandalös auf: was sich mit einem Mal entbirgt, ist die verdeckt zu haltende Tatsache, dass sich der Mensch nur medial – mittels Spiegel, Sprache, Schrift – ganz hat; was sich entbirgt, sind seine „exzentrische Positionalität“ und ihre notwendigen Illusionen.[64] Darin erweist sich Menschsein von Haus aus als fiktionsgebunden. Die Vorstellung gebiert die Welt, die Imagination ‚macht‘ Realität, das Wirkliche ist Funktion einer nicht eindämmbaren – provisorisch pseudo- bzw. heteroreferentiellen – „weltbildende[n] Potenz von Sprache“.[65] Solch imitatorische Übernahme, solche Produktion von ‚Wirklichkeit‘, solch weltherstellende ‚Realisierung‘ spielt Montaigne zunächst durch am Paradigma sympathetischer Ansteckung – der sich als Resultat der Einbildung realisierenden Krankheit; sein Hauptthema ist sodann aber das unmittelbarer Selbstaffektion am Beispiel der Impotenz als dem Produkt eines autosuggestiven, selbstmanipulativen Imaginären, darin die *force of imagination* – die Potenz der Vorstellung – den Körper schmählich schwächt. Der mögliche Gedanke schafft das Faktum, über die bloße Annahme realisiert sich Wirklichkeit, die Supposition setzt Dinge in die Welt – *much virtue (and vice, too) in If.*

---

63 Montaigne/Florio o.J., Bd. 1, S. 92; vgl. Montaigne 2001, S. 146f.: „*Fortis imaginatio generat casum*, disent les clercs./ Je suis de ceux qui sentent très grand effort de l'imagination. Chacun en est heurté, mais aucuns en sont renversés. Son impression me perce; et mon art est de lui échapper, par faute de force à lui résister. Je vivrais de la seule assistance de personnes saines et gaies. La vue des angoisses d'autrui m'angoisse matériellement: et a mon sentiment souvent usurpé le sentiment d'un tiers. Un tousseur continuel irrite mon poumon et mon gosier. Je visite plus mal volontiers les malades, auxquels le devoir m'intéresse, que ceux auxquels je m'attends moins, et que je considère moins. Je saisis le mal, que j'étudie, et le couche en moi. Je ne trouve pas étrange qu'elle donne et les fièvres, et la mort, à ceux qui la laissent faire, et qui lui applaudissent.“

64 Zur Anthropologie einer ‚exzentrischen Positionalität‘, derzufolge der Mensch sich erst erkennt über ein Doppel seiner selbst und seine ‚Einheit‘ folgerecht erst begreift und definiert über eine Kluft, die Differenz zwischen sich und dem Selbsterkenntnis vermittelnden Doppel, s. Plessner 1981, v.a. S. 360ff.; zum Gedanken der Inszenierung „dezentrierter Subjektivität“ im Montaigne'schen Essay vgl. Maierhofer 2003, das Zitat S. 37.

65 Westerwelle 2002, S. 418; dies ist etwas grundsätzlich anderes als die über Topoi weltfindende Sprache des Ähnlichkeitswissens.

5. Spielraum des Imaginierens

Solch imaginationsgesteuerte Realisierung erprobt tentativ die Shakespeare-Bühne. Shakespeare und Montaigne/Florio verbindet ein klares Echo.[66] Die direkten Bezüge sind zwar eher rar, aber indirekt geht das englische Theater um 1600 genau den bei Montaigne gestellten Fragen des Glaubens, Nicht-Glaubens, Anders-Sagens nach; es wird zur Alterierungsagentur, in der und durch die mögliche Wege eines als unhintergehbar neu erkannten Fingierens durchkonjugiert und ausverhandelt werden. Dies wird in den Anfangsjahrzehnten des 17. Jahrhunderts zunehmend reflexiv. Das Fingieren beginnt sich auszustellen, es beginnt – als autonomes, überschüssiges, ästhetisches – sich selbst zu beobachten. Dies zeigt sich in der Hybridisierung des Epilogs in *As You Like It*, wo illusionsorientiertes Spiel und paratextuelle Rahmung kollabieren; es zeigt sich auch in dessen Gegenstück, dem Prolog zu *Troilus and Cressida*, wo Mimesis die Prologfunktion schrittweise überbordet.[67] Vor allem aber zeigt es sich in allen metafiktionalen Passagen wie etwa in Prosperos vielzitierter, das Spiel im Spiel der *masque* gegenüber Fernando kommentierender Rede im vierten Akt von *The Tempest*:[68]

> You do look, my son, in a moved sort,
> As if you were dismayed. Be cheerful, sir;
> Our revels now are ended. These our actors,
> As I foretold you, were all spirits, and
> Are melted into air, into thin air,
> And, like the baseless fabric of this vision,
> The cloud-capped towers, the gorgeous palaces,
> The solemn temples, the great globe itself,
> Yes, all which it inherit, shall dissolve,
> And, like this insubstantial pageant faded,
> Leave not a rack behind. We are such stuff
> As dreams are made on, and our little life
> Is rounded with a sleep. (IV.1.146ff.)

Die Rede ruft die Wirkungskategorie ab (,moved'), sie betont das Fingieren (,as if') und unterstreicht zugleich dessen Alterität (,melted into air', ,baseless fabric', ,dissolve', ,insubstantial pageant', ,faded', ,Leave not a rack behind') und damit seine relationale Funktionalität, die Überschüssigkeit, ästhetische Wahrnehmung als Wahrnehmung dessen, was nicht ist. Hierin zeigt sich das Fingieren als die andere Seite menschlicher Welterfassung, und es zeigt sich zugleich als Motor der Veränderung, Entkrustung, Alterierung menschlicher Realität.

---

66 Zum intertextuellen Bezug zwischen Shakespeare und, vor allem, Florio vgl. ELLRODT 1975.

67 Zur Mischung von prologhaften und mimetischen Elementen am Beginn von *Troilus and Cressida* als einem Beispiel für ein um die Jahrhundertwende verstärkt beobachtbares „restructuring of theatrical thresholds" s. WEIMANN 2000, S. 54ff., das Zitat S. 63; zu den Prologen generell vgl. BRUSTER/WEIMANN 2004.

68 SHAKESPEARE 1990; zur Metafiktion bei Shakespeare s. WOLF 1993. – Ich verstehe dies nurmehr als Ausblick; das Fingieren im *Tempest* bedürfte selbstverständlich einer eigenen ausführlichen Diskussion.

Literaturverzeichnis

Primärtexte

BALZAC 1974:
Balzac, H. de, *Le père Goriot*, hg. v. P.-G. Castex, Paris 1974 (Classiques Garnier).

FOWLES 1969:
Fowles, J., *The French Lieutenant's Woman*, London 1969 (Pan Books).

MONTAIGNE 2001:
Montaigne, M. de, *Les Essais*, hg. v. J. Céard u.a., Paris 2001 (La Pochothèque: Classiques Modernes).

MONTAIGNE/FLORIO o.J.:
Montaigne, M. de, *The Essays*, übers. v. J. Florio, 3 Bde., London o.J. (Everyman's Library).

SEXTUS EMPIRICUS 1985:
Sextus Empiricus, *Grundriß der pyrrhonischen Skepsis*, hg. u. übers. v. M. Hossenfelder, Frankfurt a.M. 1985 (stw 499).

SHAKESPEARE 1975:
Shakespeare, W., *As You Like It*, hg. v. A. Latham, London 1975 (New Arden Shakespeare).

SHEAKESPEARE 1990:
Shakespeare, W., *The Tempest*, hg. v. St. Orgel, Oxford 1990 (The Oxford Shakespeare).

SHAKESPEARE 1996:
Shakespeare, W., *Wie es euch gefällt*. Zweisprachige Ausgabe, übers. v. F. Günther, München 1996 (dtv 2371).

SIDNEY 1962:
Sidney, Ph., *An Apology for Poetry*, in: *English Critical Texts*, hg. v. D. J. Enright u. E. de Chickera, Neu Delhi 1962, S. 3–49.

STERNE 1975:
Sterne, L., *The Life and Opinions of Tristram Shandy*, hg. v. Graham Petrie, Harmondsworth 1975.

Sekundärliteratur

ASSMANN 1980:
Assmann, A., *Die Legitimität der Fiktion. Ein Beitrag zur Geschichte der literarischen Kommunikation*, München 1980 (Theorie und Geschichte der Literatur und der Schönen Künste 55).

AUERBACH 1977:
Auerbach, E., *Mimesis. Dargestellte Wirklichkeit in der abendländischen Literatur*, Bern/München [6]1977 (Sammlung Dalp 90).

BACHTIN 1985:
Bachtin, M. M., *Probleme der Poetik Dostoevkijs*, übers. v. A. Schramm, Frankfurt a.M./Berlin/Wien 1985 (Ullstein Materialien 35228).

BACHTIN 1987:
Bachtin, M. M., *Rabelais und seine Welt. Volkskultur als Gegenkultur*, hg. v. R. Lachmann, Frankfurt a.M. 1987.

BENVENISTE 1966:
Benveniste, É., *Problèmes de linguistique générale*, Paris 1966.

BERGER 1987:
Berger, K., *Einführung in die Formgeschichte*, Tübingen 1987 (UTB 1444).

BERGER 1988:
Berger jr., H., „The Renaissance Imagination. Second World and Green World", in: ders., *Second World and Green World. Studies in Renaissance Fiction-Making*, hg. v. J. P. Lynch, Berkeley, CA 1988, S. 3–40.

BLUMENBERG 1964:
Blumenberg, H., „Wirklichkeitsbegriff und Möglichkeit des Romans", in: *Nachahmung und Illusion*, hg. v. H. R. Jauß, München 1964 (Poetik und Hermeneutik I), S. 9–27.

BLUMENBERG 1988:
Blumenberg, H., *Der Prozess der theoretischen Neugierde. Erweiterte und überarbeitete Neuausgabe von „Die Legitimität der Neuzeit".* Dritter Teil, Frankfurt a.M. 1988 (stw 24).

BROWN/YULE 1985:
Brown, G./Yule G., *Discourse Analysis*, Cambridge 1985 (Cambridge Textbooks in Linguistics).

BRUSTER/WEIMANN 2004:
Bruster, D./Weimann, R., *Prologues to Shakespeare's Theatre. Performance and Liminality in Early Modern Drama*, London 2004.

BURKE 1985:
Burke, P., *Helden, Schurken und Narren. Europäische Volkskultur in der frühen Neuzeit*, hg. v. R. Schenda, München 1985 (dtv 4433).

BURRICHTER 1996:
Burrichter, B., *Wahrheit und Fiktion. Der Status der Fiktionalität in der Artusliteratur des 12. Jahrhunderts*, München 1996.

CASTORIADIS 1999:
Castoriadis, C., *L'institutiton imaginaire de la société*, Paris 1999 (Coll. Points 383).

DUBOIS 1985:
Dubois, Cl.-G., *L'imaginaire de la Renaissance*, Paris 1985.

ELLRODT 1975:
Ellrodt, R., „Self-consciousness in Montaigne and Shakespeare", *Shakespeare Survey* 28 (1975), S. 37–50.

ELTON 2000:
Elton, W. R., *Troilus and Cressida and the Inns of Court Revels*, Aldershot 2000.

FINKELPEARL 1969:
Finkelpearl, Ph. J., *John Marston of the Middle Temple. An Elizabethan Dramatist in his Social Setting*, Cambridge, MA 1969.

FLASCH 1992:
Flasch, K., *Giovanni Boccaccio. Poesie nach der Pest*, Mainz 1992.

FOUCAULT 1971:
Foucault, M., *L'ordre du discours. Leçon inaugurale au Collège de France prononcée le 2 décembre 1970*, Paris 1971.

FOUCAULT 1992:
Foucault, M., *Les mots et les choses. Une archéologie des sciences humaines*, Paris 1992 (Coll. tel 166).

FRIEDRICH 1993:
Friedrich, H., *Montaigne*, Tübingen/Basel [3]1993.

GREENBLATT 1991:
Greenblatt, St., *Marvelous Possessions. The Wonder of the New World*, Oxford 1991.

GREIMAS/COURTÉS 1979:
Greimas, A. J./Courtés, J., *Sémiotique. Dictionnaire raisonné de la théorie du langage*, Paris 1979.

HAUG 2003:
Haug, W., „Die Entdeckung der Fiktionalität", in: ders., *Die Wahrheit der Fiktion. Studien zur weltlichen und geistlichen Literatur des Mittelalters und der frühen Neuzeit*, Tübingen 2003, S. 128–144.

HAVERKAMP 2002:

Haverkamp, A., *Figura cryptica. Theorie der literarischen Latenz*, Frankfurt a.M. 2002 (stw 1574).

HEMPFER 1973:

Hempfer, K. W., *Gattungstheorie. Information und Synthese*, München 1973 (UTB 133).

HEMPFER 1990:

Hempfer, K. W., „Zu einigen Problemen einer Fiktionstheorie", *Zeitschrift für französische Sprache und Literatur* 100 (1990), S. 109–137.

HEMPFER 1993:

Hempfer, K. W., „Probleme traditioneller Bestimmungen des Renaissancebegriffs und die epistemologische ‚Wende‘", in: *Renaissance. Diskursstrukturen und epistemologische Voraussetzungen*, hg. v. dems., Stuttgart 1993 (Text und Kontext 10), S. 9–45.

ISER 1993:

Iser, W., *Das Fiktive und das Imaginäre. Perspektiven literarischer Anthropologie*, Frankfurt a.M. 1993 (stw 1101).

JAKOBSON 1971:

Jakobson, R., „Shifters, Verbal Categories, and the Russian Verb", in: ders., *Selected Writings*, Den Haag/Paris 1971, Bd. 2, S. 130–147.

JONSEN/TOULMIN 1988:

Jonsen, A./Toulmin, St., *The Abuse of Casuistry. A History of Moral Reasoning*, Berkeley, CA/Los Angeles 1988.

KABLITZ 1997:

Kablitz, A., „Montaignes ‚Skeptizismus‘. Zur *Apologie de Raimond Sebond*", in: *Poststrukturalismus. Herausforderung an die Literaturwissenschaft*, hg. v. G. Neumann, Stuttgart/Weimar 1997 (Germanistische Symposien der DFG XVIII), S. 504–539.

KEIPER 1997:

Keiper, H., „A Literary ‚Debate over Universals‘? New Perspectives on the Relationships between Nominalism, Realism, and Literary Discourse", in: *Nominalism and Literary Discourse. New Perspectives*, hg. v. dems. u.a., Amsterdam/Atlanta, GA 1997 (Critical Studies 10), S. 1–85.

KOSELLECK 1973:

Koselleck, R., *Kritik und Krise. Eine Studie zur Pathogenese der bürgerlichen Welt*, Frankfurt a.M. 1973 (stw 36).

KOSELLECK 1989:

Koselleck, R., „Neuzeit. Zur Semantik moderner Bewegungsbegriffe", in: ders., *Vergangene Zukunft. Zur Semantik geschichtlicher Zeiten*, Frankfurt a.M. 1989 (stw 757), S. 300–348.

KROHN 1977:

Krohn, W., „Die ‚Neue Wissenschaft‘ der Renaissance", in: *Experimentelle Philosophie. Ursprünge autonomer Wissenschaftsentwicklung*, hg. v. G. Böhme, W. van den Daele u. dems., Frankfurt a.M. 1977 (stw 205), S. 13–128.

LAROQUE 1993:

Laroque, F., *Shakespeare's Festive World. Elizabethan Seasonal Entertainment and the Professional Stage*, Cambridge 1993 (European Studies in English Literature).

LEVINSON 1985:

Levinson, St. C., *Pragmatics*, Cambridge 1985 (Cambridge Textbooks in Linguistics).

LOBSIEN 1999:

Lobsien, V.O., *Skeptische Phantasie. Eine andere Geschichte der frühneuzeitlichen Literatur*, München 1999.

LOBSIEN 2003:

Lobsien, E., *Imaginationswelten. Modellierungen der Imagination und Textualisierungen der Welt in der englischen Literatur 1580–1750*, Heidelberg 2003.

LOBSIEN/LOBSIEN 2003:

Lobsien, V. O. u. Lobsien, E., *Die unsichtbare Imagination. Literarisches Denken im 16. Jahrhundert*, München 2003.

LUHMANN 1974:

Luhmann, N., „Soziologische Aufklärung", in: ders., *Soziologische Aufklärung. Aufsätze zur Theorie sozialer Systeme*, Opladen [4]1974, S. 66–91.

LUHMANN 1995:

Luhmann, N., *Gesellschaftsstruktur und Semantik. Studien zur Wissenssoziologie der modernen Gesellschaft*, 3 Bde., Frankfurt a.M. 1995 (stw 1091–1093).

LUHMANN 1999:

Luhmann, N., *Die Kunst der Gesellschaft*, Frankfurt a.M. [3]1999 (stw 1303).

MAHLER 1992:

Mahler, A., *Moderne Satireforschung und elisabethanische Verssatire. Texttheorie – Epistemologie – Gattungsgeschichte*, München 1992 (TUEPh 16).

MAHLER 1993:

Mahler, A., „Komödie, Karneval, Gedächtnis. Zur frühneuzeitlichen Aufhebung des Karnevalesken in Ben Jonsons *Bartholmew Fair*", *Poetica* 25 (1993), S. 81–128.

MAHLER 1995:

Mahler, A., „Maske und Erkenntnis. Funktionen karnevalesker Identität bei Shakespeare", in: *Maskeraden. Geschlechterdifferenz in der literarischen Inszenierung*, hg. v. E. Bettinger/ J. Funk, Berlin 1995 (Geschlechterdifferenz & Literatur 3), S. 117–134.

MAHLER 1996:

Mahler, A., „Karneval und Interesse – *As You Like It*: Wann wem was gefällt", in: Shakespeare, W., *Wie es euch gefällt. Zweisprachige Ausgabe*, übers. v. F. Günther, München 1996 (dtv 2371), S. 263–284.

MAHLER 2006:

Mahler, A., „Towards a Pragmasemiotics of Poetry", *Poetica* 38 (2006), S. 217–257.

MAHLER 2008:

Mahler, A., „Skepsis – Imagination – ‚Kultur'. Zu Genealogie und Funktion des Literarischen in Früher Neuzeit", *Arbeiten aus Anglistik und Amerikanistik* 33 (2008), S. 119–140.

MAIERHOFER 2003:

Maierhofer, M., *Zur Genealogie des Imaginären. Montaigne, Pascal, Rousseau*, Tübingen 2003 (Romanica Monacensia 64).

MARTÍNEZ-BONATI 1996:

Martínez-Bonati, F., „On Fictional Discourse", in: *Fiction Updated. Theories of Fictionality, Narratology, and Poetics*, hg. v. C.-A. Mihailescu u. W. Harmaneh, Toronto 1996, S. 65–76.

MÜLLER 2004:

Müller, J.-D., „Literarische und andere Spiele. Zum Fiktionalitätsproblem in vormoderner Literatur", *Poetica* 36 (2004), S. 281–311.

MULSOW 2007:

Mulsow, M., *Die unanständige Gelehrtenrepublik. Wissen, Libertinage und Kommunikation in der Frühen Neuzeit*, Stuttgart/Weimar 2007.

OHLY 1977:

Ohly, F., „Vom geistigen Sinn des Wortes im Mittelalter", in: ders., *Schriften zur mittelalterlichen Bedeutungsforschung*, Darmstadt 1977, S. 1–31.

OTTO 1984:

Otto, St., *Renaissance und frühe Neuzeit*, Stuttgart 1984 (Geschichte der Philosophie in Text und Darstellung 3).

OTTO 1992:

Otto, St., *Das Wissen des Ähnlichen. Michel Foucault und die Renaissance*, Frankfurt a.M. u.a. 1992.

PFISTER 1991:

Pfister, M., „Die frühe Neuzeit. Von Morus bis Milton", in: *Englische Literaturgeschichte*, hg. v. H. U. Seeber, Stuttgart 1991, S. 43–148.

PFISTER 2005:

Pfister, M., „Inglese Italianato – Italiano Anglizzato. John Florio", in: Renaissance Go-Betweens. Cultural Exchange in Early Modern Europe, hg. v. A. Höfele u. W. v. Koppenfels, Berlin/New York 2005, S. 32–54.

PICHL 1998:

Pichl, R., „Kasuistik", in: Historisches Wörterbuch der Rhetorik, hg. v. G. Ueding, 8 Bde., Bd. 4, Tübingen 1998, Sp. 905–911.

PLESSNER 1981:

Plessner, H., Die Stufen des Organischen und der Mensch [1928], in: ders., Gesammelte Schriften, hg. v. G. Dux u.a., 10 Bde., Bd. 4, Frankfurt a.M. 1981.

POPKIN 1979:

Popkin, R. H., The History of Scepticism from Erasmus to Spinoza, Berkeley, CA/Los Angeles 1979.

RATHMANN 1991:

Rathmann, Th., „... die sprach will sich ändern". Zur Vorgeschichte der Autonomie von Sprache und Dichtung, München 1991 (Forschungen zur Geschichte der Älteren Deutschen Literatur 13).

SCHMIDT 2006:

Schmidt, G., „‚Lingua quo vadis?' Die Ambivalenzen humanistischer Sprachtheorie und Thomas Mores History of Richard III", Anglia 124 (2006), S. 244–275.

STIERLE 1985:

Stierle, K., „Die Modernität der französischen Klassik. Negative Anthropologie und funktionaler Stil", in: Französische Klassik. Theorie, Literatur, Malerei, hg. v. F. Nies u. dems., München 1985 (Romanistisches Kolloquium 3), S. 81–128.

TEUBER 1989:

Teuber, B., Sprache – Körper – Traum. Zur karnevalesken Tradition in der romanischen Literatur aus früher Neuzeit, Tübingen 1989 (mimesis 4).

TEUBER 2003:

Teuber, B., Sacrificium litterae. Allegorische Rede und mystische Erfahrung in der Dichtung des heiligen Johannes vom Kreuz, München 2003.

WARNING 1983:

Warning, R., „Der inszenierte Diskurs. Bemerkungen zur pragmatischen Relation der Fiktion", in: Funktionen des Fiktiven, hg. v. D. Henrich u. W. Iser, München 1983 (Poetik und Hermeneutik X), S. 183–206.

WEIMANN 1988:

Weimann, R., Shakespeare und die Macht der Mimesis. Autorität und Repräsentation im elisabethanischen Theater, Berlin/Weimar 1988.

WEIMANN 2000:

Weimann, R., Author's Pen and Actor's Voice. Playing and Writing in Shakespeare's Theatre, Cambridge 2000 (Cambridge Studies in Renaissance Literature and Culture 39).

WITTGENSTEIN 1985:

Wittgenstein, L., Tractatus logico-philosophicus. Logisch-philosophische Abhandlung, Frankfurt a.M. 1985 (es 12).

WESTERWELLE 2002:

Westerwelle, K., Montaigne. Die Imagination und die Kunst des Essays, München 2002.

WOLF 1993:

Wolf, W., „Shakespeare und die Entstehung dramatischer Illusion im Drama", Germanisch-Romanische Monatsschrift N.F. 43 (1993), S. 279–301.

Funktionen des Faktischen in der Fiktion oder das Überspielen einer Grenze in Ariosts *Orlando Furioso*

KLAUS W. HEMPFER (Berlin)

Die folgenden Überlegungen beanspruchen nicht, „Neurezeptionen des *Orlando Furioso*" zu liefern, wie sie der Untertitel eines neueren Sammelbandes verspricht, der freilich auch Beiträge enthält, deren Kenntnis des Forschungsstandes umgekehrt proportional zur ausgestellten Innovationsemphase zu sein scheint.[1] Sie schließen vielmehr an frühere Arbeiten von Franz Penzenstadler, Bernd Häsner und mir zur Erzählinstanz, zur Genealogie und zum Dichtungsbegriff im *Orlando Furioso* an und versuchen, diese im Hinblick auf das Begriffspaar von ‚Faktualität' und ‚Fiktionalität' modifizierend weiterzuführen. Dabei geht es mir gerade darum zu zeigen, dass es im *Orlando Furioso* nicht einfach um „the advertising of fictionality" geht und dass die von Javitch gestellte Frage, „But why did he [sc. Ariosto] find it necessary to make his 16th century readers more aware of the essential separateness of his poem from the real world?", vielleicht nicht ganz richtig gestellt ist.[2]

Dass die Frage der Fiktionalität poetischer Texte zentraler Reflexionsgegenstand der Poetologie des 16. Jahrhunderts ist, hat Andreas Kablitz gezeigt. Er hat des Weiteren gezeigt, dass trotz des generellen Ziels der Debatte, den Vorwurf, dass die Dichter lügen, abzuweisen und den dichterischen Diskurs *qua* fiktionalen zu legitimieren, die Modi dieser Legitimation höchst unterschiedlich waren.[3] Ariosts *Orlando Furioso* situiert sich als poetischer Text mitten in dieser Debatte, freilich nicht nur in der schlichten Ausstellung seiner Fiktionalität. Die von Javitch für seine These angeführten Stellen sind nämlich nur ‚eine Seite der Medaille', die weder der Komplexität der Erzählereinlassungen noch der Gesamtstruktur des Textes entspricht. So sieht Franz Penzenstadler die verschiedenen Aspekte, unter denen er die Erzählinstanz des *Orlando Furioso* untersucht, in einer Grundtendenz konvergieren, „nämlich in der paradoxen Widersprüchlichkeit oder Diskrepanz, die die Person des Erzählers charakterisieren [sic!]",[4] und ich habe zu zeigen versucht, wie sich der Erzähler gleichermaßen als Authentisie-

---

1 KLETTKE/MAAG (Hgg.) 2006. Neben fundierten, weiterführenden Untersuchungen enthält der Band auch Beiträge wie etwa denjenigen von Dina De Rentiis (S. 45–54), der unter offenkundigem Missverständnis des Derrida'schen *différance*-Begriffs und ohne Bezug auf eine einzige Publikation zu Erzähler und Ironie im *Orlando Furioso* Dinge ausführt, die bereits besser und ausführlicher gesagt worden sind, von schlicht verfehlten Feststellungen wie der Behauptung, dass „die Prophetien im Werk *grundsätzlich* ironisch gehalten" seien (S. 54, Herv. v. mir), einmal abgesehen.
2 Vgl. JAVITCH 2003, Zitat S. 119.
3 Vgl. KABLITZ 1989.
4 PENZENSTADLER 1987, S. 187.

rungs- *und* Fiktionalisierungsinstanz konstituiert, wie er in beliebiger Abfolge bald als allwissender und dann doch wieder nur als über eingeschränktes Wissen verfügender Erzähler erscheint.[5] Der „inkonsistente Erzähler" Ariosts[6] ist nun aber nicht einfach ein „fictionality marker"[7] im Sinne neuerer Erzähltheorie, er ist vielmehr Teil eines textuellen Kommunikationssystems, das beständig eine Anbindung der textuellen Fiktion an die außertextuelle Wirklichkeit vornimmt und damit performativ, d.h. im Verlauf seines Konstitutionsprozesses, die Grenze von Faktualität und Fiktionalität überspielt und solchermaßen strukturell genau das Dichtungskonzept realisiert, das metapoetisch die Dichtungsallegorie der Mondepisode impliziert, ein Dichtungskonzept, das gerade die Scheidung von ‚Fiktion' und ‚Wahrheit' zu unterlaufen sucht.[8]

Für den deutschen Sprachraum ist seit Käte Friedemanns Buch von 1910 die Unterscheidung von Autor und Erzähler theoretisch begründet[9] und heutzutage fester Bestandteil aller Einführungen in die Literaturwissenschaft. Ich will nun diese Unterscheidung in keiner Weise ‚dekonstruieren', sondern vielmehr danach fragen, wie der Text *selbst* Relationen zwischen dem textinternen Erzähler und dem textexternen Autor aufbaut, die für die Bedeutungskonstitution des Textes insgesamt relevant sind. Um es nochmals zu sagen, es geht *nicht* um eine jüngst erneut propagierte Identifizierung oder Vermischung von Autor und Erzähler,[10] weil es für die Konstitutionsprinzipien eines Textes eine adäquate Beschreibung sein kann, dass der Erzähler ‚inkonsistent' ist, während ein ‚inkonsistenter Autor' schlicht ein schlechter Autor wäre, sondern um die Frage, was es bedeutet, dass sich ein Erzähler nicht einfach als „Geist der Erzählung" (Thomas Mann),[11] sondern als Produzent des vorliegenden Textes mit ganz spezifischen Attributen konstituiert, die auf den realen Autor und dessen Lebenswelt referieren. Ich meine damit allerdings nicht das Selbstverständliche, nämlich dass der reale Autor auch einen fiktionalen Text nur auf der Basis der Wissensordnungen seiner Lebenswelt und derjenigen seiner Leser konstruieren kann, d.h. im Hinblick auf das je vorgängige ‚Wirklichkeitsmodell', sondern ich meine etwas viel Konkreteres, nämlich inwiefern Individuennamen, definiten Kennzeichnungen (Umschreibungen von Individuennamen) und zeitlich-räumlich fixierten Ereignissen sowie Propositionen über diese in der je faktualen Wirklichkeit ein Bezug bzw. ein Wahrheitswert zuzuordnen ist. Der Ippogrifo und alle Aussagen über diesen haben, eindeutig belegbar durch zeitgenössische Rezipientenaussagen,[12] keine Referenz in der

5   Zu ausführlichen Belegen vgl. HEMPFER 1995, S. 56ff.

6   Ebd. S. 51.

7   Zur *unreliability* als Fiktionssignal vgl. etwa FLUDERNIK 2001, S. 97ff.

8   Vgl. hierzu HEMPFER 1995, S. 79ff. Zum Verhältnis von ‚Faktualität' und ‚Fiktionalität' in der Lyrik des 16. Jahrhunderts vgl. grundlegend SCHNEIDER 2007.

9   Vgl. hierzu STANZEL 1979, S. 24f. Für den englischen Sprachraum sieht Cohn noch 1999 eine Notwendigkeit, die Unterscheidung von Autor und Erzähler zu begründen, vgl. COHN 1999, insb. S. 127.

10 Vgl. hierzu KABLITZ 2008.

11 Zur Problematik dieser Konzeption vgl. STANZEL 1979, S. 28ff.

12 Vgl. hierzu HEMPFER 1987, S. 177ff., insb. S. 183 bzw. HEMPFER 2004, S. 157ff., insb. S. 162 das folgende Salviati-Zitat: „[…] la poesia è si puo dire, un sogno […]. Quando voi leggete

faktualen Wirklichkeit, während dies für den Kardinal Ippolito d'Este (1479–1520), den ‚Arbeitgeber‘ Ariosts, sehr wohl gilt. Mögliche-Welt-Semantiken vermischen genau diesen zentralen Unterschied, indem sie für Entitäten wie den Ippogrifo ‚mögliche Welten‘ postulieren, in denen auch Fabelwesen eine Referenz zukommt.[13] Damit bin ich schon oder endlich bei meinem ersten Beispiel:

1

Le donne, i cavallier, l'arme, gli amori,
le cortesie, l'audaci imprese io canto,
che furo al tempo che passaro i Mori
d'Africa il mare, e in Francia nocquer tanto,
seguendo l'ire e i giovenil furori
d'Agramante lor re, che si diè vanto
di vendicar la morte di Troiano
sopra re Carlo imperator romano.

2

Dirò d'Orlando in un medesmo tratto
cosa non detta in prosa mai né in rima:
che per amor venne in furore e matto,
d'uom che sì saggio era stimato prima;
se da colei che tal quasi m'ha fatto,
che 'l poco ingegno ad or ad or mi lima,
me ne sarà però tanto concesso,
che mi basti a finir quanto ho promesso.

3

Piacciavi, generosa Erculea prole,
ornamento e splendor del secol nostro,
Ippolito, aggradir, questo che vuole
e darvi sol può l'umil servo vostro.
Quel ch'io vi debbo, posso di parole
pagare in parte, e d'opera d'inchiostro;
né che poco io vi dia da imputar sono;
che quanto io posso dar, tutto vi dono.

nell'Orlando Furioso gl'ippogrifi, gli scudi d'Atlante, i corni d'Astolfo, gl'incanti d'Alcina e quelle cotante altre poetiche finzioni, che sono del tutto impoßibili, finche voi state con la'mmaginativa fisso in quella lettura, l'artificiosa imitazion del Poeta accompagnata dalla dolcezza del verso v'imbriaca in maniera, che le vi fa parer vere: ma tosto, che col leggere abbandonate quella immaginazione, e quasi risvegliandovi ripigliate l'uso dello'ntelletto, al quale la fantasia v'aveva come rubato, riconosciuta la menzogna, fate beffe di voi medesimo, che da essa come se vera fosse stata, vi siete lasciato commuovere. Quante volte, Lasca, se volete dir vero, avete voi riso dell'aver pianto? Quei pianti d'Olimpia, quei lamenti di Bradamante, quelle Rotte di Roncisvalle son troppo affettuose, troppo tenera cosa: convien piagnere ad ogni guisa. e dopo 'l pianto, come puo esser, che non si rida?" RIGOGOLI [= SALVIATI] 1584, S. 14f.

13 Zu einer anderen Lösung vgl. HEMPFER 1990, S. 131f., wieder abgedruckt in HEMPFER 2002, S. 107–133, hier S. 127ff.

4

Voi sentirete fra i più degni eroi,
che nominar con laude m'apparecchio,
ricordar quel Ruggier, che fu di voi
e de' vostri avi illustri il ceppo vecchio.
L'alto valore e' chiari gesti suoi,
vi farò udir, se voi mi date orecchio,
e vostri alti pensier cedino un poco,
sì che tra lor miei versi abbiano loco.

(*O.F.*, I, 1, 1 – I, 4, 8)[14]

Als ich dieses Proömium vor mehr als 30 Jahren hinsichtlich seiner „ästhetischen Doppelreferenz" auf die *cantari*-Tradition einschließlich des *Orlando Innamorato* einerseits und die antike Epik, insbesondere Vergils *Aeneis*, andererseits analysierte,[15] ist mir ein zentraler Unterschied zu beiden Referenzsystemen entgangen, nämlich die Anrede in Strophe 3 und 4 an einen zeitgenössisch existierenden und beim Erscheinen der Erstauflage 1516 noch lebenden Rezipienten, eine Anrede, die im *Orlando Innamorato*[16] genauso fehlt wie in der *Aeneis* und die einerseits die dem Gesamttext vorangestellte Widmung an Ippolito d'Este textintern aufgreift und andererseits die Enkomiastik des Adressaten in Strophe 3 mit der Thematisierung der genealogischen Komponente in Strophe 4 verbindet, indem Ruggiero sogleich an dieser prominenten Stelle des Textes als Stammvater der Este eingeführt wird („che fu di voi / e de' vostri avi illustri il ceppo vecchio", I, 4, 3f.). Wenn sich der Erzähler selbst des Weiteren als „umil servo" (I, 3, 4) des Adressaten charakterisiert, dann ist dies kein schlichter Bescheidenheits- und Ergebenheitstopos, sondern benennt die soziale Beziehung zwischen Adressat und realem Autor, insofern Ariost, wie schon erwähnt, noch zur Zeit des Erscheinens der Erstausgabe in den Diensten Ippolitos stand.[17]

Der Text konstituiert sich also im Proömium über die Anrede des Erzählers an einen in der Lebenswelt des Autors referentialisierbaren Adressaten, zu dem der reale Autor in der vom Erzähler thematisierten sozialen Beziehung steht. Solchermaßen wird der Erzähler ontologisch und methodologisch natürlich nicht zum realen Autor, wohl aber wird die fiktive Entität des Erzählers durch die faktische Entität des Adressaten und dessen Relation zum realen Autor ‚geerdet', was zugleich die ‚Welt des Textes' gerade nicht von den zeitgenössischen Rezipienten ‚abschneidet', sondern im Gegenteil sehr unmittelbar an eine konkrete sozio-kulturelle Situation rückbindet. Nicht zuletzt diese unmittelbare Rückbindung der textinternen Kommunikationssituation an eine höfische Gebrauchssituation schließt

14 Die Ausgabe letzter Hand von 1532 des *Orlando Furioso* wird hier und im Folgenden zitiert nach ARIOST 1982.
15 Vgl. HEMPFER 1976, insb. S. 94ff.
16 Im Proömium des *Orlando Innamorato* wird in der Tradition der mündlichen *cantari* das zum Vortrag erschienene Publikum angesprochen („Signori e cavalier che ve adunati" [I, I, 1, 1]), nicht aber ein individueller, realer Adressat. Vgl. hierzu auch die Anmerkungen zu den beiden Eingangsstrophen in BOIARDO 1999, I, S. 5f.
17 Vgl. hierzu CATALANO 1930/31, Bd. 1, S. 179ff. und insb. S. 425ff.

eine durchgängig direkt ironische Lesbarkeit der enkomiastisch-genealogischen Textkomponente aus, nicht aber deren viel subtilere Unterminierung. Hierauf ist zurückzukommen.

Zunächst möchte ich eine anders strukturierte ,Verankerung' des Textes in der Faktualität des primären Rezipientenkreises skizzieren, mit der Ariost den letzten Gesang eröffnet:

1

Or, se mi mostra la mia carta il vero,
non è lontano a discoprirsi il porto;
sì che nel lito i voti scioglier spero
a chi nel mar per tanta via m'ha scorto;
ove, o di non tornar col legno intero
o d'errar sempre, ebbi già il viso smorto.
Ma mi par di veder, ma veggo certo,
veggo la terra, e veggo il lito aperto.

2

Sento venir per allegrezza un tuono
che fremer l'aria e rimbombar fa l'onde:
odo di squille, odo di trombe un suono
che l'alto popular grido confonde.
Or comincio a discernere chi sono
questi che empion del porto ambe le sponde.
Par che tutti s'allegrino ch'io sia
venuto a fin di così lunga via.

3

Oh di che belle e saggie donne veggio,
oh di che cavallieri il lito adorno!
Oh di ch'amici, a chi in eterno deggio
per la letizia c'han del mio ritorno!
Mamma e Ginevra e l'altre da Correggio
veggo del molo in su l'estremo corno:
Veronica da Gambera è con loro,
sì grata a Febo e al santo aonio coro.

4

Veggo un'altra Genevra, pur uscita
del medesimo sangue, e Iulia seco;
veggo Ippolita Sforza, e la notrita
Damigella Trivulzia al sacro speco:
veggo te, Emilia Pia, te, Margherita,
ch'Angela Borgia e Graziosa hai teco.
Con Ricciarda da Este ecco le belle
Bianca e Diana, e l'altre lor sorelle.

(*O.F.*, XLVI, 1, 1 – XLVI, 4, 8)

Ariost bedient sich hier der seit der Antike für die Abfassung eines Werkes geläufigen Schifffahrtsallegorie,[18] die er freilich in ganz spezifischer Weise abwandelt und ‚ausschreibt‘, indem er einen fein säuberlich ‚geschlechtsspezifisch‘ geordneten Katalog von Zeitgenossen aufstellt, der in der Fassung letzter Hand von 1532 erheblich erweitert wurde[19] und von Verwandten und persönlichen Freunden über hoch gestellte Persönlichkeiten bis zur ‚geistigen Elite‘ des damaligen Italien reicht. Die den Gesamttext durchziehende Enkomiastik des Este-Hauses wird solchermaßen geöffnet zu einer umfassenden Enkomiastik der politischen und geistigen Elite Italiens. Ariost schreibt damit nicht nur den intendierten Rezipientenkreis in den Text selbst namentlich ein und realisiert solchermaßen ein implizites Auto-Enkomium, in dem die Elite Italiens der Vollendung seines Werkes ‚entgegenfiebert‘, er realisiert auch die in der Dichtungsallegorie der Mondepisode metapoetisch exponierte Immortalisierungsleistung der Dichtung, insofern es einzig die Dichter sind, die durch die Immortalität ihrer Dichtung –„monumentum aere perennius“ – die Namen der Großen – und weniger Großen –der Zeit dem Lethefluss zu entreißen vermögen.[20] Der für moderne Leser eher irritierende Katalog realer Personen verwischt also am Ende des Textes nochmals eindeutig die Grenze von Fakt und Fiktion durch die Integration real existierender Personen in die solchermaßen grundlegend modifizierte Fiktion der Schifffahrtsallegorie und führt auf diese Weise poetisch die Immortalisierungsleistung von Dichtung vor, die im XXXV. Gesang metapoetisch expliziert worden war.

Dass die Enkomiastik und damit die Immortalisierungsleistung der Dichtung qua Konstruktion des Nachruhms historischer Personen zentrale Bedeutung auch und gerade für den Schlussgesang des *Orlando Furioso* hat, zeigt eine umfangreiche Passage, die nochmals dem Adressaten des Gesamttextes, dem Kardinal Ippolito, gilt. Im Hinblick auf das Handlungsgeschehen kommt es im letzten Gesang nach unendlichen Aufschüben endlich unter entscheidender Mithilfe der Zauberin Melissa zur Hochzeit von Bradamante und Ruggiero, den Ahnherren des Este-Hauses, deren beider Geschlechter jeweils auf Astyanax, den Sohn Hektors, zurückgehen, der das Massaker in Troja überlebte. Für diesen trojanischen Ursprung der Este greift Ariost unmittelbar auf den *Orlando Innamorato* zurück, der seinerseits auf strukturell analogen Genealogien der mittelalterlichen Epik fußt.[21] Das Entscheidende ist nun, dass die Hochzeit Bradamantes und Ruggieros wesentlich dazu dient, nochmals den trojanischen Ursprung der Este-Dynastie zu thematisieren und hiermit das mit Abstand längste und hyperbolischste Enkomium auf

18 Vgl. hierzu die Belege in CURTIUS 1963, S. 138ff.
19 Aus den ursprünglichen elf Oktaven des Proömiums der Erstausgabe wurden in der Ausgabe von 1532 neunzehn.
20 Vgl. hierzu ausführlicher HEMPFER 1995, S. 79ff.
21 Vgl. *Orlando Innamorato* III, V, 18–37 und die entsprechenden Anmerkungen in Boiardo 1999, II, S. 1696–1706. Im *Orlando Furioso* wird der trojanische Ursprung thematisch vor allem in III, 16–19 und XXXVI, 70–74. Vgl. hierzu die Quellenangaben von Caretti in ARIOSTO [2]1971 und von Bigi in ARIOSTO 1982 sowie RAJNA 1900/1975, S. 517f. Die genealogisch-dynastische Komponente ist natürlich auch in der *Aeneis* bedeutsam, doch geht es mir im vorliegenden Kontext um deren konkrete Füllung, die Ariost von Boiardo übernimmt.

Ippolito zu verbinden. Dies geschieht mittels eines ‚prophetischen' Zeltes, das Melissa zur Feier der Hochzeit mit Hilfe von Höllengeistern („messi stigi", *O.F.*, XLVI, 78, 8) von Konstantinopel nach Paris bringen lässt, um damit das Hochzeitsgemach von Bradamante und Ruggiero glanzvoll auszustatten (*O.F.*, XLVI, 77). Dieses Zelt wurde einst, so der Erzählerbericht, von Kassandra für ihren Bruder Hektor reich bestickt und kam nach dem Untergang Trojas zunächst in die Hände von Menelaos, um über Kleopatra, Augustus, Tiberius und Konstantin den Großen schließlich zu einem späteren Konstantin zu gelangen, von dem sich dann Melissa das Zelt für die Dauer der Hochzeitsfeierlichkeiten ‚beschafft':

> […]
> da un altro Constantin Melissa l'ebbe.
> Oro le corde, avorio era lo stelo;
> tutto trapunto con figure belle,
> più che mai con pennel facesse Apelle.

> (*O.F.*, XLVI, 84, 5–8)

Die „figure belle", die in das Zelt eingestickt sind, stellen nun das aus der Perspektive Kassandras wie Bradamantes zukünftige Leben Ippolitos dar, der als Referent der ekphrastisch vermittelten Biographie explizit durch eine Inschrift benannt wird:

> Ippolito diceva una scrittura
> sopra le fasce in lettere minute.

> (*O.F.*, XLVI, 86, 1f.)

In 13 (!) Oktaven wird das Leben Ippolitos von seiner Geburt (XLVI, 85) bis zum Sieg des Este-Heeres über die Venezianer in der Schlacht von Polesella im Jahre 1509 (XLVI, 97) als ekphrastische Beschreibung der Zeltstickereien erzählt, wobei nur Bradamante als Ahnherrin der Este den eigentlichen Sinn der ‚Geschichte' erfasst.

> Le donne e i cavallier mirano fisi,
> senza trarne construtto, le figure;
> perché non hanno appresso che gli avvisi
> che tutte quelle sien cose future.
> Prendon piacere a riguardare i visi
> belli e ben fatti, e legger le scritture.
> Sol Bradamante da Melissa instrutta
> gode tra sé; che sa l'istoria tutta.

> (*O.F.*, XLVI, 98, 1–8)

Das heißt, der reale Adressat des Textes wird Teil der Fiktion, die ihrerseits – in enkomiastischer Überhöhung zwar, aber gleichwohl – auf reale Begebenheiten aus dem Leben Ippolitos Bezug nimmt, die im Rahmen der prophetischen Fiktion Zukünftiges, in der aktualen Welt der Rezipienten aber bereits *res gestae* darstellen. Oder anders gewendet: Die Ekphrasis-Fiktion hat eine reale Referenz, Fiktionalität referiert auf Faktualität und realisiert ihre enkomiastische Funktion

gerade durch diese Referenz,[22] weswegen man ‚Fiktionalität' nicht einfach als
Referenzlosigkeit definieren kann. Das vielleicht auch für die Verhältnisse des
beginnenden 16. Jahrhunderts nicht ganz unproblematische Faktum, dass Ippolito
bereits als 14jähriger durch den Borgia-Papst Alexander III. zum Kardinal ernannt
wurde, erhält in der enkomiastischen ‚Überhöhung' dabei folgende Gestalt:

> Poi cardinale appar, ma giovinetto,
> sedere in Vaticano a consistoro,
> e con facondia aprir l'alto intelletto,
> e far di sé stupir tutto quel coro.
> – Qual fia dunque costui d'età perfetto? –
> parean con maraviglia dir tra loro.
> – Oh se di Pietro mai gli tocca il manto,
> che fortunata età! Che secol santo! –

(*O.F.*, XLVI, 90, 1–8)

Ich will nicht darüber spekulieren, warum die Biographie Ippolitos 1509 endet –
der Text ging, wie erwähnt, erstmals 1516 in den Druck und wurde bis 1532 erheblich modifiziert, nicht aber diese Stelle –,[23] gleichwohl wäre nichts falscher, als
die Passage insgesamt ironisch lesen zu wollen. Das hätte sich Ariost auch nach
dem konfliktuösen Ausscheiden aus den Diensten Ippolitos schlicht nicht ‚leisten'
können.[24] Die Unterminierung solcher Enkomiastik realisiert Ariost auf wesentlich
subtilere Weise, was ich hier nur andeuten kann.

Nach dem Proömium des I. Gesangs findet sich im III. Gesang die erste um-
fassende Genealogie der Este von den Stammeltern Bradamante und Ruggiero bis
in die Gegenwart, die der Erzähler folgendermaßen einleitet:

1

> Chi mi darà la voce e le parole
> convenienti a sì nobil suggetto?
> chi l'ale al verso presterà che vole
> tanto ch'arrivi all'alto mio concetto?
> Molto maggior di quel furor che suole,
> ben or convien che mi riscaldi il petto;
> che questa parte al mio signor si debbe,
> che canta gli avi onde l'origine ebbe:

2

> di cui fra tutti li signori illustri,
> dal ciel sortiti a governar la terra,
> non vedi, o Febo, che 'l gran mondo lustri,
> più gloriosa stirpe o in pace o in guerra;
> né che sua nobiltade abbia più lustri

22 Zu analogen ‚prophetischen' Stellen, die zugleich teilweise als Ekphrasis gestaltet sind, vgl.
    etwa: III, 16ff.; XIII, 55ff.; XV, 19ff.; XXVI, 37ff.; XXXIII, 7ff.
23 Vgl. hierzu den Text der Erstausgabe in ARIOSTO 1516/2006, S. 1002ff. (= Gesang XL, 57–
    71). Die Erstausgabe enthielt zwei zusätzliche Strophen, die in der Ausgabe 1532 fehlen, das
    Porträt aber nicht grundlegend verändern.
24 Vgl. hierzu CATALANO 1930/31, Bd. 1, S. 425ff.

servata, e servarà (s'in me non erra
quel profetico lume che m'inspiri)
fin che d'intorno al polo il ciel s'aggiri.

(*O.F.*, III, 1, 1 – III, 2, 8)

Der erste Vers ist ein wörtliches Zitat aus dem *Orlando Innamorato* (I, XXVII, 1, 1), das dort kontextuell zwar anders funktionalisiert ist – es bezieht sich auf die Schwierigkeit, einen Kampf zwischen Orlando und Ranaldo adäquat darzustellen –, das aber doch jenen Text aufruft, in dem die auch von Ariost erzählte Este-Genealogie zum ersten Mal erzählt wird. Das genealogische Thema wird dabei explizit als ein besonders anspruchsvolles ausgewiesen, für das dem Erzähler ein weit höherer Inspirationsgrad als für den Rest seines Textes notwendig erscheint. Die Beziehung zwischen Erzähler und Adressat wird ferner erneut als Diener-Herr-Beziehung thematisch, und der Erzähler betont ganz ausdrücklich seine Textproduktionsfunktion, die das Gelingen des Este-Preises unmittelbar an sein durch göttliche Inspiration erlangtes Können rückbindet. Der *per definitionem* menschlichem Irren enthobene göttliche Furor wird nun freilich in dem Klammerzusatz in den beiden letzten Zeilen der zweiten Strophe in einem Maße subjektiviert, dass er nicht mehr als absoluter Wahrheitsgarant fungieren kann. Das heißt, der mit einem Irrtumsvorbehalt versehene *furor poeticus*, der als solcher gerade die besondere Bedeutung des zu behandelnden Themas unterstreichen sollte, ambiguisiert den Wahrheitsgehalt der folgenden Genealogie, insofern der Inspirationsmodus selbst einem skeptischen Zweifel ausgesetzt wird. Dies bedeutet nicht, dass die Genealogie apriorisch ironisiert würde, dies bedeutet aber sehr wohl, dass man über ihren tatsächlichen Wahrheitsgehalt nichts Rechtes weiß.

Eine nähere Analyse des III. Gesangs könnte nun einige weitere Ambiguisierungsstrategien aufzeigen, die wesentlich auf den magischen Elementen der *histoire* basieren:

Durch den Verrat Pinabellos fällt Bradamante in die Grotte Merlins, „il savio mago" (III, 10, 2), dessen lebendige Seele in einem toten Körper auf das letzte Gericht warten muss (III, 11, 1f.). In der Höhle dieses ‚seltsamen Weisen' wartet die Zauberin Melissa ihrerseits auf Bradamante, für die der Zauberer Merlin eben diesen Tag für eine Zusammenkunft mit Melissa vorherbestimmt hatte (III, 12, 7f.), d.h. nicht die göttliche Vorsehung, sondern Zauberer bestimmen den Lauf der Welt. Damit nicht genug. Die Geister, die Bradamante in der Grotte Merlins ihre zukünftigen Nachfahren vorspielen, hat gleichfalls Melissa herbeigeschafft, über deren Herkunft der Erzähler freilich, nachdem er im Kontext der gesamten Stelle höchst allwissend ist, unvermittelt nichts weiß:

Non so se da l'inferno o da qual sede

(*O.F.*, III, 20, 6)

Wie ich an anderer Stelle mit zeitgenössischen Belegen zu zeigen versucht habe,[25] lässt sich die Verwendung magischer Elemente als solche nicht schon als eindeu-

---

25 Vgl. Hempfer 1987, S. 186ff. (= Hempfer 2004, S. 164ff.).

tiges Fiktionssignal begreifen, doch dürfte die hypertrophe Inszenierung solcher Elemente, wie wir sie zu Beginn des III. Gesangs finden, ein Fiktionalitätspotential entfalten, das die vorgebliche Faktizität der Genealogie durch eine die Grenzen zur Fiktion überspielende Rahmung ihrerseits ambiguisiert.

Es scheint mir nun gerade diese Ambiguität des Wirklichkeitsstatus der Genealogie und damit der gesamten dynastisch-enkomiastischen Komponente zu sein, die in der Dichtungsallegorie der Mondepisode metapoetisch thematisch wird. In die Ende des XXXIV. Gesangs beginnende Dichtungsallegorie ist in komplexer Weise eine erneute Enkomiastik Ippolitos zu Beginn des XXXV. Gesangs interpoliert (*O.F.*, XXXV, 3–9), und in die Dichtungsallegorie selbst wird eine unmittelbare Anrede an Ippolito integriert, in der ein höchst raffinierter Zusammenhang zwischen dem Emblem Ippolitos und den als weißen Schwänen allegorisierten Dichtern hergestellt wird:

> Fra tanti augelli son duo cigni soli,
> bianchi, Signor, come è la vostra insegna,
> che vengon lieti riportando in bocca
> sicuramente il nome che lor tocca.

(*O.F.*, XXXV, 14, 5–8)

Wird an dieser Stelle auf die Seltenheit („son duo cigni soli") der echten Dichter angespielt, die die Namen dem Fluss des Vergessens entreißen, und damit implizit ein Zusammenhang von fiktionsimmanenter Allegorie auf der *histoire*-Ebene und der im *discours* des Textes vollzogenen faktualen Enkomiastik suggeriert, so erfolgt dann in der an Astolfo gerichteten Rede des Evangelisten Johannes jene *volte-face*, die den Dichtern jeglichen Wahrheitsanspruch streitig macht und sie *zugleich* zu den einzigen Garanten der Überlieferung und damit zu Konstrukteuren der *res gestae* als potentielle *res fictae* macht:

22

> Ma come i cigni che cantando lieti
> rendeno salve le medaglie al tempo,
> così gli uomini degni da' poeti
> son tolti da l'oblio, più che morte empio.
> Oh bene accorti principi e discreti,
> che seguite di Cesare l'esempio,
> e gli scrittor vi fate amici, donde
> non avete a temer di Lete l'onde!

23

> Son, come i cigni, anco i poeti rari,
> poeti che non sian del nome indegni;
> sì perché il ciel degli uomini preclari
> non pate mai che troppa copia regni,
> sì per gran colpa dei signori avari
> che lascian mendicare i sacri ingegni;
> che le virtù premendo, et esaltando
> i vizii, caccian le buone arti in bando.

24

Credi che Dio questi ignoranti ha privi
de lo 'ntelletto, e loro offusca i lumi;
che de la poesia gli ha fatto schivi,
acciò che morte il tutto ne consumi.
Oltre che del sepolcro uscirian vivi,
ancor ch'avesser tutti i rei costumi,
pur che sapesson farsi amica Cirra,
più grato odore avrian che nardo o mirra.

25

Non sì pietoso Enea, né forte Achille
fu, come è fama, né sì fiero Ettorre;
e ne son stati e mille e mille e mille
che lor si puon con verità anteporre:
ma i donati palazzi e le gran ville
dai descendenti lor, gli ha fatto porre
in questi senza fin sublimi onori
da l'onorate man degli scrittori.

26

Non fu sì santo né benigno Augusto
come la tuba di Virgilio suona.
L'aver avuto in poesia buon gusto
la proscrizion iniqua gli perdona.
Nessun sapria se Neron fosse ingiusto,
né sua fama saria forse men buona,
avesse avuto e terra e ciel nimici,
se gli scrittor sapea tenersi amici.

27

Omero Agamennon vittorioso,
e fe' i Troian parer vili et inerti;
e che Penelopea fida al suo sposo
dai Prochi mille oltraggi avea sofferti.
E se tu vuoi che 'l ver non ti sia ascoso,
tutta al contrario l'istoria converti:
che i Greci rotti, e che Troia vittrice,
e che Penelopea fu meretrice.

28

Da l'altra parte odi che fama lascia
Elissa, ch'ebbe il cor tanto pudico;
che riputata viene una bagascia,
solo perché Maron non le fu amico.
Non ti maravigliar ch'io n'abbia ambascia,
e se di ciò diffusamente io dico.
Gli scrittori amo, e fo il debito mio;
ch'al vostro mondo fui scrittore anch'io.

29

E sopra tutti gli altri io feci acquisto
che non mi può levar tempo né morte;
e ben convenne al mio lodato Cristo
rendermi guidardon di sì gran sorte.
Duolmi di quei che sono al tempo tristo,
quando la cortesia chiuso ha le porte;
che con pallido viso e macro e asciutto
la notte e 'l dì picchian senza frutto.

30

Sì che continuando il primo detto,
sono i poeti e gli studiosi pochi;
che dove non han pasco né ricetto,
insin le fere abbandonano i lochi.–
Così dicendo, il vecchio benedetto
gli occhi infiammò, che parveno duo fuochi;
poi volto al duca con un saggio riso
tornò sereno il conturbato viso.

(*O.F.*, XXXV, 22, 1 – XXXV, 30, 8)

Die Rede des Johannes situiert sich, wie gesagt, unmittelbar in der Fiktionalitätsdebatte des 16. Jahrhunderts. Sie wirft auch und gerade den ‚wahren Dichtern‘,
den „poeti rari“, zu denen zeitgenössisch ohne jeden Zweifel Homer und Vergil
gehören, vor, dass sie die ‚wahre Geschichte‘ in ihr Gegenteil verkehrt haben,
weil sie von den Nachfahren der Gepriesenen entsprechend ‚entlohnt‘ worden
sind (Strophe 25), d.h. es ist die genealogisch-dynastische Enkomiastik, die zum
Auslöser für das platonische Verdikt wird, dass die Dichter lügen. Andererseits
greift die 22. Strophe nochmals eine typische Legitimationsstrategie für Dichtung,
nämlich deren Immortalisierungsfunktion, auf, wie sie in der vorausgehenden
Dichtungsallegorie zunächst ‚bildlich‘ dargestellt worden war: Ein Alter, die Allegorie der Zeit, wirft unermüdlich Schilder mit aufgedruckten Namen in einen
Fluss, den Fluss des Vergessens, der diese hinwegspült bis auf die wenigen, die
von zwei weißen Schwänen unermüdlich in den Tempel der „Immortalitade“ transportiert werden, um dort den Zeitenlauf zu überdauern (*O.F.*, XXXV, 10–22).
Die Dichter sind, wie der Evangelist Johannes in Strophe 23 erklärt, diese weißen
Schwäne, die die „uomini degni“ dem Vergessen entreißen und damit allererst
Geschichte konstituieren (*O.F.*, XXXV, 22, 3f.).

Die ‚Poetik‘ des Johannes basiert damit auf zwei kontradiktorischen Propositionen, die ich im Hinblick auf die Enkomiastik und das Verhältnis von Faktualität
und Fiktionalität etwas anders formulieren würde als in einem früheren Beitrag zu
dieser Stelle:[26]

Proposition 1: Nur die Dichter konstituieren Geschichte, weil nur sie die *res
gestae* dem Vergessen entreißen können.

26　Vgl. HEMPFER 1995, S. 79ff.

Proposition 2: Die Dichter können *auch* lügen: Sie können die tatsächlichen „uomini degni" immortalisieren (Strophe 22), sie können aber auch das Gegenteil dessen sagen, was ‚wirklich' war und damit Falsches als Wahrheit etablieren (Strophe 26/27). Wenn die Dichter als potentielle Lügner jedoch zugleich die einzigen Garanten dessen sind, was war, da nur sie, wie gesagt, die *res gestae* überliefern und damit die Geschichte ‚konstituieren', ist die Grenze von Faktualität und Fiktionalität in der Dichtung immer schon überspielt.

Ihre autoreflexive Bedeutung für den *Orlando Furioso* selbst erhält diese ‚Poetik' des Johannes nun gerade dadurch, dass die Ausführungen zur wirklichkeitskonstitutiven Funktion von Dichtung wesentlich an deren genealogisch-enkomiastische Komponente gebunden sind. Insofern diese Komponente im *Orlando Furioso* einen so herausragenden Platz einnimmt, fungiert die explizite ‚Poetik' des Johannes als implizite Ambiguisierung der Enkomiastik des *Furioso*, da sie genauso gut wahr wie pure dichterische Fiktion sein könnte. Eine solche Ambiguisierung bedeutet *keine* Ironisierung, was Unwahrheit der Enkomiastik implizieren würde, sie bedeutet vielmehr gerade die Nichtfixierbarkeit ihrer eigenen Wahrheitsbedingungen.

Zur weiteren Absicherung einer solchen Interpretation ließen sich sowohl die Aussagen zur genealogischen Enkomiastik in der zeitgenössischen Rezeption des *Orlando Furioso* heranziehen[27] wie die Tatsache, dass im 16. Jahrhundert vielfach Kritik am Wahrheitsgehalt von Genealogien geübt wurde, diese in höchst ‚phantastischer' Form aber bis ins 17. Jahrhundert hinein auch und gerade in historiographischen Texten wie Pignas *Historia dei Principi di Este* (1570) produziert wurden, die nach dem Verständnis der Zeit eindeutig den Wahrheitsdiskursen zuzurechnen sind.[28]

Ich kann hierauf im vorliegenden Kontext nicht weiter eingehen und möchte stattdessen einen letzten Punkt ansprechen: Die eigentliche Brisanz der ‚Poetik' des Johannes beruht nämlich darauf, dass der Evangelist die Grenze zwischen faktualen und fiktionalen Texten ganz explizit aufhebt, indem er sich selbst schlicht unter die *scrittori* einreiht, deren Lügenmärchen er unmittelbar zuvor gebrandmarkt hat:

> Gli scrittori amo, e fo il debito mio;
> ch'al vostro mondo fui scrittore anch'io.

(*O.F.*, XXXV, 28, 7f.)

Die für den Dante des *Convivio* noch selbstverständliche Differenz zwischen den „parole fittizie" der Dichter und dem wörtlich wahren Wort der Bibel ist hier aufgehoben.[29] Dass dies keine postmoderne ‚Verlesung' darstellt, kann wieder ein Rezeptionsdokument belegen: So referiert Campanella, dass man Ariost vorwerfe, aus dem Evangelisten Johannes einen „*poeta* falso" zu machen.[30] Wenn Ariost

---

27 Vgl. hierzu HEMPFER 1987, S. 198ff. (= HEMPFER 2004, S. 174ff.).
28 Vgl. hierzu das umfangreiche Material in BIZZOCCHI 1995.
29 Vgl. hierzu HEMPFER 2009.
30 Zitiert in HEMPFER 1987, S. 256 (= HEMPFER 2004, S. 222). Das Zitat findet sich in CAMPANELLA [1596]/1954, S. 337; Herv. v. mir.

also die Grenze zwischen traditionell grundsätzlich unterschiedlichen Diskursen –
dem Wahrheitsdiskurs der Bibel und dem poetischen Diskurs – überspielt, dann
geht es ihm gleichwohl nicht um das Ausstellen der Fiktionalität aller Diskurse,
sondern vielmehr um die wirklichkeitskonstitutive Funktion von Dichtung. Dichtung schafft Wirklichkeit, gleichgültig ob diese nun eine Fiktion ist oder nicht.
Genau hierin scheint mir, bei aller oberflächlichen Ähnlichkeit, die fundamentale
historische Differenz des Ariost'schen Textes und Dichtungsverständnisses zu
postmodernen Praktiken und Theorien zu liegen.[31]

---

31 Vgl. dagegen CESERANI 2006. Es ist fraglos richtig, dass wir aufgrund bestimmter
    (post-)moderner Literaturkonzeptionen einen leichteren Zugang zu bestimmten Strukturen des
    Ariost'schen Textes haben als dies etwa von einem ‚klassischen' Dichtungsverständnis aus
    möglich ist, doch ist der Ariost'sche Text deswegen noch lange nicht ‚postmodern'. Wie ich
    seit geraumer Zeit zu zeigen versuche, ist der *Orlando Furioso* gerade kein Anachronismus,
    sondern eine geradezu idealtypische Ausprägung rinascimentaler *episteme*.

Literaturverzeichnis

Primärtexte

ARIOSTO 1516/2006:

Ariosto, L., *Orlando Furioso*, secondo la princeps del 1516, krit. Ausg. hg. v. M. Dorigatti, Florenz 2006.

ARIOSTO ²1971:

Ariosto, L., *Orlando Furioso*, Vorw. u. Anm. v. L. Caretti, Turin ²1971.

ARIOSTO 1982:

Ariosto, L., *Orlando Furioso*, hg. v. E. Bigi, 2 Bde., Mailand 1982.

BOIARDO 1999:

Boiardo, M. M., *Opere*. Tomo I: *L'Inamoramento de Orlando*, krit. Ausg. hg. v. A. Tissoni Benvenuti u. C. Montagnani, Mailand/Neapel 1999.

CAMPANELLA [1596]/1954:

Campanella, T., „Poetica", in: ders., *Tutte le opere*, hg. v. L. Firpo, Bd. I: *Scritti letterari*, Mailand 1954, S. 315–430.

RIGOGOLI [= SALVIATI] 1584:

Il Lasca Dialogo: Cruscata, ovver Paradosso D'Ormannozzo Rigogoli: rivisto e ampliato da Panico Granacci, Cittadini di Firenze, e Accademici dela Crusca […], Florenz 1584.

Sekundärliteratur

BIZZOCCHI 1995:

Bizzocchi, R., *Genealogie incredibili. Scritti di storia nel Europa moderna*, Bologna 1995.

CATALANO 1930/1931:

Catalano, M., *Vita di Ludovico Ariosto ricostruita su nuovi documenti*, 2 Bde., Genf 1930/ 1931.

CESERANI 2006:

Ceserani, R., „Ariosto, il moderno e postmoderno", in: KLETTKE/MAAG (Hgg.) 2006, S. 27–44.

COHN 1999:

Cohn, D., *The Distinction of Fiction*, Baltimore 1999.

CURTIUS 1963:

Curtius, E. R., *Europäische Literatur und lateinisches Mittelalter*, Bern/München ⁴1963 (¹1948).

FLUDERNIK 2001:

Fludernik, M., „Fiction vs. Non-Fiction. Narratological Differentiations", in: *Erzählen und Erzähltheorie im 20. Jahrhundert. Festschrift für Wilhelm Füger*, hg. v. J. Helbig, Heidelberg 2001, S. 85–103.

FRIEDEMANN 1910:

Friedemann, K., *Die Rolle des Erzählers in der Epik*, Darmstadt 1965 (¹1910).

HÄSNER 2001:

Häsner, B., *Metalepsen: Zur Genese, Systematik und Funktion transgressiver Erzählweisen*, Diss. Freie Universität Berlin 2001, in: Elektr. Diss. FU-Berlin 2005 [http://www.diss.fu-berlin.de/2005/239/index.html, 21.5.2008] (Buchpublikation in Vorbereitung).

HEMPFER 1976:

Hempfer, K. W., „Textkonstitution und Rezeption: Zum dominant komisch-parodistischen Charakter von Pulcis *Morgante*, Boiardos *Orlando Innamorato* und Ariosts *Orlando Furioso*", *Romanistisches Jahrbuch* 27 (1976 [= 1977]), S. 77–99.

HEMPFER 1987:

Hempfer, K. W., *Diskrepante Lektüren: Die* Orlando-Furioso-*Rezeption im Cinquecento. Historische Rezeptionsforschung als Heuristik der Interpretation*, Stuttgart 1987.

HEMPFER 1990:

Hempfer, K. W., „Zu einigen Problemen einer Fiktionstheorie", *Zeitschrift für französische Sprache und Literatur* 100 (1990), S. 109–137 (wieder abgedruckt in: ders., *Grundlagen der Textinterpretation*, hg. v. S. Hartung, Stuttgart 2002, S. 107–133).

HEMPFER 1995:

Hempfer, K. W., „Ariosts ‚Orlando Furioso' – Fiktion und *episteme*", in: *Literatur, Musik und Kunst im Übergang vom Mittelalter zur Neuzeit. Bericht über Kolloquien der Kommission zur Erforschung der Kultur des Spätmittelalters 1989–1992*, hg. v. H. Boockmann, L. Grenzmann, B. Moeller u. M. Staehelin, Göttingen 1995, S. 47–85.

HEMPFER 2002:

Hempfer, K. W., *Grundlagen der Textinterpretation*, hg. v. S. Hartung, Stuttgart 2002.

HEMPFER 2004:

Hempfer, K. W., *Letture discrepanti. La ricezione dell'*Orlando Furioso *nel Cinquecento*, Modena 2004 [= 2005].

HEMPFER 2009:

Hempfer, K. W., „Zur Enthierarchisierung von ‚religiösem' und ‚literarischem' Diskurs in der italienischen Renaissance", in: *Literarische und religiöse Kommunikation in Mittelalter und Früher Neuzeit*, hg. v. P. Strohschneider, Berlin/New York 2009, S. 183–221.

JAVITCH 2003:

Javitch, D., „The Advertising of Fictionality in *Orlando Furioso*", in: *Ariosto Today: Contemporary Perspectives*, hg. v. D. Beecher, M. Ciavolella u. R. Fedi, Toronto 2003, S. 106–125.

KABLITZ 1989:

Kablitz, A., „Dichtung und Wahrheit. Zur Legitimität der Fiktion in der Poetologie des Cinquecento", in: *Ritterepik der Renaissance. Akten des deutsch-italienischen Kolloquiums Berlin 30.3.–2.4.1987*, hg. v. K. W. Hempfer, Stuttgart 1989, S. 77–122.

KABLITZ 2008:

Kablitz, A., „Literatur, Fiktion und Erzählung – nebst einem Nachruf auf den Erzähler", in: *Im Zeichen der Fiktion. Aspekte fiktionaler Rede aus historischer und systematischer Sicht. Festschrift für Klaus W. Hempfer zum 65. Geburtstag*, hg. v. I. Rajewsky u. U. Schneider, Stuttgart 2008, S. 13–44.

KLETTKE/MAAG (Hgg.) 2006:

Klettke, C./Maag, G. (Hgg.), *Trugbildnerisches Labyrinth – Kaleidoskopartige Effekte. Neurezeptionen des* Orlando furioso *von Ariosto*, Tübingen 2006 [Sonderband der Zeitschrift *Horizonte. Italianistische Zeitschrift für Kulturwissenschaft und Gegenwartsliteratur* 9 (2005–06)].

PENZENSTADLER 1987:

Penzenstadler, F., *Der* Mambriano *von Francesco Cieco da Ferrara als Beispiel für Subjektivierungstendenzen im Romanzo vor Ariost*, Tübingen 1987.

RAJNA 1900/1975:

Rajna, P., *Le fonti dell'*Orlando Furioso, ristampa della seconda edizione 1900 accresciuta d'inediti, hg. v. F. Mazzoni, Florenz 1975.

SCHNEIDER 2007:

Schneider, U., *Der weibliche Petrarkismus im Cinquecento. Transformationen des lyrischen Diskurses bei Vittoria Colonna und Gaspara Stampa*, Stuttgart 2007.

STANZEL 1979:

Stanzel, F. K., *Theorie des Erzählens*, Göttingen 1979.

„Circé … n'est pas fable"

Verworrene Grenzen der Fiktion in der Spätrenaissance

FRANÇOISE LAVOCAT (Paris)

Die Frage der Grenzen der Fiktion ist in den letzten Dezennien in vielfältiger Weise diskutiert worden, vor allem seit Thomas Pavels grundlegendem Werk *Fictional Worlds* (1986). Die Debatte betraf vor allem die Relevanz der Unterscheidung zwischen Fiktion/Nicht-Fiktion,[1] die Existenz interner wie externer Fiktionalitätskriterien,[2] die Möglichkeit einer Kreuzung von fiktionalem und faktualem Diskurs. Explizit oder implizit haben diese Überlegungen jedoch fast immer jede diachrone Perspektive ausgeschlossen. Nur Thomas Pavel, der für eine ,integrative' Theorie ohne jede klare Trennung zwischen Fiktion und Nicht-Fiktion plädiert, erwägt langfristige Entwicklungen. Er bemerkt in der Tat, dass Personen im Laufe der Zeit fließend von einer Kategorie in die andere zu übersiedeln imstande sind. Sie können etwa zwischen dem 16. und dem 17. Jahrhundert von einem mythologischen zu einem fiktiven Charakter werden.[3] Man kann vermuten, dass diese Verschiebung von der Mythologie zur Fiktion an der beispiellosen Entwicklung der Formen, der Gebräuche und der Welten der Fiktion zu Beginn des 17. Jahrhunderts teilhat: Man denke etwa an die Entstehung des Balletts oder der Pastorale um 1600.

Mehrere Arbeiten haben gezeigt, dass diese Epoche auch durch die Entstehung einer Konzeption der Fiktion gezeichnet ist, die man als ,modern' bezeichnen kann und die sich durch eine größere Autonomie gegenüber einem extratextuellen Referenten und eine größere Entfernung gegenüber den Begriffen der Wahrheit und der Lüge kennzeichnen lässt. So emanzipieren sich die Poetiker des 16. Jahrhunderts von der Tradition der Rhetorik und Scholastik und stellen zunehmend den Begriff der *fabula* ins Zentrum der poetischen Aktivität.[4] Zugleich erlaubt auch die Entwicklung der profanen Literatur und die Verbreitung des Aristotelismus gegen Ende der Renaissance, die Kategorie der Fiktion anders denn als Ornament und den Unterschied zwischen Geschichte und Fiktion mittels der Begriffe der Erfindung (*inventio*) und der Nachahmung (*imitatio*) zu begreifen.[5]

Ohne diesen allgemeinen Rahmen in Frage stellen zu wollen, möchte ich ein engeres und weniger offenbares Phänomen beleuchten, das dazu beitragen könnte, die teleologische Vorstellung einer ständig wachsenden Autonomie der Literatur

---

1   PAVEL 1988, RYAN 1991.
2   PAVEL 1999, COHN 1999.
3   Siehe PAVEL 1988, S. 55.
4   DUPRAT 2004.
5   BOUCHARD 2004.

ein wenig zu nuancieren. In einer jüngeren Arbeit hat Kai Mikkonen die Ansicht
vertreten, dass der Übergang vom Faktum zum Fiktum in der Rezeptions-
geschichte häufig, der entgegengesetzte Weg jedoch niemals anzutreffen sei. Was
als fiktiv angesehen wird, kann seines Erachtens in der Folge niemals einen
außertextuellen Referenten erhalten.[6] Ist dies so gewiss? Zu Ende des 17. Jahrhunderts begegnet man einem Rückgang der Fabel in bestimmten Feldern des
Diskurses, die dem Entstehen neuer Wissenschaften entsprechen.

Ich möchte einige Modalitäten dieses Rückzugs oder der Ablehnung der
Fabeln mittels einiger Beispiele aus den Werken der Mythographen und der
Dämonologen untersuchen. Es geht dabei um Fabelwesen und Fabelerschei-
nungen, die vorzügliche Gegenstände ästhetischer und fiktionaler Darstellungen
sind, deren Status jedoch gegen Ende der Renaissance einer Neubewertung unter-
zogen wird. Es handelt sich um die Metamorphose der Gestalt von Zirze und der
Satyrn.[7] Mein Ziel ist es, die Konsequenzen der Verdrängung der humanistischen
Kultur der Allegorie in der Entwicklung der Wahrnehmung der Grenze zwischen
Tatsache und Fiktion und des Begriffs der Fiktion als solcher darzulegen.[8]
Zweitens geht es in diesem Beitrag darum, über den Zusammenhang zwischen
Wissenschaftsgeschichte einerseits und Entwicklung des Fiktionsbegriffs sowie
der Fiktionsliteratur andererseits nachzudenken.

Nachdem ich zunächst mittels eines kurzen Beispiels zu zeigen versuche, dass
die Fiktion in der Mitte des 16. Jahrhunderts durchaus als ein Werk der Phantasie
definiert werden kann, werde ich die Art und Weise analysieren, in der der gelehrte mythographische und der dämonologische Diskurs den Status der Fabelwesen neu determinieren, indem sie ihnen eine Referenz zuordnen.

1. Elemente einer Definition der Fiktion in der Mitte des 16. Jahrhunderts

In der Mitte des 16. Jahrhunderts ist es durchaus möglich, eine Konzeption der
Fiktion als menschliche und profane, vom Bezug zu wahr und falsch völlig
entkoppelte Erfindung[9] zu formulieren.[10] Man findet sie nicht bei den ersten Theoretikern des Romans wie Giraldi oder Pigna, und auch nicht bei Aymot, dem
französischen Übersetzer der *Äthiopika*. Sie alle sind zu sehr auf die Nähe zu

---

6 MIKKONEN 2006.
7 Die Magierin und der Satyr werden im *Triomphe d'Amour* von Alexandre Hardy (1621) als
   Akteure und zugleich als Gegenstände der Metamorphose oft auf der Theaterszene vereint.
   Zur künstlerischen Auswertung dieser Charaktere im Barock s. ROUSSET 1953.
8 Über die Entwicklung des Status der „ficta" (Fabelwesen, *entia rationis*) zwischen Mittelalter
   und Renaissance s. DEMONET 2002, 2005, 2008.
9 Diese Aussage geht von einer restriktiven Definition der Fiktion aus, ähnlich jener, die RYAN
   1991, S. 24 vorschlägt.
10 Diese Bemerkungen stellen einen Einwand gegen aktuelle Theorien der Fiktion dar, die
   behaupten, dass eine solche nicht vor dem 19. Jahrhundert denkbar sei, sowie gegen Spezia-
   listen des 16. Jahrhunderts, wie BOUCHARD 2006, S. 12, die meinen, dass die Kategorien des
   Literarischen und des Fiktiven im Sinne von ‚Erfindung' im 16. Jahrhundert nicht denkbar
   seien.

Aristoteles und die Regeln des epischen Poems bedacht. Und doch ist es der
Roman, der die der Moderne am nächsten stehende Definition der Fiktion
hervorbringt. Im Proömium seiner Übersetzung des zweiten Buches der *Amadis
de Gaule* aus dem Jahre 1541 schreibt Herberay des Essarts:

> Benin lecteur, de jugement pourvu,
> Quand tu verras l'invention gentille
> De cet auteur, contente toy du stille
> Sans t'enquerir s'il est vray ce qu'as lu.
> Qui est celuy qui peut dire: j'ai vu
> Blasmer Homere ou accuser Virgile
> Pour n'estre vray ainsi que l'Evangile
> En escrivant tout ce qu'il leur a plu?
> Quand Apelles nous a peint Jupiter
> En Cygne blanc, Taureau ou autre beste,
> Des Anciens il n'a esté repris.
> Donc si tu vois en ce Livre imiter
> L'Antiquité, loue l'effort honneste,
> Car tout bon oeuvre est digne de bon prix.[11]

Anders als im Mittelalter und oft noch weit später geht es hier nicht darum, die
Fiktion wegen ihrer Nützlichkeit für die Allegorie zu verteidigen. Der Autor beansprucht das Recht zu erfinden, über ‚nichts' zu schreiben – und genau das hat
einen Preis. Das Werk hat demnach einen ausschließlich ästhetischen Wert. Ausdrücklich wird die Abkoppelung von der Heiligen Schrift mit ihrem exklusiven
Wahrheitsanspruch vorgenommen. Diese Hochschätzung des Kunstwerks beruft
sich auf die Antike. Homer und Vergil werden als Autoren von Fiktionen betrachtet. Damals wie heute werde die Darstellung der Götter und ihrer Metamorphosen als freie Schöpfung der Phantasie angesehen. Gleichviel, ob man diese
Behauptung als Provokation oder als Verneinung betrachtet, sie vernachlässigt
jedenfalls die Diskussion um die Natur der antiken Götter,[12] die zumal nach der
Gegenreformation aufflammen wird.

Diese wohl kaum dominante Position ist nicht ohne Vorläufer – man könnte
andere, hauptsächlich italienische Beispiele aus der ersten Hälfte des Jahrhunderts
erwähnen. Am ehesten findet man eine sich der Fiktion annähernde Konzeption in
der paradoxen Literatur sowie im komischen Register, in der Sphäre der *joco-
seria*. Alberti etwa gibt einem seiner Werke den Titel „Fabeln ohne Moral". Die
Formulierung des Essarts ist jedoch wegen ihres Mangels an Ironie bemerkenswert. Sie versucht nicht, in der Linie von Erasmus und More die Legitimität der
Fiktion im Doppelsinn der Satire oder des Paradoxons zu begründen. Diese
Position, die man wohl als radikal bezeichnen kann und deren Gebrechlichkeit
offenbar ist, stellt mithin auch einen Bruch dar. Mawy Bouchard hat gezeigt, wie
sich nach dem durch den *Amadis* geprägten Dezennium (1550–1560) der
ideologische Widerstand gegen eine Konzeption der Fiktion als rein ästhetischen
Genuss organisiert. Er wächst vor allem im Kreis der Talarträger, die weit weni-

---

11   HERBERAY DES ESSARTS 1561, „Au lecteur", o.S.
12   SEZNEC 1940.

ger als die Aristokratie vom Prestige der Fabel verlockt sind. Bouchard zeigt, wie bei Lemaire de Belges, La Popelinière, Henri Estienne oder Bodin die Disqualifizierung der als seicht und lügnerisch angesehenen Fabel die Entwicklung der historischen Disziplin fördert. Diese Reorganisation der Disziplinen zum Vorteil der Geschichte und zum Nachteil der antiken wie der modernen Literatur findet vor dem Hintergrund institutioneller Gegnerschaften und einer Reform des humanistischen Curriculums statt.[13]

Man kann sich also fragen, was aus den in der Mitte des 16. Jahrhunderts klar als solchen identifizierten fiktiven Entitäten wird. Lässt sie die Neuorganisation der Wissenschaften intakt? Welche Stellung teilt ihnen die Bewegung der theoretischen Missachtung der Fiktion zu? Auf der einen Seite legen, vor allem nach 1580, der Aufschwung des Romans, der Novelle, des Theaters, des Balletts und die Begeisterung für Phantasieländer wie Arkadien nahe, dass die Legitimität einer Fiktion ohne Referenz sich einfach weiter festigt. Auf der anderen Seite lässt sich eine Aneignung weiter Gebiete der Fabel beobachten, die darauf abzielt, sie in den Bereich des Faktums zu verschieben.

2. Von der Fiktion zum Faktum: Verworrene Texte der Mythographen

Einige Autoren haben den im 16. Jahrhundert steigenden Glauben an die Hexerei unterstrichen. Sie setzen ihn in Bezug zu der Angst vor der Macht der durch den wachsenden Einfluss der – als Bedrohung des christlichen Glaubens betrachteten – Skepsis genährten Einbildungskraft[14] oder zu den juridischen Änderungen, die zur Ausbildung einer absoluten Monarchie führen.[15] Die Beispiele sind zahlreich. Ich beschränke mich jedoch auf zwei sehr repräsentative Autoren aus dem Bereich der Mythographie und der Dämonologie, Natale Conti und Jean Bodin.

Den ansonsten ganz unterschiedlichen dämonologischen und mythographischen Diskursen ist eine gewisse Kompilierung des Wissens, wie es im 16. Jahrhundert verfügbar war, gemeinsam. Sie bereiten gemeinsam dessen Gebrauch für die Moderne vor. Ich beschränke mich auf die Artikel „Satyrn" und „Zirze" in dem Großwerk *Mythologiae* (1551, weitere Auflagen: 1564, 1581, 1605) von Natale Conti, die in hervorragend expliziter Weise ein Problem hinsichtlich der Stellung dieser zwischen verschiedenen Sphären des Wissens und der Kunst schwebenden Wesen formulieren. Die Satyrn sind seit dem Ende des 15. Jahrhunderts ein in Italien sehr verbreitetes dekoratives Motiv.[16] Ihre ziemlich differenzierte Behandlung illustriert in beispielhafter Weise zwei der sich gegen Ende der Renaissance anbietenden Wege des Umgangs mit diesen Wiedergängern aus der Welt des Paganismus: die Naturalisierung und die Allegorisierung oder Re-

---

13 BOUCHARD 2004.
14 WALTERS 2002 und 2004.
15 HOUDARD 2002.
16 LAVOCAT 2005.

Allegorisierung. Die Naturalisierung nimmt dabei nunmehr den Vorrang gegenüber der Allegorisierung in Anspruch.

Die Behandlung von Zirze bei Conti verdient keine langen Kommentare. Sie
ist gänzlich allegorisch. Dies entspricht der Zielsetzung eines Werkes, das sich
vornimmt, die Fabeln zu „erklären" („Mythologiae sive explicatio fabularum").
Der tropologische Sinn der Metamorphose ist präsent: Die Tiermetamorphose
macht die Laster und das Ethos der Männer des Odysseus offenbar. Dabei ist die
kosmologische die am weitesten entwickelte Allegorie. Die Metamorphosen
stellen die Regeneration der Natur, den Lauf der Sterne und die Umwandlung der
Materie dar. Es ist im Übrigen diese Interpretation, die im zehnten und letzten
Buch wieder aufgenommen wird, welches zusammenfasst, „quod omnia philo-
sophiae dogmata *sub fabulis* continebantur".[17] Conti äußert sich nicht zu der
Realität der Metamorphose oder über die tatsächliche Existenz von Zirze. Er
braucht es nicht: Zirze ist an mehreren Stellen als „fabula" qualifiziert. Dies ist die
Bedingung der hermeneutischen und kognitiven Tragweite der Metamorphose.
Gemäß einer sehr verbreiteten – und im 17. und 18. Jahrhundert noch vorherrschenden – Konzeption ist die Fiktion etwas, das ein fast unerschöpfliches Reser-
voir an verschiedenen Bedeutungen einschließt („quae *sub hac Circes fabula* ad
physicam rationem spectantia continebantur").[18]

In diesem Zusammenhang ist es erstaunlich, dass gewisse Versionen der
Fabel Conti lächerlicher als andere erscheinen. Einzelne Kommentatoren von
Homer „fabulieren" im schlechtesten Sinne des Wortes („fabulantur"). Es seien
vor allem jene, die Zirze und Odysseus drei, wenn nicht gar fünf Kinder zuschreiben. Diese Hypothese ist gemäß Conti lächerlich, da Odysseus nicht mehr als ein
Jahr bei der Magierin verbracht hat. Einige Versionen der Fabel sind daher abge-
lehnt; implizit geschieht dies um der Glaubhaftigkeit willen. Dies zeigt, dass Zirze
durch den Mythographen nicht allein in allegorischer Weise gesehen wird. Dieser
versetzt sie fast unmerklich in eine fiktive Welt, die ihre eigene Kohärenz besitzt.

Der den Satyrn gewidmete Artikel eröffnet jedoch einen anderen Weg für die
Behandlung der von der Antike geerbten und durch die erste Renaissance wieder
entdeckten Personen. Conti drückt ihnen gegenüber seine Ratlosigkeit aus.[19] Er
bemerkt das Ungenügen der antiken Quellen, die er reichlich zitiert. Er bevorzugt
dabei Geographen und Naturhistoriker wie Plinius, Pausanias oder Pomponius
Mela, die in dieser Frage die traditionellen Referenzautoren sind. Nun bestätigen
alle diese Autoren die Existenz der Satyrn in der Natur. Die Satyrn provozieren
nicht den geringsten allegorischen Erklärungsversuch. Es ist folglich keineswegs
sicher, dass sie der Fabel entstammen. Conti schreibt den antiken, ungebildeten

---

17 CONTI 1581, S. 671. „[…] dass alle Dogmen der Philosophie in den Fabeln enthalten sind"
    (meine Übers.).
18 Ebd. S. 378, meine Herv. „[…] was unter dieser Fabel der Zirze als zur natürlichen Vernunft
    gehörend enthalten ist" (meine Übers.).
19 „Satyrorum origo quae fuerint, aut è quibus parentibus sint geniti, vel ubi, vel quando
    caeperint, vel qua de causa fuerint Dii habitis ab antiqui, neque in quemquam antiquorum fide
    dignum scriptorum fide dignum incidi, qui explicaverit, neque ipse excogitare potui. At quae
    de his mihi cognita sunt putavi este breviter explicanda" (ebd. S. 303).

66   Françoise Lavocat

und leichtgläubigen Hirten den Glauben an die gute oder bösartige Göttlichkeit
des Satyrs zu. Wenn es keine Götter seien, dann seien sie vielleicht Monster oder
Tiere. Eine der Stellen des Index weist im Übrigen darauf hin, dass sie „Tiere
sind" („animalia sunt"). Diese Hypothese wird von den Naturforschern des 16.
Jahrhunderts, etwa Ulisse Aldovrandi, weitgehend angenommen. Sie wird 1627
von Abbé d'Aubignac bekämpft,[20] verschwindet deshalb jedoch keineswegs aus
der Mehrzahl der naturwissenschaftlichen Traktate bis zum Ende des 17.
Jahrhunderts, wenn nicht gar darüber hinaus.

Es ist richtig, dass die den Silenen oder Pan gewidmeten Artikel, die jenem
über die Satyrn folgen, bei Conti die reiche allegorische Tradition des hybriden
Mischwesens wiederaufnehmen und konzentrieren. Wie Zirze ist Pan ohne Zweifel für Conti eine „fabula". Gleichwohl beobachtet man hier eine radikale Neu-
interpretation des Status einer fiktiven Kreatur, die in derselben Bewegung ihre
Fabelqualität und ihre hermeneutischen Möglichkeiten verliert. Die Hypothese der
in der Natur existierenden Satyrn bleibt in dem mythographischen Traktat von
1551 – und in den lateinischen Neuauflagen – implizit enthalten, in der französischen Übersetzung von Jean de Montlyard ist sie aber ausdrücklich bestätigt. Er
schließt ein ihnen gewidmetes Kapitel mit einer von ihm selbst stammenden
Information, wonach zwei Satyrn tatsächlich in einem deutschen Wald im Jahre
1547 gefangen genommen worden seien:

> Philippe Archiduc d'Autriche mena quant à lui deux Satyres en vie à Gennes l'an 1548; l'un
> en aage d'un jeune garçon; l'autre en aage viril, ce qui montre assez que la race n'en est point
> encore perdue.[21]

Satyrn wurden demnach als real angesehen – die Fiktion ist somit zum Faktum
geworden.

Man stellt im Übrigen fest, dass, auch wenn die verschiedenen lateinischen
Neuauflagen der *Mythologiae* den Text unverändert lassen, der *Index nominum*
zwischen der Ausgabe von 1551 und 1564 eine erstaunliche und interessante
Abwandlung erfährt.[22] Ab 1564 und in allen künftigen Ausgaben enthält er keinerlei Seitenangaben mehr, was ihn gänzlich unverwendbar macht. Es sind vor allem
verschiedene, im Originalindex nicht enthaltene Eigennamen hinzugefügt. Nun ist
die ontologische Qualität dieser Personen oft präzisiert. Sie gehören entweder ins
Reich der Fabel („Evanthes in fabulosis"; „Gabrias in Iambis fabulosis") oder in
jenes der Geschichte („Eumolpus Thrax in historie"). Die Unterscheidung ist nicht
immer sehr klar. Die Ersetzung des Index deutet jedoch auf ein verstärktes
Streben hin, Geschichte und Fabel zu unterscheiden.

---

20 Sein Traktat von 1627 trägt den bedeutungsvollen Titel: *Des satyres, brutes, monstres et
    demons de leur nature et adoration contre l'opinion de ceux qui ont estimé les Satyres estre
    une espece d'homme distincts et séparez des Adamicques*.
21 MONTLYARD 1627, S. 561.
22 „Catalogus nomunim variorum scriptorum et operum, quorum sententia vel verba his libris
    Mythologiae citantur" (ebd. o.S.)

3. Dämonologischer Realismus und Liquidierung der Fabel

Die beim Mythographen außergewöhnliche Verschiebung der Grenze zwischen Fiktum und Faktum wird vom Dämonologen, Juristen und Historiographen Jean Bodin systematisiert.[23] Als Historiograph ist er einer der einflussreichsten Fürsprecher der Geschichte und Gegner der Fabel. Seine Einstellung ist anti-aristotelisch und pro-historisch. Er setzt die Geschichte auf die Seite des Vergnügens und des Universellen. Meiner Kenntnis nach ist diese Haltung bislang nie im Zusammenhang mit seiner Darstellung der Fabel in seinem dämonologischen Werk gesehen worden.

Das der Metamorphose und Lykanthropie (II, 6) gewidmete Kapitel der *Dämonomanie* (1581) ist das bekannteste und das kontroverseste. Es ist vermutlich in erster Linie dafür verantwortlich, dass das Werk 1595 auf den Index gesetzt wird. Bodin vertritt hier ganz bewusst eine heterodoxe These. Gegen seinen Widersacher Jean Wier, gegen die zu Anfang des 16. Jahrhunderts am weitesten verbreitete Meinung, gegen den heiligen Augustinus und den *Canon episcopi* behauptet er die Realität aller den Zauberern zugeschriebenen Phänomene, unter anderem der Metamorphose. Die offizielle Doktrin der Kirche dagegen verteidigt die These, die man als ‚illusionistisch' bezeichnen kann: Es sei der Schein, der vom Teufel durch Drogen oder Wahn erzeugt werde, nicht die Substanz der Dinge.[24]

Jean Bodin leitet eine wahrhafte Trendumkehr ein. Wenn auch die Setzung auf den Index zur Vorsicht rät, so nimmt doch nach ihm die Mehrzahl der Dämonologen (Lambert Daneau, Henri Boguet, Pierre Crespet, Pierre de Lancre) die ‚realistische' These an oder sie vermeiden es, sich zwischen beiden zu entscheiden, was darauf hinausläuft, dass die Metamorphose als in der Natur möglich angesehen wird. Bodins Strategie ist also in erschreckender Weise wirksam gewesen, insofern sie der Hexenverfolgung starke Argumente geliefert hat. Nun benützt sie in origineller Weise die Fiktion.

Das sechste Kapitel des zweiten Buches erwähnt zuerst die Natur des Satyrs im allgemeineren Rahmen der Identifizierung des Teufels mit dem Ziegenbock. Bodin spricht dann von der Lykanthropie, die mit aus Prozessberichten entnommenen Anekdoten illustriert wird, und schließlich von Verwandlungen, die hauptsächlich literarische Referenzen auf den Plan rufen. Diese Konstruktion schließt mit der berühmten Erklärung: „[…] ce que dit Homere de la sorcière Circé, qui changea les compagnons d'Ulysse en pourceaux, n'est pas fable".[25]

---

23 Zu Bodin als Dämonologen vgl. bes. HOUDARD 1992 und den Sammelband BODIN 1985.
24 CLARK 1999 erwägt, dass die Unterschiede in der Bewertung der Realität übernatürlicher Phänomene durch die Dämonologen keinerlei Bedeutung hat: Sie hat in der Tat keinerlei Einfluss auf die Repression. Die meisten Dämonologien versuchen im Übrigen, nicht ohne Widersprüche, mehrere Positionen in Einklang zu bringen. Meines Erachtens ist allerdings diese Diskussion über die Realität der Hexerei von großer Bedeutung nicht nur für den Status der Fabel, sondern auch für die Begriffsgeschichte von Faktum und Erfahrung.
25 BODIN 1580, fol. 99[v].

Obwohl die *Dämonomanie* im gleichen Jahr erscheint wie die *Aminta* von Tasso, betrachtet Bodin die Satyrn doch keineswegs im Lichte der Fabel. Die Satyrn finden in gewisser Weise ihre bei Conti verlorene Göttlichkeit wieder, allerdings werden sie von der Seite des Dämonischen her betrachtet. Was Conti als falschen Glauben in der Gestalt der antiken Mythologie in den Bereich der Fabel verschoben hatte, wird als reales Wunder eines diabolisch Übernatürlichen zurückgewonnen. Aber der moderne Satyr, Tier oder Dämon, gehört immer in den Bereich der Fakten.

Wie im ganzen dämonologischen Diskurs der Epoche ist es auch Bodins Absicht, die Tatsachen zu bevorzugen. Er spricht es als Prinzip zu Anfang seines Kapitels aus. Dabei verbietet er im Namen Gottes jede Willensanwandlung, zu den Ursachen zurückgehen zu wollen, jede Würdigung des Möglichen oder Unmöglichen, kurz, jedes Begreifen der Phänomene:

> En sorte nous pouvons dire que nous avons la demonstration des effets qu'on appelle qui est, c'est à dire, oti esti, qu'il est ainsi. Et combien que telle demonstration par les effets n'est pas si claire, que celle qui procede par les causes, si n'est elle pas moins certaine.[26]

Diese Anti-Hermeneutik, die das kognitive Band zwischen Wirkung und Ursache trennt, ist ebenso weit von der antiken Kultur der Allegorie wie von der Geburt des Experiments entfernt. Sie steht sowohl am Ursprung der Aufwertung der Geschichte gegenüber der Fabel als auch der fast gänzlichen Ausschaltung der Grenze zwischen Fakt und Fiktion. In dieser Konstruktion ist das Faktum eine zur Gänze diskursive Konstruktion; diese Konstruktion projiziert einen illusorischen Referenten.

Bodin erarbeitet in der Tat ein äußerst dichtes Mosaik an Referenzen und Zitaten, in denen zuerst die heiligen Texte dominieren, um die dämonische Natur der Satyrn zu beweisen. Dazu kommen Prozessberichte über die Lykanthropie sowie poetische Texte über die Metamorphose im Allgemeinen. Zwischen diesen Texten sehr unterschiedlicher Herkunft, was Status und Epoche betrifft, gibt es keinerlei Hierarchie. Alle werden unter dem Gesichtspunkt des Zeugnisses betrachtet. Diese radikale Einebnung der Differenzen zeitigt nachhaltige Wirkungen: Am Ende des Kapitels etwa vergleicht Bodin die Geschichte Nebukadnezars in der Bibel und den *Goldenen Esel* des Apuleius, um die Nahrung eines in einen Esel verwandelten Menschen zu bestimmen.

Diese Lektüre jedes Textes als faktisches Zeugnis gründet in dem Postulat, dass das ‚Ich' immer ein Garant der Echtheit ist. Das ‚Ich' ist stets als auf den Autor verweisend gedacht, selbst in einem Zitat aus der achten Ekloge der *Bucolica* des Vergil, in der ein Schäfer die Klage der verlassenen Geliebten singt, die magische Zauber verwendet. So ist es eine weibliche Person im Gesang des Alphesiboeus, die berichtet, bei der Metamorphose eines gewissen Moeris anwesend gewesen zu sein:

> Diese Gewächse und Gifte, für mich im Pontus gesammelt,
> Hat mir Moeris geschenkt: im Pontus wachsen ja viele.

---

26 Ebd. fol. 94^r.

> Oftmals sah ich, wie Moeris, durch sie zum Wolfe geworden,
> Sich in den Wäldern verbarg […].[27]

Die Überzeugungskraft dieses Zitats ist jedoch so groß, dass sie die gleich folgende Gegenmeinung von Plinius völlig beiseite schiebt. Bodin scheint Plinius recht zu geben, dem er die Existenz eines Territoriums der Fabel zugesteht:

> Wir müssen es als falsch ansehen, dass die Menschen sich in Wölfe und wieder zurück verwandeln und dürfen auch nicht alles glauben, was wir durch die Jahrhunderte als Fabeln gelernt haben.[28]

Bodin verleiht allerdings diesem Satz von Plinius eine semantische und psychologische Mehrdeutigkeit, die seinen Sinn entstellt: „[…] on voit bien qu'il n'ose l'asseurer, craignant qu'on ne le croit pas".[29] In dieser Konstruktion wird dem poetischen Text eine direktere und unproblematischere Beziehung zur Wahrheit und zur Realität zugesprochen als dem naturhistorischen Traktat mit wissenschaftlicher Zielsetzung.

Das Unternehmen Bodins, das darauf abzielt, die Sphäre des Möglichen gleich Gottes Allmacht ins Unendliche auszudehnen, mündet in das Verschwinden der Fabeln. Selbst die reale Welt hat alle Eigenschaften eines Fabeluniversums: An den Grenzen Europas seien ganze Völker von durchaus regulären und häufigen Metamorphosen betroffen. Die Türkei, Skandinavien, das moskowitische Reich oder Liwonien seien weit märchenhafter als das oft erwähnte Arkadien. Die mit schrecklichen Folgen verbundene Verzauberung der Welt schließt ein Paradoxon ein, denn Bodin negiert die Fabel, nimmt sie aber als Maßstab, um die Grenzen des Realen und des Möglichen zu definieren.

Wenn Bodin die Grenze zwischen Faktum und Fiktum auch nicht völlig ausradiert, so vernachlässigt oder übergeht er sie doch. Ovids Werk ist ihm wenig glaubwürdig:

> Je laisse la Métamorphose d'Ovide, parce qu'il a entremeslé la verité de plusieurs fables.[30]

Da jedoch „die Geschichte des Lykaon nicht unglaublich ist",[31] zitiert Bodin die Verse, die den Augenblick von dessen Metamorphose festhalten. Diese Verse zeigen, was keine Aussage in einem Prozess wird beschreiben können.

Der Fall des Apuleius ist noch interessanter. Er wurde selbst der Hexerei bezichtigt. Seine Erzählung – *Asinus aureus* – erscheint deshalb als ein glaubwürdiges Zeugnis. Bodin benützt ihn für ein anderes falsches Zugeständnis:

> Il se peut faire, qu'il a enrichy son histoire de contes plaisans; mais l'histoire en soy n'est pas plus estrange, que celle que nous avons remarquée.[32]

---

27 „Has herbas atque haec Ponto mihi lecta uenena / ipse dedit Moeris (nascuntur pluruma Ponto) / his ego saepe lupum fieri et se condere siluis Moerim", Ausg. *Bucolica*, VIII, 95–98.

28 „Homines lupos verti, rursumque restitiu falsum existimare debemus, aut credere omnia qua fabulosa seculis comperimus", BODIN 1580, fol. 99[r].

29 Ebd.

30 Ebd. fol. 99[v].

31 Siehe ebd.

32 Ebd. fol. 101[r].

Die Fabel hat demnach nur schmückende Funktion. Für Bodin ändert sie also nicht den referentiellen Status des Textes.

Bodin verkörpert somit in gewisser Weise eine paradoxe Modernität. Weder die Vermengung von Autor und Person der Erzählung[33] noch die Tatsache, dass die antiken Autoren (und seit dem Mittelalter vor allem Vergil) der Magie und Hexerei bezichtigt werden, sind neu. Bemerkenswert ist allerdings die Art, in der Bodin die Wahrheit und die Referentialität eines Textes auf dieselbe Stufe stellt[34] und dies mit einer bestimmten Konzeption des Wahrscheinlichen verbindet, das er ganz vorsätzlich als irrational versteht.[35]

Diese neue Konfiguration kommt nicht ohne eine völlige Eliminierung des hermeneutischen Rahmens der Allegorie aus. Dies impliziert, selbst in einem sich so vehement als christlich behauptenden System, eine Säkularisierung der Interpretation. Bodin zitiert Johannes Chrysostomos, dem er eine sehr platte Version der Metamorphose als Analogie zuschreibt:

> [...] la sorcière Circé avait tellement abesty les compagnons d'Ulysse par voluptez bestiales, qu'ils estoient comme pourceaux.[36]

Bodin setzt ihm Homers eigene Worte auf Griechisch und in Übersetzung entgegen:

> [...] ils avoient poil & teste, & corps de porceaux, & la raison ferme, & stable.[37]

Man beobachtet hier zweifellos eine Privilegierung des buchstäblichen Sinnes. Es gibt sicher einen Zusammenhang zwischen der Wahl der wörtlichen Auslegung, der Verwerfung des übertragenen Sinnes und der Leichtigkeit, mit der die bekanntesten Texte der Antike, von allen Kommentaren befreit, mit einem Referenten in der Natur versehen werden. Es deutet alles darauf hin, dass Bodin weniger die Rückkehr zu einem früheren Zustand des Wissens bezweckt, als dass er vielmehr ein vorsätzliches, provozierendes und revolutionäres Anliegen verfolgt: An mehreren Stellen legt er seine Position in Abgrenzung gegenüber anderen Interpretationen, die die Fabel als „angenehme Märchen" oder auch als Allegorie auffassen, fest. Er verwirft ganz bewusst die eine wie die andere Lösung.

Ich schließe mit den folgenden drei Punkten: dem Zusammenhang zwischen der Entstehung neuer Wissensfelder und der Umwandlung des Verhältnisses

---

33 HAMBURGER 1954 erwägt auch, dass die Ich-Erzählung keine Fiktion, sondern eine „Simulation" ist. Dies erklärt vermutlich eine wesentliche Schwierigkeit im Verständnis des Status der Ich-Fiktion.

34 Wie: „The truth of a sentence consists in its agreement with (or correspondence to) reality" (TARSKY 1944, S. 343).

35 Man kann im Übrigen annehmen, dass die zentrale Rolle des Geständnisses im juridischen System der gebundenen Beweisregeln, ein wesentliches Element der Inquisitionsprozesse, vor allem bei Bodin und den Dämonologen einen Einfluss auf die Interpretation der in der ersten Person Singular verfassten Fiktionen hatte. Die rechtliche Verpflichtung, das Geständnis als Beweis zu betrachten, macht es möglicherweise aus kognitiver und pragmatischer Sicht unmöglich, einen in der ersten Person gesetzten Diskurs als fiktional zu betrachten.

36 BODIN 1580, fol. 101[v].

37 Ebd. fol. 102[v].

zwischen Fakt und Fiktion; der Verbindung zwischen der Frage nach der Natur der Fiktion im gelehrten Diskurs und der Entwicklung der künstlerischen Fiktion; der allgemeinen Konzeption der Fiktion, von der zur Erklärung dieser Entwicklungen auszugehen ist. Ich kann im Rahmen dieses Beitrags nur einige Anregungen einbringen.

Die Öffnung des Feldes des Wissens, die mit einer Erweiterung des Publikums im 16. Jahrhundert einhergeht, ist in erster Linie für das verantwortlich, was ich als Rückgang der Fabel bezeichnet habe.[38] Die Reiseliteratur wie die Dämonologie ändern die Grenzen des Möglichen.[39] In gewisser Weise – und in jedem Fall für die gebildeten Eliten – werden sie zurückgedrängt. Der gelehrte Diskurs tendiert zu einer Förderung des Faktums, der Anekdote – die im dämonologischen Text eine so wichtige Rolle spielt – und des Buchstäblichen zum Nachteil der humanistischen Kultur der Allegorie und des Paradoxons. Dieser Paradigmenwechsel induziert ein größeres Interesse für die Grenze zwischen Fiktion und Nicht-Fiktion, wovon etwa der neue Index der *Mythologiae* zeugt. Sie führt auch zu einer missbräuchlichen Verwendung von fiktionalen Texten und fiktiven Kreaturen im Bereich des Faktischen. Die Änderung des Status fiktionaler Werke wird außerdem weithin durch die Zitierpraxis sowie durch den Gebrauch der *Exempla*- und Anekdotensammlungen erleichtert.

Man hat des Öfteren die Gleichzeitigkeit zweier Entwicklungen bemerkt. Auf der einen Seite ist der allgemeine intellektuelle Kontext der Fiktion eher abgeneigt, da man ihre Nützlichkeit bestreitet oder ihren Kreaturen einen Referenten in der Natur zuschreibt. Auf der anderen Seite gibt es aber auch einen beispiellosen Auftrieb der künstlerischen Formen, die im Übrigen zwischen 1580 und 1630 sattsam die Kreaturen mit unsicherer Natur wie Zauberer, Satyrn, aber auch Sirenen und Kentauren verwenden. Meine Hypothese ist, dass die Problematisierung des Möglichen die Emergenz neuer fiktionaler Universen erleichtert – man denke nur an die Entwicklung der Science Fiction in der zweiten Hälfte des zwanzigsten Jahrhunderts.

Es erscheint mir schließlich im Gegensatz zu Thomas Pavel nicht erforderlich, das Fehlen einer Unterscheidung zwischen Fiktion und Nicht-Fiktion zu postulieren, um diese Phänomene der Neukonfiguration, der Verschiebung und der Grenzüberschreitung in den Griff zu bekommen. Ich schlage vor, deren Formen sowie jene der Verschiebungen von fiktiven Personen – fiktive Personen werden für real gehalten und umgekehrt – viel genauer zu untersuchen. Ich teile auch nicht die pragmatische Theorie, die in der Folge von J. R. Searle davon ausgeht, dass es in den Texten keinerlei immanente Fiktionalitätskriterien gebe. Ich plädiere im Gegenzug für eine aufmerksame, komparatistisch, diachron und inter-

---

38 DEMONET 2009 erwägt, dass die aufgeklärten Geister zu Ende des 16. Jahrhunderts es als unvorsichtig betrachten, zu behaupten, dass Gott oder die Natur nicht schaffen könne, was nicht, noch nicht oder nicht mehr existiert. Sie führt diese Verblendung teilweise auf die Renaissance des Epikureismus zurück, der die Idee einer möglichen Entstehung neuer Welten begünstigt.

39 Siehe CÉARD 1973. Für eine Verbindung von dämonologischem Diskurs und Fortschritt der Naturwissenschaften und des Rechts, vgl. z.B. SHAPIRO 2000 und DASTON 1998 u. 2001.

disziplinär orientierte Geschichte dieser Kriterien, die im Rahmen des Möglichen
auch die Wissenschaftsgeschichte integrieren sollte.

Literaturverzeichnis

Primärtexte

BODIN 1580:
  Bodin, J., *La demonomanie des sorciers* […], Paris 1580.
CONTI 1581:
  Conti, N., *Natalis Comitis mythologiae sive explicationum fabularum libri X* […], Venedig
  1581 (erstmals 1555).
HÉDELIN 1627:
  Hédelin, F., *Des satyres, brutes, monstres et demons de leur nature et adoration contre
  l'opinion de ceux qui ont estimé les Satyres estre une espece d'homme distincts et séparez des
  Adamicques*, Paris 1627.
HERBERAY DES ESSARTS 1561:
  Herberay des Essarts, N. de, *Le deuxième livre d'Amadis de Gaule mis en français par le
  seigneur des Essars Nicolas de Herberay, commissaire ordinaire de l'artillerie du roy*,
  Antwerpen 1561 (erstmals 1541).
MONTLYARD 1597:
  Montlyard, J. de, *Mythologie ou explication des fables* […] *exactement reveue par I. Baudoin*,
  Paris 1627 (erstmals 1597).
WIER 1563:
  Wier, J., *De praestigiis daemonum et incantationibus ac venificii Libri V* […], Basel 1563.

Sekundärliteratur

BODIN 1985:
  Jean Bodin, Actes du colloque interdisciplinaire d'Angers, du 24 au 27 mai 1984, Angers
  1985.
BOUCHARD 2004:
  Bouchard, M., „L'invention fabuleuse de l'histoire à la Renaissance. Processus d'auto-
  consécration et émergence d'une nouvelle discipline (Bodin et La Popelinière)" in: *Fictions
  du savoir à la Renaissance*, <http://www.fabula.org/colloques/document101.php> (publiziert
  am 7. Juni 2004).
BOUCHARD 2006:
  Bouchard, M., *Avant le roman: l'allégorie et l'émergence de la narration française au 16ème
  siècle*, Amsterdam/New York 2006.
COHN 1999:
  Cohn, D., *The Distinction of Fiction*, Baltimore/London 1999.
CÉARD 1977:
  Céard, J., *La nature et les prodiges, l'insolite au XVIe siècle en France*, Genf 1977.
CLARK 1999:
  Clark, S., *Thinking with Demons: The Idea of Witchcraft in Early Modern Europe*, Oxford
  1999.
DASTON 1998:
  Daston, L./ Park, K., *Wonders and the Order of Nature: 1150–1750*, New York 1998.
DASTON 2001:
  Daston, L., *Wunder, Beweise und Tatsachen: zur Geschichte der Rationalität*, Frankfurt a.M.
  2001.

DEMONET 2002:

Demonet, M.-L., „Les êtres de raison, ou les modes d'être de la littérature", in: *Res et Verba in der Renaissance*, hg. v. E. Kessler u. I. MacLean, Wolfenbüttel 2002, S. 177–195.

DEMONET 2005:

Demonet, M.-L., „Le ‚possible passé‘: la reconstitution historique dans le récit au XVIe siècle", *Revue des sciences humaines* 280 (2005), S. 25–49.

DEMONET 2005:

Demonet, M.-L., „Les mondes possibles des romans renaissants", in: *Le Renouveau d'un genre : le roman en France au XVIe siècle*, hg. v. M. Clément u. P. Mounier, Straßburg 2005, S. 121–143.

DEMONET 2009:

Demonet, M.-L., „Objets fictifs et êtres de raison, locataires de mondes à la Renaissance", in: *La théorie littéraire des mondes possibles*, hg. v. F. Lavocat, Editions du C.N.R.S. 2009 (im Druck).

DUPRAT 2004:

Duprat, A., „Fiction et définition du littéraire au seizième siècle", in: *Usages et théories de la fiction. Le débat contemporain à l'épreuve des textes anciens (XVI–XVIIIᵉ)*, hg. v. F. Lavocat, Rennes 2004, S. 65–86.

HAMBURGER 1968:

Hamburger, K., *Die Logik der Dichtung*, Stuttgart 1968.

HOUDARD 1992:

Houdard, S., *Les sciences du diable, quatre discours sur la sorcellerie (15ᵉ–17ᵉ siècles)*, Paris 1992.

HOUDARD 2002:

Houdard, S., „De l'ennemi public aux amitiés particulières. Quelques hypothèses sur le rôle du Diable (15ᵉ–17ᵉ siècles) ", *L'ennemi. Raisons politiques* 5 (2002), S. 9–27.

LAVOCAT 2004:

Lavocat, F., „Fictions et paradoxes. Les nouveaux mondes possibles à la Renaissance", in: *Usages et théories de la fiction. Le débat contemporain à l'épreuve des textes anciens (XVIᵉ–XVIIIᵉ siècles)*, hg. v. ders., Rennes 2004, S. 87–111.

LAVOCAT 2007:

Lavocat, F., „L'Arcadie diabolique: la fiction poétique dans le débat sur la sorcellerie (XVIᵉ–XVIIᵉ siècles)", in: *Fictions du diable. Démonologie et littérature de saint Augustin à Leo Taxil*, hg. v. ders., P. Kapitaniak u. M. Closson, Genf 2007, S. 57–84.

LAVOCAT 2007a:

Lavocat, F., „Fiction juridique contre fiction poétique: le cas de la sorcellerie", in: *Raisons politiques* 27 (2007), S. 123–131.

MIKKONEN 2006:

Mikkonen, K., „Can Fiction Become Fact? The Fiction-to-Fact Transition in Recent Theories of Fiction", *Style* 40/4 (2006), S. 291–313.

PAVEL 1983:

Pavel, T., „The Borders of Fiction", *Poetics Today* 5 (1983), S. 83–86.

PAVEL 1988:

Pavel, T., *Univers de la fiction*, Paris, 1988 [*Fictional Worlds*, 1986].

ROUSSET 1953:

Rousset, J., *La littérature de l'âge baroque en France. Circé et le Paon*, Paris 1953.

RYAN 1991:

Ryan, M.-L., *Possible Worlds, Artificial Intelligence and Narrative Theory*, Indiana 1991.

RYAN 2001:

Ryan, M.-L., „Frontières de la fiction, digitale ou analogique?", in: *Frontières de la fiction*, hg. v. A. Gefen u. R. Audet, Laval/Bordeaux 2001, S. 17–41.

SCHAEFFER 1999:

Schaeffer, J.-M., *Pourquoi la fiction*?, Paris 1999.

SCHAEFFER 2005:

Schaeffer, J.-M., „Quelles vérités pour quelles fictions?", *L'Homme* 175–176 (2005), S. 19–36.

SEARLE 1962:

Searle, J. R., „Meaning and Speech Acts", *Philosophical Review* 71 (1962), S. 423–432.

SEZNEC 1940:

Seznec, J., *La survivance des dieux antiques. Essai sur le rôle de la tradition mythologique dans l'humanisme et l'art de la Renaissance*, London 1940.

SHAPIRO 2000:

Shapiro, B., *A Culture of Fact. England, 1550–1720*, Ithaca/London 2000.

STEPHENS 2002:

Stephens, W., *Demon Lovers: Witchcraft, Sex, and the Crisis of Belief*, Chicago/London 2002.

STEPHENS 2004:

Stephens, W., „Gianfrancesco Pico e la paura dell'imaginazione: dallo scetticismo alla stregoneria", *Rinascimento* 43 (2003), S. 49–74.

TARSKY 1944:

Tarsky, A., „The Semantic Conception of Truth and the Foundations of Semantics", *Philosophy and Phenomenological Research* 4 (1944), S. 341–376.

Hoccleves Wahnsinn: Vom Nutzen der autobiographischen Fiktion für das Erzählen

ANDREW JAMES JOHNSTON (Berlin)

I

Auf den ersten Blick mag es erstaunen, dass sich das Thema Hoccleve in einem Band findet, der den „Fiktionen des Faktischen in der Renaissance" gewidmet ist. Die Überraschung hat zwei Gründe: Erstens wird die englische Literatur des frühen 15. Jahrhunderts traditionell dem Mittelalter zugerechnet, und zweitens ist Thomas Hoccleve derjenige unter den im weitesten Sinne höfischen Londoner Dichtern um 1400, der wohl am wenigsten zur Fiktion oder auch nur zum Erzählen neigt. Im Folgenden werde ich jedoch zu zeigen versuchen, dass es Hoccleve trotz oder vielleicht sogar gerade wegen seiner Distanz zu den unter den Zeitgenossen üblichen fiktionalen Stoffen und Genres gelang, eine ganz eigene Herangehensweise an das Problem der Fiktion zu entwickeln, und zwar im Sinne einer autobiographisch motivierten Fiktion des Faktischen, wie wir sie von mittelalterlichen Dichtern nicht unbedingt erwarten.

Von den beiden eben genannten Gründen, die das Thema Hoccleve potenziell aus der Reihe der hier versammelten Untersuchungen ausschließen könnten, steht der erste im Zusammenhang mit einer gerade wieder entflammten Debatte. Die Frage der Epochengrenze zwischen Mittelalter und Renaissance ist in der englischen Literaturgeschichte seit jeher umstritten. In jüngster Zeit mehren sich in der anglistischen Mediävistik Tendenzen, die eigene Zuständigkeit bis in die Regierungszeit Heinrichs VIII., und zwar mindestens bis zum Beginn der englischen Reformation, also bis ca. 1533, auszudehnen. Damit wird nicht nur die üblicherweise durch die Petrarca-Rezeption Wyatts und Surreys markierte literaturgeschichtliche Grenze berührt, sondern auch die deutlich frühere sprachgeschichtliche vom Mittel- zum Frühneuenglischen (ca. 1475) und die politische von den Rosenkriegen zur Tudorherrschaft (1485) überschritten.[1] James Simpson beispielsweise, dessen Band in der *Oxford English Literary History* den programmatischen Titel *Reform and Cultural Revolution* trägt und den Zeitraum von 1350–1547 abdeckt, stellt sich explizit in die Tradition von C. S. Lewis, der das 15. und 16. Jahrhundert als literaturgeschichtliche Einheit verstanden wissen wollte und

---

[1] Die von David Wallace herausgegebene *Cambridge History of Medieval English Literature* verfolgt eine ähnliche Stoßrichtung. Sie setzt eine relativ scharfe Zäsur zwischen Chaucer und Gower einerseits und den Dichtern des 15. Jahrhunderts andererseits. Dafür wird dann nicht nur das 15. Jahrhundert als kulturgeschichtliche Einheit aufgefasst, sondern auch zum ersten Drittel des 16. Jahrhunderts hin geöffnet und mit dem Titel „Before the Reformation" belegt, so dass es folgerichtig auch ein Unterkapitel zur Literatur unter Heinrich VII. und Heinrich VIII. gibt (WALLACE [Hg.] 1999).

die Geltung der Begriffe Renaissance und Humanismus (nicht nur) für England grundsätzlich verneinte.[2] Während Lewis allerdings die Validität des Konzepts ‚Renaissance' prinzipiell verwarf, wählt Simpson die umgekehrte Strategie und dehnt den Begriff ‚Humanismus' aus, damit er auf die Literatur des englischen Spätmittelalters anwendbar wird.[3] Hier ist nicht der Raum, die Kampflinien dieser diffusen und nicht immer in aller Ausdrücklichkeit geführten Debatte nachzuzeichnen. Wir können uns damit begnügen festzuhalten, dass die Frage der Epochengrenze zwischen Mittelalter und Früher Neuzeit in der anglistischen Mediävistik alles andere als geklärt und damit zwangsläufig auch der Status Hoccleves in der aktuellen Forschungsdiskussion betroffen ist.

Selbst wenn man die gegenwärtige Diskussion skeptisch verfolgt, kann man gute Argumente dafür finden, das Phänomen Hoccleve auch einmal von einer primär rinascimentalen Perspektive aus zu betrachten. Da ist zunächst die Tatsache, dass er sich explizit in die Chaucer-Nachfolge einreiht. Chaucer stellt jedoch ebenfalls für die traditionelle Literaturgeschichtsschreibung einen Sonderfall dar, den eines proto-rinascimentalen Leuchtturms, der einsam über die tosenden Fluten mittelalterlicher englischer Literatur hinweg zu strahlen scheint – so zumindest sah es ein Zweig der älteren Forschung. Man muss diese Ansicht, die auf den Teleologien der Whig-Historiographie aufbaut, nicht teilen; dennoch lässt sich konstatieren, dass Chaucer in seinem Bemühen, die Möglichkeiten des Fiktionalen auszuloten, selbstbewusst die Grenzen der mittelalterlichen Lügendebatte durchbricht. Schon der Titel der *Canterbury Tales* – der sich auch als „Lügengeschichten" übersetzen lässt – birgt in diesem Zusammenhang eine gezielte Provokation. Auch wenn man die Bedeutung der Lügendebatte für die Ausgestaltung des Fiktionalen im Mittelalter nicht überschätzen sollte – sie bildet nur einen Aspekt mittelalterlicher Erfahrung im Umgang mit Fiktionalität –, muss man festhalten, dass Chaucer auf diese Debatte Bezug nimmt und dass Hoccleves Umgang mit Fragen des Fiktionalen durch diese Bezugnahme zumindest potenziell mitgeprägt ist.[4] Dies gilt auch dann, wenn man, wie dies heutzutage üblich und im Übrigen auch völlig zutreffend ist, die Eigenständigkeit Hoccleves gegenüber seinem großen Vorbild betont.[5]

Darüber hinaus steht die englische Literatur seit Chaucer unter dem Einfluss Dantes und des italienischen Trecento, auch wenn dieser Einfluss von Fall zu Fall unterschiedlich ausfällt und zugegebenermaßen bei Hoccleve deutlich schwächer ausgeprägt zu sein scheint als etwa bei Chaucer oder Lydgate. Zumindest für Chaucer jedoch gilt, dass er die Werke Dantes, Petrarcas und Boccaccios als etwas Innovatives betrachtete, das sowohl seine ästhetischen Möglichkeiten zu er-

---

2   Siehe LEWIS 1954, S. 55f.
3   Simpson verweist in diesem Zusammenhang ausdrücklich auf spezifisch deutsche Forschungstraditionen, nämlich auf Walter F. Schirmer, der insbesondere John Lydgate als zentralen Repräsentanten eines englischen Frühhumanismus deutete (SIMPSON 2002, S. 51f.; SCHIRMER 1931/63, passim).
4   Zum Problem der Fiktionalität im Mittelalter siehe MÜLLER 2004.
5   In den Worten John Burrows ist Hoccleve „not at all the Chaucer clone of some literary histories" (BURROW 1984, S. 259).

weitern als auch seinen Blick auf die Geschichte, vor allem sein Verhältnis zur Antike, neu zu strukturieren half. Dies anzuerkennen heißt wiederum nicht, die simplen, wiederum den Teleologien der Whig-Historiographie verpflichteten Deutungen aufzugreifen, denen zufolge sich der mittelalterlich-französisch-höfische Chaucer der Frühphase dank seiner beiden Italienreisen in den siebziger Jahren des 14. Jahrhunderts in den italienisierenden, bürgerlichen Proto-Humanisten des Spätwerkes verwandelt.

Der dritte im Zusammenhang des Epochenproblems wichtige Punkt ist ein religiöser. Englands volkssprachliche Dichtung sieht sich seit dem letzten Viertel des 14. Jahrhunderts mit den Lollarden konfrontiert, einer häretischen Bewegung, die trotz ihrer intellektuellen Wurzeln im Universalienrealismus viele proto-reformatorische Eigenschaften aufweist, die über die konventionellen Formen spätmittelalterlicher Kirchenkritik weit hinausgehen. So stellten die Lollarden beispielsweise Zahl und Bedeutung der Sakramente in Frage und zielten zumindest in Ansätzen auf ein allgemeines Priestertum. Sowohl Chaucer als auch Hoccleve setzen sich mit dieser religiösen Zeitströmung auseinander: Chaucer mit der vorsichtigen und doch distanzierten Neugier, die in der Frühphase der Bewegung noch möglich war; Hoccleve hingegen aus einer streng orthodoxen Perspektive, die mit dem deutlich rauer gewordenen (kirchen)politischen Klima der frühen Lancaster-Zeit zu tun hat. Sein theologischer Konservativismus macht ihn jedoch nicht automatisch mittelalterlicher, denn es gehört zur klassischen Dialektik theologischer Konflikte, dass die Orthodoxie ihre endgültige Form erst unter dem Druck der häretischen Herausforderung annimmt.

Zusammenfassend dürfen wir also sagen, dass sich Hoccleve sowohl ideologisch als auch ästhetisch in einer Welt bewegte, in der zumindest einige Probleme virulent waren, wie sie in ähnlicher Weise auch für das kulturelle Klima Englands in der Frühen Neuzeit relevant wurden.

Doch auch wenn es aus verschiedenen Perspektiven zu rechtfertigen ist, an Hoccleve Fragen zu richten, die man üblicherweise Dichtern der Renaissance stellt, ist damit das zweite oben angedeutete Problem noch nicht gelöst, nämlich Hoccleves relative Distanz dem Fiktionalen gegenüber. Denn im Unterschied zu Gower, Chaucer und Lydgate, jenen anderen Poeten, die in den Jahrzehnten vor und nach 1400 im Umkreis des königlichen Hofes und der ihm angeschlossenen Verwaltungsinstitutionen dichteten, zeigt Hoccleve ein eher verhaltenes Interesse am abendländischen Traditionsbestand erzählender und fiktionaler Literatur. Weder Ovid, noch die Transformationen des Troja- oder des Theben-Stoffes, noch auch Boccaccio stellen für ihn zentrale Referenzpunkte dar. Fiktionale Texte oder auch nur erzählende Texte im strengen Sinne sind bei Hoccleve die Ausnahme. Im Gegenteil: Sein Hauptwerk ist ein im englischen Spätmittelalter überaus populärer Fürstenspiegel, das *Regement of Princes*, ein Buch, das obendrein zu zwei Fünfteln aus einem autobiographischen Prolog besteht. Erst in einem Spätwerk, der sogenannten *Series* (1419–1421), werden erzählende und fiktionale Texte wirklich dominant. Daher ist es auch die *Series*, der diese Untersuchung im Wesentlichen gilt. Denn dort verbindet Hoccleve seinen früh wirksamen Hang zur autobiographischen Rahmung und Motivierung seiner Texte – so die hier vertretene These – mit einem dichterischen Programm, das ihn auch im Hinblick auf fiktionale und erzählende Literatur als Chaucer-Nachfolger ausweist. Erst in der *Series* löst er den im *Regement of Princes* erhobenen Anspruch, in der Tradition Chaucers zu stehen, auch ästhetisch ein. Letztlich geht es hier um den Nachweis, dass der autobiographische Rahmen der *Series* eine Antwort auf die Pilgerfahrt in den *Canterbury Tales* darstellt, mithin auf die Rahmenfiktion, die Chaucers Versnovellen nicht nur einleitet, sondern in ein komplexes Geflecht metafiktionaler Reflexionen einbindet. In der *Series* kombiniert Hoccleve das Autobiographisch-Faktische mit dem Fiktionalen, um Chaucers Umgang mit dem Fiktionalen pointiert zu radikalisieren.

Diese These möchte ich in zwei Schritten plausibilisieren. Deren erster, kürzerer, besteht in einem schlaglichtartigen Blick auf einen frühen Text, *La male regle*, in dem Hoccleve (wie so oft) persönliches Erleben thematisiert; der zweite Schritt beschäftigt sich mit seiner *Series*, und zwar insbesondere mit der Frage, wie der Dichter die lebenswirkliche Erfahrung seines Wahnsinns nutzt, um sein Erzählen zu motivieren. Es sind, wie wir sehen werden, vor allem spezielle psychologische und soziale Folgeerscheinungen des Wahnsinns, die Hoccleves Fiktionen des Faktischen bestimmen.

II

In seinem autobiographischen Gedicht *La male regle de T. Hoccleue* erzählt Hoccleve unter anderem von Besuchen im Bordell. Die Schilderung lehnt sich an die Konventionen einer literarischen Beichte oder Bußübung an. Anschaulich beschreibt Hoccleve die Wirkung des Weines, die erotische Attraktivität der Frauen und die allgemeine Atmosphäre des Ausbruchs aus seinem Alltag. Tatsächlich haben wir es in diesem Bericht mit dem Bekenntnis eines Beamten zu tun, dessen eintöniges Arbeitsleben ihn daran hindert, seine Kreativität auszuleben – eine Situation, wie sie im frühen 15. Jahrhundert nicht allzu häufig thematisiert wird.[6] Hoccleve war eine Art spätmittelalterlicher Sachbearbeiter, tätig im sogenannten *Privy Seal Office*, der Behörde vom Geheimen Siegel, wo es ihm im Wesentlichen oblag, hochgradig standardisierte Dokumente auszustellen. In seinen Dichtungen klagt er immer wieder über die schlechten Arbeitsbedingungen, etwa die unregelmäßige Bezahlung, die physische Beanspruchung von Rücken, Augen und Magen sowie die Monotonie der Schreibarbeiten, die nichtsdestoweniger höchste Konzentration erfordern. Wie kein anderes Thema beherrscht die poetische Klage, vielleicht eines der wichtigsten Motive und Genres der mittelalterlichen Literatur, Hoccleves dichterisches Wirken. Die Forschung hat lange Zeit darüber gestritten, inwieweit Hoccleves Klagen autobiographisch oder bloß konventionell zu lesen seien. Diese Dichotomie selbst ist nicht unproblematisch, denn allzu oft wurde ,autobiographisch' auf positivistische Weise referenziell interpretiert, also im Sinne von: „Was sagt es uns über Hoccleves reales Leben?" Demgegenüber hat man den Terminus ,konventionell' immer wieder so verstanden, als würde sich in der

6   Allerdings finden sich auch einige kurze Passagen bei Chaucer, die in diese Richtung gehen.

Identifizierung des jeweiligen konventionellen Elements die interpretatorische Aufgabe bereits erschöpfen. Die neuere Forschung begann jedoch ab Ende der achtziger Jahre zu fragen, in welcher Weise sowohl dem Autobiographischen als auch dem Konventionellen bei Hoccleve metafiktionale und selbstreferenzielle, zumindest jedenfalls genuin literarische Möglichkeiten inhärent seien. Sie ist in diesem Projekt allerdings ein wenig stecken geblieben, nicht zuletzt, weil unter dem Einfluss des New Historicism die durchaus legitime und auch interessante Frage vorherrschend wurde, inwiefern der spezifisch bürokratische Hintergrund Hoccleves das *self-fashioning* des impliziten Autors seiner Gedichte geprägt hat. Und dabei wird, wie für den New Historicism nicht untypisch, die Grenze zwischen dem impliziten und dem empirischen Autor ganz bewusst nicht immer kenntlich gemacht.[7]

Nun legt es die eigentümliche Situation eines berufsmäßigen Bürokraten in der Gesellschaft des frühen 15. Jahrhunderts sehr wohl nahe, nach sozialpsychologisch relevanten Kontexten zu fragen oder nach Diskursstrukturen, die sich aus diesen Kontexten ergeben könnten, bzw. mit ihnen zusammenhängen. Dies hat insbesondere Ethan Knapp mit großem Erfolg getan (und dabei auch die selbstreferenziellen und metafiktionalen Aspekte nicht außer Acht gelassen).[8] Dennoch ist die literaturwissenschaftliche Diskussion mit der Analyse dieser Diskursstrukturen noch nicht notwendigerweise beendet. Auch wenn das Autobiographische selbstverständlich durch einen bestimmten Kontext gefärbt ist – wie könnte es auch anders sein –, lässt es sich weiterhin für spezifisch literarische Zwecke appropriieren, die sich in diesen kontextuell bestimmten Diskursstrukturen noch nicht erschöpfen. Ähnliches gilt für die Beschäftigung mit Hoccleves ‚autobiographical voice‘. So faszinierend es auch ist, dass Hoccleves Gedichte den Eindruck einer irgendwie gearteten ‚authentischen‘ autobiographischen Stimme zu vermitteln in der Lage sind – ganz unabhängig davon, ob diese autobiographische Stimme mit realen historischen Erfahrungen Hoccleves in Verbindung gebracht werden kann –, muss die komplexe Gestaltung des lyrischen Ich noch nicht den Endpunkt aller Deutungen darstellen.[9]

Kehren wir für einen Moment mit Hoccleve, bzw. der Hoccleve-Figur, ins Bordell zurück. Wie schon oft bemerkt wurde, kulminiert die Bordellszene *nicht* in der ausführlichen Schilderung seines sündhaften Lebenswandels, sei es durch die Aufzählung oder detaillierte Beschreibung sexueller Ausschweifungen oder gar durch den moralisierenden Kommentar derselben. Was Hoccleve vielmehr

---

7   John Burrow ist einer der wenigen, denen das selbstreferenzielle Potenzial in Hoccleves Dichtung aufgefallen ist. Allerdings verwarf er die Bedeutung solcher Interpretationsmöglichkeiten zugunsten der autobiographischen Lesart. Mit einem deutlichen Seitenhieb auf die in den frühen Achtzigern des 20. Jahrhunderts so populäre Dekonstruktion bemerkt er: „However, such reflexive tricks are neither so difficult of execution nor so profound in implication as some contemporary writers, artists, and film-makers seem to suppose" (BURROW 1984, S. 260).

8   Siehe hierzu vor allem Knapps programmatische Aussagen zum Verhältnis von volkssprachlicher englischer Literatur und Bürokratie im 15. Jahrhundert (KNAPP 2001, S. 2–15).

9   Vgl. CLASSEN 1991, S. 301.

berichtet, ist, dass er außer einem Kuss nichts aus dem Bordell mit nach Hause
nimmt.

> Of loues aart yit touchid I no deel.
> I cowde nat, and eek it was no neede.
> Had I a kus, I was content ful weel,
> Bettre than I wolde han be with the deede.
> Theron can I but small, it is no dreede.
> Whan þat men speke of it in my presence
> For shame I wexe as reed as is the gleede.
> Now wole I torne ageyn to my sentence.

> (*La male regle de T. Hoccleue*, V. 153–160)[10]

Der bloße Gedanke an das Sexuelle erweckt in ihm offenbar eine solche Scham,
dass er in der Gegenwart anderer im quasi öffentlichen Raum des Freudenhauses
schon bei der Erwähnung der zu erwartenden Genüsse stark errötet.[11] Stefan Kohl
hat dies so gedeutet, dass Hoccleve in letzter Konsequenz vor dem wahrhaft
Autobiographischen zurückschreckt und dem Religiös-Moralischen in eher konventioneller Manier verhaftet bleibt.[12] Eine solche Sicht bleibt jedoch an den
dargestellten Ereignissen, oder besser: Nicht-Ereignissen hängen und übersieht die
Art und Weise der Darstellung – in diesem Fall insbesondere die Wehmut, mit der
Hoccleve seinen Mangel an Lebensfreude andeutet. Diese Wehmut nämlich
durchbricht die Konventionen der literarischen Beichte. Hoccleve beklagt am
Ende eben doch nicht primär oder zumindest nicht ausschließlich die Sündhaftigkeit seines Lebenswandels, sondern mindestens ebenso die Ereignislosigkeit seiner Existenz, die ungenutzt verstrichenen Chancen. Mit anderen Worten: Anstatt
seiner Beichte eben jene exklusiv moralisch-religiöse Tönung zu geben, die Stefan
Kohl dort entdecken zu können glaubt, psychologisiert Hoccleve das Ereignis im
Bordell – jedenfalls bis zu einem gewissen Grade –, so dass die Tatsache, dass
letztlich nichts passiert, paradoxerweise eine autobiographisch komplexere Lesart
zulässt, als es die farbenfrohe Beschreibung intensiver Körperfreuden getan hätte.
Das erotische Nicht-Erleben wird zu einer Gelegenheit, das emotionale Erleben,
sprich: das Innere der Erzählerfigur, zu thematisieren. Dabei wird dieses Innere
doppelt sichtbar: erstens auf der Ebene des Erzählerkommentars als die implizit
manifest werdende Sehnsucht nach jenem unerreichbar wahren, weil sinnlichen

---

10 ELLIS 2001. Alle Hoccleve-Zitate in diesem Aufsatz sind der Ausgabe von R. Ellis entnommen, allerdings wurde das in mittelenglischen Texten übliche *yogh* (das insulare G) durch das
im Deutschen verwendete lateinische G ersetzt.

11 Albrecht Classen sieht hier Hoccleves „moral attitude" als Ursache für das Erröten (CLASSEN
1991, S. 303). Davon steht jedoch nichts im Text; im Gegenteil, auffällig ist, dass der unwill-
kürliche, physische Ausdruck der Scham an eine spezifische soziale Situation – das freizügige
Gespräch unter Männern im Bordell – als Auslösereiz gekoppelt wird. Dies ist nicht die *eru-
bescentia* mittelalterlicher Bußtraktate. Vielmehr haben wir es mit einer rein weltlichen Situation zu tun, bei der es nicht um Fragen sexueller Ethik geht, sondern um die Erfahrung der
Konfrontation des Intimbereichs mit einer Öffentlichkeit, die zumindest andeutungsweise
nach gender-typischen Sozialisationsformen strukturiert ist.

12 Siehe KOHL 1988, S. 119.

Leben. Zweitens zeigt sich aber auf der Handlungsebene das Innere im Akt des
Errötens, in der sichtbaren Zurschaustellung von Gefühlen der Scham und Pein-
lichkeit, welche durch die sexuellen Anspielungen oder vielleicht sogar derben
Witze Dritter hervorgerufen werden. Wir haben es also mit einer komplexen Ver-
schränkung von Innen und Außen zu tun. Sie kommt zustande im Modus des literarischen Erwartungsbruchs, weil der Text darauf verzichtet, das Versprechen ein-
zulösen, das er durch den Aufruf der Genrekonventionen der literarischen Beichte
gegeben hat. Es bleibt ja nicht allein die Darstellung der erotischen Genüsse aus,
sondern es wird beteuert, dass diese nie stattgefunden hätten.

Interessanterweise ist die traditionelle Lesart, derzufolge Hoccleve im Bordell
keine sexuellen Dienste in Anspruch nahm, erst kürzlich in Frage gestellt worden.
Sarah Tolmie interpretiert Vers 349, „My thank is qweynt, my purs his stuf hath
lore", als augenzwinkerndes Eingeständnis, dass Hoccleve sich den Frauen im
Bordell doch intensiver genähert habe, als er vorher explizit behauptet. ‚Qweynt'
würde demnach als Ausdruck für das weibliche Geschlechtsteil gedeutet werden –
ein Wortspiel, das wir mehrmals auch bei Chaucer finden –, während die zweite
Hälfte des Verses auf eine Ejakulation hindeuten würde. Tolmie entdeckt in dieser
Zeile zu Recht eine sexuelle Anspielung.[13] Dass diese jedoch Hoccleves ursprüng-
liche Aussagen grundsätzlich und total in Zweifel ziehen soll, ist eher unwahrscheinlich, denn dies widerspräche der sorgsam gestalteten Atmosphäre der Wehmut. Plausibler wäre es, die Ironie gerade darin zu sehen, dass die sexuell aufge-
ladenen Formulierungen noch einmal unterstreichen, dass sich die Hoccleve-Figur
die ersehnten erotischen Freuden eben doch aus Scham versagt. Es ließe sich hier
allerdings auch eine bewusste Strategie der Ambiguisierung postulieren, durch die
Hoccleve sein Generalthema der verpassten Chancen bewusst ins Zweideutige
rückt, um die Distanz zu den Konventionen der literarischen Beichte noch zu
erhöhen. Ergebnis einer solchen Ambiguisierungsstrategie wäre dann allerdings
nicht die bloße Inversion des auf der Oberflächenebene Behaupteten – der nur
scheinbar schüchterne Hoccleve als Held der Freudenhäuser –, sondern eine
kalkulierte ironische Brechung, die noch die Wehmut der Pseudo-Beichte als eine
gemachte und sogar potenziell konventionelle ausstellt, also gewissermaßen als
einen konventionellen Bruch der Konvention.

Aber gehen wir vorläufig davon aus, dass es dem Text primär um den Erwartungsbruch geht, der im Scheitern des erotischen Erlebens begründet ist. Dessen

---

13 TOLMIE 2007, S. 369. Die Frage nach der spezifischen Konnotation von ‚queynte' hat eine
    lange und einigermaßen brisante Geschichte in der Chaucer-Forschung, führte sie doch zu
    einem Konflikt mit verkehrten Fronten: Es war ausgerechnet Durant W. Robertson, Jr., der
    Hauptvertreter der exegetischen Interpretationsschule in den *Chaucer-Studies*, der *queynte* im
    Kontext von *Troilus and Criseyde* sexuell deutete (ROBERTSON 1962, S. 500). Ironischer-
    weise wurde diese Lesart dann gerade von Larry D. Benson, einem Hauptvertreter des New
    Criticism in der Chaucer-Forschung und Herausgeber des *Riverside Chaucer*, der kanoni-
    schen Chaucer-Ausgabe, kategorisch abgelehnt (BENSON 1985, S. 23–47). Sorgfältige philo-
    logische Vergleiche haben jedoch ergeben, dass Robertson im Recht war und dass sich
    Chaucer ausgiebig der sexuellen und obszönen Möglichkeiten bedient, die das Wort bietet
    und dabei zudem noch bis zu Ovid zurückreichende Traditionen aufgreift (vgl. FLEMING
    1999, S. 1–44; siehe auch O'BRIEN 1998, S. 157–167).

Ursache besteht auf der Handlungsebene darin, dass Hoccleves sexuelle Scham
geweckt wird. Dieses die Handlung bestimmende Gefühl kommt aber nur mithilfe
äußerer Einwirkung zustande, nämlich durch die Kommentare und Bemerkungen
der anderen Freier. Statt um Sünden geht es hier um Emotionen, und zwar gleich
um zwei, die auf unterschiedlichen Ebenen angesiedelt sind: Explizit geht es um
die Scham, implizit um die enttäuschende Erfahrung der unerfüllten Wünsche.

Man sollte es hier mit der Psychologisierung jedoch nicht allzu weit treiben.
Wir erleben streng genommen nicht viel mehr als ein gewisses Gefühl der Wehmut, das für den Leser durch einen Erwartungsbruch verstärkt wird, der darin
besteht, dass sich die Klage am Ende eben nicht auf moralische Verfehlungen,
sondern auf ungenutzte Gelegenheiten bezieht. Diese ironische Wendung schafft
eher einen literarischen Effekt des Psychologischen, als dass sie eine tiefgründige
literarische Ausgestaltung des Innenlebens der Erzählerfigur zuließe. Überspitzt
könnte man formulieren, dass das Psychologische hier fast als Nebenprodukt von
Hoccleves virtuosem Spiel mit der Konvention erscheint, anstatt im eigentlichen
Zentrum des Interesses zu stehen. Was diese Beobachtung interessant macht, sind
die Parallelen, die sich zu Chaucers Porträts im *General Prologue* der *Canterbury
Tales* ergeben. Lange Zeit wurden diese Porträts um ihrer individuellen Lebendig-
keit und sozialpsychologischen Präzision willen gefeiert und galten als Beleg für
das, was man einst mit dem so vagen wie irreführenden Begriff eines ‚Chaucerian
realism‘ bezeichnete. Aber wie bei Hoccleve entsteht auch bei seinem Vorbild
Chaucer der Effekt des Individuellen aus dem virtuosen Umgang mit Versatz-
stücken, die für sich genommen gänzlich konventionell sind.

Selbst in Hoccleves inszenierter Schüchternheit steckt letztlich noch ein kon-
ventionelles Element, für das sich wiederum Parallelen in Chaucers dichterischem
self-fashioning finden und das sich unter anderem auf die französischen *dits
amoureux* des 14. Jahrhunderts zurückführen lässt: das Stereotyp des zur Liebe
nicht fähigen Dichters – ein Stereotyp, das Chaucer immer wieder neu variiert und
das sogar der Charakterisierung seines Alter Ego unter den Pilgern in den *Canterbury Tales* zu Grunde liegt. Im Unterschied zu Chaucer nutzt Hoccleve den Topos
jedoch nicht, um die Dichterfigur in ironischer Distanz zu den Konventionen der
höfischen Liebe zu konstruieren, sondern um in der Szene im Freudenhaus eine
Spannung zwischen dem Individuum und seiner Umwelt aufbrechen zu lassen.
Noch in seinem (nicht eigentlich stattfindenden) Sexualleben stellt sich Hoccleve
als beobachtet dar. Und es ist dieses Bewusstsein des Beobachtet-Werdens, das
die Scham und damit die Unfähigkeit zum (sexuellen) Handeln hervorruft. Das
eigentliche Thema der Bordellszene sind also die emotionalen Konsequenzen dieser Unmöglichkeit von Intimität. Wie wir gleich sehen werden, ist das Problem
des Beobachtet-Werdens auch ein Schlüssel zu Hoccleves fiktionalem Umgang
mit dem Wahnsinn.

Als Fazit dieses kurzen Blicks auf *La male regle de T. Hoccleue* lässt sich
festhalten, dass Hoccleve, wie auch schon Chaucer vor ihm, über das virtuose
Spiel mit den Konventionen einen Effekt besonderer Frische und Authentizität
erzielt, einen Effekt, dem er allerdings in deutlich höherem Maße als Chaucer eine
spezifisch autobiographische Färbung verleiht und den er, wie auch Chaucer, von
vornherein deutlich als Effekt markiert.

III

Im Folgenden soll nun Hoccleves Balanceakt zwischen autobiographischem Bekenntnis und Spiel mit literarischen Konventionen an einem noch um einiges dramatischeren Beispiel untersucht werden, das ebenfalls im literaturhistorischen Kontext der Hoccleveschen Chaucer-Nachfolge situiert werden kann. Gemeint ist Hoccleves viel diskutierte Wahnsinnsperiode, die er in seiner *Series* thematisiert. Die *Series* ist eine Reihe von drei Prosatexten, die verschiedenen Genres angehören und denen ein in Versen verfasster Prolog vorgeschaltet ist, der in eine ebenfalls versförmige dialogische Rahmenhandlung übergeht, ein Gespräch zwischen der Hoccleve-Figur und einem anonymen Freund. In diesem Gespräch schildert Hoccleve seine literarischen Pläne und diskutiert sie mit dem Freund. Bei den drei solchermaßen gerahmten Texten handelt es sich erstens um eine den *Gesta Romanorum* entnommene, quasi-hagiographische Verserzählung, *The Tale of Jereslaus' Wife*, zweitens die bewusst abgebrochene, in Versen verfasste Bearbeitung eines Traktates von Heinrich Seuse über das Sterben, *Learn to Die*, sowie drittens eine ebenfalls aus den *Gesta Romanorum* stammende misogyne Verserzählung mit dem Titel *The Tale of Jonathas*. Zwischen diesen längeren Texten finden sich verbindende Strophen und Prosapassagen mit moralisch-allegorischen Deutungen der Erzählungen. Auf den spezifischen Charakter der *Series* werde ich, soweit er für meine Ausführungen relevant ist, weiter unten noch eingehen. Nur so viel sei an dieser Stelle schon angedeutet: Hoccleve kündigt in seinem Gespräch mit dem Freund nur die ersten beiden der drei Texte an.

Erst einmal jedoch zu Hoccleves Wahnsinn: In der Forschung ist mitunter von einem ‚schizophrenen Anfall' zu lesen, doch für eine solche klinische Präzision bietet der Text keine Anhaltspunkte. Mehr noch: Wir erfahren praktisch nichts über Ausbruch, Verlauf und Abklingen der Krankheit. Einige wenige, höchst oberflächliche Andeutungen zu Dauer und Datierung müssen dem Leser genügen. Daher ist an dieser Stelle ein kurzer biographischer Exkurs nötig. Interessanterweise hat nämlich die überwältigende Mehrheit der Forschung nie an Hoccleves psychischer Störung gezweifelt, obwohl keinerlei direkte Berichte oder Kommentare außerhalb seines poetischen Selbstzeugnisses vorliegen.[14] Inzwischen ist es jedoch – unter anderem auf der Basis neuester paläographischer Erkenntnisse – gelungen, gewisse Indizien ausfindig zu machen, die Hoccleves Aussagen zu seiner Krankheit wenn auch nicht eigentlich bestätigen, so doch wenigstens plausibel machen. Einerseits lässt sich nunmehr eine etwa einjährige Periode identifizie-

---

14   Jerome Mitchell bezog eine eigentümlich widersprüchliche Position: Zwar räumte er ein, dass es für den Wahnsinn keinerlei direkte Quellenbelege gäbe, fand Hoccleves Aussagen dazu jedoch überzeugend und verließ sich also letztlich auf seine Intuition (MITCHELL 1968, S. 4–19). Zu den wenigen Zweiflern gehörte Penelope Doob, die darauf hinwies, wie stark Hoccleves Äußerungen über den Wahnsinn an die entsprechenden Stellen bei Bartholomaeus Anglicus angelehnt seien (DOOB 1974, S. 221–226). Auf fast schon fahrlässige Weise leicht macht es sich Jeremy Tambling mit seinem tautologischen Chiasmus: „The evidence for the madness is in the writing, which is therefore the writing of madness" (TAMBLING 2003, S. 225).

ren – Ende Oktober 1415 bis Anfang November 1416 –, in der Hoccleves bürokratische Tätigkeit gänzlich zum Erliegen kommt, d.h. im *Privy Seal Office* keine
Dokumente von seiner Hand ausgestellt werden. (Zumindest sind aus jenen Mona-
ten keine von ihm ausgestellten Dokumente erhalten.) Andererseits hat man
festgestellt, dass Hoccleves Gehalt gerade in diesem Zeitraum mindestens einmal
von Vertretern in seinem Auftrag entgegen genommen wurde. Zudem würde die
Wiederaufnahme seiner Arbeit im *Privy Seal Office* relativ genau mit dem Datum
seiner angeblichen Genesung übereinstimmen (Allerheiligen). Hinzu kommt, dass
Hoccleves Erkrankung ans Ende eines Zeitraums fällt, in dem er besonderer
Arbeitsbelastung ausgesetzt war, und zwar sowohl im Hinblick auf seine Beamtentätigkeit als auch im Kontext seiner literarischen Ambitionen: 1415 war das
Privy Seal Office außerordentlich stark beansprucht, weil es die Zahlungsanwei-
sungen für die Söldnerführer Heinrichs V. im Vorfeld und Verlauf seiner Invasion
Frankreichs ausstellen musste. Darüber hinaus war Hoccleve privat damit beschäftigt, besonders prachtvolle Abschriften seiner Werke herzustellen, die er
einigen hochrangigen Gönnern versprochen hatte. Die in der *Series* immer wieder
aufscheinende Interpretation von Hoccleves Krankheit als einer Art Stresserkran-
kung wäre also zumindest denkbar – sofern man sich überhaupt auf das Glatteis
solcher Referenzialisierungen begeben möchte.[15]

Entscheidend sind in diesem Zusammenhang jedoch nicht so sehr die Details
– schon gar nicht die medizinischen, die sich ohnehin nicht klären lassen. Entscheidend ist vielmehr die Tatsache, dass Hoccleve in der autobiographischen
Rahmenfiktion seiner *Series* das biographische Ereignis in einer ganz spezifischen
Art und Weise nutzt. Auffällig ist nämlich, wie er sein Wahnsinnserlebnis fiktionalisiert. Er schildert seine Krankheit nicht nur denkbar knapp, sondern ausschließlich aus der Außenperspektive, genauer: in Hinblick auf die sozialen Folgen, die sich für den wieder gesundeten Hoccleve daraus ergeben. Nicht, wie er
selbst den Wahnsinn erlebt hat, berichtet er, sondern nur, was Freunde und Be-
kannte rückblickend darüber zu sagen haben, vor allem aber, wie sie anschließend
auf ihn reagieren.

> Thus spake manie oone and seide by me:
> ‚Alþoug from him his siiknesse sauage
> Withdrawen and passed as for a time be,
> Resorte it wole, namely in such age
> As he is of,‘ and thanne my visage
> Bigan to glowe for the woo and fere.
> Tho wordis, hem vnwar, cam to myn eere.
>
> (*Series*, I: *My Compleinte*, V. 85–91)

Damit wird der Wahnsinn erst einmal als ein überwiegend soziales Faktum fiktionalisiert, das dann allerdings wiederum psychische Folgen hervorruft. Und dies ist
aus moderner Perspektive bemerkenswert, denn in der Romantik zum Beispiel

---

15 Ich folge hier der Argumentation Linne R. Mooneys, die die ausgewiesenste Kennerin der
    Londoner Handschriften um 1400 ist und auch einen präzisen Überblick über die Forschungs-
    lage zu Hoccleves Krankheit bietet (MOONEY 2007, S. 301–308).

hätte der Wahnsinn ein ideales Motiv abgegeben, um die Innerlichkeit der Figur zu thematisieren. Die Auseinandersetzung der Hoccleveschen Erzählerfigur mit ihrem Wahnsinn kreist jedoch weitgehend um die Frage, wie er das Misstrauen seiner Freunde und Bekannten, denen seine angebliche Genesung nicht geheuer ist, überwinden kann. Es macht die Situation nicht gerade einfacher, dass der Hoccleve-Erzähler an seine Gesundung selbst nicht recht glauben will – und das, obwohl sie, wie er erklärt, schon fünf Jahre zurückliegt; fünf Jahre, in denen er der *Series* zufolge keinerlei schriftstellerische Aktivität entfaltete.[16]

Die fünfjährige Schaffenspause unterstreicht die besondere Verzweiflung des Dichters. Wie er durchaus logisch bemerkt, kann der potenziell geistig Kranke seinem eigenen Bewusstsein nicht trauen und ist deswegen von äußeren Urteilen abhängig. An dieser Stelle spricht Hoccleve offenkundig doch von seinem Inneren, aber nur in einem quasi-epistemologischen Sinne, insofern es darum geht, in welchem Ausmaß das Subjekt Autorität über seine Bewusstseinszustände beanspruchen kann.[17]

Hoccleve versucht, sich aus diesem Dilemma zu befreien, indem er in den Spiegel schaut, um so den Blick auf die eigene Persönlichkeit gleichsam zu veräußerlichen. Doch dies misslingt, kann Hoccleve doch nicht einmal seinem Abbild trauen.

> Many a saute made I to this mirrour,
> Thinking, ‚If þat I looke in þis manere
> Amonge folke as I nowe do, noon errour
> Of suspecte look may in my face appere.
> This countinaunce, I am sure, and þis chere,
> If I it for the vse, is nothing repreuable
> To hem þat han conceitis reasonable.‘

(*Series*, I: *My Compleinte*, V. 162–168)

Wie Ethan Knapp beobachtet hat, geht Hoccleve mit seinem Spiegelbild um, als würde es sich um jemand anderen, um eine fremde Person, handeln, als ließe sich sein eigenes Abbild gewissermaßen überrumpeln, und der kühne Sprung vor den Spiegel könne so etwas wie einen paradoxen Moment der unbeobachteten Selbst-

---

16 John M. Bowers hat die interessante Frage gestellt, warum Hoccleves literarischer Ruhm im Laufe des 15. Jahrhunderts so schnell und vollkommen verblasste. Für das Publikum der Renaissance war die Gruppe der kanonischen englischen Dichter der Zeit um 1400 bereits auf Chaucer, Gower und Lydgate zusammengeschmolzen, während Hoccleves Werk vergessen und erst im 19. Jahrhundert wieder entdeckt wurde. Bowers zufolge waren es der Wahnsinn und dessen Thematisierung, die Hoccleves Werk seiner literarischen Autorität beraubten (BOWERS 2002, S. 352–360). Mindestens ebenso wichtig scheint mir Hoccleves relative Distanz dem Fiktionalen und der antiken Literaturtradition und ihren Stoffen gegenüber, die ihn im Übergang zur Renaissance weniger anschlussfähig erscheinen ließ als die anderen drei Autoren.

17 Siehe hierzu auch KNAPP 2001, S. 167.

beobachtung herstellen.[18] Aber natürlich muss der Versuch scheitern, das eigene
Spiegelbild in einem unbeobachteten Augenblick zu überraschen.

Am Ende geht Hoccleve dazu über, seinen Gesichtsausdruck vor allem dahingehend zu prüfen, ob er dazu angetan ist, anderen, also von außen betrachtet,
glaubwürdig den Eindruck seelischer und geistiger Klarheit zu vermitteln. Er ka-
pituliert somit vor der Aufgabe, sich selbst über sein Inneres Rechenschaft abzu-
legen. Statt um Wahrheit geht es nur noch um Konformität oder vielmehr um den
glaubwürdigen Eindruck derselben.

Man könnte allerdings auch argumentieren, dass er die Annäherung an sein
Inneres gerade dadurch inszeniert, dass er sich in die Rolle der anderen versetzt.
Zumindest im Ansatz fände dann so etwas wie eine Empathieleistung statt, über
die sich Hoccleve die Bedingungen der Fremdbeobachtung als Grundlage der
Selbstwahrnehmung aneignet. Allerdings sollte man hier nicht allzu weit gehen.
Es reicht, vorläufig zu konstatieren, dass die in einer recht naiv klingenden Sprache gehaltenen Überlegungen der Hoccleve-Figur komplexer sind, als es auf den
ersten Blick scheinen mag, weil sie ein vielschichtiges Wechselspiel miteinander
verschränkter Perspektiven entfalten.

Dass die Hoccleve-Figur ihrem Dilemma trotzdem einigermaßen entkommt,
verdankt sie dem Gespräch mit einem namenlosen Freund, der an ihre Tür klopft
– und den sie erst nach einigem Zögern einlässt. Der Dialog mit dem Freund, der
den Titel *Dialogue Cum Amico* trägt, folgt auf den Prolog, setzt diesen jedoch in
gewisser Hinsicht fort, allein schon dadurch, dass auch er um Hoccleves Wahnsinn kreist.

Hoccleve erzählt seinem Freund, dass er plane, seine dichterische Karriere
fortzusetzen. Davon rät der Freund jedoch dringend ab und erklärt, dass es gerade
Hoccleves schriftstellerische Aktivität gewesen sei, die den Wahnsinn verursacht
habe. Genau diese Haltung bestärkt die Hoccleve-Figur in ihrem Vorhaben weiter-
zuschreiben. Erst im Widerspruch gegen den Freund, im Aufbegehren gegen die
durch ihn verkörperte Sicht der Gesellschaft, rafft sich die Hoccleve-Figur zur
Fortsetzung ihrer poetischen Projekte auf. Ja, Hoccleve wirft dem Freund sogar
explizit vor, ihn nicht genügend zu unterstützen. Es gelingt Hoccleve nur bedingt,
den Freund davon zu überzeugen, dass seine Krankheit nicht durch seine poetische Aktivität verursacht sei. Die Skepsis des Freundes bleibt, auch wenn dieser
sie zumindest nach außen hin zum Teil zurücknimmt, um schließlich scheinbar
ganz auf Hoccleves Linie einzuschwenken und sich am Ende anteilnehmend nach
dessen Projekten zu erkundigen:

---

18 Ethan Knapp sieht dies als Indiz für eine Fragmentierung des Selbst, wobei die einzelnen
    Teile des auseinanderfallenden Bewusstseins sich gegenseitig auszuspionieren suchen
    (KNAPP 2001, S. 169). Ich bezweifle allerdings, dass es sich hierbei wirklich um ein fragmen-
    tiertes Selbst handelt. Vielmehr scheint es mir hier ein Selbst zu sein, das sich grundsätzlich
    der Möglichkeit der Beobachtung durch sich selbst entzieht. Der Effekt, den Knapp als Frag-
    mentierung beschreibt, wäre demzufolge weniger Voraussetzung für die gescheiterte Beob-
    achtung als vielmehr die Folge des Beobachtungsversuchs. Auch Patterson interpretiert die
    Szene vor dem Spiegel im Sinne einer Fragmentierung des Selbst (PATTERSON 2001,
    S. 444f.).

,Sikir, Thomas, if thow do in swich wyse
As þat thow seist, I am ful wel content
Þat thow vpon thee take þat emprise
Which þat thow hast purposed and yment.
Vnto þat ende yeue Y myn assent.
Go now therto, in Jhesu Crystes name,
And, as thow haast me seid, do thou þat same.

,I am seur þat thy disposicioun
Is swich þat thow maist more take on hoonde
Than I first wende in myn oppinioun
By many fold, thankid be Goddes soonde.
Do foorth, in Goddes name, and nat ne woonde
To make and wryte what thing þat thee list.
Þat I nat eer knew, now is to me wist.

(*Series*, II: *A Dialogue*, V. 512–525)

Obwohl kein einziges negatives Wort mehr fällt, klingen die Äußerungen des Freundes eher nach Beschwichtigung als nach wirklicher Überzeugung, ein Eindruck, der durch die eher floskelhaften religiösen Formeln nicht gerade gemindert wird. Die zwiespältige Wirkung stellt sich vor allem deshalb ein, weil der Freund darauf verzichtet, seinen Sinneswandel in eigenen oder gar emphatischen Wendungen auszudrücken. Im Gegenteil, seine Formulierungen nehmen alle ausdrücklich auf das von Hoccleve bereits Gesagte Bezug, ohne dies jedoch in eigenen Worten zu wiederholen, etwas hinzuzufügen oder ihm gar eine eigene Nuance zu verleihen. Aus der mangelnden Konkretheit der Zustimmung, aus dem eigentümlich inhaltsleeren Verweis auf die von Hoccleve selbst geäußerten Wünsche und Ziele spricht eine Weigerung, sich mit Hoccleves Anliegen auseinanderzusetzen, sich Hoccleves Standpunkt anzueignen und ihm damit die gewünschte emotionale Unterstützung zu gewähren. Noch in der vermeintlichen Bestätigung, die Hoccleve hier erfährt, offenbart sich das Scheitern der Kommunikation, das der vom Wahnsinn Bedrohte als soziale Erfahrung erlebt. An die Stelle von Abwendung und Distanzierung tritt hier die potenziell entmündigende Beschwichtigung. Durch ihre formelhafte Vagheit wird die scheinbare Bestärkung wertlos.[19]

In der Logik der hier konstruierten Dialogsituation ist diese Beschwichtigungspolitik völlig verständlich, wenn man bedenkt, dass auch dieser Freund als Repräsentant der Außenwelt ja befürchtet, Hoccleve stehe in unmittelbarer Gefahr, wieder dem Wahnsinn zu verfallen. Wir erleben hier performativ im Dialog, was der Erzähler bereits vorher breit geschildert hat: Eine Situation, in der weder der Erzähler selbst noch der Leser sich sicher sein können, inwieweit man den Ausführungen des Freundes Glauben schenken kann, so dass gerade die zustimmenden Worte des Freundes verunsichernder sind als dessen zuvor geäußerte Zweifel. Als Leser nehmen wir Hoccleves Perspektive ein und spüren, in welche

---

19 Ethan Knapp nimmt die Beschwichtigungen des Freundes sehr wohl als solche wahr, sieht ihre Funktion jedoch anders. Knapp zufolge soll der Leser hier an die Möglichkeit erinnert werden, dass Hoccleves Wahnsinn durchaus noch als potenzielle Gefahr im Raume steht (KNAPP 2001, S. 179).

Schwierigkeiten er gerät: Wenn der einstmals Wahnsinnige seinem eigenen Bewusstsein psychischer Gesundheit schon nicht vertrauen kann, dann kann er dem
Zuspruch von außen erst recht keinen Glauben schenken. Für das Projekt einer
Bestätigung von Außen erweist sich der Freund als ebenso nutzlos wie ehedem
der Spiegel. In der Kunst doppelbödiger Erzählerstimmen und Dialoge erweist
sich Hoccleve hier als mindestens ebenso geübt wie sein verehrter Meister
Chaucer.

Im Dialog mit dem Freund wird zwar kein eigentlicher Dissens deutlich, wohl
aber eine Art kommunikativen Abgrunds, und es ist gerade dieser kommunikative
Abgrund, der Hoccleve in seinem Drang nach dichterischer Aktivität paradox
bestärkt. So wie Hoccleve die Gewissheit über das eigene Selbst entgleitet, so
wird es ihm unmöglich, seine Sicherheit im Gegenüber zu verankern. Der in der
Fiktion geschilderte Mechanismus ist eine Folge des Wahnsinns, allerdings eine
soziale und psychische, die in dieser Form nur unter den Bedingungen einer
weitgehend wiedererlangten, aber dennoch bezweifelten seelischen Gesundheit
auftritt.

IV

Fassen wir das bislang Gesagte zusammen, ergibt sich folgendes Bild: Der Wahnsinn dient Hoccleve als Motivierung für seine schriftstellerische Arbeit, wobei
diese Arbeit den öffentlich sichtbaren Beweis liefern soll, dass Hoccleve sehr
wohl wieder Herr seiner geistigen Fähigkeiten ist. Der Widerspruch des Freundes
wird als paradoxe Verstärkung genutzt, die Hoccleves Willensbildung erst ermöglicht. Nichtsdestoweniger beseitigt die scheinbare Zustimmung des Freundes die
Zweifel letztlich nicht: Unter den spezifischen psychischen und sozialen Bedingungen des Gesprächs mit einem vom Wahnsinn Bedrohten nährt sie sie eher.

Hoccleve nutzt das autobiographische Spiel mit dem ebenso gesichts- wie
namenlosen, gleichsam abstrakten Freund jedoch noch auf andere, komplexere
Weise. Dies wird allerdings nur deutlich, wenn man die spezifischen gattungs-
mäßigen Bedingungen des Textes und seinen besonderen Bezug auf Chaucer
berücksichtigt.

Wenn etwas an der *Series* auffällt, dann, wie sehr sie das Schreiben und die
poetische Aktivität als solche ins Zentrum der Aufmerksamkeit rückt. Es war D.
C. Greetham, der im Jahre 1989 den Versuch unternahm, Hoccleves autobiographische Ausführungen mit dem Genre des Textes, in dem sie gemacht werden, in
Verbindung zu bringen. Dabei beschrieb er die *Series* mit der besonders geglück-
ten Formulierung, sie sei die „*Canterbury Tales* turned inside out", zu Deutsch:
die *Series* sind die *Canterbury Tales* in gleichsam umgestülpter Form, ihr Inneres
nach außen gekehrt.[20] Hinter dieser Bemerkung verbirgt sich eine der wichtigsten

---

20 GREETHAM 1989, S. 247.

Erkenntnisse zur Deutung von Hoccleves Werk überhaupt, auch wenn Greetham sie leider nicht besonders ausgeführt hat.[21]

Wie bereits erwähnt, ist die *Series* eine Sammlung von Erzählungen und Texten mit Rahmenhandlung. Dies wird in Deutungsversuchen oft nicht ausreichend beachtet, und Hoccleves einführende Reflexionen über seinen Wahnsinn und sein darauf folgender Dialog mit dem Freund werden wie Einzeltexte gelesen, die mit dem Gesamtkomplex nichts zu tun haben und dann eben auch nur autobiographischer Natur sind. Erst 1999 hat beispielsweise John Burrow, ein ausgewiesener Hoccleve-Kenner, die beiden ersten, autobiographischen Texte der *Series* in einer Hoccleve-Anthologie für die *Early English Text Society* isoliert ediert und somit wieder den Eindruck bekräftigt, man könne das Autobiographische in der *Series* aus dem Gesamtkomplex der Rahmenerzählung herauslösen. Zu dieser weit verbreiteten Haltung könnte auch der nicht ganz glückliche Titel *Series* beigetragen haben, der dem Text erst 1927 gegeben wurde und suggeriert, dass es sich um eine lose Folge von gattungsmäßig recht disparaten Texten handelt, denen ein eigentlicher Zusammenhang fehlt.[22] Was aber können wir gewinnen, wenn wir die Struktur der *Series* ernst nehmen und das Diktum aufgreifen, dass sie ein nach außen gestülptes Pendant zu den *Canterbury Tales* darstellt?

Die *Canterbury Tale*s sind bekanntlich eine Sammlung von 24 Erzählungen, die durch die Rahmenfiktion eines Erzählwettbewerbs unter Pilgern auf der Reise nach Canterbury motiviert werden. Der Zusammenhang der Erzählungen wird auf vielerlei Weise gesichert: beispielsweise dadurch, dass die Pilger im *General Prologue* in kurzen, meist satirischen Porträts einzeln vorgestellt werden, dadurch, dass die einzelnen Geschichten selbst durch Prologe in den übergreifenden Rahmen des Erzählwettbewerbs eingebunden sind und die Pilger sich gegenseitig loben oder kritisieren, und ferner dadurch, dass es in den Geschichten selbst intratextuelle Verweise gibt, die die einzelnen Erzählungen als Teil eines enzyklopädischen Ganzen charakterisieren.

Alle relevanten englischsprachigen Dichter des 15. Jahrhunderts, die im weitesten Sinne der höfischen Tradition verpflichtet sind, feiern Chaucer als ihr großes Vorbild, als den „father of English poesie".[23] Doch Hoccleve übertrifft sie an öffentlich zur Schau gestellter Verehrung. In seinem *Regement of Princes* beispielsweise findet sich sogar eine Abbildung Chaucers, auf deren Memorialfunktion Hoccleve ausführlich hinweist.[24] Das Verhältnis der Epigonen zu ihrem

---

21 David Mills greift Greethams Deutung auf, schlägt jedoch vor, die *Canterbury Tales* als zentralen Referenztext durch das *House of Fame* zu ersetzen. Dies ist insofern sinnvoll, als dass Letzteres aus literaturtheoretischer Perspektive Chaucers ambitioniertesten Text darstellt. Strukturell aber ist die Nähe der *Series* zu den *Canterbury Tales* oder auch, wie wir sehen werden, zur *Legend of Good Women* größer (MILLS 1996, S. 107).

22 Der Titel *Series* wurde von Eleanor P. Hammond aus praktischen Gründen eingeführt; sie benutzte ihn bezeichnenderweise noch mit dem unbestimmten Artikel (HAMMOND 1927, S. 69). Siehe dazu auch PATTERSON 2001, S. 442, Anm. 16.

23 LERER 1993, S. 11. Hierzu vgl. auch KNAPP 1999.

24 Eine Analyse des Chaucer-Portraits aus dem *Regement of Princes* im Zusammenhang mit der Chaucer-Ikonographie und Hoccleves spezieller Chaucer-Verehrung findet sich bei JOHNSTON 2001, S. 251–288.

Meister war jedoch nicht unkompliziert. Lange ist man davon ausgegangen, dass Chaucers Nachfolger im 15. Jahrhundert gerade den Wert der *Canterbury Tales* nicht erfassten. Das 15. Jahrhundert, so hieß es, war von ,dullness' geprägt, wie David Lawton es genannt hat.[25] Die Dichter des 15. Jahrhunderts schätzten an Chaucer die Kühnheit, mit der er einen besonderen Status für ihren Stand reklamierte. Angeblich schätzten sie auch die metrische Geschliffenheit und den lexikalischen Reichtum seiner Werke, nicht aber deren experimentierfreudige Erzählkunst und komplexe Ironie, die dem angeblich primär moralisierend-didaktischen Interesse der englischen Dichtung des 15. Jahrhunderts zuwiderlief. Das ist es, was Paul Strohm noch Anfang der achtziger Jahre als ,the narrowing of the Chaucer tradition' bezeichnet hat, also die Verengung von Chaucers künstlerischem Erbe auf dessen eher ornamentale Aspekte hin.[26] Inzwischen befinden wir uns in einem knapp ein Vierteljahrhundert währenden Prozess der Aufwertung des 15. Jahrhunderts und sehen die Dinge daher anders.

Auch das Ansehen Hoccleves hat von der Aufwertung des 15. Jahrhunderts gehörig profitiert. Und Hoccleve gewinnt noch an Statur, wenn man sein überschwängliches Lob Chaucers nicht für bare Münze nimmt, sondern darauf achtet, was Hoccleve in seinen Texten eigentlich tut. Sieht man Hoccleve nämlich nicht allein als unterwürfigen und unwürdigen Nachfolger des großen Dichterfürsten, als den er sich selbst bezeichnet, sondern unterstellt ihm, dass er im allzu ostentativ gesuchten Windschatten des großen Meisters durchaus seinen eigenen Kurs steuert, dann könnte man in seinen autobiographischen Passagen tatsächlich so etwas wie eine Überbietungsgeste gegenüber dem genialen Vorläufer sehen.

Wenn Chaucer in seinen *Canterbury Tales* durch die Rahmenfiktion der Pilgerreise mit ihrem Erzählwettbewerb das Erzählen selbst zum Thema macht, dann folgt ihm Hoccleve in seiner *Series* und erhöht dabei sogar noch den ästhetischen Einsatz. Um dies zu erläutern, muss ich kurz ausholen: Noch heute ist sich die Forschung darüber uneins, ob die *Canterbury Tales* ein bewusst unabgeschlossenes oder schlicht ein nie vollendetes Werk sind. Meine durchaus nicht originelle Position in diesem Streit ist, dass es sich bei ihnen um ein bewusst unabgeschlossenes Werk handelt, das allerdings nicht mehr rechtzeitig vor dem Tod des Autors vollendet werden konnte. Obwohl die 30 Pilger beschließen, auf dem Hin- und Rückweg jeweils zwei Geschichten zu erzählen, was 120 Erzählungen ergeben hätte, liegen uns nur 24 Geschichten vor. Zudem wird eine von ihnen, die des Canon's Yeoman, von einem Reisenden zum Besten gegeben, der unter dubiosen Umständen erst dann zur Pilgerschar stößt, als diese längst nach Canterbury unterwegs ist. Er ist der Diener eines Alchemisten, der sich auf der Flucht vor seinen Gläubigern und geprellten Kunden befindet. Auf diese Weise wird das Schema der 120 Geschichten unweigerlich aufgebrochen. Denn infolge dieser Unterbrechung wäre der Text nur dann noch in der Lage gewesen, seine übergreifende zahlensymbolische Einheit zu wahren, wenn er eine Geschichte ausgeschlossen hätte, wozu es natürlich nicht gekommen ist. Bedenkt man aber, dass einzelne

---

25 LAWTON 1987.
26 STROHM 1982.

Erzählungen ohnehin unvollendet bleiben oder im Erzählprozess bewusst unterbrochen werden (*Monk's Tale*, *Squire's Tale*), dann wird schnell deutlich, dass Chaucer es letztlich auf den Sieg der Kontingenz abgesehen hat. Die in verschiedenen Varianten inszenierte Unabgeschlossenheit mehrerer Einzelerzählungen erhält den Charakter einer *mise-en-abyme* des Gesamtwerks. Tatsächlich hat Chaucer viele seiner Werke nie vollendet: weder die *Canterbury Tales*, noch das *House of Fame*, noch *Anelida and Arcite* oder die *Legend of Good Women*. Gerade in der *Legend*, in deren Prolog der Gott der Liebe Chaucer mit dem Tode bedroht, falls dieser nicht etwas Positives über die Frauen schreibt, scheint Chaucer den Prozess des Schreibens und die Frage des Über- oder Weiterlebens miteinander parallel zu setzen – und somit dem Niemals-fertig-Werden eine besondere Legitimität zu verleihen. Chaucers Rahmenfiktionen und seine Tendenz, seine Werke nicht nur *nicht* zu vollenden, sondern sie auf eine Unabgeschlossenheit hin zu konzipieren, deuten darauf, dass er von der potenziellen Unendlichkeit des Erzählprozesses selbst fasziniert war. Insofern stellt auch der Canon's Yeoman mit seiner Unterbrechung des ursprünglichen Erzählplanes so etwas wie ein Unendlichkeitssignal dar. Dass dieses Signal mit dem Motiv der Alchemie verbunden ist, ist kein Zufall. Denn Chaucer deutet die Alchemie als einen Prozess beständigen Scheiterns, der trotzdem geradezu zwanghaft immer wieder neu aufgenommen wird.

Entscheidend an der Wirkung des Unendlichkeitssignals ist dabei nicht die Zahl der mit ihm verknüpften Geschichten. Das Signal funktioniert mit 24 Erzählungen ebenso gut wie mit 120 – oder eben mit Hoccleves dreien. Und das ist auch logisch, da Unendlichkeit kategorial grundsätzlich unterschieden ist von der mathematischen Steigerung von Mengen. Über die bloße Multiplikation der Einheiten, und seien die Faktoren auch noch so groß, erzielt man keine Unendlichkeit. Wir können davon ausgehen, dass sich Chaucer dieses Unterschieds wohl bewusst war. Er verfügte über astronomisch-mathematische Kenntnisse von hohem Niveau und hatte sich auch intensiv mit dem Problem des Verhältnisses von göttlichem Vorherwissen und menschlicher Willensfreiheit beschäftigt, also mit einem theologischen Problem, bei dem kategorial gänzlich verschiedene Zeitstrukturen eine zentrale Rolle spielen: erstens, die Unendlichkeit der Zeit, über die Gott gebietet, eine Zeitstruktur, bei der Vergangenheit, Gegenwart und Zukunft in einer Art Kopräsenz gleichzeitig geschaut werden; und zweitens, die Endlichkeit der menschlichen Zeitwahrnehmung, die sich Vergangenheit, Gegenwart und Zukunft immer nur als lineare Abfolge von Ereignissen vorstellen kann, also als bloße Addition diskreter Punkte. Gerade weil aber Unendlichkeit als Konzept auf eine gänzlich andere Vorstellung von Zeit hinausläuft, funktioniert das Unendlichkeitssignal im Prinzip schon mit einer nur sehr geringen Zahl von Geschichten – wie eben auch bei Hoccleve.

Hier liegt meines Erachtens der Schlüssel zum Verständnis von Hoccleves autobiographischer Fiktion in der *Series*. In der spezifisch literarischen Gestaltung seiner Wahnsinnserfahrung als einer primär psychologisch-sozialen schafft sich Hoccleve eine Motivation für sein Erzählprojekt, das er nach dem Vorbild Chaucers als potenziell unendliches kennzeichnet. Entscheidend dabei ist nicht so sehr der Topos des einsamen Hoccleve, der sich seinen Wahnsinn gewissermaßen expressiv von der Seele schreibt. Entscheidend ist auch nicht der bloße Beweis seiner Zurechnungsfähigkeit über das Indiz einer ‚erfolgreich produzierten Poesie‘.[27] Entscheidend ist vielmehr die im Text selbst inszenierte Interaktion mit dem namenlosen Freund, die den Prozess des Schreibens nicht nur als einen dialogischen, nämlich in Interaktion mit dem Publikum stattfindenden, kennzeichnet, sondern auch als einen, der durch das *immer neue Scheitern* des Beweises der eigenen Zurechnungsfähigkeit vor einem prinzipiell skeptischen Publikum *ad infinitum* fortgesetzt werden kann. Hoccleves schriftstellerische Produktion muss also nicht deshalb fortgeführt werden, weil nur deren ständige Fortsetzung den Beweis darstellt, dass er nicht dem Wahnsinn verfallen ist, sondern deshalb, weil dieser Beweis vor einem grundsätzlich ablehnenden Publikum gar nicht erbracht werden kann, bzw. Hoccleve nicht mit letzter Sicherheit wissen kann, ob sein Publikum den Beweis für erbracht hält. Aus diesem Grunde ist es auch so aufschlussreich, dass Hoccleve seine Rahmenhandlung fünf Jahre nach seiner Gesundung situiert. Wenn es ihm auch ein halbes Jahrzehnt nach erfolgreicher Wiederaufnahme seiner Beamtentätigkeit nicht gelungen ist, die Zweifel der Umwelt an der Wiederherstellung seiner Vernunft zu zerstreuen, gibt es keinen Grund anzunehmen, dass er damit jemals Erfolg haben könnte. Die Unendlichkeit des Schreibens ergibt sich mithin aus einer immer schon gescheiterten Kommunikation, die einer ganz spezifischen sozialen und zugleich auch psychologischen Konstellation entspringt, nämlich dem Abgrund, den der Wahnsinn zwischen seinem Opfer und dessen Umwelt auch dann noch zu schaffen scheint, wenn er im klinischen Sinne eigentlich längst überwunden sein sollte. Somit erfüllt der Wahnsinn in seiner spezifisch sozialen Verfasstheit bei Hoccleve die gleiche Funktion wie die Alchemie bei Chaucer. Der quasi medizinisch-psychiatrisch motivierte Widerspruch des grundsätzlich skeptischen Freundes gegen Hoccleves Schreibprojekt initiiert gerade dieses Schreibprojekt und schafft damit einen Mechanismus, der unendlich oft wiederholbar ist.

Auch Hoccleves indirekte Bezüge auf Chaucer gewinnen vor diesem Hintergrund zusätzliche Kontur. Da ist zum einen Hoccleves Inversion des *Reverdie*, mit dem Chaucer den Prolog seiner *Canterbury Tales* einleitet: Hoccleve beginnt seinen Prolog mit einer breiten Schilderung des Novemberwetters.[28] Da ist zum anderen die Imitation der *Legend of Good Women*, jener Ovids *Heroides* nachgebildeten Sammlung von Verserzählungen über das Schicksal unglücklicher Frauen. Chaucer inszenierte als Anlass für die Entstehung der *Legend* eine Begegnung mit dem Gott der Liebe, der ihn dafür bestraft, dass er durch seine Darstellung der Criseyde in *Troilus and Criseyde* die Frauen beleidigt hätte. Um dies wieder gut zu machen, wurde ihm unter Androhung der Todesstrafe aufgetragen, etwas Positives über die Frauen zu schreiben.

---

27   Darauf läuft die Deutung James Simpsons weitgehend hinaus (SIMPSON 1991, S. 15–29).
28   Siehe hierzu SEYMOUR 1981, S. 134; WOGAN-BROWN u.a. 1999, S. 41; PEARSALL 1999, S. 335 und KNAPP 2001, S. 165. Sarah Tolmie glaubt, im Prolog der *Series* Anklänge an die Prologe der Wife of Bath oder des Pardoners in den *Canterbury Tales* erkennen zu können, führt diese interessante Idee jedoch nicht näher aus (TOLMIE 2007, S. 355).

Hoccleve ahmt diese Situation nach, indem er erklärt, die quasi-hagiographische *Tale of Jereslaus* schreiben zu müssen, um für die frauenfeindlichen Passagen in seinem *Epistre de Cupide* zu büßen, einem an Christine de Pizan angelehnten Text, der allerdings unter dem Vorwand, die Frauen loben zu wollen, immer wieder in misogyne Gemeinplätze abgleitet. Die literarische Buße in der *Series* scheitert jedoch. Denn ironischerweise schließt die *Series* mit der *Tale of Jonathas*, deren Frauenfeindlichkeit dadurch gerechtfertigt wird, dass sie als Warnung für den fünfzehnjährigen Sohn des Freundes gedacht ist. Folglich wird die Bußübung der ersten Tafel seines erzählerischen Triptychons durch den Inhalt der dritten konterkariert.[29] Diese Entwicklung deutet sich bereits in den Worten an, mit denen Hoccleve seinem weiblichen Publikum die *Tale of Jereslaus* als Wiedergutmachung anbietet:

> A tale eek which I in the Romayn deedis
> Now late sy, in honur and plesance
> Of yow, my ladyes, as I moot needis,
> Or take my way for fer into France,
> Thogh I nat shapen be to prike or prance,
> Wole I translate and þat shal pourge, I hope,
> My gilt as cleene as keuerchiefs dooth sope.

(*Series*, II: *A Dialogue*, V. 820–826)

Hoccleve unterläuft seine Bußübung mit sexuellen Anspielungen, die oberflächlich gesehen auf Frankreich als Kriegsschauplatz verweisen, in ihrer anzüglichen Doppeldeutigkeit das Nachbarland aber als stereotypen Ort erotischen Abenteuers imaginieren. Und der Verweis auf hausfrauliche Tätigkeiten wie das Wäschewaschen und auf ein typisches weibliches Kleidungsstück wie das Kopftuch in der letzten Verszeile unterläuft nicht nur das Pathos der Bußübung, sondern ruft genau jene misogynen Klischees wieder auf, die Hoccleves Buße überhaupt erst nötig machten.

Während Chaucer im Prolog zur *Legend of Good Women* die durch den Gott der Liebe ausgesprochene Todesdrohung zur Motivierung eines potenziell unendlichen Schreibprozesses nutzt, stellt Hoccleve diese Unendlichkeit durch das immer neue Scheitern der Buße her: Weil jeder Versuch Hoccleves, sich vom Vorwurf der Frauenfeindlichkeit reinzuwaschen, in immer neue misogyne Anspielungen und Texte mündet, kann bzw. muss die Bußübung als eine immer schon gescheiterte ewig fortgesetzt werden.

Dieser Befund bestätigt sich noch, wenn man die übergreifende Struktur der *Series* in Betracht zieht. Nach Prolog und Dialog folgen erst das fromme Frauenlob der *Tale of Jereslaus* und dann der Sterbetraktat Heinrich Seuses, dessen Übersetzung aber abgebrochen wird. Stattdessen wechselt Hoccleve zu einem Text aus der Liturgie zu Allerheiligen über, dem Tag seiner Genesung, der die

---

29 Ethan Knapp sieht zwar das *Regiment of Princes* als eine Art Diptychon, verzichtet aber darauf, eine entsprechende Analogie auch für die *Series* zu ziehen, die er lediglich als eine „much more open form" charakterisiert (KNAPP 2001, S. 161).

Freuden des Himmlischen Jerusalem beschreibt. Hoccleve schließt mit den Worten:

> To grete fooles been we but if we cheese the bettre part. Which part god of his infynyt goodnesse graunte vs alle to cheese. Amen.

> (*Series*, IV: *Ars vtilissima sciendi mori*, Z. 1010–1012)

Emphatischer könnte ein christlicher Text wohl kaum enden: Ein Sterbetraktat wird durch den eschatologischen Höhepunkt des Himmlischen Jerusalem beschlossen, worauf noch eine Bekräftigung des christlichen Heilsversprechens unter besonderer Betonung der menschlichen Willensfreiheit folgt. Auf dem Ende dieses Textes liegt nicht zuletzt deshalb solch ein Gewicht, weil Hoccleve, wie er bereits zu Beginn ankündigt, den Entschluss gefasst hat, seine literarische Karriere mit der *Series* zu beenden:

> And whanne that endid is I neuere þinke.
> More in Englissh after be occupied.

> (*Series*, II: *A Dialogue*, V. 239–240)

Mit dem Abschluss der poetischen Bußübung wird sich Hoccleve für immer von seiner poetischen Aktivität verabschieden – so suggeriert er es zumindest noch am Anfang der *Series*. Damit lässt er es jedoch nicht bewenden. Das Amen bildet eben nicht den Schlusspunkt seines Werkes. Vielmehr fügt er das lateinische Rubrum: „Hic additur alia fabula ad instanciam amici mei predilecti assiduam" ein und eröffnet die nun folgende Erzählung der *Tale of Jereslaus* mit den Worten: „This booke thus to han endid had Y thoght".[30] Der Dichter ändert seinen Plan, so dass das christlich-büßerische Pathos der vorangegangenen Verse ad absurdum geführt wird. Wie John Burrow bemerkt hat, präsentiert uns Hoccleve die *Series* als ein Werk, das sich im Prozess des Geschrieben-Werdens befindet und dabei die Materialität der mittelalterlichen Manuskriptwelt imaginiert.[31] Das ermöglicht es dem Erzähler, sich vom Fortgang seines eigenen Schreib- und Erzählprozesses selbst überraschen zu lassen. Die Bitte des Freundes versetzt ihn in die Lage, die selbst geschaffene Struktur eines mehrfach überdeterminierten Endes – Sterben, Himmlisches Jerusalem, Heilsversprechen – zu durchbrechen und in die Welt zurückzukehren. Die misogyne Erzählung – als Warnung für einen Jüngling nur fadenscheinig legitimiert – führt zurück in den Prozess des ständigen Ableitens, der den endlosen Zyklus der literarischen Bußübungen möglich und nötig macht. Zugleich inszeniert sich der Dichter hier ganz ausdrücklich als Schreiber: Mit der Feder in der Hand und dem Papier vor Augen ist er Herr des Schreibprozesses, und solange nur genügend Papier, genügend physisches Material zum Be-Schreiben vorhanden ist, kann jedwedes auch scheinbar noch so abgeschlossene Werk fortgeführt werden. Signifikant ist hier wiederum der Unterschied zu Chaucer. Während sich dieser in seinen „Wordes to Adam His Owen Scriveyn" in seiner Rolle als Dichter von seinem Schreiber absetzt und die

---

30 *Series*, V: *Fabula de quadam muliere mala*, V. 1.
31 Siehe Burrow 1984, S. 267.

Materialität des Beschreibstoffes allein in ihrer Bedeutung für den Korrekturvorgang thematisiert, leitet Hoccleve die potenzielle Offenheit seines Schreibprozesses aus seiner eigenen Berufssituation als professioneller Schreiber ab.

Aber es ist auch die Bitte des Freundes, die den Schreibprozess erneut in Gang setzt und in einen potenziell unendlichen überführt.[32] Hoccleves Nachgiebigkeit gegenüber dem Wunsch des Freundes, die ja sein eigenes Bußprogramm zunichte macht, gewinnt an dieser Stelle unerwartete Plausibilität. Gerade weil er seine soziale Isolation vorher in so grellen Farben schilderte, ist er jetzt umso weniger im Stande, sich den Wünschen des Freundes zu entziehen. Die Erzählerfigur ist sich der Widersprüchlichkeit ihres Verhaltens wohl bewusst und malt sich ängstlich die Reaktionen des Publikums aus. Denn mit der Fortsetzung des Textes wird ja nicht nur das allzu eindeutig ausgestellte Ende der *Series* verschoben, sondern auch die Rückkehr zu misogynen Gattungen eingeleitet. So fürchtet Hoccleve, man würde ihn beschimpfen als einen „double man […]/ That hony first yaf and now yeueth galle".[33]

Damit aber entfernt sich Hoccleve vom Kontext des Wahnsinns: Mögen die sozialen Folgen der misogynen Dichtung auch unangenehm sein, so schaffen sie dennoch eine Konfliktstruktur, durch die Hoccleve wieder in potenziellen Austausch mit seinem Publikum tritt. Als „double man" ist Hoccleve zwar eine ethisch problematische Figur – *doubleness* wird mit Sünde gleichgesetzt –, er wird jedoch zugleich in einen Dialog mit seinen Lesern eingebunden, der sich als ebenso unendlich gestalten kann wie der Versuch, eine zweifelnde Umwelt von seiner geistigen Verfassung zu überzeugen. Insofern Hoccleve im Verlauf der *Series* die Motivierungen seines unendlichen Erzählens unmerklich vertauscht, gelingt es ihm, den Wahnsinn innerhalb seiner autobiographischen Fiktion tatsächlich zu überwinden. Es ist nicht das Schreiben-als-Buße, das in die literarische Ewigkeit führt, sondern das Scheitern der Buße. So lässt sich der soziale und psychologische Abgrund des Wahnsinns – im Rahmen seiner autobiographischen Fiktion – auf dem Umweg über die Sünde überqueren. Aber auch diese ‚Sünde' ist letzthin konventionell, denn indem er die Kritik an seinen misogynen Werken vorwegnimmt und damit bewusst inszeniert, macht er sich selbst zum Gegenstand einer literaturkritischen Debatte; so, wie es Chaucer mit dem Prolog zur *Legend of Good Women* vorgemacht hatte.[34] Wenn Chaucers Versuch, in der *Legend of Good Women* seine eigene Querelle zu inszenieren, letztlich fehlschlug, dann war Hoccleves Nachahmung erst recht erfolglos. Dabei stellt sich dann allerdings die Frage nach der potenziell metafiktionalen Funktion der inszenierten Querelle. Am Ende mag es Chaucer und Hoccleve nur auf die provokative Geste angekommen sein, mit der sie sich jeweils ihrer Dichterrollen versicherten, womit auch noch die letzte Spur des Autobiographisch-Faktischen aus ihrem metafiktionalen Spiel getilgt wäre.

---

32 Vgl. MILLS 1996, S. 99.
33 *Series*, V: *Fabula de quadam muliere mala*, V. 40–41.
34 Siehe hierzu GREEN 1983, S. 106; MINNIS 1997, S. 278.

Literaturverzeichnis

Primärtexte

BURROW 1999:
Thomas Hoccleve's Complaint and Dialogue, hg. v. J. Burrow, Oxford 1999 (Early English Text Society 313).
ELLIS 2001:
Thomas Hoccleve: ‚My Compleinte' and Other Poems, hg. v. R. Ellis, Exeter 2001.
SEYMOUR 1981:
Selections from Hoccleve, hg. v. M. C. Seymour, Oxford 1981.

Sekundärliteratur

BENSON 1985:
Benson, L. D., „The ‚Queynte' Punnings of Chaucer's Critics", in: Studies in the Age of Chaucer: Proceedings No. 1, 1984, Reconstructing Chaucer, hg. v. P. Strohm u. T. J. Heffernan, Knoxville 1985, S. 23–47.
BOWERS 2002:
Bowers, J. M., „Thomas Hoccleve and the Politics of Tradition", Chaucer Review 36 (2002), S. 352–369.
BURROW 1984:
Burrow, J., „Hoccleve's Series: Experience and Books", in: Fifteenth-Century Studies, hg. v. R. F. Yeager, Hamden, Conn., 1984, S. 259–272.
CLASSEN 1991:
Classen, A., „The Autobiographical Voice of Thomas Hoccleve", Archiv für das Studium der neueren Sprachen und Literaturen 228/2 (1991), S. 299–310.
DOOB 1974:
Doob, P. B. R., Nebuchadnezzar's Children: Conventions of Madness in Middle English Literature, New Haven 1974.
FLEMING 1990:
Fleming, J. V., Classical Imitation and Interpretation in Chaucer's Troilus, Lincoln, Nebr., 1990, S. 1–44.
GREEN 1993:
Green, R. F., „The Familia Regis and the Familia Cupidinis", in: English Court Culture in the Later Middle Ages, hg. v. V. J. Scattergood u. J. W. Sherborne, London 1983, S. 87–108.
HAMMOND 1927:
Hammond, E. P., English Verse between Chaucer and Surrey, Durham, N.C., 1927.
JOHNSTON 2001:
Johnston, A. J., Clerks and Courtiers: Chaucer, Late Middle English Literature and the State Formation Process, Heidelberg 2001.
KNAPP 1999:
Knapp, E., „Eulogies and Usurpations: Hoccleve and Chaucer Revisited", Studies in the Age of Chaucer 21 (1999), S. 247–273.
KNAPP 2001:
Knapp, E., The Bureaucratic Muse: Thomas Hoccleve and the Literature of Late Medieval England, Philadelphia 2001.
KOHL 1988:
Kohl, S., „More than Virtues and Vices: Self-Analysis in Hoccleve's ‚Autobiographies'", Fifteenth-Century Studies 14 (1988), S. 115–127.

LAWTON 1987:

Lawton, D., „Dullness and the Fifteenth Century", *English Literary History* 54 (1987), S. 761–799.

LERER 1993:

Lerer, S., *Chaucer and His Readers: Imagining the Author in Late-Medieval England*, Princeton 1993.

LEWIS 1954:

Lewis, C. S., *English Literature in the Sixteenth Century: Excluding Drama*, Oxford 1954.

MILLS 1996:

Mills, D., „The Voices of Thomas Hoccleve", in: *Essays on Thomas Hoccleve*, hg. v. C. Batt, Brüssel 1996, S. 85–106.

MINNIS 1997:

Minnis, A. J., „The Author's Two Bodies? Authority and Fallibility in Late Medieval Textual Theory", in: *Of the Making of Books: Medieval Manuscripts, Their Scribes and Readers: Essays Presented to M. B. Parkes*, hg. v. P. R. Robinson u. R. Zim, Aldershot 1997, S. 259–279.

MITCHELL 1968:

Mitchell, J., *Thomas Hoccleve: A Study in Early Fifteenth-Century English Poetic*, Urbana 1968.

MOONEY 2007:

Mooney, L., „Some New Light on Thomas Hoccleve", *Studies in the Age of Chaucer* 29 (2007), S. 293–340.

MÜLLER 2004:

Müller, J.-D., „Literarische und andere Spiele: Zum Fiktionalitätsproblem in vormoderner Literatur", *Poetica* 36 (2004), S. 281–311.

O'BRIEN 1998:

O'Brien, T. D., „Fire and Blood: ‚Queynte' Imaginings in Diana's Temple", *The Chaucer Review* 33 (1998), S. 157–167.

PATTERSON 2001:

Patterson, L., „‚What Is Me?': Self and Society in the Poetry of Thomas Hoccleve", *Studies in the Age of Chaucer* 23 (2001), S. 437–470.

ROBERTSON 1962:

Robertson, D. W., Jr., *A Preface to Chaucer: Studies in Medieval Perspectives*, Princeton 1962.

SCHIRMER 1931/63:

Schirmer, W. F., *Der englische Frühhumanismus*, Tübingen [2]1963.

SIMPSON 1991:

Simpson, J., „Madness and Texts: Hoccleve's *Series*", in: *Chaucer and Fifteenth-Century Poetry*, hg. v. J. Boffey u. J. Cowen, London 1991, S. 15–29.

SIMPSON 2002:

Simpson, J., *Reform and Cultural Revolution. The Oxford English Literary History*, 2: c. 1350–1547, Oxford 2002.

STROHM 1982:

Strohm, P., „Chaucer's Fifteenth-Century Audience and the Narrowing of the Chaucer Tradition", *Studies in the Age of Chaucer* 4 (1982), S. 3–32.

TAMBLING 2003:

Tambling, J., „Allegory and the Madness of the Text: Hoccleve's *Complaint*", *New Medieval Literatures* 6 (2003), S. 224–248.

TOLMIE 2007:

Tolmie, S., „The Professional: Thomas Hoccleve", *Studies in the Age of Chaucer* 29 (2007), S. 341–373.

WALLACE (Hg.) 1999:

The Cambridge History of Medieval English Literature, hg. v. D. Wallace, Cambridge 1999.

WOGAN-BROWNE u.a. (Hgg.) 1999:
   The Idea of the Vernacular: An Anthology of Middle English Literary Theory, 1280–1520, hg.
   v. J. Wogan-Browne, N. Watson, A. Taylor u. R. Evans, Exeter 1999.

„Imiterete voi stesso"

Anmerkungen zu Tassos *Forestiero Napolitano* und zur autobiographischen Fiktion im Dialog

BERND HÄSNER (Berlin)

Zu den stets hervorgehobenen Merkmalen der Dialoge Platons gehört es, dass ihr Verfasser in ihnen nicht *in persona* erscheint.[1] Diesem Vorbild folgend, bedienten sich Autoren immer auch dann der Textform des Dialogs, wenn es ihnen darum ging, selbst im Hintergrund zu bleiben oder eindeutige Positionsnahmen zu vermeiden. Taktische Motive der Tarnung und des Selbstschutzes gegenüber zensoralen Auflagen konnten dafür ebenso ausschlaggebend sein wie grundsätzliche ästhetische oder philosophische Dispositionen. So empfiehlt sich Shaftesbury der Dialog als Textform eines nicht-autoritativen, beim Leser skeptische Distanz begünstigenden Diskurses gerade deshalb, weil in ihm „the author is annihilated, and the reader, being no way applied to, stands for nobody."[2] Andererseits, und wenngleich ihm dies also nicht an der Wiege gesungen wurde, fand der Dialog aber schon sehr früh, spätestens seit Cicero, auch mit ganz gegensätzlicher Zielsetzung Verwendung: Nicht als Modus der *self-annihilation*, sondern gerade eines *self-fashioning* des Autors, als textuelle Bühne seiner Selbstinszenierung.[3]

Auch in den Dialogen der Renaissance ist eine Präsenz des Autors als Dialogfigur keineswegs obligatorisch; gleichwohl fungiert der Dialog gerade in dieser Epoche, namentlich in Italien, als eine der bevorzugten und charakteristischsten Textformen literarischer Selbstdarstellung. Bedeutende Autoren, von Francesco Petrarca und Leonardo Bruni bis zu Torquato Tasso und Giordano Bruno, haben sich ihrer zu diesem Zweck bedient, wenn auch in sehr unterschiedlicher, mehr oder weniger subtiler Weise. Der Dialog eröffnet der Selbstdarstellung des Autors besondere Möglichkeiten, die in seiner gattungsspezifischen Fiktionalität und deren Lizenzen gründen und die ihn gegenüber anderen einschlägigen Gattungen, namentlich dem Brief, auszeichnen. Die Darstellung des Autors als Akteur einer Gesprächsszene, die seine existentielle Situation im Allgemeinen, seine konkrete gesellschaftliche Situation und deren Personal im Besonderen abbilden kann, ermöglicht ihm gleichsam eine Außenperspektive auf sich selbst, die er zugleich vollständig kontrolliert. Mit anderen Worten: Der Dialog gibt dem Autor die Möglichkeiten, sich in einer bestimmten Konfiguration zu präsentieren und über sich zu sprechen, z.B. seinen Rang zu reklamieren, ohne jemals ‚ich' sagen zu müssen. Allerdings unterliegt die Selbstdarstellung des Autors im Dialog auch

---

1 Auf die umstrittenen Ausnahmen komme ich weiter unten zu sprechen.
2 SHAFTESBURY 1999, S. 90. S. hierzu KLEIHUES 2002, S. 55–62. Vgl. auch COX 1992, S. 3f. u. S. 72.
3 Zum Begriff des ‚self-fashioning' s. GREENBLATT 1980.

bestimmten Begrenzungen, die ebenfalls mit der Fiktionalität der Gattung zusammenhängen. Um diese Grenzen ‚dialogischer' Selbstdarstellung soll es im Folgenden am Beispiel zweier Dialoge Tassos, *Il Conte overo de l'imprese* und *Il Gianluca overo de le maschere*, gehen.

Tasso hat sich mit dem „Forestiero Napolitano" in dreizehn seiner insgesamt fünfundzwanzig Dialoge eine *figura auctoris* geschaffen.[4] Eine so massive Präsenz des Autors in einem umfangreichen Korpus von Dialogen dürfte in der Renaissance, vielleicht sogar in der Geschichte der Gattung überhaupt, einzigartig sein und lässt den Forestiero Napolitano als eine Art Serienheld der epochalen Dialogliteratur erscheinen. Damit soll freilich nicht gesagt sein, dass sich zwischen den einzelnen Dialogen, in denen er als Autor-*persona* figuriert, eine zyklische Struktur herstellte, die eine über die Einzeltextgrenzen hinausgreifende biographische Erzählung Gestalt annehmen ließe. Dies gehört allerdings auch keineswegs zum Begriff des ‚Serienhelden', der sich – man denke an Sherlock Holmes oder, als näher liegendes Beispiel, an Platons Sokrates – gerade durch die Konstanz seiner wesentlichen Eigenschaften auszeichnen kann. Tatsächlich bleibt sich auch der Forestiero immer – oder zumindest fast immer – gleich. Auch die situativen Kontexte und Konfigurationen, in denen man ihn antrifft, sind, wenn sie überhaupt näher konkretisiert werden, von einer gewissen Stereotypie. Vorwiegend sind es Orte freiwilliger oder erzwungener Abgeschiedenheit: die Bibliothek, das *studiolo*, in das sich der Forestiero zurückgezogen hat, um sich der *moltitudine* der Menschen wie auch der widerstreitenden *opinioni* zu entziehen, oder die Arrestzelle als Ort unfreiwilliger Klausur. Auf die Diskussionen, zumeist mit Repräsentanten der Ferrareser Hofgesellschaft, die der Forestiero dann in der Regel als *princeps sermonis* dominiert, lässt er sich oft nur widerstrebend ein. Trotz dieser Stereotypie hat die Serialität seiner Präsenz in einer großen Zahl von Dialogen einen kumulativen Effekt.[5] Erst die Gesamtheit der Dialoge, in denen Tasso unter der Maske des Fremden und Exilanten auftritt, verschafft dem Autor

---

4   *Il Beltramo overo de la cortesia, Il Forestiero Napolitano overo de la gelosia, Dialogo, Il Rangone overo de la pace, Il Malpiglio overo de la corte, Il Malpiglio secondo overo del fuggir la moltitudine, La Cavaletta overo de la poesia toscana, Il Gianluca overo de le maschere, Il Cataneo overo de gli idoli, Il Ghirlinzone overo l'epitafio, La Molza overo de l'amore, Il Manso overo de l'amicizia, Il Conte overo de l'imprese.* In *Il Messagiero* und *Il padre di famiglia*, Dialoge, die in ihrer narrativen Faktur innerhalb des Dialogwerks Tassos eher untypisch sind, spricht ein Ich-Erzähler, der sich ebenfalls mit dem Autor oder, wenn man so will, mit dem Forestiero Napolitano, identifizieren lässt. In zwei weiteren Dialogen, *Il Costante overo de la clemenza* und *Il Cataneo overo de le conclusioni amorose*, figuriert Tasso unter eigenem Namen. In seinen anderen Dialogen gibt es keine Sprecher, die eindeutig als Autor-*personae* zu erkennen sind.

5   Nachdem eine vollständige Ausgabe sämtlicher Dialoge Tassos erstmals seit C. Guastis Edition (*I dialoghi*, Florenz 1859) vorliegt, kann freilich nur ein neuzeitlicher Leser diesen Effekt wirklich würdigen. Tassos Dialoge wurden zu Lebzeiten des Autors nur verstreut gedruckt, einige erst geraume Zeit nach Tassos Tod. Man darf allerdings von ihrer Zirkulation als Manuskripte im unmittelbaren Umfeld Tassos ausgehen. Es kann ferner als sicher gelten, dass Tasso eine integrale Textausgabe seiner Dialoge wie auch seiner anderen Prosatexte intendierte. S. hierzu RAIMONDI 1994, S. 189.

eine exemplarische Statur, die seine reale gesellschaftliche Situation sowohl benennt als auch verklärt, indem sie ihm eine Souveränität des Blicks auf die (höfische) Welt zuweist, deren Bedingung und Preis eben seine, bereits durch das Namenssyntagma signalisierte, „estraneità" gegenüber dieser Welt ist.[6]

Die Identität Tassos mit dem Forestiero Napolitano erscheint als so evident, dass Äußerungen des Letzteren von ihren Interpreten zumeist ohne Umstände und unmittelbar dem Autor angerechnet werden. Tatsächlich nimmt Tasso an einer Stelle seiner Dialoge diese Identifikation selbst explizit vor und autorisiert sie damit gleichsam. In der Widmungsvorrede seines letzten Dialogs, *Il Conte overo de l'imprese*, erklärt er, dass er sich in dem nachfolgenden Gespräch als Forestiero Napolitano einführe. Einer traditionellen, heute eher angezweifelten Lesart folgend, beruft er sich dabei auf Platons *Nomoi*, in denen, so Tasso, Platon „sotto il nome d'Ospite Ateniese volle ricoprir la sua propria persona".[7] Nun könnte man sich allerdings fragen, ob Platons Absicht, seine Person hinter dem Namen des Athener Gastfreunds zu verbergen oder zu verhüllen, nicht fehlgeschlagen sei, denn andernfalls könnte Tasso und eine ganze Lektüretradition sich ja nicht sicher sein, dass dieser Gastfreund eine Figuration Platons ist. Ich merke dies hier nicht aus kleinlicher Spitzfindigkeit an, sondern weil damit bereits etwas Wesentliches deutlich wird: Wie immer die Dinge bei Platon liegen mögen, Tasso geht es mit der Namensmaske des Forestiero Napolitano nicht um ein *ricoprire* im Sinne des Verbergens oder Unkenntlichmachens. Er selbst lässt schließlich auch keinen Zweifel daran, dass er unter dem Namen des Forestiero Napolitano figuriert: „Introduco […] me stesso co 'l nome di Forestiero Napolitano".[8]

Die Vorrede des *Conte* ist die einzige Stelle in Tassos Dialogen, in denen die Identität des Autors mit dem Forestiero auf der Ebene des Paratextes und insofern mit auktorialer Verbindlichkeit erklärt wird. Aber auch unabhängig davon erscheint diese Zuordnung als eindeutig. Generell sind der Figur des Forestiero biographische Attribute des Autors Tasso zugeordnet: Seine neapolitanische Herkunft, seine Einkerkerung im Ospedale di Sant'Anna, und überhaupt zahlreiche Anspielungen auf historisch bezeugte Ereignisse in Tassos Vita.[9] Dies ergäbe freilich nur, wenn auch signifikante, Ähnlichkeitsrelationen zwischen Tasso und seiner Figur, aber nicht zwingend Identität. Eines der dem Forestiero zugeordneten Attribute ist aber in einem ganz strikten Sinn identitätsdeterminierend, nämlich das, Sohn Bernardo Tassos zu sein. Während eine paratextuelle Beglaubigung der Identität des Forestiero als auktorialer *persona* dem *Conte* vorbehalten ist, findet sich der Verweis auf Bernardo Tasso als Vater des Forestiero in Tassos Dialogen häufig. Im *Conte* sogar an zwei Stellen: An der ersten spricht der Forestiero, ohne einen Namen zu nennen, von „il mio buon padre" und weist diesem die Autorschaft des *Floridante* zu, eines Textes, der unzweifelhaft von Bernardo Tasso stammt.[10] An der zweiten Stelle spricht der Forestiero direkt von

6   RAIMONDI 1998, S. 27.
7   TASSO 1998, S. 1111.
8   Ebd.
9   Siehe hierzu COPPO 1997, S. 32–52.
10 Tasso 1998, S. 1165.

„il signor Bernardo Tasso mio padre".[11] Erst durch das Attribut des Forestiero,
Sohn Bernardo Tassos zu sein, ist seine Identität mit Tasso auch fiktionsimmanent
logisch und genealogisch zwingend bezeugt. Die Namensmaske des Forestiero
Napolitano ist also in gewisser Weise gar keine Maske, sondern ein bloßes Epi-
theton des Autors, oder jedenfalls eine vollkommen transparente Maske, die den
Autor nicht verbirgt, sondern vielmehr, wie es auch bestimmte physische Masken
tun, seine Physiognomie konturiert und ins Typische oder Exemplarische über-
höht. Die Funktion dieser transparenten Maske ist offensichtlich die eines *self-
fashioning*, mittels dessen der Autor sich in seinen Dialogen so vorstellt, wie er
von seinen Lesern wahrgenommen werden möchte, vor allem natürlich von seinen
unmittelbaren und lebensweltlich relevanten Adressaten, aus deren Kreis sich
zumeist auch das Personal seiner Dialogfiktionen rekrutiert. Diesen präsentiert
sich in der Figur des Forestiero ein Tasso, dessen Züge von kontingenten Merkmalen bereinigt sind, oder vielmehr: in denen die an sich kontingenten Umstände
seiner lebensweltlichen Existenz in einen literarischen wie außerliterarischen Ver-
weisungszusammenhang gestellt sind, der ihn als jenen exemplarischen Typus,
den Raimondi in seinem bereits zitierten Porträt Tassos skizziert, Gestalt annehmen lässt: „nel riprendere l'archetipo del Forestiero il Tasso inventa una nuova
figura, a cui presta il proprio volto, il proprio destino, le proprie vicende in uno
spazio comune al mondo della vita e della convenzione letteraria".[12]

   Nun stößt man aber ebenfalls im *Conte*, einige Seiten später, auf eine recht
überraschende Passage, die als Hinweis darauf verstanden werden kann, dass die
Figur des Forestiero weder ohne Weiteres auf den empirischen Autor projizierbar
ist, noch in der Funktion eines idealisierenden *self-fashioning* aufgeht. In dieser
Szene spricht der Forestiero, der gerade noch als Sohn Bernardos und damit zwingend als Torquato Tasso ‚identifiziert' worden war, gleichwohl über Letzteren, als
sei dieser abwesend und damit eben doch ein anderer als er. Im näheren Kontext
einer Diskussion über ‚individuelle' *imprese* (die von solchen der Gattung und der
Art zu unterscheiden seien) heißt es hier, aus dem Munde des Forestiero:

> E il Tasso, già vecchio e trasformato da quello ch'esser soleva, farà una impresa o vero una
> imagine di se stesso giovenetto con questo verso:
> *Quando era in parte altro uom di quel ch'io sono*;
> o con quest'altro:
> *Stamane era un fanciullo, ed or son vecchio.*[13]

Die Maske des „Forestiero Napolitano", die gerade noch als eine vollkommen
transparente Maske erschien, bekommt hier gleichsam einen Riss, durch den der
Maskierte, eben Tasso, sichtbar wird, und erweist sich gerade dadurch als in
Wirklichkeit opak. Die Identität von *persona* und Autor, die zuvor mit einigem
diskursiven Aufwand sowohl im Paratext wie auch fiktionsimmanent bekräftigt
wurde, wird plötzlich wieder dementiert. Nachdem der Autor Tasso in der Vorrede über den Forestiero als seine fiktionsimmanente Repräsentation sprach,

---

11   Ebd. S. 1184.
12   RAIMONDI 1998, S. 22.
13   TASSO 1998, S. 1211.

spricht jetzt diese Repräsentation, also die *persona*, über den von ihr Repräsentierten, den Autor Tasso. Man kann darin eine *mise en abyme* erkennen, insofern
der einen Repräsentationsebene, auf der Tasso als Forestiero figuriert, eine
weitere eingeblendet ist, die ihn als Tasso „già vecchio" zeigt. Dem fiktionsimmanenten Adressaten des Forestiero indessen, dem namenlosen „Conte", der weiß,
dass er Bernardo Tassos Sohn vor sich hat, müsste diese Replik, die über „Tasso"
als Nicht-Anwesenden spricht, geradezu als abstrus erscheinen. Der Forestiero
überschreitet mit ihr die Grenze des ‚Universums', in dem er existiert, oder,
technisch gesprochen, das pragmatische Niveau, auf dem allein seine Rede ihren
logischen Ort hat. Seine Replik konstituiert damit eine Diskursebene, die für einen
‚dramatischen' Dialog wie den *Conte*, der ein Gesprächsgeschehen ohne narrative
Vermittlung durch den Autor (oder einen Erzähler) zur Darstellung bringt, gar
nicht vorgesehen ist. Der Text tut also etwas, was er eigentlich nicht kann: Er lässt
über die Figurenrede die Differenz von Autor und *persona* thematisch werden.
Dies erfüllt offensichtlich den Sachverhalt einer paradoxen Selbstreferenz und
wäre als ein eklatanter Verstoß sowohl gegen die diskursive Logik wie auch
gegen das Gebot der *verisimilitudo* zu werten, und damit gegen Gattungsnormen,
die Tasso selbst, im Anschluss an Carlo Sigonio, in seinem *Discorso dell'arte del
dialogo* kodifiziert hatte.[14] Namentlich ein Sigonio, der vergleichbare (wenn auch
weniger prekäre) Verstöße gegen die Wahrscheinlichkeit sogar bei dem an sich
sakrosankten Platon tadelt, hätte eine solche Extravaganz wohl nicht billigen
können.[15] In den einschlägigen Kommentierungen des *Conte* bleibt, soweit ich
sehe, sowohl die paradoxe Selbstreferenz wie auch der Verstoß gegen dialog-
poetische Obligationen weitgehend unbemerkt; lediglich Prandi scheint das ‚Irre-
guläre' dieses „autoritratto" beiläufig zu registrieren, wenn er ihm „una fisionomia
manieristica di carattere ‚meta-rappresentativa'" attestiert.[16] Mit dieser Charakterisierung, wenngleich treffend, ist freilich noch nicht viel gewonnen. Es fragt sich
vielmehr, ob der ‚manieristischen' *mise en abyme* eine mimetische Funktion zuzuordnen ist, die sie, wenn auch vielleicht auf anderer poetologischer Grundlage als
der in den zeitgenössischen Dialogpoetiken formulierten, rechtfertigen oder ‚ent-
paradoxieren' könnte.

Einen Hinweis auf einen derartigen mimetischen Mehrwert geben das *argumentum* oder der propositionale Gehalt sowie die besondere Struktur dieser
Replik. Sowohl ihr einleitender Satz wie auch die beiden ihr inserierten Petrarca-
Zitate thematisieren die Veränderung des Selbst in der Zeit. Konkret geht es um
einen in die Zukunft projizierten Tasso „già vecchio e trasformato da quello

---

14   Siehe hierzu HEMPFER 2004.

15   Sigonio moniert insbesondere die anachronistische Konfiguration im *Parmenides*, in dem
     Platon Sokrates und Parmenides zusammenführt, obwohl ihre Lebensdaten eine solche
     Begegnung ausschließen. Vgl. SIGONIO 1993, S. 174.

16   PRANDI 1999, S. 307. Auch Raimondi notiert diese Stelle, jedoch ohne ein logisches oder
     poetologisches Problem zu erkennen: „Il Forestiero è lo stesso scrittore che si sdoppia, come
     aveva già fatto con il Tirsi dell'*Aminta*, proiettando nella finzione il reale della propria storia
     e insieme distanziandosene, tanto da poter ora parlare di sé in terza persona quasi fosse un
     testimone freddo e preciso" (RAIMONDI 1998, S. 22).

ch'esser soleva", der sich seine Impresa oder sein Bild („una impresa o vero una imagine") als „giovenetto" schaffen wird, dem die beiden Petrarca-Verse zugeordnet sind: „Quando era in parte altro uom di quel ch'io sono" (*Canzoniere*, I, 4) und „Stamane era un fanciullo, ed or son vecchio" (*Trionfo del Tempo*, 60). Was hier in dreifacher Variation, zunächst im Eingangssatz der Replik und dann in den beiden Verszitaten, als Proposition formuliert wird, findet zugleich sein ‚Bild' in der gegen Logik und Wahrscheinlichkeit verstoßenden Repräsentation des Autors Tasso in unterschiedlichen Seins- und Zeitzuständen: als Forestiero Napolitano und als von diesem aufgerufener Tasso „già vecchio", der seinerseits seine Kindheit oder Jugend beschwört. Hier von einem ‚Bild' zu sprechen, scheint nun auch insofern gerechtfertigt zu sein, als die ganze Replik nicht nur von Impresen handelt – dem Thema des *Conte* überhaupt –, sondern selbst die Kontur einer *impresa* zitiert. Impresen oder Embleme vereinen bekanntlich Wort und Bild, Inschrift, Gedicht und *pictura*, und weisen insofern eine „synmediale" Struktur auf.[17] Während die sprachlichen Komponenten einer Imprese in der Replik des Forestiero vorhanden sind, fehlt indessen das Bild. An seine Stelle tritt die *mise en abyme* des ‚alten' Tasso als eine Evidentialisierung oder ‚Visualisierung' des propositionalen Gehalts der Replik – eine ‚Visualisierung' freilich, die selbst nur mit sprachlichen Mitteln realisiert wird. Die paradoxe Selbstreferenz des *Conte* ist, wenn ich mich nicht täusche, in Tassos Dialogwerk singulär;[18] dass sie gerade hier, in einem Dialog *De l'imprese*, zum Einsatz kommt, könnte sich eben aus diesem thematischen Kontext erklären, der Tasso bewogen haben mag, die Zeit oder ihr identitätstransformierendes Wirken nicht nur als Argument zu benennen, sondern sie, ohne dem Text ein materiales Bild einzufügen, zugleich zu ‚visualisieren'. Dies kann hier aber nur heißen: sie in den Diskursstrukturen selber abzubilden. Freilich müssen diese Diskursstrukturen paradox und transgressiv sein, und zwar nicht, weil Tasso mit ihnen mediale Grenzen transgredierte – sein Diskurs bleibt ja ein rein sprachlicher –, sondern weil sie konstitutionelle Grenzen der Gattung überschreiten, die gerade dann offenbar werden, wenn der Dialog komplexeren Ambitionen auktorialer Selbstrepräsentation gerecht werden soll.

---

17 SCHOLZ 2002, S. 13. Zur Imprese bzw. zum Emblem s. auch SCHOLZ 2007.
18 Eine diskretere und anders funktionalisierte paradoxe Selbstreferenz mag man allerdings in Tassos *Il Cataneo overo de le conclusioni amorose* erkennen; s. hierzu HÄSNER 2004. Paradoxe Selbstreferenzen wie im *Conte*, die innerhalb der dominant ‚klassizistischen' Textur der Dialoge Tassos als ‚manieristische' Abweichung frappieren, sind dagegen geradezu strukturkonstitutiv für die zur gleichen Zeit entstandenen Dialoge Giordano Brunos, der, anders als Tasso, weitgehend unbefangen mit gattungsgeschichtlichen Traditionen wie poetologischen Vorgaben umgeht. Auch Bruno nutzt, in seinen Mitteln weitaus radikaler als Tasso, die Möglichkeiten des Dialogs zur Selbstinszenierung des Autors und erscheint in seinen italienischen Dialogen regelmäßig in unterschiedlichen Personifikationen – als Nolano, Teofilo oder Filoteo, und auch in anderen Figurationen –, die auf derselben ontologisch-pragmatischen Ebene in paradoxer Koexistenz interagieren oder aufeinander Bezug nehmen können. S. hierzu HUFNAGEL 2006 und HUFNAGEL 2009.

Im Folgenden will ich diese Grenzen am Beispiel eines anderen Dialogs Tassos, *Il Gianluca overo de le maschere*, etwas näher beleuchten.[19] Auch im *Gianluca* kommt es zu einer der Szene im *Conte* vergleichbaren, wenn auch logisch und poetologisch weniger problematischen Aufspaltung der Tasso-*persona*. Gegenstand dieses Dialogs – des kürzesten im Œuvre des Autors – ist zunächst und vor allem eine Ethik und Ästhetik der Maske oder des Maskierens. Dem Diskurs über die Maske unterliegt aber ein poetologischer Subtext, der auf die Selbstmaskierung Tassos als Forestiero Napolitano generell und auf die eben skizzierte Szene im *Conte* im Besonderen anwendbar ist.

Gemäß Tassos eigener Dialogtypologie gehört der *Gianluca* zur Klasse der „dialoghi costumati", die eine „questione finita" behandeln, d.h. eine aus einem bestimmten situativen Kontext heraus entstehende und unmittelbar verhaltens-relevante Fragestellung.[20] Dieser situative Kontext des *Gianluca* besitzt nun eine, gemessen an den eher stereotypen, gar nicht oder nur wenig konkretisierten Situationen anderer Dialoge Tassos, ungewöhnliche szenische Prägnanz. Bekannt-lich wurde Tasso 1579 auf Geheiß des Herzogs von Ferrara und aus Gründen, die bis heute nicht vollständig aufgeklärt sind, im Ospedale di Sant'Anna interniert, wo er bis 1586 eingeschlossen blieb. Zunächst in Ketten gelegt, wurden ihm später erleichterte Haftbedingungen gewährt, die, wenn auch nur nach den Maß-stäben der Zeit, relativ komfortabel waren. Schließlich wurde es ihm erlaubt, in Begleitung ausgewählter *cortigiani* seine Zelle gelegentlich zu verlassen. Auf eben einen solchen Moment nimmt der Anfang des *Gianluca*, in dem Tasso wiederum als Forestiero Napolitano figuriert, Bezug. Die Szene spielt zur Zeit des Ferrareser Karnevals. Gesprächspartner des Forestiero sind Alberto Parma und Ippolito Gianluca, Ferrareser Höflinge und historisch gut bezeugte Personen. Parma war ein Freund Tassos, und Gianluca, der Namensgeber des Dialogs, diente dem hinfälligen und oft kranken Dichter während seiner Gefangenschaft als Sekretär und Betreuer. Tasso würdigt ihn in einem weiteren Dialog, *De la dignità*, als verdienstvollen „gentiluomo ferrarese" und hochrangigen Vertrauten des Herzogs Alfonso.[21] Er hat ihm ferner ein Sonett zugeeignet, und vor allem erwähnt er ihn dankbar in mehreren Briefen dieser Periode. In einem zählt er ihn zu seinen wenigen Freunden.[22]

---

19 Der *Gianluca* hat in der Forschungsliteratur insgesamt nur wenig und zumeist nur beiläufig Beachtung gefunden. Lediglich Guido Baldassarri hat diesem Dialog einen umfangreichen Aufsatz gewidmet, in dem er ihn einem minutiösen *close reading* unterzieht (BALDASSARRI 1972). Meine eigene, an einer anderen und spezifischeren Fragestellung ausgerichtete Ana-lyse des *Gianluca* folgt der Baldassarris in einigen Punkten, weicht in anderen aber ent-schieden von ihr ab. Vor allem scheint mir Baldassarri die eigentliche ‚Pointe' der im *Gian-luca* geführten Diskussion sowie deren (dialog-)poetische Implikationen zu verfehlen. S. hierzu weiter unten.
20 Den „dialoghi costumati" oder „civili" stehen die „dialoghi speculativi" oder „contemplativi" gegenüber, die einer „questione infinita", d.h. einer Fragestellung von universaler Reichweite gelten, während die „questione finita" des „dialogo costumato" ein Argument von nur partikulärer Geltung behandelt. S. hierzu TASSO 1959, S. 335–337.
21 TASSO 1998, S. 485.
22 Brief vom 15. Januar 1585 an Alessandro Pocaterra (in: TASSO 1853, Bd. II, S. 308).

Diese beiden, Parma und Gianluca, erscheinen also in der Zelle des Forestiero, um ihn zum Karneval zu begleiten. Der Dialog beginnt mit einer Replik
Parmas: „Tutta Ferrara è piena di maschere, e voi solo ancora sete rinchiuso?"[23]
Der Forestiero erklärt daraufhin sein Missfallen an dieser Situation, deren
Beschwerlichkeit er zwar durch „lezioni assai piacevoli" zu mindern vermöge,
derer er aber gleichwohl überdrüssig sei: „la solitudine lunga viene finalmente a
noia". Wenngleich er also von der Möglichkeit, die Einsamkeit seiner Zelle zu
verlassen, erfreut zu sein scheint, wolle er sich jedoch, wie er kategorisch erklärt,
nicht maskieren: „Ma non ho desiderio d'ammascherarmi."[24] Damit ist das Thema
des Dialogs erstmals benannt, wenn auch noch nicht in der Form einer *questione
finita*, sondern als eine bloße Willensäußerung. Dieser wird allerdings sogleich
eine erste Begründung gegeben. Die verschiedenen Vergnügungen korrespon-
dieren nämlich den verschiedenen Lebensaltern wie die Früchte den Jahreszeiten,
und das Maskieren hält der Forestiero offensichtlich für eine Vergnügung, die der
„giovinezza" zuzuordnen ist; er selbst sieht sich dagegen, wie aus einer der folgenden Repliken hervorgeht, wegen seiner Gebrechlichkeit bereits jenseits der
„virilità" im Lebensalter der „vecchiezza" angekommen: „l'infirmità è quasi
vecchiezza".[25]

In einer ersten kurzen Argumentationssequenz wollen nun Parma und Gianluca den Forestiero von seiner Entscheidung abbringen. Dabei greifen sie die
Metaphorik des Forestiero auf, minimieren aber deren starke Kontrastbildungen:
Das Ende des Frühlings, so argumentiert Parma, ähnelt dem Beginn des Sommers,
und auch dieser geht ganz unmerklich in den Herbst über. Da also nur ein gradu-
eller Unterschied zwischen den Jahreszeiten wie den Lebensaltern bestehe, solle
auch der Forestiero sich den „voglie giovenili" nicht weiter verweigern und sich
damit auch der Liebe wieder zuwenden. Dies ist eine auch für die weiteren Partien
des Dialogs typische Argumentationsstrategie, die von beiden Seiten verfolgt
wird: Kategoriale Gegensätze werden gleichsam infinitesimalisiert, Unähnliches
wird zu Ähnlichem. Das Verfahren, das hier auf die Jahreszeiten und die Lebensalter appliziert wird, kommt später auch bei den für das weitere Gesprächsgeschehen zentralen Oppositionen von Theater und Welt bzw. von Maske und
Maskiertem zur Anwendung.

Dieser erste Anlauf Parmas und Gianlucas, den Forestiero zur maskierten
Teilnahme am Karneval zu bewegen, fruchtet allerdings nicht; Tassos *alter ego*
besteht vielmehr auf der Irreversibilität seines Zustandes der *infirmità* und
vecchiezza. Gianluca versucht es daraufhin mit einer *argumentatio ad hominem*:
Er schlösse sich der Auffassung des Forestiero in allen Belangen an, wenn er nicht
glaubte, dass dieser sich, entgegen seinen Bekundungen, von neuem verlieben
würde. Der Forestiero lässt sich auf diese ,persönliche' Ebene aber nicht ein,
sondern bringt über einen Umkehrschluss ein völlig neues Thema ins Spiel, das
die Diskussion auf ein abstrakteres Niveau hebt: Gianluca meine also, dass

23   Tasso 1998, S. 733.
24   Ebd.
25   Ebd. S. 734.

Ratschläge Verliebter nicht als gute Ratschläge einzuschätzen seien. Daraus entwickelt sich in der Folge eine kurze argumentative Episode, die der Frage gilt, ob das Verliebtsein die Urteilskraft schwäche: „Dunque l'essere amante è imperfezion di giudizio."[26] Die Funktion dieser Episode bleibt vorerst völlig unklar, und sie wird dann auch, ohne zu einem Ergebnis gekommen zu sein, von Gianluca rigoros abgebrochen. Er erklärt: „Ora non è tempo di far questa deliberazione, ma più tosto se debbiamo ammascherarci."[27] Damit ist jetzt die *questione finita* gestelllt – „se debbiamo ammascherarci" – und es beginnt die eigentliche „deliberazione". Deren Ausgangsthese wird von Alberto Parma formuliert; nach einem kurzen Exkurs zum Ursprung der Maske im antiken Theater gelangt er zu der Feststellung: „non ha bisogno di lei [i.e. de la maschera] chi non monta in palco".[28] Parma vertritt hier also eine Position – die Verneinung der verhandelten *questione* „se debbiamo ammascherarci" –, von der man bereits weiß, dass sie nicht seiner tatsächlichen Meinung entspricht; gerade wollte er ja noch den Forestiero dazu überreden, sich zu maskieren. Die *deliberazione*, die mit Parmas These eingeleitet wird, bekommt damit, zumindest zunächst, den Charakter einer unverbindlichen Argumentationsetüde, während es in dem argumentativen Vorspiel durchaus um eine zwar nicht wahrheitsrelevante, aber unmittelbar verhaltenskonstitutive Frage ging.

Die von Parma postulierte Bindung der Maske an eine Bühnenfiktion wird von Gianluca bestritten. Dies mag in der Antike gegolten haben, so erklärt er, heute jedoch hätten sich die Bräuche geändert: „gli ascoltatori son mascherati, e smascherati gli istrioni: laonde non è soverchia la deliberazione."[29] Damit ist erstmals das Motiv einer Ähnlichkeit oder sogar Konvertierbarkeit von Welt und Theater eingeführt, das etwas später vom Forestiero erneut und sehr viel prägnanter akzentuiert werden wird. Zunächst jedoch versucht der Forestiero, nochmals der Diskussion eine andere Wendung zu geben, und nun wird auch die Funktion der von Gianluca kurz zuvor abgebrochenen Argumentationsepisode deutlich, die der Frage galt, welches Urteilsvermögen Liebenden zuzubilligen sei. Der Forestiero behauptet, dass jene Umkehrung der Verhältnisse, von denen Gianluca sprach und in denen die Zuschauer maskiert und die Schauspieler maskenlos seien, eine Auswirkung der Liebe sei, und die Erörterung deshalb zu diesem Punkt zurückkehren müsse: „Questo è di quelli effetti che segue l'amore: però la determinazione dovrebbe cominciare da le prime cagioni."[30] Jedoch kann sich der Forestiero auch dieses Mal nicht durchsetzen; wiederum ist es Gianluca, der zwar das Thema der Liebe aufgreift, es aber zugleich auf eine weitaus trivialere Ebene heruntermoduliert, indem er erklärt, dass auch Nicht-Verliebte, sei es aus Brauch, sei es aus Bequemlichkeit – „per usanza e per commodità" – sich maskieren. Das anspruchsvollere *argumentum*, das der Forestiero in die „determinazione" einführen wollte, ist damit endgültig vom Tisch; es spielt in der folgenden Diskussion

26 Ebd.
27 Ebd. S. 735.
28 Ebd.
29 Ebd.
30 Ebd.

keine Rolle mehr. Allerdings endet der *Gianluca* damit, dass man sich gemeinsam
– und maskiert – in den Karneval begibt, um dort jene Erörterung der Liebes-
thematik zu führen.[31] Die Funktion der vergeblichen liebestheoretischen Inter-
ventionen des Forestiero ist jetzt aber offensichtlich; sie besteht darin, auf eine
epistemisch höherrangige Reflexionsebene – nämlich die einer *questione infinita* –
zu verweisen, die der Thematik des *ammascherarsi* systematisch vorgeordnet ist,
aber im aktualen Gesprächskontext nicht angemessen behandelt werden kann.
Zugleich wird damit der Geltungsradius der nachfolgenden Diskussion und ihrer
Ergebnisse begrenzt. Vorbild sind hier natürlich die Dialoge Platons, in denen
ebenfalls häufig auf dem behandelten Thema zugrunde liegende erste Prinzipien
(*archai*) – die „prime cagioni" in der Replik des Forestiero – verwiesen wird, die
aber im gegebenen Gesprächsrahmen ausgespart bleiben müssen.

Nachdem Gianluca den etwas banal erscheinenden Aspekt der „commodità"
der Masken eingebracht hat, die auch Nicht-Liebende zu schätzen wissen, wendet
der Forestiero zwar noch ein, dass diese vielleicht nur vorgeben, keine „amanti"
zu sein, lässt sich dann aber auf das von Gianluca gesetzte Niveau ein und be-
zweifelt nun, dass Masken wirklich bequem seien. Dieser Tadel gelte, so daraufhin Gianluca, wohl für die Modeneser Masken, nicht aber für die aus Ferrara;
diese böten vielmehr hervorragenden Schutz gegen Wind und Kälte und könnten
deshalb als „arme usate contra 'l verno" gelten. Damit liefert Gianluca das Stichwort für eine ungemein ‚poetische' Replik des Forestiero, die eben wegen ihrer
Poetizität und vor allem wegen ihrer autobiographischen Reminiszenzen die
meistzitierte des *Gianluca* ist. Sie erinnert an die auch anderweitig bezeugte
Ankunft des jungen Tasso in Ferrara, zur Zeit des Karnevals im Jahr 1562. Der
Forestiero greift in dieser Replik das Motiv der Welt als Theater oder Komödie
auf, das schon in einer früheren Replik Gianlucas angeklungen war, bringt es nun
aber mit größerer Emphase zur Geltung:

> Se l'arme son così fatte, quasi ciascuno era armato quando prima vidi Ferrara: e mi parve che
> tutta la città fosse una maravigliosa e non più veduta scena dipinta, e luminosa e piena di
> mille forme e di mille apparenze, e l'azioni di quel tempo simili a quelle che son rappre-
> sentate ne' teatri con varie lingue e con vari interlocutori; e non bastandomi l'esser divenuto
> spettatore, volli divenire un di quelli ch'eran parte de la comedia, e mescolarmi con gli altri.[32]

Anschließend und gleichsam als Kommentar dieser ‚nostalgischen' Reminiszenz
zitiert der Forestiero die beiden Terzette aus dem Eingangssonett von Petrarcas
Canzoniere:

> E ben veggio or sì come al popol tutto
> Favola fui gran tempo, onde sovente
> Di me medesmo meco mi vergogno.

---

31 Die letzte, Gianluca in den Mund gelegte Replik des Dialogs lautet: „Già s'è deliberato che
    debbiamo ammascherarci: l'altra deliberazione farem su la festa. Non dubitate che vi con-
    durrò in parte da la quale vi spiacerà il partire" (TASSO 1998, S. 742). Mit der „altra delibera-
    zione" ist, wie sich aus dem hier nicht zitierten Kontext ergibt, eben jene liebestheoretische
    Fragestellung gemeint.
32 Ebd. S. 736.

E del mio vaneggiar vergogna è 'l frutto,
e 'l pentirsi e 'l conoscer chiaramente
che quanto piace al mondo è breve sogno.[33]

Über dieses Petrarca-Zitat wird also die Erfahrung des jungen Forestiero (alias Tasso) als eine Jugendsünde benannt, derer man sich schämen müsse. Freilich gilt diese Scham nicht etwa einer als trügerisch ausgewiesenen Wahrnehmung der Welt als Theater, sondern vielmehr der unangemessenen Maskierung innerhalb dieser Welt: „'l vestire in *questa guisa* è fallo, debbiam guardarcene."[34] Tatsächlich geht es in der Folge nicht mehr um die Ausgangsfrage „se debbiamo ammascherarci"; diese scheint vielmehr stillschweigend bejaht. Verhandelt werden jetzt ausschließlich noch die Modalitäten des Maskierens – als wer man sich maskieren soll und auf welche Weise. Diese Sequenz, die längste und argumentativ zielstrebigste des ganzen Dialogs, entspricht am ehesten der von Tasso in Übereinstimmung mit anderen Dialogtheoretikern der Epoche erhobenen Forderung, der Dialog sei „imitazione d'una disputa dialettica", deren Struktur sich über eine Abfolge von „dimande" und „risposte" realisieren solle.[35] Über eine Serie von Fragen führt der Forestiero seine Gesprächspartner zu einem Konsens über die Bedingungen ‚legitimen' Maskierens. Ich fasse die wesentlichen Resultate dieser Sequenz zusammen: Zunächst wird erstmals im *Gianluca* der Begriff der *imitazione* als Synonym für Sich-Maskieren (*ammascherarsi*) eingeführt. *Imitazione* wird sodann als ein Angleichen an den Nachgeahmten näher bestimmt: „Ditemi, se vi piace, quel che sia l'imitare. – S'io non m'inganno, è l'assomigliare."[36] Sich dem Nachgeahmten anzugleichen, heißt aber, ihm ähnlich zu werden: „Ma colui ch'assomiglia divien simile a l'assomigliato."[37] Daraus folgt, dass nur die Nachahmung der *migliori* Lob beanspruchen kann: „si può sicuramente imitare i migliori, e non solamente senza riprensione, ma con lode."[38] Der Nachahmer der Schlechten dagegen macht sich, indem er sich ihnen angleicht, selber schuldig: „senza dubbio è reo l'imitator de'peggiori […] e tanto peggiore quanto sono peggiori gli imitati."[39] Die Legitimität des Maskierens bestimmt sich also ausschließlich über ihren Gegenstand, nicht über die *verisimilitudo* der Nachahmung oder das Geschick des *imitatore*, der imstande sein mag, das Schlechte ‚gekonnt' nachzuahmen: „Molti ho veduti, i quali han bene imitate le cose tutte, quantunque fossero vili, basse e cattive."[40] Vor diesem Hintergrund muss auch die Komödie, die den Masken (des Karnevals, wie hier zu ergänzen wäre) substantiell ähnlich ist – „assai vicina è la similitudine tra le maschere e le comedie, e l'errore è quasi

---

33 Ebd.
34 Ebd. (Hervorhebung von mir).
35 Vgl. TASSO 1959, S. 337: „la disputa, la qual si forma della dimanda e della risposta; e perché 'l dimandare s'appartiene particolarmente al dialettico, par che lo scrivere il dialogo sia impresa di lui." S. hierzu HEMPFER 2004, S. 72–74.
36 TASSO 1998, S. 737.
37 Ebd.
38 Ebd. S. 736.
39 Ebd. S. 738.
40 Ebd. S. 737.

l'istesso"[41] – einem negativen Urteil verfallen, denn für sie ist die Vertauschung von Gut und Schlecht konstitutiv: „Si può dunque il bene prendere in vece di male e 'l male in vece di bene, in quella guisa che ne le comedie veggiamo l'un simile esser preso in iscambio de l'altro."[42] Damit wird aber dem Betrug oder der Täuschung Vorschub geleistet: „'l far ch'il bene prenda sembiante di male può facilmente esser cagione d'inganno."[43] Diesem Kontext ist eine kurze apologetische Passage über Bernardo Tasso als Komödienautor eingefügt, der auch hier, in einer Replik Parmas, als Vater des Forestiero („il Tasso vostro padre") ausgewiesen wird, und der, wie sein Sohn erklärt, nicht „per elezione ma per comandamento" eine Komödie verfasst und sich so als gehorsamer Diener seines Herrn erwiesen habe, wofür er Lob verdiene.

Die Sequenz und damit die eigentliche *deliberazione* endet mit weiteren Präzisierungen: Nicht nur ist ausschließlich die Nachahmung der *migliori* legitim, sondern diese dürfen auch nur in ihren guten Handlungen nachgeahmt werden und nicht in ihren schlechten: „se debbiamo imitare i migliori […] non gli imitiamo nel male e non divegnamo imitatori de' peggiori, non ce n'accorgendo."[44] Ferner darf die Nachahmung nicht Gefahr laufen, den Nachgeahmten oder den Nachahmer dem Gelächter auszusetzen, denn „il riso è fraude: e ci debbiam guardare altrettanto di farla, quanto che ci sia fatta."[45]

Nachdem man über diese Distinktionen Einigkeit erlangt hat und jetzt die Lizenz zum Maskieren unter bestimmten Auflagen erteilt ist, ist es wiederum Gianluca, der das Gespräch auf seinen praktischen Ausgangspunkt zurückbringt. Er leitet damit eine Szene ein, in der man die eigentliche Pointe des ganzen Dialogs erkennen kann, sowohl seines szenischen Ablaufs wie auch seiner Argumentationsstruktur. Gianluca fordert den Forestiero auf, sich nunmehr auf seine Weise für den Karneval einzukleiden, also zu maskieren: „Vestitevi dunque a vostro modo."[46] Dieser beschreibt daraufhin die von ihm gewünschten Kleidungs- oder Verkleidungsrequisiten:

> Io me n'andrò con la mia robba medesima fodrata di pelle, e un de' servitori porterà questi libri in vece di spada, l'altro la berretta, perché ne potrei aver bisogno: voi trovate il cappello e la maschera.[47]

Die Bereitstellung der vom Forestiero angeforderten Utensilien wird umgehend angezeigt: „Son trovati", erklärt Gianluca und erkennt auch sogleich: „Imiterete voi stesso". Der Forestiero ‚maskiert' sich also als Forestiero. Nach den Bestimmungen der vorangegangenen *deliberazione* bedeutet dies, dass er, indem er sich selbst nachahmt, sich selbst ähnlich wird. Man wird nicht behaupten können, es handele sich dabei einfach um eine Rückkehr zur Ausgangsposition des Disputs

---

41 Ebd.
42 Ebd.
43 Ebd.
44 Ebd. S. 739.
45 Ebd. S. 740.
46 Ebd.
47 Ebd.

und der Weigerung des Forestiero sich zu maskieren. Tatsächlich wird er eine Maske anlegen – aber eben eine, die ihn selbst zeigt.

Damit nimmt die Diskussion nochmals eine überraschende Wendung und eine völlig neue Fragestellung ist aufgeworfen; ging es zuvor mit der *questione finita* „se debbiamo ammascherarci" um die Maskierung als ein Anderer, also um dessen Repräsentation im Modus der Nachahmung und des *assomigliarsi*, geht es jetzt um Selbstrepräsentation, eben um – in den Worten Gianlucas – *imitare se stesso*. Sogleich wird ein paradoxer Effekt von Nachahmung offenbar, der sich einstellt, wenn das Verfahren der *imitatio* auf den Nachahmenden selber angewandt wird. Während die Nachahmung eines Anderen darauf zielt, die Differenz zu diesem zu verringern und Ähnlichkeit zu ihm herzustellen, konstituiert das *imitare se stesso* das Selbst als ein Anderes, als ein *alter ego*, und erzeugt damit überhaupt erst die Differenz oder Distanz, die der als ein *assomigliare* begriffene Akt der Nachahmung überbrücken soll. Die Selbstdarstellung im Modus der *imitatio* führt also nicht zur Ähnlichkeit, sondern zur Entähnlichung oder, genauer gesagt: Zu einer Dissoziierung des Selbst in unterschiedliche Identitäten oder Identitätsfacetten, zwischen denen eine – und sei es auch nur infinitesimale – Differenz besteht.

Allerdings wird diese neue Fragestellung nicht explizit als *questione* formuliert, sondern, eine spezifische Möglichkeit des Dialogs nutzend, in einer kurzen Handlungssequenz performativ ins Spiel gebracht. Auch in der Folge wird das neue Thema oder der neue Aspekt des Themas nicht ,diskursiviert', d.h. in Propositionen überführt, etwa in einer Abfolge ,dialektischer' Fragen und Antworten wie in der vorangegangenen Sequenz. Wie bereits angemerkt, ist im *Gianluca* der szenische Kontext von einer Präsenz, die für einen Dialog, namentlich einen Dialog Tassos, eher ungewöhnlich ist. Dies gilt umso mehr von der zuletzt betrachteten Passage. An dieser überrascht nicht nur ihr durchaus ambiger propositionaler Gehalt, sondern auch ihre szenische Dynamik, die sie geradezu als bühnentauglich erscheinen lässt. Eine Verkleidungsszenerie ruft an sich schon die Komödie, die gerade noch als Maskierungs- oder Nachahmungsform ausdrücklich verworfen wurde, als generische Referenz auf, und die kurze Replik Gianlucas „Son trovati" indiziert oder evoziert einen ganzen szenischen Hintergrund mit Truhen oder Schränken und wahrscheinlich auch Bediensteten, die in ihnen nach geeigneten Requisiten suchen. Es wurde bereits gelegentlich festgestellt, dass Tassos Dialogtheorie und seine Praxis als Dialogautor keineswegs konform sind und die Struktur seiner Dialoge mit den im *Discorso dell'arte del dialogo* bereitgestellten Kategorien kaum hinreichend erschlossen werden kann.[48] Dies gilt in besonderer Weise vom *Gianluca*, obwohl dieser Dialog in unmittelbarer zeitlicher Nachbarschaft mit Tassos Dialogtraktat entstanden ist und damit, so ließe sich zumindest vermuten, bereits im unmittelbaren Einflussbereich von dessen

---

48 Vgl. etwa BALDASSARRI 1970, S. 17: „In definitiva, dallo studio ristretto del discorso *Dell'arte del dialogo* non bisogna attendersi un canone interpretativo già pronto per comprendere la produzione dialogica tassiana."

Konzeptualisierungen.[49] In seinem *Del dialogo* argumentiert Tasso gegen Ludovico Castelvetro, der den Dialog auf ein „montare in palco", also auf szenische Realisierung, verpflichten und damit *qua* Gattung *ad absurdum* führen wollte.[50] Dagegen dispendiert Tasso den Dialog von jeglicher szenischer Realisation oder Realisierbarkeit und legt die Dialogfiktion auf die Nachahmung nicht von „azioni", sondern von „ragionamenti" fest.[51] Das „ragionamento istesso" und die „problemi in lui contenuti" sollen die *propria* des Dialogs darstellen, während die Handlungselemente entfernt werden könnten, ohne dass der Dialog „perderebbe la sua forma".[52] Doch während der *Gianluca* insgesamt mit seiner für einen Dialog ungewöhnlich ausgeprägten situationellen Verankerung diese Festlegung zumindest zu relativieren scheint, wird sie im Besonderen durch die zuletzt betrachtete Passage, in der eine veritable Verkleidungsszene zur Darstellung kommt, glatt widerlegt; tatsächlich rückt hier die Szene selbst – die „azione" – in Argumentposition und konstituiert sogar die eigentliche argumentative Pointe des ganzen Dialogs, ist also keineswegs nur akzidentiell.

Wenn der *Gianluca* in dieser Hinsicht als Korrektiv von Tassos wenig später entstandener Dialogpoetik gelesen werden kann, dann in anderer als deren Ergänzung. In Tassos dialogtheoretischem *Discorso* wie auch in den anderen zeitgenössischen Dialogpoetiken bleibt die Selbstdarstellung des Autors in der Dialogfiktion und damit ein, wie nicht zuletzt am Beispiel Tassos zu sehen, bedeutsamer Funktionsaspekt der epochalen Dialogproduktion weitgehend unerörtert. Selbst der auf systematische Vollständigkeit bedachte Carlo Sigonio äußert sich in seinem Dialogtraktat hierzu nur beiläufig.[53] Die Szene im *Gianluca*, in der sich Tassos *persona* als sie selbst maskiert, liefert zu eben diesem Thema aber einen ebenso prägnanten wie überraschenden, wenn auch nur impliziten Beitrag.

Fiktionsimmanent, also auf der Ebene der im *Gianluca* dargestellten Situation, die der Tassos zur Zeit der Abfassung dieses Dialogs entspricht, geht es freilich unmittelbar nicht um ein poetologisches Problem oder um eine literarische Strategie, sondern um eine lebensweltlich relevante Verhaltensstrategie. Diese Verhaltensstrategie ist ganz offensichtlich eine der Apologie und (Auto-)Enkomiastik. Tatsächlich hatte Gianluca seiner Feststellung „imiterete voi stesso"

---

49 Der *Gianluca* lässt sich auf die zweite Hälfte des Februar 1585 datieren, während der *Discorso dell'arte del dialogo* zwischen Mitte März und Anfang April 1585 entstanden ist. S. hierzu BALDASSARRI 1972, S. 85f.

50 Siehe hierzu HEMPFER 2004, S. 82–86. *En passant* sei erwähnt, dass die Formel „montare in palco" auch in einer bereits zitierten Replik Alberto Parmas erscheint; während Castelvetro mit ihr jede extraszenische Legitimität des Dialogs bestreitet, gilt ein entsprechendes, von Gianluca in der Folge bestrittenes, Verdikt Parmas der Maske: „non ha bisogno di lei chi non monta in palco".

51 TASSO 1959, S. 336. S. hierzu HEMPFER 2004, S. 72f.

52 TASSO 1959, S. 335.

53 Sigonio beschränkt sich auf die Forderung, der Autor müsse, wenn er selbst als Dialogfigur auftrete, die dominante Position vertreten (s. SIGONIO 1993, S. 180f.). Die Motive – und die Probleme – einer Selbstdarstellung des Autors in der Dialogfiktion werden damit nicht berührt. Zu dieser und anderen charakteristischen Leerstellen der Dialogpoetiken des Cinquecento s. VON MOOS 1997, S. 251.

sogleich ein „e chi è meglio di voi" hinzugefügt, solchermaßen den Anschluss an die vorangegangene Diskussion wiederherstellend, die in die Übereinkunft mündete, nur das *ammascherarsi* im Sinne einer Nachahmung der Besten sei zulässig. Der Forestiero weist dieses Lob Gianlucas zwar bescheiden von sich und gibt es an ihn selber zurück. Seine anschließende Eloge Gianlucas ist zugleich eine des Estensischen Hofes und seiner Prachtentfaltung, insbesondere seines Turnierwesens:

> Queste vostra è cortesia, o Signor Ippolito; il quale sete un di coloro ch'imitano i migliori ne l'opere valorose, né celate con la maschera alcuna cosa di cui debbiate vergognarvi, perché gli arringhi, le giostre, i torneamenti, ne' quali il vostro valore è conosciuto, sono le vostre nobilissime imitazioni.[54]

Insofern nun aber Turniere Nachahmungen kriegerischer Aktionen seien, ahme auch Gianluca als Teilnehmer jener Turniere nur sich selbst nach, sei er doch an den militärischen Unternehmungen, die dem Herzog Ruhm und Ehre einbrachten, persönlich beteiligt gewesen: „imitando i migliori, imitate voi medesimo meglio".[55] Er selbst jedoch, erklärt der Forestiero, vermöge nicht in dieser Weise die *migliori* nachzuahmen:

> Ma io non so, né posso imitare i migliori in questa guisa; e l'ammascherarsi, s'è degno di scusa, non è meritevol di laude. Starò dunque tra coloro che risguardano con piacere, e mi contenterò d'esser scusato.[56]

Der Forestiero weist also das ihm von Gianluca erteilte Lob – „chi è meglio di voi" – zurück und qualifiziert das eigene *ammascherarsi* oder *imitare se stesso* gegenüber dem Gianlucas als zwar entschuldbar, aber nicht als lobenswert. Gleichwohl ist dieses Lob ausgesprochen, und man versteht sehr wohl, dass Tasso hier mit der Stimme Gianlucas seinen Rang *sui generis* unter den nachahmenswürdigen *migliori* reklamiert, nicht als *cavaliere* wie Gianluca, sondern als Dichter und Gelehrter, mit dem Buch statt des Schwertes als der Insignie seines Status.

Unter der Perspektive der hier vorgetragenen Überlegungen ist das eigentlich Bemerkenswerte an der mit der ‚Verkleidungsszene' eingeleiteten Schlusssequenz des *Gianluca* jedoch, dass in ihr nicht nur, wie in anderen Dialogen Tassos auch, mittels der transparenten Maske des Forestiero Napolitano apologetisches *self-fashioning* praktiziert, sondern dieses zugleich fiktionsimmanent als ein Verfahren zur Darstellung gebracht wird: Wir sehen den Forestiero in unmaskiertem Zustand, in der erzwungenen Isolation seiner Zelle, und in maskiertem Zustand, in der theatralen Öffentlichkeit des Karnevals (oder jedenfalls im Begriff, sich für diese zu rüsten). Es sollte bereits deutlich geworden sein, dass die Maske im *Gianluca* keinesfalls *per se* als ein Negativum erscheint, anders als etwa bei Tassos Zeitgenossen Montaigne, für den die Maske wie auch die ihr assoziierte Metapher des Welttheaters ganz im Zeichen der Täuschung und Verstellung

---

54   TASSO 1998, S. 740f.
55   Ebd. S.741.
56   Ebd.

stehen.[57] Problematisch oder jedenfalls verdammenswert ist im *Gianluca* nicht die Maske an sich, sondern nur die falsche Maske. Die Szene des *imitare se stesso* des Forestiero bekräftigt dies noch einmal. Dem unmaskierten Zustand des Forestiero kommt durchaus keine größere Dignität zu als dem maskierten, weder ist er authentischer noch wahrhaftiger. Eher gilt das Gegenteil: Insofern der unmaskierte Zustand der „lunga solitudine" und „noia" des Kerkers und der unfreiwilligen Nichtöffentlichkeit dieses Ortes zugeordnet ist, erscheint der maskierte Zustand, und damit die Partizipation an der theatralen Öffentlichkeit des Estensischen Hofes, sei es auch nur als deren Betrachter, als der authentischere Zustand, und jedenfalls als der, den Tasso als ihm gebührend einfordert. Aber wie auch immer diese Differenz von maskiertem und unmaskiertem Zustand zu bewerten sein mag, entscheidend ist, dass sie als solche vorgeführt wird und damit ein Prozess der Differenzierung des Selbst zur Darstellung kommt, der dieses Selbst Konturen annehmen lässt, die weder in dem einen noch dem anderen Zustand aufgehen, sondern komplexer oder reicher sind als in jedem von beiden. Die beiden Zustände sind zwar different, aber zugleich komplementär.

Wenngleich der *Gianluca* als *dialogo costumato* primär einer aus dem Gesprächskontext entstehenden verhaltenspragmatischen Fragestellung mit ethischen Implikationen gilt, ist sein Diskurs, wie gesehen, mit poetologischen Kategorien imprägniert. Schon deshalb erscheint es als zulässig, diesen Diskurs auch nach seinen poetologischen Implikationen zu befragen, namentlich solchen, die spezifisch den Dialog betreffen. Eine entsprechende Lektüre des *Gianluca* ist aber vor allem deshalb legitim oder sogar geboten, weil der Forestiero, der sich in der Schlusssequenz des Dialogs als er selbst maskiert, seinerseits bereits eine ‚Maske' ist, eben die literarische *persona*, hinter der sich der Autor Tasso verbirgt – oder vielmehr nicht verbirgt, sondern mittels derer er seinen Zügen eine exemplarische Façon verleiht. Das *ricoprire*, das Tasso in der Vorrede des *Conte*, unter Berufung auf Platon, für sein Verfahren der Selbstdarstellung in Anspruch nimmt, erhält im Licht der ‚Verkleidungsszene' des *Gianluca* seine genaue und komplexere Bedeutung, eben die eines *ammascherarsi da se stesso*. Wenn allerdings Baldassarri diese Szene mit der Formel „Il Tasso si maschererà dunque da Tasso"[58] resümiert und damit die Unterscheidung von Autor und *persona*, in die Tasso selbst, wie gesehen, einige Subtilität investiert hat, einfach einstreicht, verschenkt er die Einsicht, dass sich in der fiktionsimmanent zur Darstellung gebrachten Relation des unmaskierten und des maskierten Forestiero die Relation des Autors Tasso und seiner *persona* wiederholt. Hier wie dort macht die Maske den Maskierten nicht unkenntlich, sondern verleiht vielmehr einer bestimmten Version seines Selbst Konturen. Zugleich wird aber auch ein entscheidender Unterschied zwischen den beiden Repräsentationsverhältnissen (oder *imitatio*-Relationen) deutlich. Denn während fiktionsimmanent die Differenz und Komplementarität von maskiertem und unmaskiertem Zustand an der Autor-*persona* und ihrer Verwandlung vorgeführt werden kann, bleibt das Auseinandertreten von Autor und

57 Siehe hierzu STAROBINSKI 1982, S. 12f.
58 BALDASSARRI 1972, S. 111.

Maske im Text selbst unsichtbar, es sei denn, es wird zum Preis aussagenlogischer Paradoxalität sichtbar gemacht. Eben dies geschieht in jener Szene im *Conte*, in der die *persona* über den durch sie figurierten Autor spricht und damit eine für sie logisch unmögliche Referenz herstellt. Wenn hingegen ein derartiges logisches wie auch poetologisches Skandalon vermieden werden soll, mag zwar die Differenz von Autor und *persona* in der Gestaltung Letzterer manifest werden, bleibt jedoch der Vorgang der Differenzierung mit Notwendigkeit ein blinder Fleck der Selbstdarstellung. Der Autor wird stets nur als Maskierter sichtbar, als Resultat seines *self-fashioning* mittels der Maske. Während also in der fiktionsimmanenten Gegenüberstellung des unmaskierten und des maskierten Forestiero ein komplexeres, an Attributen reicheres Selbst Profil gewinnt, das weder auf den einen noch den anderen Zustand reduzibel ist, resultiert das *imitare se stesso* des Autors in der Dialogfiktion in einer Fixierung des auktorialen Selbst in einem bestimmten Seinszustand und damit einer Reduktion auf diesen. Die Selbstrepräsentation des Autors, so differenziert und differenzierend (wie in der ‚Verkleidungsszene' des *Gianluca*) sie auch sein mag, ist notwendig defizitär gegenüber dem Repräsentierten; zumindest das schreibende Selbst – der Autor im Moment der Textproduktion und damit der Akt der Repräsentation dieses Selbst oder eines Aspekts dieses Selbst – bleibt in ihr ausgespart.[59] Während der Dialog als Textform

---

59 Dies gilt jedenfalls für den von Tasso bevorzugten Modus des ‚dramatischen' Dialogs und damit für den Platonischen Archetypus generell. Narrative Dialoge erfüllen dagegen prinzipiell eine strukturelle Voraussetzung nicht-paradoxer auktorialer Selbstreferenz, insofern in diesem generischen Subtypus der Autor, „conservando [...] la sua persona', come istorico narra quel che disse il tale e 'l cotale" (TASSO 1959, S. 334). Mit ‚persona' ist in diesem Zusammenhang natürlich gerade nicht die *figura auctoris* gemeint, sondern der Erzähler, den Tasso mit dem Autor identifiziert. In jedem Fall trägt Tassos Definition dem Umstand Rechnung, dass in narrativen Texten die *histoire*, in diesem Fall das Gesprächsgeschehen („quel che disse il tale e 'l cotale"), Funktion eines sie konstituierenden narrativen *discours* ist. Indem der Autor als Erzählinstanz im Text präsent bleibt („conservando l'autore la sua persona"), vermag er grundsätzlich jederzeit nicht nur das erzählte Geschehen, sondern auch den Erzählakt selbst zu reflektieren und zu kommentieren. Im Falle einer ‚Ich-Erzählung' oder autodiegetischen Erzählsituation, wie sie etwa in Tassos *Il padre di famiglia* realisiert ist, könnte er damit auch die Differenz zwischen sich als erzählendem Subjekt und seiner *histoire*-immanenten *persona* zum Gegenstand seines Diskurses machen. Die Autoreflexivität des narrativen Diskurses, die dies strukturell ermöglicht, ist freilich nur eine potentielle und muss nicht zum Tragen kommen (s. hierzu und generell zur „potentiellen Autoreflexivität des narrativen Diskurses" HEMPFER 1982). Tatsächlich ist mir in der Dialogliteratur kein Beispiel bekannt, in dem der narrative *discours* soweit ausdifferenziert wäre, dass er über Funktionen der *histoire*-Vermittlung hinausginge und ‚autobiographische' Darstellungsfunktionen des aktualen Textes reflektierte. Freilich wüsste ich auch außerhalb der Dialogliteratur vor Sternes *Tristram Shandy* kein Beispiel für komplexere autoreflexive ‚Ich-Erzählungen', d.h. solche, in denen der Autor auch Figur der *histoire* ist, anzuführen (während komplexe Formen von Autoreflexivität in auktorialen heterodiegetischen Erzähltexten spätestens seit den italienischen Romanzi zu belegen sind; s. HEMPFER 1982). Für den Dialog dürfte dafür aber ein gattungsspezifischer Grund zu benennen sein: Zwar wird das Genus von Tasso und den anderen Dialogtheoretikern des Cinquecento an der Grenze zwischen Dichtung und Theoriediskurs situiert (Tasso sieht den Dialogautor „quasi mezzo fra 'l poeta e 'l dialettico", TASSO 1959, S. 338; s. hierzu HEMPFER 2002, S. 69–72), muss sich aber zugleich als argumentative,

auktorialer Selbstdarstellung gegenüber anderen, nicht-fiktionalen Genera einige, eingangs angedeutete Vorzüge aufzuweisen hat, liegt hierin, etwa gegenüber dem Brief oder dem Montaigne'schen Essay, sein konstitutioneller Mangel.

Gerade die Gegenüberstellung mit Montaignes *Essais* vermag dies zu verdeutlichen.[60] Als charakteristische Textformen eines subjektzentrierten argumentativen Diskurses scheinen Dialog und Essay in einer Art Idealkonkurrenz zu stehen und sind in der Tat häufig unter dieser Perspektive miteinander verglichen worden.[61] Namentlich Tassos Dialoge, während derselben Dekade wie die *Essais* Montaignes entstanden, wurden gelegentlich mit diesen in eine Reihe gestellt.[62] Freilich bezeugen Letztere, wenn nicht ein anderes Bewusstsein, so doch eine andere und neuartige Repräsentationsform von Subjektivität, die sich von der des Dialogs kategorial unterscheidet.[63] Vor allem verzichtet Montaigne dezidiert auf jegliche Fiktion, sowohl auf die Adressaten-‚Fiktion‘ der literarischen Epistolarik als auch auf Fiktionen im engeren Sinne poetischer Mimesis, wie sie für den Dialog konstitutiv sind.[64] Seine Selbstdarstellung unterliegt damit auch nicht der Poetik eines *imitare se stesso*, vielmehr wird der Diskurs selber – genauer gesagt: der Schreibakt – zu deren Medium und nimmt, in Hugo Friedrichs prägnanter Formulierung, als „graphische Kurve der fließenden Subjektivität"[65] Gestalt an. Eben deshalb kann Montaigne behaupten, sein Buch sei „consubstantiel à son autheur",[66] oder mit ähnlichem Tenor beteuern:

> Icy, nous allons conformément et tout d'un trein, mon livre et moy. Ailleurs, on peut recommander et accuser l'ouvrage à part de l'ouvrier; icy, non: qui touche l'un, touche l'autre.[67]

Die *Essais* („mon livre") sollen das Verlaufsprotokoll seiner Metamorphosen, einer sich in der Zeit diversifizierenden und immer wieder selbst fremd werden-

---

dem ‚dialektischen‘ Diskurs zugehörige Textform legitimieren, weshalb ihn Tasso als Nachahmung nicht von Handlungen, sondern von *ragionamenti* bestimmt. Für die ‚poetischen‘ Komponenten des Dialogs resultieren daraus bestimmte Restriktionen. Zum einen sind die Handlungs- und Geschehenselemente seiner *histoire* nur in dem Maße expandierbar, in dem sie für die Argumentkonstitution funktional bleiben (s. hierzu HEMPFER 2002, S. 22). Eine analoge Beschränkung dürfte aber zum anderen auch für den narrativen *discours* gelten, dessen Ausdifferenzierung und Expandierung im Sinne autoreflexiver Rede, die sich selbst und ihr Subjekt zum Gegenstand macht, tendenziell zur ‚Monologisierung‘ einer Gattung führen müsste, die als Nachahmung einer sich über *domande* und *risposte* realisierenden *disputa dialettica* bestimmt wird. Die generell rudimentäre Ausgestaltung des *discours* in narrativen Dialogen hätte also nicht einfach konventionelle Gründe, sondern fände ihre Ursache in den Strukturen der Gattung selbst. Auch narrative Dialoge erwiesen sich damit als konstitutionell unfähig, die Differenz zwischen Autor und *persona* zu thematisieren.

60 Ich skizziere in der Folge Aspekte einer solchen Gegenüberstellung, die ich an anderer Stelle (HÄSNER 2006) ausführlicher und unter breiterer Perspektive dargelegt habe.
61 Siehe hierzu HÄSNER 2006, S. 152–155.
62 Siehe etwa OSSOLA/PRANDI 1997, S. 248.
63 Siehe hierzu HÄSNER 2006, bes. S. 172–189.
64 Siehe hierzu FRIEDRICH 1967, S. 330–337; STIERLE 1984, S. 314.
65 FRIEDRICH 1967, S. 307.
66 MONTAIGNE 1962, S. 647f. (*Essais* II, 18).
67 Ebd. S. 783 (*Essais* III, 2).

den Identität sein: „Mon livre est tousjours un" – hingegen: „Moy à cette heure et moy tantost, sommes bien deux".[68] Dabei geht es allerdings nicht um die bloße Inventarisierung aufeinander folgender Seinszustände oder Verfassungen des Selbst, sondern um eine dynamische Beziehung zwischen diesem Selbst und ‚seinem Buch', die für beide Seiten konstitutiv ist:

> Moulant sur moy cette figure, il m'a fallu si souvent dresser et composer pour m'extraire, que le patron s'en est fermy et aucunement / formé soy-mesme. Me peignant pour autruy, je me suis peint en moy de couleurs plus nettes que n'estoyent les miennes premieres. Je n'ay pas plus faict mon livre que mon livre m'a faict, livre consubstantiel à son autheur, d'une occupation propre, membre de ma vie […].[69]

Das Ich, das hier spricht, bildet sich also überhaupt erst in einem Prozess der Angleichung an die in ‚seinem Buch' sich verkettenden Selbstzuschreibungen. Dabei ist sich Montaigne der Vergeblichkeit oder Unabschließbarkeit einer solchen Operation bewusst.[70] Denn in dem Maße, in dem diese Selbstzuschreibungen ihrerseits beständig im Fluss sind – „moy à cette heure" und „moy tantost" –, kann die Annäherung an sie nur asymptotisch verlaufen und bedeutet zugleich immer auch eine Distanzierung von anderen Ich-Zuständen. Das Ich der *Essais* konstituiert sich also gleichsam im Spannungsfeld eines ‚Nicht-Mehr' und eines ‚Noch-Nicht', in den ‚Übergängen' zwischen verschiedenen Seinszuständen: „Je ne peints pas l'estre. Je peints le passage."[71]

Während in den *Essais* die fluiden und eventuell gegensätzlichen Zustände des Autor-Selbst in ihrer Transitorik zur Darstellung kommen können, weil diese Darstellung mit dem Prozess der Textkonstitution zusammenfällt, müsste der Dialogautor an dem Vorhaben, die Metamorphosen seines Selbst in ihrer „passage" darzustellen, scheitern; seine Selbstdarstellung findet darin ihre Grenze, dass er sich nur in Zuständen repräsentieren kann, die im Moment ihrer Repräsentation – des literarischen *ammascherarsi* – unweigerlich vergangen sind. Die Darstellung der Zeit als Medium der Differenzierung und Entähnlichung des auktorialen Selbst liegt außerhalb der diskursiven Möglichkeiten des Dialogs und generell eines *imitare se stesso* als Modus der Selbstrepräsentation.

---

68 Ebd. S. 941 (*Essais* III, 9).
69 Ebd. S. 647f. (*Essais* II, 18).
70 Siehe etwa ebd. S. 922 (*Essais* III, 9): „Qui ne voit que j'ay pris une route par laquelle, sans cesse et sans travail, j'iray autant qu'il y aura d'ancre et de papier au monde?"
71 Ebd. S. 782 (*Essais* III, 2).

Literaturverzeichnis

Primärtexte

BRUNO 2000:
Bruno, G., *Dialoghi filosofici italiani*, hg. v. M. Ciliberto, Mailand 2000.

MONTAIGNE 1962:
Montaigne, M. de, *Œuvres complètes*, hg. v. A. Thibaudet u. M. Rat, Paris 1962.

SHAFTESBURY 1999:
Shaftesbury, A. A. C., Third Earl of, *Characteristics of Men, Manners, Opinions, Times*, hg. v. L. E. Klein, Cambridge 1999.

SIGONIO 1993:
Sigonio, C., *Del dialogo*, hg. v. F. Pignatti, Rom 1993.

TASSO 1853:
Tasso, T., *Le lettere*, hg. v. C. Guasti, 5 Bde., Florenz 1853.

TASSO 1959:
Tasso, T., „Discorso dell'arte del dialogo" in: Tasso, T., *Dialoghi*, hg. v. E. Mazzali, Mailand/Neapel 1959, S. 331–346.

TASSO 1998:
Tasso, T., *Dialoghi*, hg. v. G. Baffetti, 2 Bde., Mailand 1998.

Sekundärliteratur

BALDASSARRI 1970:
Baldassarri, G., „L'arte del dialogo in T. Tasso", *Studi Tassiani* 20 (1970), S. 5–46.

BALDASSARRI 1972:
Baldassarri, G., „Storia del *Gianluca*", *Studi Tassiani* 22 (1972), S. 85–114.

COPPO 1997:
Coppo, A., *All'ombra di Malinconia. Il Tasso lungo la sua fama*, Turin 1997.

COX 1992:
Cox, V., *The Renaissance Dialogue. Literary Dialogue in its Social and Political Contexts, Castiglione to Galilei*, Cambridge 1992.

GREENBLATT 1980:
Greenblatt, S., *Renaissance Self-Fashioning. From More to Shakespeare*, Chicago/London 1980.

HÄSNER 2004:
Häsner, B., „Der Dialog: Strukturelemente einer Gattung zwischen Fiktion und Theoriebildung", in: *Poetik des Dialogs. Aktuelle Theorie und rinascimentales Selbstverständnis*, hg. v. K. W. Hempfer, Stuttgart 2004, S. 13–65.

HÄSNER 2004a:
Häsner, B., „Mündlichkeit und Schriftlichkeit in Tassos *Cataneo overo de le conclusioni amorose*: Die Welt im Text – der Text als Welt", in: *Poetik des Dialogs. Aktuelle Theorie und rinascimentales Selbstverständnis*, hg. v. K. W. Hempfer, Stuttgart 2004, S. 131–160.

HÄSNER 2006:
Häsner, B., „Dialog und Essay. Zwei ‚Weisen der Welterzeugung' an der Schwelle zur Neuzeit", in: *Grenzen und Entgrenzungen des Renaissancedialogs*, hg. v. K. W. Hempfer, Stuttgart 2006, S. 141–203.

HEMPFER 1982:
Hempfer, K. W., „Die potentielle Autoreflexivität des narrativen Diskurses und Ariosts *Orlando Furioso*", in: *Erzählforschung: Ein Symposion*, hg. v. E. Lämmert, Stuttgart 1982, S. 130–156 (wieder abgedruckt in K. W. Hempfer, *Grundlagen der Textinterpretation*, hg. v. S. Hartung, Stuttgart 2002, S. 79–105).

HEMPFER 2002:

Hempfer, K. W., „Lektüren von Dialogen", in: *Möglichkeiten des Dialogs. Struktur und Funktion einer literarischen Gattung zwischen Mittelalter und Renaissance in Italien*, hg. v. dems., Stuttgart 2002, S. 1–38.

HEMPFER 2004:

Hempfer, K. W., „Die Poetik des Dialogs im Cinquecento und die neuere Dialogtheorie: zum historischen Fundament aktueller Theorie", in: *Poetik des Dialogs. Aktuelle Theorie und rinascimentales Selbstverständnis*, hg. v. dems., Stuttgart 2004, S. 67–96.

HUFNAGEL 2006:

Hufnagel, H., „,Mercurio' und *pedante*. Dialog und Komödie. Zur Inszenierung wissenschaftlicher Autorität in der *Cena de le ceneri* Giordano Brunos", in: *Grenzen und Entgrenzungen des Renaissancedialogs*, hg. v. K. W. Hempfer, Stuttgart 2006, S. 59–139.

HUFNAGEL 2009:

Hufnagel, H., „*Non vi è scienza che non abbia di suoi stracci*". Gattungshybridisierung, Argumentation und Erkenntnis in Giordano Brunos italienischen Dialogen, Diss. Freie Universität Berlin, 2009.

KLEIHUES 2002:

Kleihues, A., *Der Dialog als Form. Analysen zu Shaftesbury, Diderot, Madame d'Épinay und Voltaire*, Würzburg 2002.

VON MOOS 1997:

von Moos, P., „Gespräch, Dialogform und Dialog nach älterer Theorie", in: *Gattungen mittelalterlicher Schriftlichkeit*, hg. v. B. Frank u.a., Tübingen 1998, S. 235–259.

OSSOLA/PRANDI 1997:

Ossola, C./Prandi, S., „Per un' edizione storica dei *Dialoghi* del Tasso", in: *Torquato Tasso. Cultura e poesia. Atti del convegno Torino-Vercelli, 11–13 marzo 1996*, hg. v. M. Masoero, Turin 1997, S. 243–256.

PRANDI 1999:

Prandi, S., *Scritture al crocevia. Il dialogo letterario nei secc. XV e XVI*, Vercelli 1999.

RAIMONDI 1994:

Raimondi, E., „Il problema filologico e letterario dei *Dialoghi* di Torquato Tasso", in: ders., *Rinascimento inquieto*, Turin 1994 (¹1965), S. 189–217.

RAIMONDI 1998:

Raimondi, E., „Il prigione della letteratura", in: T. Tasso, *Dialoghi*, Bd. 1, hg. v. G. Baffetti, Mailand 1998, S. 9–56.

SCHOLZ 2002:

Scholz, B. F., *Emblem und Emblempoetik. Historische und systematische Studien*, Berlin 2002.

SCHOLZ 2007:

Scholz, B. F., „Emblem", in: *Reallexikon der deutschen Literaturwissenschaft*, Bd. 1, hg. v. K. Weimar u.a., Berlin/New York 2007, S. 435–438.

STAROBINSKI 1982:

Starobinski, J., *Montaigne en mouvement*, Paris 1982.

STIERLE 1984:

Stierle, K., „Gespräch und Diskurs – Ein Versuch im Blick auf Montaigne, Descartes und Pascal", in: *Das Gespräch*, hg. v. dems. u. R. Warning, München 1984 (Poetik und Hermeneutik IX), S. 297–334.

Faktual oder fiktional?

Der Aussagestatus der Ariost'schen Satire und die Selbstinszenierung des Dichters

Susanne Goumegou (Bochum)

Die Ariost'schen Satiren sind, so hat Michel Paoli vor einigen Jahren behauptet, auf eine Rezeption ausgelegt, die zwischen Fakt und Fiktion klar zu unterscheiden weiß. Man habe sich Ariost im Kreise seiner Freunde vorzustellen, wie er ihnen die Satiren vorlese und wie durch das Auseinanderfallen von fingierter Faktualität in der Satire und dem Wissen um die realen Fakten Komik und Ironie entstünden.[1] Wenn die Satiren tatsächlich einen wichtigen Teil ihrer Effekte aus dem Wissen um die Übereinstimmung oder Nichtübereinstimmung von Realität und Fiktion beziehen, so erklärt das, warum ihre Rezeption späteren Lesern so große Schwierigkeiten bereitet hat. Was dem zeitgenössischen Rezipienten im Umkreis Ariosts als Wissen zur Verfügung stand, ist für uns verloren oder nur mühsam zu rekonstruieren. Daher hat die Ariost-Forschung lange Zeit die Mitteilungen, die in den Satiren gemacht werden, für bare Münze genommen oder jedenfalls als faktuale Aussagen gelesen. Croce etwa meinte, hier einem locker plaudernden „Ariosto in veste di camera" zu begegnen,[2] oder Ariost wurde, so referiert Giuseppe Fatini die Forschung, für ein „esempio di austera e sdegnosa rettitudine e nobiltà di sentire" gehalten, für einen „maestro di pubblica moralità".[3] Dabei resultiert der Eindruck eines „Ariosto in veste di camera" ganz offensichtlich aus dem kolloquialen Ton, wie er der Satire besonders in ihrer horazischen Ausprägung eigen ist,[4] und das Bild vom „maestro di pubblica moralità" aus der Gattungsvorschrift, eine moralisch glaubwürdige und integre *persona* zu konstruieren.[5] Fatini, der die Satiren als faktuale Texte liest, obwohl er erkennt, dass einige Aussagen von der rekon-

---

1   Siehe PAOLI 2000, S. 45–49. Freilich hängt die Komik auch mit dem mittleren Stil zusammen (vgl. BINNI 1961).

2   B. Croce, *Ariosto, Shakespeare, Corneille*, Bari 1957, S. 28–29, zit. nach SCHUNCK 1970, S. 51.

3   FATINI 1933, S. 504.

4   Heute ist unbestritten, dass es sich bei Ariosts Satiren trotz des unbefangen und natürlich daherkommenden Plaudertons um hochkomplexe literarische Gebilde mit Anklängen an Horaz, Dante, Petrarca und einige andere handelt. Für die Horaz-Verweise vgl. Fn. 10; auf die Dante-Imitation geht Segre in seinem Kommentar der Satiren ausführlich ein (ARIOSTO 1987). Zu weiteren Bezugnahmen vgl. auch den Kommentar von Santoro (ARIOSTO 1989).

5   Zum Konzept der *persona* in der klassischen Satire vgl. FREUDENBURG 2005a, S. 27–30 und KEANE 2007. Zum *persona*-Konzept in der italienischen Satiretheorie um 1500, wie sie aus den Kommentaren zu den Drucken der antiken Satiren abzulesen ist, vgl. GALBIATI 1987, S. 12–25. Systematisches zur Sprechersituation in der italienischen Renaissancesatire findet sich bei FLORIANI 1988, S. 14–21; grundsätzliche Möglichkeiten des Verhältnisses von Autor und satirischem Sprecher spielt SCHWIND 1988, S. 78–84 durch.

struierbaren Realität abweichen, bietet eine psychologische Erklärung für das Auseinanderfallen von Sein und Schein: Da, wo er sich geärgert habe, neige Ariost zur Übertreibung, und sonst lebe er im Schreiben einen angesichts seiner Verbundenheit mit dem Haus der Este nicht realisierten Traum aus, nämlich den, sich von allen Verpflichtungen frei zu machen und sich ganz den Musen hinzugeben.[6] Insofern enthüllen die Satiren für Fatini einen Ariosto „nella pienezza della sua umanità", mit allen menschlichen Stärken, Schwächen und Widersprüchen.[7] Fatinis Psychologisierung verdeckt allerdings die Tatsache, dass Ariost einer Gattungskonvention folgt. Denn die Übertreibungen dienen der Kritik an der Realität und sind somit von der Gattung der Satire gedeckt, ja eigentlich sogar verlangt, und der Entwurf eines Ideals, dessen tatsächliche Umsetzung in die Realität nachrangig ist, geht auf die Tradition der horazischen Satire zurück.

Wenn die ältere Ariost-Rezeption also meinte, in den Satiren einen unverfälschten Blick auf Ariost zu erhalten, dann hängt das auch damit zusammen, dass sie die satirische Dimension der Texte, ihre Stellung im Gattungssystem und ihren spezifischen Wirklichkeitsbezug nicht ausreichend berücksichtigt hat. Die jüngere Forschung hat nun zumindest die *persona*-Problematik[8] und den gattungsgeschichtlichen Kontext[9] einschließlich der Bezugnahmen auf Horaz[10] ausführlich aufgearbeitet. Sie ist unter Berücksichtigung der historisch-kulturellen Bedingungen zu dem Ergebnis gekommen, dass Ariost eine Auseinandersetzung mit der gesellschaftlichen Stellung des Dichters am Hof führt, die durch einen ungleichen Kontrakt mit dem Fürsten geregelt ist.[11] Allerdings hat sie dabei das spezifisch Satirische des Wirklichkeitsbezugs nicht immer hinreichend in den Blick ge-

---

6   Siehe FATINI 1933, S. 540. Fatini hat in seinem detailreichen Aufsatz unter Rückgriff auf die Biographie von CATALANO 1930–31 gezeigt, dass Ariost in den Satiren ein Bild von sich selbst zeichnet, das mit den Fakten nicht in allem übereinstimmt. Offenbar war weder Ariosts materielle Lage so schlecht, wie er ständig behauptet, noch hat er immer gemäß den geäußerten Maximen gelebt. Allerdings greift Catalano in Fällen, wo ihm keine geeigneten Dokumente zur Verfügung stehen, ungeprüft auf die Aussagen Ariosts in den Satiren als Quelle seiner Darstellung zurück. Vgl. kritisch dazu PAOLI 2000, S. 36.

7   FATINI 1933, S. 529.

8   Bereits seit den Arbeiten von BINNI 1961 und 1978, CARETTI 1976 sowie SEGRE 1966 und 1976 werden die ästhetischen Qualitäten der Satiren in den Vordergrund gerückt. Die Notwendigkeit der Unterscheidung von Autor und Sprecher hat explizit zuerst Peter Wiggins betont (WIGGINS 1976, S. 63), auch wenn bereits BINNI 1961, GRIMM 1969 und SCHUNCK 1970 von einer Selbststilisierung Ariosts sprechen, jedoch ohne die nötige terminologische Konsequenz. Systematisch berücksichtigen vor allem FLORIANI 1988 und BERRA 1995 sowie BERRA 2000 die Konsequenzen aus der Interpretation des Sprechers als *persona*. Für Allgemeineres zur *persona*-Problematik vgl. auch Fn. 5.

9   Vgl. hierzu v.a. GALBIATI 1987 und FLORIANI 1988, S. 37–53.

10 Am besten beschreibt m.E. Peter Wiggins den Charakter der Ariost'schen Bezugnahmen (WIGGINS 1976, S. 60–63). Detailreicher sind PETROCCHI 1972, MARSH 1975, SARKISSIAN 1985, PETTINELLI 1998, CABRINI 2000. Für die ebenfalls in der Horaz-Nachfolge stehende Selbststilisierung als *pazzo* vgl. auch BERRA 2000, S. 175f.

11 Allgemeines zur Stellung des Dichters am Hof findet sich bei BAILLET 1980 und 1982 sowie GUIDI 1990. Obenstehende These wird in etwa formuliert von FLORIANI 1988, S. 66f; BERRA 1995, S. 162; BERRA 2000, S. 172; ALBONICO 2000, S. 71.

rückt.[12] An diese Ergebnisse knüpfe ich also an, wenn ich im Folgenden exemplarisch für die erste Satire zeigen werde, dass Ariost sein Zerwürfnis mit dem Cardinale Ippolito d'Este zum Anlass nimmt, die Strukturen der Hofgesellschaft und die Rolle des Hofdichters im Allgemeinen zu kritisieren. Allerdings liegt mir daran zu zeigen, dass er nicht nur satirentypisch ex negativo eine bestehende Situation kritisiert, sondern auch, zumindest in Ansätzen, ein Dichterideal entwirft, das sich zunächst an Horaz orientiert, dann aber auch neuere Konzepte von Autorschaft voraussetzt. Dieses Ideal jedoch lässt sich lediglich über intertextuelle Bezugnahmen fiktional konstituieren, nicht aber in die Realität umsetzen. Dabei, und das macht die Ariost'schen Satiren für eine Fragestellung nach den Fiktionen des Faktischen in der Renaissance so interessant, sind die Bezüge der Aussagen nicht immer eindeutig festzulegen: Fakt und Fiktion werden vermischt, oder Fiktionales wird als faktual inszeniert. Gerade die erste Satire konstruiert, zunächst von der Verankerung im Faktischen ausgehend, über den Durchgang durch eine fiktive, aber realistische Situation schließlich auf der Basis intertextueller Referenzen ein Ideal, das sich vom Faktischen abhebt und nur im Modus der Fiktion verwirklicht werden kann.

Bevor ich diese These im Einzelnen belege, empfiehlt es sich allerdings, erstens den spezifischen Wirklichkeitsbezug der Satire und ihren Status in Bezug auf Faktualität und Fiktionalität zu beleuchten und zweitens die Implikationen zum Verhältnis von Fakt und Fiktion, welche die Gebrauchstextsorte Brief mit sich bringt, in den Blick zu nehmen.

1. Die Satire – eine Gattung zwischen Faktualität und Fiktionalität

Die römische Verssatire präsentiert sich als nicht-fiktionales Genre, auch wenn sie de facto eine Reihe fiktionaler Elemente enthält. Die Gattung, die in der Renaissance durch die Nachahmung von Juvenal und Horaz ihre Fortsetzung findet,[13] geht auf Lucilius zurück, dessen in Hexametern abgefasste Satiren Zeitkritik mit polemisch-politischer Zuspitzung leisten. Horaz greift mit seinen *Sermones* die lucilische Form auf, mindert allerdings die Schärfe der Invektive und verstärkt den Aspekt der Selbstdarstellung.[14] Selbstdarstellung und – auch bei Horaz durchaus vorhandene – Zeitkritik, zwei wichtige Aspekte der Gattung, erfolgen in der Selbstinszenierung der *persona* als Beobachter und Kommentator einer

---

12 Dies tut zwar wenig systematisch, aber textnah an einigen Stellen recht eindrücklich PAOLI 2000.

13 Zwischen 1470 und 1500 sind ca. 50 Juvenaldrucke nachzuweisen, aber auch Horaz und Persius werden gedruckt, vgl. KNOCHE 1971, S. 96.

14 KNOCHE 1971, S. 45–62. Zum „Unsatirischen" bei Horaz vgl. GOWERS 2005, S. 48; auf die „Lucilian undercurrents" weist z.B. FREUDENBURG 2005a, S. 11 hin. Zu den Ergebnissen der Forschung bezüglich Horazens Selbstdarstellung vgl. GOWERS 2005, S. 54f. Eine „mild and self-mocking pose" (KEANE 2007, S. 43) ist sicherlich das Hauptcharakteristikum der horazischen *persona*.

zeitgenössischen Wirklichkeit.[15] Die Kenntnis des extratextuellen Kontextes ist daher wichtig für die Rezeption der Satiren; allerdings ist zu berücksichtigen, dass der Bezug auf diese Umstände mehrfach vermittelt oder gebrochen ist. Das hängt zum einen damit zusammen, dass nicht immer klar ist, ob die Themen der gesellschaftlichen Wirklichkeit oder der diatribischen Tradition entnommen werden. Zwar nimmt der Bezug auf Maecenas eine klare historische Situierung der *persona* des Satirikers vor und nährt so die Illusion des direkten Zeitbezugs.[16] Gleichzeitig aber zeigt sich in der Durchführung der Satiren eine große Nähe zur rhetorischen *declamatio*, bei der der Wirklichkeitsbezug suspendiert ist.[17] Zum anderen liegt es an dem virtuosen Maskenspiel, das der Autor mit seinen *personae* treibt[18] und das er sogar textintern thematisiert. So enthält das zweite Buch der *Sermones* eine dialogisch angelegte Satire, in der die Sklavenfigur explizit die Frage aufwirft, ob denn der Satiriker selbst gemäß den von ihm proklamierten Maximen lebe.[19] Mit diesem Prozedere rückt die durchaus heikle Frage nach dem Verhältnis zwischen Autor und *persona* in den Blick, denn der Leser wird nicht umhin kommen, dabei auch an den Autor und dessen Persönlichkeit zu denken. So erwecken die Satiren damit einerseits den Anschein des Autobiographischen,[20] andererseits wird zugleich ihre literarische Verfasstheit ins Bewusstsein gerückt, da der Hinweis auch als Fiktionalitätssignal gelesen werden kann.

Wenn Horaz seine Satiren *Sermones* bzw. *Epistulae* überschreibt, dann betont er damit ihre Nähe zum Gebrauchstext und ihren kolloquialen Stil.[21] Trotz der im Gegensatz dazu stehenden Verwendung des Hexameters macht das ihre Zugehörigkeit zum Bereich der Dichtung zumindest zweifelhaft. In der bekannten Passage über den Stil in der vierten Satire des ersten Buches der *Sermones* argumentiert Horaz weiter in diesem Sinn, wenn er seinen Sprecher die Ansicht vorbringen lässt, dass, wer nahe am *sermo*, am Alltagsgespräch schreibe, nicht Dichter genannt werden könne; der Vers allein reiche nicht aus, um diesen Anspruch zu rechtfertigen.[22] Auch wenn fraglich ist, wie ernst Horaz diese Argumentation meint,[23] so wirft sie doch die auch um 1500 wieder erörterte Frage nach der

---

15 Vgl. KEANE 2007, S. 42.

16 Vgl. GOWERS 2005, S. 50f.

17 Vgl. KEANE 2007, S. 42f.; vgl. auch den Beitrag von Anita Traninger in diesem Band.

18 Vgl. dazu ausführlich FREUDENBURG 1993, S. 4–51.

19 HORAZ 1999, *Serm.* II, 7, V. 21–45.

20 Ein Anschein, der die Rezeption der *Sermones* trotz der Bekanntheit des *persona*-Konzepts sehr lange geprägt hat. Vgl. dazu SCHLEGEL 2005, S. 12–16.

21 In der Forschung zur römischen Verssatire werden die *Epistulae* deutlich weniger berücksichtigt, wenn auch ihre Nähe zu den *Sermones* erwähnt wird. In der italienischen Forschung zur Renaissancesatire gelten sie jedoch als gleichwertiges Vorbild.

22 „Neque enim concludere versum / dixeris esse satis neque, siqui scribat uti nos / sermoni propiora, putes nunc esse poetam" (HORAZ 1999, *Serm.* I, 4, V. 40–42). Die Passage schließt allerdings mit der Ankündigung, die Diskussion über die Zugehörigkeit zur Dichtung andernorts zu führen: „alias, iustum sit necne poema" (ebd. V. 63).

23 Freudenburg argumentiert dafür, dass diese Sicht diejenige von Horazens Kritikern sei und dass dies den zeitgenössischen Rezipienten auch klar gewesen sein muss (FREUDENBURG 1993, S. 119–150).

Stellung der Satire im Gefüge der Dichtung auf, die schließlich auch ihr Verhältnis zu Faktualität und Fiktionalität berührt.[24] Denn wenn Horaz in der ersten Satire etwas nebenbei die Frage nach der Zulässigkeit der Verbindung von Lachen und Wahrem stellt,[25] dann legt er damit den Bereich des *verum* für die Satire fest, der gemäß rhetorischer Konvention der Geschichtsschreibung vorbehalten ist.[26] So wird ein Wirklichkeitsbezug der Satire behauptet, der sie vom *fictum* des Epos und der Tragödie ebenso unterscheidet wie vom *vero simile* der Komödie.[27]

Im Gegensatz zur Geschichtsschreibung zielt die Satire aber nicht auf die Darstellung der Wirklichkeit. Vielmehr setzt sie, wie Studien zeigen, die das Satirische als Kommunikationsform unabhängig von seiner Realisierung in einer formal definierten Gattung in den Blick nehmen,[28] immer schon die Vertrautheit mit den behandelten Gegenständen voraus, auf die sie sich lediglich über eine Verweisstruktur bezieht.[29] Daher stellt Satire, wie die neuere Forschung betont, eine soziale Praxis dar und beruht wesentlich auf Formen der Performanz.[30] In einer solchen Perspektive rücken sowohl die Kontextgebundenheit der Satire als auch die Kommunikationssituation in ihrer triadischen Struktur, bestehend aus Sprecher, Adressat und satirischem Objekt, in den Vordergrund.[31] Das Besondere an der satirischen Kommunikation ist nun, dass sie auf der Indirektheit der Sprachhandlung basiert, in der Gesagtes und Gemeintes auseinander fallen, und dass sie

---

24 Vor allem Badius Ascensius in seinem Persius-Kommentar erörtert die Frage nach der Stellung der Satire im Bereich der Dichtung. Vgl. BRUMMACK 1971, S. 294.

25 „Quamquam ridentem dicere verum / quid vetat ?" (HORAZ 1999, *Serm.* I, 1, V. 24f.).

26 Das Lachen hingegen gehört der Komödie zu, die sich aber nicht mit dem Wahren, sondern mit dem Wahrscheinlichen, dem *vero simile* befasst.

27 Genau mit diesem Argument des Wahrheitsbezugs wird die Zugehörigkeit der Satire zur Dichtung in der neoaristotelischen Renaissancepoetik ab der zweiten Hälfte des Cinquecento problematisch und kann nur dadurch gerettet werden, dass sie als Nachahmung menschlicher Handlungen betrachtet wird, die auf das Allgemeine zielt und dadurch über die aristotelische Definition in den Bereich der Dichtung einbezogen werden kann. Ein Beispiel für die Problematisierung ist Casaubonus, Versuche der Rettung finden sich bei Robortello und Minturno. Vgl. BRUMMACK 1971, S. 301ff.

28 Ein hervorragender Überblick über den Stand der Satireforschung bis 1970 findet sich bei BRUMMACK 1971, die neuere Forschung seit HEMPFER 1972 ist konzise wiedergegeben bei KÄMMERER/LINDEMANN 2004, S. 9–46. Ich beziehe mich im Folgenden vor allem auf SCHWIND 1988, MAHLER 1992, SIMPSON 2003.

29 Vgl. SCHWIND 1988, S. 32–62 und MAHLER 1992, S. 47f.

30 Zu vielversprechenden Ansätzen der neuesten Forschung vgl. FREUDENBURG 2005a, S. 28–30. FREUDENBURG 2005 etwa enthält nach Teil I „Satire as literature" einen Teil II „Satire as social discourse".

31 Ich folge hier dem Modell von der triadischen Struktur der Satire, wie es SIMPSON 2003 entwickelt. Simpson benennt die drei Positionen als „satirist" A, „satiree" B und „satirised (= target of satire)" C (SIMPSON 2003, S. 85–88). Gelungene Satire erreicht ein Aneinanderrücken der Positionen A und B bei gleichzeitiger Distanzierung von der Position C. Misslungene Satire hingegen nähert B und C einander an. Die Kommunikation zwischen A und B, und das ist das Satirische daran, verletzt nun zum Teil die Grice'schen Konversationsmaximen, genau genommen setzt sie voraus, dass zwischen A und B Einigkeit darüber herrscht, dass Wahrheitsbezug und Aufrichtigkeit aufgehoben sind und die Ironie eine entscheidende Rolle spielt (ebd. S. 96).

folglich nur gelingen kann, wenn der Adressat über vom Sprecher vorausgesetzte Kenntnisse der extratextuellen Realumstände verfügt, die nicht eigens dargestellt werden.[32] Hinter dem Text steht also ein lediglich impliziertes und im Rezeptions-vorgang zu aktualisierendes zweites Bezugsfeld, auf das die satirische Äußerung eigentlich abzielt.[33] Dabei versucht die Satire freilich nicht, die Wirklichkeit direkt abzubilden, sondern sie zielt auf diejenigen Diskurse, die eine Konstruktion von Wirklichkeit versuchen und diese dabei notwendigerweise verzerren. Wie vor allem Mahler erläutert hat, gelingt es der Satire mittels eines sekundären, ver-zerrenden Diskurses, die Verzerrungen des ersten Diskurses bloßzustellen,[34] frei-lich nur, das wäre mit Simpson hinzuzufügen, wenn der Adressat diese Verzer-rungen als solche auch erkennt.

Damit wären wir wieder bei den Voraussetzungen der Ariost'schen Satiren angekommen, wie ich sie eingangs mit den Bemerkungen von Paoli zur idealen Rezeption beschrieben habe. Die Ariost'schen Satiren, in denen die biographische und soziale Realität nur teilweise beschrieben wird, während zumeist nur auf sie verwiesen und ihre Kenntnis vorausgesetzt wird, sind explizit für einen kleinen, dem Autor nahe stehenden Adressatenkreis geschrieben, der mit seinen Lebens-umständen vertraut ist. Die Form des Briefes an namentlich benannte Adressaten, vor allem Verwandte und Freunde sowie an Pietro Bembo und Bonaventura Pistofilo, bezeugt das. Der Sprecher schreibt sich damit in eine bestehende Sozial-struktur ein,[35] entwirft textintern seine idealen Rezipienten und wird gleichzeitig den Anforderungen gerecht, die in der Satirentheorie um 1500 an den Satiriker gestellt werden: Er muss für einen kleinen Kreis und zu seinem Privatvergnügen schreiben, ferner unschuldig und der *virtus* verpflichtet sein sowie einen ver-nünftigen und realistischen Stil pflegen, d.h. in anderen Worten, er muss sich als „maestro di pubblica moralità" präsentieren und den „tono medio" verwenden.[36]

Vor diesem literarhistorischen Hintergrund also sind die Satiren Ariosts zu lesen. Welche Folgerungen lassen sich aus den Gattungsbedingungen nun für die Art und Weise von Sozialkritik und Selbstdarstellung als den Aspekten des Wirk-lichkeitsbezugs, die uns hier interessieren sollen, ziehen? Es sind dies vor allem drei:

1. Die Satire als moralisierende Gattung, die Werturteile über Verhaltens-weisen und sittliche Zustände abgibt, erfordert einen moralisch integren, glaub-würdigen Sprecher, der über seine Erfahrungen mit der Realität spricht und auf

---

32   Siehe MAHLER 1992, S. 39–55 und SIMPSON 2003, S. 90ff.

33   Siehe MAHLER 1992, S. 53. Simpson konzeptualisiert das als „orders of discourse in social, cultural and political organisation", ohne die dahinter liegende Wirklichkeit zu berücksich-tigen (SIMPSON 2003, S. 86), während Mahler zwischen der kontingenten Wirklichkeit und ihrer kontingenztilgenden diskursiven Konstruktion explizit unterscheidet (s. MAHLER 1992, S. 62).

34   Siehe MAHLER 1992, S. 56f.

35   Vgl. FLORIANI 1988, S. 19 und 88.

36   Um 1500 beschränkt sich die Satiretheorie im Wesentlichen auf die Kommentare zu den seit circa 1470 aufkommenden Drucken der römischen Satiriker, in denen großenteils die von den Autoren selbst skizzierten Problemlagen wiedergegeben werden. Vgl. dazu vor allem BRUM-MACK 1971, S. 296 und GALBIATI 1987, S. 12–25.

dieser Basis moralische Urteile über seine Umgebung fällt.[37] Daher gibt dieser Sprecher sich als klar zu situierende Persönlichkeit zu erkennen, als, wie Floriani das formuliert, „figura di un poeta in rapporto critico ma complessivamente positivo col tempo che lo produce e la società culturale che ne riconosce l'opera".[38]

2. Selbstverständlich konstruiert Ariost in den Satiren eine *persona*. Dennoch enthalten sie auch autobiographische Elemente,[39] und man sollte die in der Forschung immer wieder betonte Ansicht, dass sie das Resultat einer Lebenskrise nach dem Zerwürfnis mit Ippolito d'Este seien, nicht gänzlich außer Acht lassen.[40] Die satirische Kommunikation beruht ja gerade darauf, dass es Übereinstimmungen zwischen Autor und *persona* gibt, die sogar bewusst zur Konstruktion einer realistischen *persona* eingesetzt werden: „io è una realtà testuale che si pone come corrispondente perfetto della realtà biografica del poeta".[41] Ebenso sind die genannten Adressaten dann die Textentsprechungen der realen Persönlichkeiten, die sich hinter diesen Namen verbergen, und der „signore" der ersten Satire stellt die Textentsprechung des Ippolito d'Este dar. Welche Züge der jeweiligen Textentsprechungen mit den realen Personen übereinstimmen und welche nicht, bleibt freilich ohne Kenntnis der extratextuellen Umstände nicht erkennbar und führt zu einem Oszillieren der Gattung zwischen Faktualität und Fiktionalität, das von Ariost, wie ich im nächsten Teilkapitel zeigen werde, durch die Ausnutzung der Briefform noch gefördert wird.

3. Bei dem Bild, das Ariost vom Sprecher der Satiren zeichnet, handelt es sich also im strengen Sinn nicht um eine Selbstdarstellung, sondern vielmehr um eine

---

37 Ich will die Möglichkeit nicht ausschließen, dass auch das Moralisieren nur fingiert ist (so PAOLI 2000, S. 51), aber auch dann muss es von einer Position aus geschehen, die das fingierte Moralisieren glaubhaft macht.

38 FLORIANI 1988, S. 14.

39 Als autobiographisch lassen sich allerdings weniger die berichteten Ereignisse und Vorfälle als vielmehr der Gestus der Rechtfertigung sowie die bitteren und desillusionierten Töne lesen. So macht Schunck die These stark, dass die Satiren „unter dem Gesichtspunkt einer persönlichen Rechtfertigung verfaßt" wurden (SCHUNCK 1970, S. 76). Segre spricht von einer „narrazione apologica" (SEGRE 1976, S. 47). Neuerdings spricht sich gegen die Rechtfertigung vor allem Paoli aus, der nur Bitterkeit und Desillusion in den Satiren für echt hält (PAOLI 2000). Das Bild des Autors hingegen stützt sich stärker auf die 1965 von Angelo Stella edierten Briefe, die das Porträt eines geschickten Diplomaten und engagierten Verwalters der Garfagnana zeichnen (vgl. ARIOSTO 1965). Neben der Einleitung darin vgl. zu dem Bild, das die Briefe von Ariost zeichnen, vor allem CARETTI 1976. Man sollte sich aber nun davor hüten, die Briefe als faktuale Texte gegen die Satiren als Fiktion auszuspielen. Bei den erhaltenen Briefen Ariostos handelt es sich im Wesentlichen um offizielle Briefe, vor allem an den Duca Alfonso. Die Vorstellung, dass hierin sein wahres Ich zum Ausdruck käme, während in den im familiären Plauderton gehaltenen und an nahe Verwandte und Freunde adressierten Satiren eine rein fiktionale Selbstinszenierung betrieben würde, ist verzerrt. Mit den Briefen aus der Garfagnana versucht Ariost oft genug, den Duca Alfonso zum Handeln in seinem Sinne zu bewegen. Die Darstellung wird also diesem Zweck untergeordnet sein.

40 Vgl. z.B. SCHUNCK 1970, S. 61f. Freilich muss man nicht soweit gehen, sie ohne jeden Ansatz der Differenzierung zwischen Literatur und Leben als Ausdruck und Bewältigung einer Midlife-Crisis zu lesen, wie BAILLET 1980 das tut.

41 FLORIANI 1988, S. 14.

Selbstinszenierung, die auf verschiedene Strategien der Selbststilisierung zurück-
greift. Eine dieser Strategien beruht auf dem intertextuellen Bezug zu Horaz. Als
Begründer einer neuen Gattung in der Volkssprache[42] unter dem Zwang der
Selbstautorisierung orientiert sich Ariost stark an dem antiken Vorbild und stilisiert sich in dessen Nachfolge. Damit ergibt sich eine doppelte Bezugsebene für
die Satiren. Einerseits referieren sie, auf der Ebene des Faktischen, auf die
Lebensumstände am Hof des Ippolito d'Este, die tatsächlich nur partiell geschildert werden, deren Kenntnis aber vorausgesetzt wird. Andererseits beziehen sie
sich, auf der intertextuellen Ebene, auf die Satiren von Horaz und die darin
entworfene *persona*, die einen ständigen Bezugspunkt für die Ariost'schen Satiren
bildet.

2. Zwischen Referentialität und Intertextualität: die Zeitangaben als Spiel mit Fakt und Fiktion

Mehr noch als an den *Sermones* von Horaz orientiert sich Ariost mit seinen
Satiren an den *Epistulae*.[43] Das wird besonders deutlich in der Form der Satiren,
die sich, ähnlich wie die horazischen, trotz ihrer elaborierten Form als Ge-
brauchstexte präsentieren, nämlich als Briefe mit klar zu identifizierenden Adressaten, die auch die Schreibsituation immer wieder thematisieren und stilistisch
deutliche Anleihen beim Privatbrief machen.[44] Die Forschung ist sich nicht einig,
ob die Satiren wirklich an ihre Adressaten verschickt wurden oder ob es sich nur
um die Fiktion einer Briefsituation handelt.[45] Übereinstimmung herrscht aber
darüber, dass diese eine wichtige Funktion für den Aussagegehalt der Satiren hat,
und zwar in doppelter Hinsicht. Erstens wird, wie oben schon ausgeführt, über die
Adressaten ein idealer Rezipientenkreis konstituiert, der es im Gegenzug auch
dem Schreiber erlaubt, sich im Rahmen eines privaten Kreises als frei von gesellschaftlichen Konventionen und daher offen und wahr Sprechender zu inszenieren.[46] Zweitens erfolgt durch die für die Gebrauchstextsorte Brief typischen

---

42 Die Satiren Ariosts gelten gemeinhin als Geburtsstunde der Renaissance-Satire nach dem
    Vorbild von Horaz. Vgl. GALBIATI 1987 und FLORIANI 1988.
43 Die wichtigsten Übernahmen sind struktureller und thematischer Natur, nämlich die des auto-
    biographischen Sprechers in der Briefsatire, der seinen Wert gegenüber seiner Umwelt ver-
    teidigt. Vgl. MARSH 1975, S. 319 und 324. Für die uns interessierende erste Satire gilt: Der
    Anfang imitiert die Epistel I, 3; Sprechsituation sowie Apolog entstammen der Epistel I, 7,
    um nur die wichtigsten Bezugspunkte zu nennen. Vgl. SARKISSIAN 1985, S. 108–113.
44 Die Anleihen beim Privatbrief weist FLORIANI 1988, S. 77–87 überzeugend nach.
45 Als Fiktion versteht sie GRIMM 1969; von einer tatsächlichen Briefsituation gehen SCHUNCK
    1970 und SEGRE 1976, S. 43 aus. Plausibel gegen die tatsächliche Versendung der Satiren
    zum Zeitpunkt ihres Entstehens argumentiert PAOLI 2000.
46 Entsprechende Formulierungen finden sich vor allem gegenüber den Cousins Annibale und
    Sigismondo Malegucio. Hier seien nur zwei Beispiele zitiert: „Liberamente te 'l confesso"
    (ARIOSTO 1987, *Sat.* III, V. 76) oder „Con altre cause e piú degne mi escuso / con gli altri
    amici, a dirti il ver; ma teco / liberamente il mio peccato accuso" (ebd. *Sat.* IV, V. 25–27). Im

deiktischen Verweise die Verbindung zur Ebene des Faktischen und die Bindung der Satiren an konkrete, extratextuelle Anlässe, die sich zumindest größtenteils historisch situieren lassen.[47] Der Sprecher kann sich daher als zeitlich, räumlich und sozial situiert agierend zeigen. Allerdings gehen die Verweise auf die Realität keineswegs in ihrer Referenz auf die Ebene des Faktischen auf, sondern haben oft genug darüber hinaus gehende Bedeutung. Dies sei an zwei Beispielen erläutert.

Gegen Ende der ersten Satire behauptet der Sprecher, er sei 44 Jahre alt.[48] Tatsächlich aber hatte Ariost zum Zeitpunkt der Verlegung des Hofes von Cardinale Ippolito nach Ungarn im Oktober 1517, dem Schreibanlass der Satire, gerade erst das 43. Lebensjahr vollendet. Interessant wird diese Divergenz nun durch eine intertextuelle Dimension, die meines Wissens bisher noch nicht beachtet worden ist: Ariost beansprucht damit dasselbe Alter für sich, das Horaz in der letzten Epistel seines ersten Buches angibt.[49] Horaz tut dies in den letzten beiden Versen seiner Epistel im Zusammenhang mit einer Akzentuierung seiner Autorschaft. Er wendet sich an der betreffenden Stelle direkt an sein Buch und fordert es auf, Auskunft über den Autor, dessen Herkunft, Verdienste, Gestalt, Charakter und eben das Alter zu erteilen. Die Altersangabe an solch prominenter Stelle, die über die Nennung des Konsulatsjahres verifizierbar gemacht wird, kann also quasi als Signatur im Sinne einer Erklärung zur Autorschaft dieser Texte gelesen werden.

Wenn Ariost nun dieselbe Altersangabe verwendet, so ruft er damit zwar den Kontext des horazischen Zitates auf, aber er setzt aus zwei Gründen keine Signatur damit: erstens, weil die Stelle nicht am Ende der Satire steht, und zweitens, weil er keine Anhaltspunkte für eine textexterne Datierbarkeit liefert. Die Relation zum Faktischen wird durch dieses Fehlen einer extratextuellen Referenz brüchig, und die Altersangabe funktioniert nur im Rahmen der Schreibsituation, d.h. sie bleibt deiktisch,[50] – oder in der intertextuellen Relation. Der ideale Rezipient wird wissen, dass das Alter ungefähr mit dem des Autors übereinstimmt, die leichte Divergenz zwischen extern datierbarem Schreibanlass der Satire und extern datierbarem Alter des Autors rückt jedoch die intertextuelle Übereinstimmung stärker in den Blick und trägt zur Stilisierung Ariosts in der Horaz-Nachfolge bei.

Folgenden werden die Satiren Ariosts unter Angabe der Sigle *Sat.*, der Nummer der Satire und der Verse nach dieser Ausgabe im Text zitiert.

47   Für die Datierung werden bis heute in erster Linie die im Text genannten Anlässe herangezogen, die die Satiren im Faktischen verankern sollen (vgl. ARIOSTO 1987 und 1989). Erst Paoli hat jüngst darauf hingewiesen, dass der textintern behauptete Schreibzeitpunkt nicht mit der tatsächlichen Redaktion übereinstimmen muss, sondern diese auch später stattgefunden haben kann (PAOLI 2000, S. 42).

48   „Io son di dieci il primo, e vecchio fatto / di quarantaquattro anni" (*Sat.* I, V. 216f.).

49   „Me quater undenos sciat inplevisse Decembris, conlegam Lepidum quo duxit Lollius anno" (HORAZ 2003, *Ep.* I, 20, V. 27f.).

50   Freilich lässt sich nicht ausschließen, dass sie zum tatsächlichen Zeitpunkt des Schreibens, der ja nicht mit der fingierten Schreibsituation übereinstimmen muss, nicht doch zutrifft. Eine wirkliche Relevanz für die Konsequenzen dieser Passage hat das aber letztlich nicht, da die Referentialität höchstens im Akt des Schreibens und der unmittelbaren Rezeption besteht, darüber hinausgehend aber nicht überprüfbar ist.

In der letzten Satire, also an dem Ort, der dem entspricht, an dem Horaz seine Altersangabe macht, nennt auch der Sprecher der Ariost'schen Satiren wieder sein Alter, diesmal vollendete 49 Jahre (*Sat.* VII, V. 167). Dadurch wird der Zeitraum hervorgehoben, der zwischen dem Schreiben der ersten und der letzten Satire verstrichen ist. Die zeitliche Dimension des Schreibens, die ja Teil des Faktischen ist, wird damit thematisiert. Allerdings muss die Faktualität dieser Angaben aufgrund der letztlich uneindeutigen Referentialität hier auch als eine inszenierte betrachtet werden. Die Altersangaben heben mehr den Akt des Verweisens selbst hervor, als dass sie auf einen konkreten Bezugspunkt im Faktischen abzielen, und dienen darüber hinaus der Herstellung intertextueller Bezüge und Bedeutungen.

An einem etwas anders gelagerten Beispiel aus der sechsten Satire lässt sich zeigen, dass auch dort die Bedeutung der Zeitangaben keineswegs im Faktischen aufgeht, sondern vor allem eine symbolische Funktion hat. Ariost gibt in einer autobiographisch gehaltenen Passage an, dem Kardinal Ippolito von Este die ganze Regierungszeit des Papstes Julius I. und sieben Jahre unter Leo X. gedient zu haben:

> Alla morte del padre e de li dui
> sì cari amici aggiunge che dal giogo
> del Cardinal da Este oppresso fui;
> che da la creazione insino al rogo
> di Iulio, e poi sette anni anco di Leo,
> non mi lascì fermar molto in un luogo,
> e di poeta cavallar mi feo. (*Sat.* VI, V. 232–238)

Offensichtlich handelt es sich hier um eine extrem kondensierte Zusammenfassung der in der ersten Satire im Übrigen korrekt bezifferten 15 Jahre im Dienste des Kardinals, die zudem als Joch bezeichnet werden. Die hier gemachte Zeitangabe der sieben Jahre unter Papst Leo X jedoch stimmt mit den Fakten nicht überein: Ariost verließ den Dienst des Kardinals 1517, d.h. im fünften Jahr nach der Wahl Leos.[51] Zunächst wäre jedoch zu klären, warum Ariost diese Zeit als Joch bezeichnet. Die Hauptanklage an den Kardinal scheint zu lauten, dass der Sprecher vom Dichter zum Reiter degradiert wurde. Diese Aussage ist gleichzeitig wahr, ironisch und bitter[52] und stellt damit eine typische Form des satirischen Wirklichkeitsbezugs dar, da sie das Wissen um die ungeliebten, oft delikaten diplomatischen Missionen, die Ariost für den Kardinal zu erfüllen hatte, voraussetzt. Zum anderen verzerrt sie die Umstände, denn Ariost war keineswegs ein bloßer „cavallar" und konnte es sich als Ehre anrechnen, solche Missionen ausführen zu dürfen. Mit der despektierlichen Bezeichnung würdigt der Sprecher der Satire die Bedeutung dieser Tätigkeit herab und kritisiert zugleich die Hierarchie der beiden Beschäftigungen am Hof.

Welche Bedeutung gewinnt in diesem Rahmen nun die von der Realität divergierende Zeitangabe? Zum einen gestaltet Ariost sie so, dass sie den Zeitraum sozusagen aufbläht: Die Formulierung „da la creazione insino al rogo […] e poi

51   Vgl. die Kommentare von Segre und Santoro (ARIOSTO 1987 und 1989).
52   Vgl. PAOLI 2000, S. 50–52.

sette anni" erweckt den Eindruck, als dauere der Zeitraum länger als ein Men-
schenleben. Was die sieben Jahre unter Leo X. angeht, so ist spekuliert worden,
ob Ariost seinen Dienst erst mit dem Tod des Kardinals im Jahr 1520 als wirklich
beendet ansah;[53] wichtiger als der Bezug zu den Fakten erscheint mir hier aber die
symbolische Dimension der Zahl sieben. Sieben Jahre sind in der Bibel bekanntermaßen eine häufige Dauer von Leidens- oder Bewährungszeiten, und so schreibt
auch Ariost seinem als Joch bezeichneten Dienst beim Kardinal von Este eine
Dauer von sieben Jahren zu, unabhängig von seiner tatsächlichen Dauer. Die
symbolische Aufladung der Passage wird zudem noch verstärkt durch die genannten drei Todesfälle (Tod des Vaters, Tod Gregorios di Spoleto und Tod
Pandolfos), die in Wirklichkeit gar nicht so eng beieinander lagen, wie es die
vorgenommene Zusammenstellung suggeriert. Die Selbstdarstellung als *familiare*
des Cardinale Ippolito gerät damit zur Selbstinszenierung. Der Sprecher stilisiert
sich zum unglücklich Leidenden und zum vom Unglück Verfolgten, dessen dichterische Tätigkeit nicht die gebührende Wertschätzung erfährt.

   Die beiden Beispiele haben gezeigt, dass die Referenzen auf das Faktische,
was die zeitlichen Relationen anbetrifft, nur auf den ersten Blick faktual gemeint
sind. Zum Teil werden sie auch gemacht, um über die Verweisstruktur Faktualität
zu inszenieren und darüber den Satiren gemäß der poetologischen Tradition den
Bereich des *verum* zuweisen zu können. Tatsächlich jedoch oszilliert ihre Bezüg-
lichkeit zwischen Faktualität und der Selbststilisierung dienender Intertextualität.
Diese zweite Bedeutungsdimension verortet den Sprecher in einem literarischen
Raum und ist mindestens ebenso wichtig, weil erst sie die angestrebte Selbstinszenierung, und das heißt auch die Erschreibung einer Autorrolle, ermöglicht.

3. Sozialkritik und Selbstinszenierung des Dichters im satirischen Genre

Am Beispiel der ersten Satire, der nicht zu Unrecht auch eine metapoetische
Funktion zugeschrieben worden ist,[54] sei nun dargelegt, wie der Sprecher sich in
Absetzung von dem am Hof seines Signore praktizierten Modells des Dichters als
Höfling, das er in satirischer Verzerrung kritisiert, eine von ihm modellierte
Dichterrolle erschreibt. Zum Ausgangspunkt dafür kann die oszillierende Bezüg-
lichkeit der räumlichen Deixis dienen, die keinesfalls allein in geographischer
Referentialität aufgeht, sondern immer auch soziale Positionierungen mit transportiert. Dreimal sagt der Sprecher der Satire „qui", und jedes Mal lassen sich
ausgehend von den Bezugspunkten im geographischen, gesellschaftlichen und
imaginären Raum Erkenntnisse über seine Selbstinszenierung in den drei Teilen
der Satire gewinnen.

   Zunächst jedoch seien Kontext und Aufbau der Satire kurz skizziert. Den
Schreibanlass bildet das Zerwürfnis mit dem Kardinal Ippolito von Este, in dessen
Diensten Ariost bis Oktober 1517 stand. Als der Kardinal, gleichzeitig Bischof in

---

53   Siehe PAOLI 2000, S. 48.
54   Vgl. BERRA 1995.

Ungarn, sich für längere Zeit mit seinem Hof nach Ungarn begab, wohin Ariost in seiner Funktion als *familiare* ihm hätte folgen müssen, kam es aufgrund von Ariosts Weigerung zum Bruch.[55] Die Satire enthält drei Teile, von denen der erste (V. 1–87) und der letzte (V. 190–265) die Briefsituation inszenieren und für die lebensweltliche Verankerung des Sprechers sorgen. Dazwischen liegt eine lange Digression (V. 88–189), in der die schließlich als wesentlicher erscheinenden Themen verhandelt werden.

Zu Beginn wendet der Sprecher, der in weiten Teilen mit dem Autor identisch zu sein scheint, sich an seinen Bruder Alessandro und seinen Freund Ludovico Bagno, um Informationen vom Hof zu erhalten.[56] Schnell jedoch tritt die Rechtfertigung seiner Weigerung und die Darlegung der Gründe dafür in den Vordergrund. Als ersten Grund nennt der Sprecher seine Gesundheit und imaginiert eine Vielzahl von Einwänden seiner Briefpartner, auf die er dann antwortet. In der Digression wird sowohl die zuvor etablierte Argumentationsebene verlassen als auch die Simulation der Briefsituation unterbrochen. Der Sprecher wählt sich nun andere Dialogpartner, die er apostrophiert und die es ihm erlauben, sich als Dichter zu positionieren:[57] erstens Apollo und die Musen, zweitens Andrea Marone, einen weiteren Dichter am Hofe Ippolitos, und schließlich Ruggiero, den Helden des *Orlando furioso* und – in der enkomiastischen Fiktion – Ahnherrn des Hauses der Este. Hier exponiert er Grundsätzliches zur Stellung des Dichters am Hof des Kardinals (V. 88–159), bevor er im Rekurs auf Horaz das Ideal des freien und selbstgenügsamen Dichters entwirft (V. 160–189).

Der dritte Teil nimmt die Briefsituation wieder auf und nennt einen zweiten Grund für das Verweilen in Ferrara, nämlich die familiären Bindungen. Hier nimmt der Sprecher seine lebensweltliche Verankerung in Ferrara vor und bittet auf dieser Basis seinen Bruder, dem Fürsten einen Vorschlag für das weitere Verbleiben in seinem Dienst zu überbringen, wobei er aber sein Verbleiben in Ferrara und die dichterische Tätigkeit zur Vorbedingung macht (V. 220–246). Mit einer Fabel, die das Verhältnis von Besitz und Freiheit nochmals thematisiert, und einer daraus gezogenen Konklusion, die in unserem Kontext aber ohne größere Bedeutung sind, schließt dann die Satire (V. 247–265).

---

55 Vgl. CATALANO 1930–31, Bd. 1, S. 442–452.

56 Ob der Umzug bereits erfolgt ist oder erst kurz bevorsteht, bleibt durch widersprüchliche Aussagen unklar: Der Ausdruck „gli altri partendo" (*Sat.* I, V. 6) weist darauf hin, dass die Abreise noch nicht erfolgt ist, während die Formulierungen „costà sotto il polo gli avete" (*Sat.* I, V. 35f.) und „Alessandro, / tu sei col signore ito" (*Sat.* I, V. 204) darauf hindeuten, dass der Hof bereits in Ungarn angelangt ist.

57 Cesare Segre hat in seiner wegweisenden Studie zur Dialogstruktur der Satiren auf die Bedeutung und die Vielzahl der Dialogpartner hingewiesen, allerdings die erste Satire nicht im Einzelnen betrachtet (SEGRE 1976).

3.1 „Gli altri partendo, io qui rimagno": Konstruktion der satirischen *persona* in Opposition zum Hof

Die Gegenüberstellung von Sprecher und Hofgesellschaft wird vom ersten Vers der Satire an deutlich. Schon bei der Nennung seines Anliegens stellt der Sprecher die Personalpronomina durch ihre Randposition im Vers in deutliche Opposition zueinander, wobei er das „io" selbstbewusst dem „voi" voranstellt: „Io desidero intendere da voi" (*Sat.* I, V. 1). Der Gegensatz zwischen dem Ich und den anderen wird am deutlichsten in Vers 6 formuliert: „gli altri partendo, io qui rimagno". Damit setzt der Sprecher den Ort seines Schreibens, das „qui", als Referenz, von dem die dadurch als zentrifugal gesetzte Bewegung der anderen, die „costà sotto il polo" (*Sat.* I, V. 35) endet, ihren Ausgang nimmt.

Der räumlichen Unterscheidung korrespondiert auch eine moralische: Der Sprecher inszeniert sich als einzig Aufrichtiger in einer verlogenen und korrumpierten Hofgesellschaft, als deren Teil er sich aber offenbar noch betrachtet, wenn er die Schmeichelei als „l'arte che più *tra noi* si studia e cole" (Sat. I, V. 8, Hervorh. SG) bezeichnet.[58] Über das Adjektiv „pazzo" schreibt er sich dann eine gesellschaftliche Marginalität zu, die auf dem Nichtbefolgen der Regeln des Hoflebens, und das bedeutet in erster Linie die Distanzierung von der allgemeinen „adulazione", beruht. Damit stellt er sich in diesem ersten Teil der Satire als moralisch integer und als wahr sprechend, aber auch als gesellschaftlich marginalisiert dar. Die Gründe, die er für seine Weigerung, mit nach Ungarn zu gehen, anführt, wirken hingegen eher fadenscheinig, wenn in alltäglich banaler Weise die vermutlichen Lebensumstände am Hof in Ungarn und deren Schädlichkeit für die Gesundheit ausgemalt werden. Auch in dieser fiktiven Situation – die Passage ist komplett im Futur und Konditional gehalten – inszeniert sich der Sprecher wieder als marginal, wenn er sich vorstellt, er müsse sich aufgrund seiner gesundheitlichen Probleme der Gemeinschaft entziehen und auf seinem Zimmer bleiben: „Dunque voi altri insieme, io dal matino / alla sera starei solo alla cella [...]?" (*Sat.* I, V. 61f.).

Offensichtlich wird dabei jedoch auch, dass die Marginalität unterschiedlich konstruiert ist. Während der Sprecher die gesellschaftliche Marginalität sich selbst zuschreibt und beinahe Genuss an seinem Leiden und seiner Außenseiterposition zu finden scheint, weist er die räumliche Marginalität dem Hof in Ungarn zu und beansprucht für sich eine zentrale Stellung, indem er seinen – allerdings geographisch nicht ausdrücklich lokalisierten und nur über extratextuelle Faktoren

---

58 „Pazzo chi al suo signor contradir vole" (*Sat.* I, V. 10). In den ersten drei Satiren ist die „pazzia" immer wieder als Thema präsent, wobei als „pazzo" derjenige gilt, der von den gesellschaftlich üblichen Verhaltensweisen abweicht. In den letzten Versen der letzten Satire nennt der Sprecher die „ragion pazza", hinter der man seine Geliebte Alessandra Benucci vermuten muss, die ihn dazu bringe, lieber auf Ehren und Ämter zu verzichten und in Ferrara zu bleiben (*Sat.* VII, V. 180). Zur Verwendung der „ragion pazza" als Schluss der Satiren vgl. GUAGNINI 2002 und BERRA 2000, S. 175f., die auch auf die Selbstanklage wegen „pazzia" bei Horaz eingeht und diese als „codice dell'integrità individuale" liest.

lokalisierbaren – Standort zum Bezugspunkt des Schreibens nimmt.[59] Dies wird
vor allem im dritten Teil noch zu sehen sein. Zuvor jedoch erfährt die realistisch-
komische Ausgestaltung der fiktiven Situation in Ungarn einen jähen Bruch durch
einen Ausruf des Sprechers im Präsens, der den Abbruch des fiktiven Dialogs mit
den Adressaten des Briefs nach sich zieht:

> Io, per la mala servitude mia,
> non ho dal Cardinal ancora tanto
> ch'io possa fare in corte l'osteria. (*Sat.* I, V. 85–87)

3.2 „Che debbio far io qui?" – Suche des Dichters nach seinem Platz am Hof

In der langen Digression, die auf diesen Ausruf folgt, stellt der Sprecher sich nicht
mehr nur als Teil der Hofgesellschaft dar, sondern bezieht auch seine Stellung als
Dichter mit ein. Im Vordergrund steht nun nicht mehr das körperliche Wohl-
befinden in einer fiktiven Situation, sondern seine wirkliche Rolle am Hof,
bezeichnet als „mala servitude", wobei bittere Töne gegenüber der humoristisch
gehaltenen Schilderung des ersten Teils die Oberhand gewinnen.

Zu Beginn der Digression erfolgt ein Wechsel des Dialogpartners: Der Sprecher wendet sich in einer Parodie des klassischen Musenanrufs an Apollo und die
Musen:

> Apollo, tua mercé, tua mercé, santo
> collegio de le Muse, io non possiedo
> tanto per voi, ch'io possa farmi un manto. (*Sat.* I, V. 88–90)

Allerdings verhallt dieser Anruf weitgehend ungehört und bringt dem Sprecher
nur den Einwand ein, er sei nicht ohne Belohnung geblieben.[60] Um die Gaben des
Fürsten an sich geht es diesem aber gar nicht, sondern ihn interessiert in erster
Linie der Wert der Dichtung innerhalb der ökonomischen Strukturen am Hof.
Dieses Thema behandelt er in der Auseinandersetzung mit den referierten Aussagen seines Signore, der Textentsprechung des Cardinale Ippolito, der, obwohl er
im Prinzip den Gegenstand der Satire darstellt, zum eigentlichen Adressaten
dieser Passage wird:

> Non vuol che laude sua da me composta
> per opra degna di mercé si pona;
> di mercé degno è l'ir correndo in posta. (*Sat.* I, 97–99)

Die realen Bezugspunkte der Satire lassen sich hier leicht erkennen. Die „laude
sua da me composta" meint die 1516 gedruckte erste Fassung des *Orlando
furioso*, in der die Enkomiastik bekanntlich einen deutlich größeren Raum einnimmt als in den späteren Fassungen.[61] Und das „ir correndo in posta" bezeichnet

---

59   Zur Organisation des Schreibens um die *persona* vgl. v.a. GRIMM 1969.
60   „Oh! il signor t'ha dato… – io ve'l conciedo, […] / ma che m'abbia per voi dato non credo"
     (*Sat.* I, V. 91–93).
61   Vgl. dazu BRUSCAGLI 1983, S. 23f.

wieder die diversen diplomatischen, manchmal heiklen und gefährlichen Missionen sowie die Beschaffung und den Transport erlesener Weine, die Ariost für den Kardinal durchzuführen hatte.[62] Der Sprecher hadert nun damit, dass nur Letztere am Hof als „opra degna di mercé" gelten, während die Dichtung für den Signore eine Beschäftigung für Mußestunden sei,[63] und er gibt dessen angeblich bis ins Burleske gehenden, möglicherweise aber auch vom Sprecher überzeichneten Aussagen über die Wertlosigkeit der Dichtung wieder: „Egli l'ha detto: [...] i versi miei posso a mia posta / mandare al Culiseo per lo sugello" (*Sat.* I, V. 94f.).

In der Apostrophe an den Dichterkollegen Andrea Marone, der vergeblich darum gebeten hatte, mit nach Ungarn kommen zu dürfen, zieht der Sprecher die Konsequenz daraus und rät ihm, die Dichtung besser aufzugeben.[64] Hier beschreibt er zugleich den Konflikt, der sich dem Höfling stellt: Die Gunst und Geschenke des Fürsten sind mit der Aufgabe der persönlichen Freiheit zu erkaufen.[65] Davon ausgehend entwickelt er dann im zweiten Teil der Digression ein Ideal, das sich eng an Horaz anlehnt und das Genügsamkeit und Ruhe zu einer Form der persönlichen Freiheit kombiniert, die als *autarkeia* bezeichnet werden kann[66] und auf dem Verzicht auf materielle Güter beruht: „Più tosto che arricchir, voglio quiëte" (*Sat.* I, V. 160). Diese Ruhe soll den Studien zugute kommen, die gegen die Laster am Hof, vor allem Neid und Habgier, immun machen.[67] Materiell gründet sich die *autarkeia* auf die „ben paterni", und örtlich situiert sie sich in der „casa mia", also in räumlicher Distanz zum Hof.[68]

Im Übergang zwischen der satirischen Kritik am Hof des Ippolito im ersten Teil der Digression und dem Entwurf des horazischen Ideals im zweiten Teil steht eine Apostrophe, mit der der Sprecher quasi die Argumente der vorangegangenen Passage resümiert und die Problematik seiner Stellung am Hof hervorhebt:

> Ruggier, se alla progenie tua mi fai
> sí poco grato, e nulla mi prevaglio
> che li alti gesti e tuo valor cantai,
> che debbio far io qui, poi ch'io non vaglio
> smembrar su la forcina in aria starne,
> né so a sparvier, né a can metter guinzaglio? (*Sat.* I, V. 139–144)

---

62 Vgl. hierzu CATALANO 1930–31, Bd. 1, S. 307–387 und 440.

63 „S'io l'ho con laude ne' miei versi messo, / dice ch'io l'ho fatto a piacere e in ocio" (*Sat.* I, V. 106f.). Zu Ariosts Versuchen, tatsächlich Gewinn aus seiner Dichtung zu ziehen, vgl. GUIDI 1990.

64 „Fa a mio senno, Maron: tuoi versi getta / con la lira in un cesso, e una arte impara / se beneficii vuoi, che sia più accetta" (*Sat.* I, V. 115–117). Zu Marone vgl. Segre in seinem Kommentar (ARIOSTO 1987, Fn. 40).

65 So beschrieben schon bei HORAZ 2003, *Ep.* I, 10, V. 39–41. Vgl. auch MARSH 1975, S. 318.

66 Vgl. FLORIANI 1988, S. 33.

67 „[Lo studio] Fa che la povertà meno m'incresca, / e fa che la ricchezza sí non ami / che di mia libertà per suo amor esca; / quel ch'io non spero aver, fa ch'io non brami, / che né sdegno né invidia me consumi" (*Sat.* I, V. 169–173).

68 „Anco fa che al ciel levo ambe la mani, / ch'abito in casa mia commodamente, [...] / e che nei ben paterni il rimanente / del viver mio, senza imparar nova arte, / posso, e senza rossor, far, di mia gente" (*Sat.* I, V. 184–189).

Hier übernimmt Ariost mit der Anrede an Ruggiero die enkomiastische Fiktion in die traditionell eher als nicht-fiktional codierte Gattung der Satire. Er macht damit auf seinen Wert als Dichter aufmerksam, gleichzeitig wird jedoch auch deutlich, dass die Fiktion innerhalb der ökonomisch geprägten Strukturen am Hof so wenig Gewicht zu haben scheint wie Apollo und die Musen. Umgekehrt betont der Sprecher hier, wie auch schon zuvor, seine mangelnde Eignung für das höfische Leben, hebt also die Inkompatibilität von Dichter und Hofleben hervor.

Was jedoch ist der Bezugspunkt des „qui"? Weder bezieht es sich auf den aktuellen Aufenthaltsort des Schreibers, wie das „qui" am Anfang, das einen Bezug zur Faktizität herstellen sollte („partendo gli altri, io qui rimagno", *Sat.* I, V. 6); noch kann es sich auf den Hof in Ungarn beziehen, der aus der Perspektive des Sprechers „costà sotto il polo" (*Sat.* I, V. 35) liegt. Es bleibt also lediglich die Möglichkeit, dass der Hof des Kardinals als gesellschaftlicher Raum, unabhängig von seiner geographischen Situation, gemeint ist. In diesem Raum, und das entspricht vermutlich der Realität am Hof des Ippolito, gelten Rebhuhnschießen und Jagd mehr als die Dichtung. Die rhetorische Frage markiert also die Tatsache, dass unter den genannten Bedingungen der Dichter am Hof fehl am Platz ist, bzw. dass die Rolle, die ihm zugewiesen wird, in keiner Weise der entspricht, die der Sprecher für sich im Sinn hat.

3.3 „Io, stando qui, farò con chiara tromba il suo nome sonar": Ideal des unabhängigen Dichters fern vom Hof

Mit der Formulierung seines horazischen Unabhängigkeitsideals, das im Kontrast steht sowohl zu der zuvor imaginierten Situation am Hof in Ungarn als auch zu der bisher real erlebten, endet die lange Digression. Im Weiteren nimmt der Sprecher seine Brieffiktion wieder auf, scheint aber die Lust am Aufzählen der angeblich wahren Gründe für sein Verweilen in Ferrara verloren zu haben, denn unter dem Vorwand, das Papier reiche nicht, nennt er nur noch einen. In der Tat sind die wirklichen Gründe ja auch in der Digression deutlich geworden, und der nun genannte Grund, die Verantwortung gegenüber der Familie, dient nur noch dazu, den Sprecher sozial zu verankern. Jetzt allerdings erfolgt die Selbstsituierung nicht mehr wie am Anfang in Bezug auf die Hofgesellschaft, sondern außerhalb, im Kreise seiner Familie. Damit distanziert der Sprecher sich endgültig vom Hof, dem er sich am Anfang mit dem „tra noi" noch zugehörig gezeigt hatte. Von dieser Position aus kann er dem Signore jedoch einen Vorschlag machen, der sich mit seiner *autarkeia* vereinbaren lässt und den er über seinen Bruder vehikuliert:

> Il qual [sc.: il signor nostro, SG] se vuol di calamo et inchiostro
> di me servirsi, e non mi tòr da bomba,
> digli: – Signore, il mio fratello è vostro. –
> Io, stando qui, farò con chiara tromba
> il suo nome sonar forse tanto alto
> che tanto mai non si levò colomba. (*Sat.* I, V. 226–231)

Dass der enkomiastische Charakter der Dichtung weiterhin zumindest vordergründig nicht in Frage gestellt wird, muss nicht verwundern, denn nur in dieser Funktion kann sie am Hof als „opra degna di mercé" gelten, kann sie ihre Nützlichkeit behaupten und kann der Dichter in Verhandlungen mit dem Fürsten treten.[69] Wichtig ist jedoch, dass dieser Vorschlag nun von einer neuen Position aus gemacht wird. Jetzt ist der Dichter derjenige, der die Bedingungen stellt, was ihm dadurch möglich wird, dass er sich von den ökonomischen Strukturen am Hof unabhängig macht: „ditegli che più tosto ch'esser servo / torrò la povertade in paziënza" (*Sat.* I, V. 245–246). Seine Bereitschaft, dem Fürsten zu dienen, besteht nur unter der Voraussetzung, dass er das mit Feder und Tinte, also als Dichter tun darf, und ist an die Bedingung geknüpft, dass er in seiner zentralen Position im Herzogtum Ferrara verbleibt: „non mi tòr da bomba".[70] Dem „qui" in dem „stando qui" kommt also zunächst wieder geographisch-referentielle Bedeutung zu. Allerdings geht der Sinn der örtlichen Selbstsituierung darin nicht auf. Denn tatsächlich ist hier weniger der reale Schreibort der Satire von Belang, auch wenn sich dieser – im ausdrücklichen Gegensatz zum Hof des Ippolito – im Zentrum des Herzogtums Ferrara befindet und somit optimal für die Produktion enkomiastischer Dichtung für das Haus Este geeignet ist. Vielmehr bezeichnet das „qui" eine imaginäre Position, nämlich das vom Sprecher entworfene Ideal des freien Dichters, das allerdings keine Entsprechung in der Wirklichkeit findet, sondern auf einer kunstvollen Selbstinszenierung des Autors in Anlehnung an neuere Konzepte von Autorschaft beruht, wie ich gleich zeigen werde.

Der andere Status des „qui" und die Selbstinszenierung des Dichters lassen sich auch an den stilistischen Unterschieden zwischen den behandelten Passagen erkennen. Resümiert man die drei Stationen der Satire – fiktive Marginalität am Hof in Ungarn, das generelle Fehl-am-Platz-Sein des Dichters am Hof des Kardinals und das Ideal der *autarkeia*, bei dem der Dichter im Zentrum, nämlich in Ferrara, aber in der „casa mia" steht – so fällt auf, dass die Darstellung der fiktiven Situation in Ungarn realistisch-komisch gehalten ist, die Schilderung der faktischen Position am Hof einen bitteren Beigeschmack enthält und in den Formulierungen bezüglich der Wertschätzung des Signore für die Dichtung bis ins Burleske geht. Beides ist „tono medio" und damit der Satire angemessen. Nur für das Ideal am Schluss bedient Ariost sich eines höheren Stils. Denn hier imitiert er ein Petrarca-Sonett, in dem Alexander der Große am Grabe Achills vorgestellt

---

69   Im *Orlando furioso* lässt sich bekanntlich eine sehr viel komplexere Behandlung der Enkomiastik ausmachen, besonders in der so genannten Mondepisode, wo die enkomiastische Funktion der Dichtung mit dem Topos von der Lügenhaftigkeit der Dichter engeführt wird. Aus den zahlreichen Studien dazu sei nur hingewiesen auf SANTORO 1983, der den Aspekt der „utilità" der Dichtung sehr stark berücksichtigt, auf HEMPFER 1995 und seinen Aufsatz in diesem Band, der die Fragestellung an das epistemologische Verhältnis von Fiktion und Wahrheit bindet, und auf RIVOLETTI 2007, der die Herkunft der einzelnen Topoi, ihre spielerische Wiederaufnahme und die strukturell neue Wendung bei Ariost detailliert verfolgt.

70   „Bomba" bezeichnet einen zentralen Punkt in einem Kinderspiel, der zu erreichen ist, so Segre (ARIOSTO 1987, Fn. 87). Mit der Nennung von Ortsnamen im Herzogtum steckt Ariost die Grenzen des Zumutbaren ab: „a Filo, a Cento, in Arïano, a Calto arriverei" (*Sat.* I, V. 232f.).

wird, neidisch seufzend ob des großartigen Dichters, der dessen Taten besungen hat: „O fortunato, che sí chiara tromba / trovasti, et chi di te sí alto scrisse".[71] Wenn sich der Sprecher hier in die Nachfolge Homers und Petrarcas stellt, so drängt sich der Verdacht auf, dass es ihm gar nicht in erster Linie darum geht, den Namen seines Herrn erklingen zu lassen, sondern dass er auf seinen eigenen Ruhm bedacht ist. Schließlich ist die Stelle in einem nicht zu übersehenden Gestus der Überbietung geschrieben: „farò [...] il suo nome sonar forse tanto alto / che tanto mai non si levò colomba" (*Sat.* I, V. 229–231). Woran es dem Sprecher fehlt, ist offensichtlich der passende Fürst. Die Inszenierung am Schluss zeigt daher auch: Der Dichter fühlt sich zu Großem berufen, nur der Signore ist seiner Rolle nicht gewachsen.[72] Hinter der Formulierung, die die enkomiastische Funktion hochhält, verbirgt sich also eine Position, die zumindest Ansätze zu deren Überschreitung enthält. Denn Ariost beansprucht neben der *imitatio veterum* auch die *imitatio* bzw. sogar *aemulatio Petrarcae* für sich und greift damit auf neuere Konzepte von Autorschaft zurück. Mit Petrarca tritt nicht nur die Enkomiastik in den Hintergrund, sondern es wird derjenige zum Vorbild genommen, der im 16. Jahrhundert, vor allem nach dem Erscheinen von Bembos *Prose della volgar lingua* 1525, zu einer „programmatische[n] Leitfigur einer neuen literarischen Kultur" wird.[73]

Es ist viel darüber spekuliert worden, ob Ariost ernsthaft darauf zielte, dem Kardinal diesen Vorschlag zu unterbreiten. Da die Satiren jedoch erst posthum veröffentlicht wurden und es keinerlei Zeugnisse über möglicherweise zirkulierende Handschriften gibt, muss die Frage nach der angestrebten lebensweltlichen Wirkung wohl unbeantwortet bleiben.[74] Es sollte jedoch deutlich geworden sein, dass die eher als nicht-fiktional codierte Gattung der Satire es Ariost erlaubt, ein Dichterideal zu entwerfen, das von den realen Lebensbedingungen ausgeht und ihnen auch in der Formulierung des Ideals noch Rechnung trägt. Gleichzeitig jedoch ist die Gattung elastisch genug, um den engen Bereich des Faktischen zu überschreiten und Platz für eine Selbstinszenierung zu machen, die das angestrebte Ideal bereits im Modus der Fiktion ins Leben ruft.

---

71 PETRARCA 1985, *RVF* 187, V. 3f. Die Reime in den Quartetten lauten „tomba" – „tromba" – „colomba" – „rimbomba".

72 Auf das Missverhältnis im Vergleich Horaz–Maecenas zu Ariost–Ippolito ist verschiedentlich hingewiesen worden, vgl. etwa neuerdings CABRINI 2000, die dabei die Petrarca-Imitation zwar erwähnt, ihr jedoch keinen tieferen Sinn zuschreibt.

73 HUSS/NEUMANN/REGN 2004, S. 9. Die Petrarca-Imitation wurde bekanntlich zur Garantie für ein Dichten auf höchstem sprachlichen Niveau, das zudem den gelehrten Renaissance-Humanismus aufrief, also für „ein Dichten, dem so in jeder Hinsicht der Status des kulturell Aktuellen eignete" (NEUMANN 2004, S. 100).

74 Es spricht jedoch einiges dafür, dass die hier postulierte Freiheit des Dichters eine Position ist, die Ariost in der Realität gar nicht erstrebte; zumindest blieb er, das scheint unstrittig, dem Haus Este verpflichtet, als er das aufgrund seiner ökonomischen Lage gar nicht mehr nötig gehabt hätte. Vgl. CATALANO 1930–31, Bd. 1, S. 556–582, BAILLET 1982, GUIDI 1990.

Literaturverzeichnis

Primärtexte

ARIOSTO 1965:
  Ariosto, L., *Lettere*, hg. v. A. Stella, Mailand 1965.
ARIOSTO 1987:
  Ariosto, L., *Satire*, hg. v. C. Segre, Turin 1987.
ARIOSTO 1989:
  Ariosto, L., *Opere. Volume terzo: Carmina, Rime, Satire, Erbolato, Lettere*, hg. v. M. Santoro, Turin 1989.
HORAZ 1999:
  Horatius Flaccus, Qu., *Satiren. Sermones. Lateinisch-deutsch*, übers. v. W. Schöne u. H. Färber, neu hg. v. G. Fink, Düsseldorf/Zürich 1999.
HORAZ 2003:
  Horatius Flaccus, Qu., *Epistulae. Briefe. De arte poetica. Von der Dichtkunst*, übers. v. G. Herrmann, hg. v. G. Fink, Düsseldorf/Zürich 2003.
PETRARCA 1985:
  Petrarca, F., *Canzoniere*, hg. v. A. Chiari, Mailand 1985.

Sekundärliteratur

ALBONICO 2000:
  Albonico, S., „Osservazioni sulla struttura delle Satire", in: *Fra satire e rime ariostesche*, hg. v. C. Berra, Mailand 2000, S. 65–82.
BAILLET 1980:
  Baillet, R., „Le rôle du poète", in: ders., *Le monde poétique de l'Arioste*, Lyon 1977, S. 113–140.
BAILLET 1982:
  Baillet, R., „L'Arioste et les princes d'Este: Poésie et politique", in: ders., *Le pouvoir et la plume: Incitation, contrôle et répression dans l'Italie du XVIe siècle*, Paris 1982, S. 85–95.
BERRA 1995:
  Berra, C., „La prima satira ariostesca: dal Furioso al sermo cotidianus", *Acme* 48/3 (1995), S. 159–166.
BERRA (Hg.) 2000:
  Fra satire e rime ariostesche, hg. v. C. Berra, Mailand 2000.
BERRA 2000:
  Berra, C., „La ‚sciocca speme' e la ‚ragion pazza': la conclusione delle Satire", in: *Fra satire e rime ariostesche*, hg. v. dems., Mailand 2000, S. 165–181.
BINNI 1961:
  Binni, W., „Il tono medio delle Satire", in: ders., *Metodo e poesia di Ludovico Ariosto*, Florenz ²1961, S. 51–70.
BINNI 1978:
  Binni, W., „Le ‚lettere' e le ‚satire' dell'Ariosto nello sviluppo e nella crisi del Rinascimento", in: ders., *Due studi critici: Ariosto e Foscolo*, Rom 1978, S. 11–59.
BRUMMACK 1971:
  Brummack, J., „Zu Begriff und Theorie der Satire", *Deutsche Vierteljahrsschrift für Literaturwissenschaft und Geistesgeschichte* 45 (1971), S. 275–377.
BRUSCAGLI 1983:
  Bruscagli, R. „Stagioni della civiltà estense", in: ders., *Stagioni della civiltà estense*, Pisa 1983, S. 15–32.

CABRINI 2000:
 Cabrini, A. M., „,Opra degna di mercé': la prima satira ariostesca", in: *Fra satire e rime ariostesche*, hg. v. C. Berra, Mailand 2000, S. 121–133.
CARETTI 1976:
 Caretti, L., „Autoritratto ariostesco", in: ders., *Antichi e moderni. Studi di letteratura italiana*, Turin 1976, S. 109–119.
CATALANO 1930–31:
 Catalano, M., *Vita di Ludovico Ariosto. Ricostruita su nuovi documenti*, 2 Bde., Genf 1930–31.
FATINI 1933:
 Fatini, G., „Umanità e poesia dell'Ariosto nelle Satire", *Archivum Romanicum* 17 (1933), S. 497–564.
FLORIANI 1988:
 Floriani, P., *Il modello ariostesco. La satira classicistica nel Cinquecento*, Rom 1988.
FREUDENBURG 1993:
 Freudenburg, K., *The Walking Muse: Horace on the Theory of Satire*, Princeton 1993.
FREUDENBURG (Hg.) 2005:
 The Cambridge Companion to Roman Satire, hg. v. K. Freudenburg, Cambridge 2005.
FREUDENBURG 2005a:
 Freudenburg, K., „Introduction", in: *The Cambridge Companion to Roman Satire*, hg. v. dems., Cambridge 2005, S. 1–30.
GALBIATI 1987:
 Galbiati, G. M. St., „Per una teoria della satira fra Quattro e Cinquecento", *Italianistica* 16/1 (1987), S. 9–37.
GOWERS 2005:
 Gowers, E., „The restless companion: Horace, Satires 1 and 2", in: *The Cambridge Companion to Roman Satire*, hg. v. K. Freudenburg, Cambridge 2005, S. 48–61.
GRIMM 1969:
 Grimm, J., *Die Einheit der Ariost'schen Satire*, Frankfurt a.M. 1969.
GUAGNINI 2002:
 Guagnini, E., „La ‚ragion pazza'. Etica, poetica, strategia narrativa nelle satire conclusive dell'Ariosto", in: *Poetologische Umbrüche. Romanistische Studien zu Ehren von Ulrich Schulz-Buschhaus*, hg. v. W. Helmich, München 2002, S. 46–54.
GUIDI 1990:
 Guidi, J., „Le statut ambigu de l'écrivain de cour: les Satires de l'Arioste", in: *Écrire à la fin du moyen-âge. Le pouvoir et l'écriture en Espagne et en Italie (1450–1530)*, hg. v. J. Battesti-Pelegrin u. G. Ulysse, Aix/Marseille 1990, S. 79–91.
HEMPFER 1972:
 Hempfer, K. W., *Tendenz und Ästhetik. Studien zur französischen Verssatire des 18. Jahrhunderts*, München 1972.
HEMPFER 1995:
 Hempfer, K. W., „Ariosts Orlando Furioso – Fiktion und *episteme*", in: *Literatur, Musik und Kunst im Übergang vom Mittelalter zur Neuzeit. Bericht über Kolloquien der Kommission zur Erforschung der Kultur des Spätmittelalters 1989 bis 1992*, hg. v. H. Boockmann u.a., Göttingen 1995, S. 47–85.
HUSS/NEUMANN/REGN 2004:
 Huss, B./Neumann, F./Regn, G., „Einleitung", in: *Lezioni sul Petrarca. Die Rerum vulgarium fragmenta in Akademievorträgen des 16. Jahrhunderts*, hg. v. dens., Münster 2004, S. 9–17.
KÄMMERER/LINDEMANN 2004:
 Kämmerer, H./Lindemann, U., *Satire: Text & Tendenz*, Berlin 2004.
KEANE 2007:
 Keane, C., „Defining the Art of Blame: Classical Satire", in: *A Companion to Satire: ancient to modern*, hg. v. R. Quintero, Malden, Mass. u.a. 2007, S. 31–51.

KNOCHE 1971:

Knoche, U., *Die römische Satire*, Göttingen ³1971.

MAHLER 1992:

Mahler, A., *Moderne Satireforschung und elisabethanische Verssatire. Texttheorie, Epistemologie, Gattungspoetik*, München 1992.

MARSH 1975:

Marsh, D., „Horatian Influence and Imitation in Ariosto's Satires", in: *Comparative Literature* 27/4 (1975), S. 307–326.

NEUMANN 2004:

Neumann, F., „Autorität, Klassizität, Kanon. Petrarca und die Konstitution literarischer Autorität", in: *Questo leggiadrissimo Poeta! Autoritätskonstitution im rinasimentalen Lyrik-Kommentar*, hg. v. G. Regn, Münster 2004, S. 79–109.

PAOLI 2000:

Paoli, M., „‚Quale fu la prima satira che compose': storia vs. letteratura nelle satire ariostesche", in: *Fra satire e rime ariostesche*, hg. v. C. Berra, Mailand 2000, S. 35–63.

PETROCCHI 1972:

Petrocchi, G., „Orazio e Ariosto", in: ders., *I fantasmi di Tancredi*, Rom 1972, S. 261–275.

PETTINELLI 1998:

Pettinelli, R. A., „Ariosto, Ludovico", in: *Orazio: enciclopedia Oraziana*, hg. v. Istituto della Enciclopedia Italiana, Bd. 3: *La fortuna, l'esegesi, l'attualità*, Rom 1998, S. 95–100.

REGN 2004:

Regn, G., „Autorität, Pluralisierung, Performanz – die Kanonisierung des *Petrarca volgare*", in: *Questo leggiadrissimo Poeta! Autoritätskonstitution im rinascimentalen Lyrik-Kommentar*, hg. v. dems., Münster 2004, S. 8–23.

RIVOLETTI 2007:

Rivoletti, C., „Wahrheit, Dichtung und politische Macht: Vergil, Dante und die Lügen der epischen Tradition im *Orlando furioso*", in: *Abgrenzung und Synthese. Lateinische Dichtung und volkssprachliche Traditionen in Renaissance und Barock*, hg. v. M. Föcking und G. M. Müller, Heidelberg 2007, S. 233–258.

SANTORO 1983:

Santoro, M. „La sequenza lunare nel Furioso: una società allo specchio", in: ders., *L'anello di Angelica. Nuovi saggi ariosteschi*, Neapel 1983, S. 105–132.

SARKISSIAN 1985:

Sarkissian, J., „Allusions to Classical Satire in Ariosto's First and Third Satire", in: *The Early Renaissance*, hg. v. Anthony Pellegrini, Bd. 9, Binghampton, NY 1985, S. 107–120.

SCHLEGEL 2005:

Schlegel, C. M., *Satire and the Threat of Speech. Horace's Satires Book 1*, Madison, Wisconsin 2005.

SCHUNCK 1970:

Schunck, P., „Die Stellung Ariosts in der Tradition der klassischen Satire", *Zeitschrift für Romanische Philologie* 86 (1970), S. 49–82.

SCHWIND 1988:

Schwind, K., *Satire in funktionalen Kontexten. Theoretische Überlegungen zu einer semiotisch orientierten Textanalyse*, Tübingen 1988.

SEGRE 1966:

Segre, C., *Esperienze ariostesche*, Pisa 1966.

SEGRE 1976:

Segre, C., „Struttura dialogica delle Satire ariostesche", in: *Ariosto 1974 in America*, hg. v. A. Scaglione, Ravenna 1976, S. 41–54.

SIMPSON 2003:

Simpson, P., *On the Discourse of Satire. Towards a Stylistic Model of Satirical Humour*, Amsterdam/Philadelphia 2003.

WIGGINS 1976:
   Wiggins, P. D., „A Defense of the Satires", in: *Ariosto 1974 in America*, hg. v. A. Scaglione,
   Ravenna 1976, S. 55–68.
WIGGINS 1977:
   Wiggins, P. D., „Introduction", in: ders., *The Satires of Ludovico Ariosto: A Renaissance
   Autobiography*, Athens, Ohio 1977, S. IX–XLV.

Parlare in persona propria?

Fiktionen des Faktischen in der Debatte um die *lirica* im Cinquecento

ULRIKE SCHNEIDER (Berlin)

Die zweite Hälfte des 16. Jahrhunderts, das Secondo Cinquecento, gilt gemeinhin als die aristotelische Phase der Renaissancepoetik.[1] Zwar setzt die Diskussion um die *Poetik* des Aristoteles bereits um die Jahrhundertwende ein,[2] breit wirksam und intensiv geführt wird sie jedoch erst ab der Jahrhundertmitte, ausgehend von der lateinischen Übersetzung durch Alessandro de' Pazzi von 1536 und dem ersten *Poetik*-Kommentar von Francesco Robortello von 1548. Das Spektrum der behandelten Gegenstände variiert, von Kommentaren zur *Poetik* über Abhandlungen zu einzelnen Gattungen und allgemeine Dichtungstheorien bis hin zu Interpretationen von Petrarcas Dichtung.[3] Mit dieser ‚Wiederentdeckung' der *Poetik* geht in der Renaissance ein umfassender Theoretisierungsschub einher. Dabei geht es auch ganz zentral um die Bestimmung des Ortes der Lyrik im Allgemeinen wie der Dichtung Petrarcas im Besonderen. Denn das Cinquecento verfügt noch über keinen etablierten Gattungscode, über den die *lirica* bzw. einzelne Gedichte als eigenständige Dichtungsform der ‚Dichtung' im tradierten Verständnis zuzuordnen wären – oder eben nicht.[4] An den Versuch der Bestimmung der *lirica* als einer eigenen Gattung der Dichtung ist nun auch maßgeblich die Frage nach ihrem Fiktionsstatus gebunden. Dieser ist bei weitem nicht einheitlich und konsistent gefasst; es ist jedoch generell ein starkes Bemühen erkennbar, die Lyrik, analog zu anderen Dichtungsformen und in Abgrenzung gegenüber der Geschichtsschreibung, als – modern gesprochen – fiktionale Gattung zu fundie-

---

1   Vgl. hierzu BEHRENS 1940, BUCK 1952, WEINBERG 1961, REGN 1987, KABLITZ 1989, SCHMITT 2004 und KAPPL 2006.

2   BUSCH 2008 bietet einen chronologischen Überblick zur Textgeschichte: So lag 1256 bereits eine lateinische Übersetzung von Averroes' *Mittlerem Kommentar* (‚*Poetria*') zur *Poetik* durch Hermannus Alemannus in Toledo vor; 1278 erfolgte eine lateinische Übersetzung der *Poetik* aus dem Griechischen durch Wilhelm von Moerbeke. 1481 erschien die *editio princips* der ‚*Poetria*' des Hermannus Alemannus, 1498 die lateinische Übersetzung von Giorgio Valla, die bis 1930 als erste lateinische Version galt; 1508 erschien die *editio princips* der *Poetik* bei Aldo Manuzio und 1550 der Kommentar von Maggi/Lombardi (alle Venedig).

3   Mit der sogenannten Wiederentdeckung der Aristotelischen *Poetik* wird eine zuvor dominierende rhetorische Tradition abgelöst, die sich maßgeblich an Cicero, Quintilian und Horaz orientierte und zudem auf Platon rekurrierte; in der Folge bilden sich dann allerdings erneut modifizierte Regelpoetiken heraus, die zum Teil stark von Aristoteles abweichen, wie neuere Forschungen belegen konnten. Vgl. hierzu insb. KAPPL 2006.

4   So stellt etwa Agnolo Segni noch 1573 seinen *Lezioni intorno alla poesia*, in denen er sich im Besonderen mit Petrarcas Kanzone „In quella parte dove Amor mi sprona" befasst, die Frage voran, „che genere di poesia è la presente canzona e l'altre canzone e generalmente tutte le rime del Petrarca" (SEGNI 1573/1972, S. 19).

ren.[5] Dabei ist zwischen der Frage der Fiktivität der Aussagen – ist das Gesagte real oder erfunden? – und dem Textstatus – ist er als fiktional oder faktual zu charakterisieren? – deutlich zu unterscheiden, und zwar, aufgrund der spezifischen Konstellation der Sprechsituation der meisten zitierten Texte, in gattungsspezifischer Weise, d.h. in Abgrenzung gegenüber dem Drama oder dem Epos. Anhand einzelner Fallbeispiele aus der Dichtungstheorie wie auch der Dichtungspraxis lässt sich aufzeigen, mit welchen Problemen sich die Dichtungstheorie in dieser Hinsicht konfrontiert sah und was mit Blick auf die Frage nach dem Fiktionsstatus der Lyrik zeitgenössisch denkmöglich war – von einer einheitlichen Konzeptualisierung ist man (auch) um diese Zeit weit entfernt.

Festzuhalten ist eingangs allerdings auch, dass der Dichtungstheorie der Zeit eine zeitgenössische Rezeptionshaltung gegenübersteht, die Gedichte offenbar mehrheitlich als zumindest tendenziell faktuale Texte auffasst: So weisen die Kommentare nicht nur zu Petrarca, sondern auch zu zeitgenössischen Dichtern gemeinhin Rückkoppelungen von textinterner Sprechinstanz auf den empirischen Dichter resp. die Dichterin auf, werden die Texte mithin autobiographisch gelesen.[6] Einer solchen Lektüre scheinen nun auf den ersten Blick in viele Einzelgedichte eingebundene Realitätsreferenzen Vorschub zu leisten. Insofern sie auf Daten und Fakten aus dem Leben des jeweiligen empirischen Dichters referieren, die nur aufgrund textexternen Wissens als solche dekodierbar sind, scheinen sie eine Identifizierung von textinterner Sprechinstanz und textexternem Dichter nahezulegen, zumal die Sprechinstanz mehrheitlich als Dichter-Ich und zugleich als an der Liebe Leidender gestaltet ist.

Hier zeichnet sich augenscheinlich ein Widerspruch zwischen Dichtungstheorie einerseits und Rezeption andererseits ab; die Dichtungs*praxis* scheint dabei eine dritte Position einzunehmen. Zur Klärung dieses Widerspruchs und der Position der Dichtungspraxis soll hier erörtert werden, welche Probleme sich in der Debatte um die *lirica* konkret stellten und welche Lösungsansätze sich schon zeitgenössisch zeigten, und zwar insbesondere hinsichtlich der Sprechsituation lyrischer Texte. Die viel diskutierte Frage, ob und inwiefern die *lirica* überhaupt als Dichtung im Sinne Aristoteles' zu bezeichnen sei, hängt nämlich eng mit der konkreten Ausgestaltung ihrer Sprechsituation zusammen. Diese ist zudem ihrerseits für eine heterogene, oft auch widersprüchliche Diskussion um den Fiktionsstatus der *lirica* verantwortlich und ist insofern auch von weitreichendem Interesse für systematische Fragestellungen der Literaturwissenschaft, die über die konkrete historische Konstellation hinausweisen. Im weiteren Verlauf sind hier konkret folgende Aspekte besonders zu fokussieren: Zunächst die Kategorie der Nachahmung (Mimesis) als aristotelische Fundierungskategorie der Dichtung, insofern sie fundamental für die Unterscheidung von Dichtung und Geschichtsschreibung

5   Wenn also etwa Gérard Genette in seinem grundlegenden Aufsatz „Fiction et diction" von 1991 äußert, die Lyrik der Renaissance sei zeitgenössisch als nicht-fiktional klassifiziert worden (s. GENETTE 1991, S. 20), so lässt sich dagegen zumindest einwenden, dass diese Aussage unzulässig generalisiert.

6   Als diesbezüglich klassische Beispiele sei nur auf die Kommentare von Alessandro Vellutello zu Petrarca (1525) und von Rinaldo Corso zu Vittoria Colonna (1543/1558) verwiesen.

und mithin – in moderner Terminologie – von fiktionalen und faktualen Texten ist; sodann die Diskussion um das Redekriterium und seine Übertragbarkeit auf Lyrik; und schließlich die mit der Frage nach dem Wahrheitsgehalt der *lirica* verbundene Kategorie der Wahrscheinlichkeit, bezüglich derer wiederum der Status und das Spektrum möglicher Funktionen bzw. Funktionalisierungen der genannten Realitätsreferenzen in einzelnen Gedichten relevant werden. Diese Aspekte erlauben zusammengenommen Rückschlüsse auf den Status der Sprechinstanz in Texten, die der Lyrik zugeordnet wurden, und mithin auf zeitgenössische Konzeptualisierungen der Kommunikationssituation lyrischer Texte.

Doch zunächst sei ein kurzer allgemeiner Blick auf die poetologischen Debatten gerichtet: Fehlte im Mittelalter diesbezüglich noch weitgehend eine eigenständige theoretische Reflexion, so setzt im Secondo Cinquecento eine rege Diskussion um den Ort und die Spezifik der Lyrik ein. Im Kontext dieser poetologischen Auseinandersetzungen wird tatsächlich erstmals eine Gattungstrias im annähernd modernen Sinne formuliert. Der Versuch, die *lirica* als eigenständige Gattung neben dem Epos und dem Drama zu etablieren, erfolgt im Rekurs auf zentrale Kategorien der Aristotelischen *Poetik*, wobei je nach Autor durchaus unterschiedlich akzentuiert und argumentiert wird. Auf dem Spiel steht dabei auch, explizit oder implizit, nicht weniger als die Frage, ob und inwiefern Petrarca, *der* Modellautor des 16. Jahrhunderts, überhaupt als ,Dichter' bezeichnet werden könne oder nicht.[7]

Warum aber bereitete die Integration der *lirica* und damit der Dichtung Petrarcas in das tradierte Gattungssystem den Theoretikern überhaupt solche Schwierigkeiten? Um dies eingangs in Erinnerung zu rufen, sei hier die Gattungstrias zitiert, wie sie Platon im dritten Buch des *Staates* auf der Basis des Redekriteriums formuliert:

> [...] von der gesamten Dichtung und Fabel [besteht] einiges ganz in Darstellung [...], die Tragödie und Komödie, anderes aber in dem Bericht des Dichters selbst, welches du vorzüglich in den Dithyramben finden kannst, noch anderes aus beiden verbunden, wie in der epischen Dichtkunst und auch vielfältig anderwärts [...].[8]

Platon unterscheidet bekanntermaßen zwischen den drei Gattungen Drama (mit Tragödie und Komödie), Dithyrambus und Epos. Diese Trias, die sich ähnlich bei Aristoteles findet, ist nun jedoch *nicht* mit der modernen Gattungstrias von Lyrik, Dramatik und Narrativik in Einklang zu bringen.[9] Der Dithyrambus, eine Form der Chorlyrik,[10] steht nämlich nicht stellvertretend für ,Lyrik' in unserem heutigen Verständnis; er ist, wie schon Platon explizit formuliert, eine Form *erzählender* Dichtung und mithin nicht mit dem modernen Lyrikverständnis gleichzusetzen.[11]

7 Siehe hierzu REGN 1987, S. 390.
8 Platon, *Politeia/Der Staat*, 3. Buch, 394 b–c (PLATON 1990, S. 205).
9 Vgl. PRIMAVESI 2008 und HEMPFER 2008; vgl. auch bereits BEHRENS 1940.
10 Beim Dithyrambus handelt es sich um ein „chorisches Kultlied auf Dionysos"; laut Primavesi wird er bei Platon als „*Autorerzählung*" verhandelt (PRIMAVESI 2008, S. 22).
11 Siehe etwa PRIMAVESI 2008, S. 23: „Die innerhalb der dithyrambischen Mythenerzählung durch den Verzicht auf die Einschaltung wörtlicher Rede bewirkte Omnipräsenz des Narrators ist nun aber ersichtlich etwas völlig anderes als die Präsenz des lyrischen Ich in der Lyrik

Dies wird in der neueren Theoriebildung gern übersehen, wenn es dort – wie etwa im *Reallexikon der deutschen Literaturwissenschaft* – heißt, die moderne Gattungstrias sei bereits bei Platon und Aristoteles vorformuliert.[12] Diese Probleme wurden erst jüngst intensiv diskutiert;[13] festzuhalten ist daher diesbezüglich hier nur Folgendes: Im Cinquecento dienen die Termini *lirica* oder *melica*[14] als Sammelbegriff für einzelne Dichtungsarten, wie etwa das Sonett, die Kanzone, die Ode, die Elegie u.a.m. Es sind dies Dichtungsarten, wie sie sich zeitgenössisch in der volkssprachlichen Dichtung finden und die zum Gegenstand der poetologischen Diskussionen werden. Wie die Debatte im Cinquecento zeigt, ist die schlichte Setzung einer Analogie zu Epos und Drama auf der Basis von Platon oder Aristoteles kaum möglich, es bedarf hierzu i.d.R. komplexer und teils widersprüchlicher argumentativer Volten, die sich mitunter von der Basis ihrer Überlegungen deutlich entfernen.[15]

Petrarca wird in diesen Diskussionen als Prototyp der *lirica* gehandelt, wenngleich er in gewisser Hinsicht eher einen, allerdings wirkungsmächtigen, Sonderfall darstellt. Man könnte meinen, die Tatsache, dass seinem *Canzoniere* in der Abfolge der einzelnen Gedichte ein narratives Substrat unterliegt, sollte es den Dichtungstheoretikern erleichtern, ihn in das bestehende, antike Gattungssystem zu integrieren, und er könnte somit womöglich dem Dithyrambus als Form *erzählender* Lyrik an die Seite gestellt werden.[16] Zeitgenössisch wird Petrarca jedoch anders verhandelt: So wird das narrative Moment des *Canzoniere* durchaus

der neuzeitlichen Gattungstrinität [...]". Zur Herausbildung eines Sammelbegriffs ‚Lyrik' in der römischen Kaiserzeit auf der Grundlage eines alexandrinischen Kanons von neun *lyrikoi* vgl. generell PRIMAVESI 2008.

12 „Die Absonderung von der Lyrik von Epik und Drama durch das Redekriterium findet sich im Kern schon bei Platon ausformuliert." FRICKE/STOCKER 2007, S. 499. S. etwa auch WELLEK/WARREN 1995, S. 247.

13 Siehe hierzu PRIMAVESI 2008 sowie zum italienischen Kontext ausführlich HEMPFER 2008, S. 44–56. — Beispielhaft sei hier nur die Trias zitiert, wie sie Trissino formuliert: „La terza cosa poi che avemo detto di essaminare è il modo col quale devemo esse azioni e costumi imitare. E questo è di tre maniere: l'una, che 'l poeta parla sempre in sua persona e non induce mai altre persone che parlino, come sono quasi tutte le elegie, le ode, le canzoni, e le ballate, e li sonetti e simili; l'altra è che 'l poeta mai non parla in sua persona, ma solamente induce persone che parlano, come sono comedie, tragedie, egloghe e simili; la terza è che 'l poeta parte parla et enunzia e parte introduce persone che parlano, come sono li eroici di Omero e di Vergilio e le cantiche di Dante et i *Triomfi* del Petrarca, e la nostra *Italia liberata da' Gotti*, e simili." TRISSINO 1562/1970, S. 13; m. Unterstr. den Modus der *lirica* betreffend.

14 Der Terminus *melica* (nach griech. *mélos* – Lied) bezeichnet allgemein die Lied-Kunst und dient insofern als Oberbegriff; demgegenüber bezeichnet *lyrikè poíesis* die kanonbezogene Lied-Dichtung als Einheit von Wort, Rhythmus und Melodie, wobei der *lyra* eine Vorrangstellung als Begleitinstrument im schulischen Musikunterricht zukam (s. PRIMAVESI 2008, S. 17f.).

15 Vgl. REGN 1987 zu Interferenzen zwischen Poetik und Rhetorik, etwa hinsichtlich einer Stillagenpoetik.

16 Hier ist allerdings zu bedenken, dass das narrative Moment des *Canzoniere* maßgeblich an die *blancs*, die Leerstellen zwischen den Einzeltexten in ihrer geordneten Abfolge innerhalb des *Canzoniere* gebunden ist, die erst vom Rezipienten aufgrund einzelner textueller Indizien wie etwa Jahresangaben zu füllen sind.

bedacht, wenn es etwa um Fragen des Handlungsbegriffs geht. Der Versuch einer konzeptuellen Fundierung der *lirica* als eigene Gattung setzt jedoch gerade beim Einzeltext, dem isolierten Gedicht an.

Es geht mir im Folgenden nun also nicht um eine erneute *systematische* Diskussion des Versuchs der Etablierung einer Gattungstrias und des Ortes, der dabei der *lirica* zugewiesen wird, sondern um einzelne Argumentationslinien der zeitgenössischen Debatte. Ausgangspunkt hierfür ist die Beobachtung, dass das Bemühen um eine Integration der Lyrik in das Dichtungssystem vor allem und ganz zentral auf der Basis zweier maßgeblicher Kategorien erfolgt: dem Nachahmungsbegriff und dem Redekriterium. Beide Kategorien sind über die Jahrhunderte hinweg immer wieder hinsichtlich ihrer Relevanz für die Theorie und Praxis der Literatur generell diskutiert worden; auf die Lyrik bezogen wurden sie hingegen eher wenig reflektiert.

Die Kategorie der Nachahmung, Basis des aristotelischen Dichtungsbegriffs, stellt den Ausgangspunkt für alle weiteren Diskussionen dar. Im ersten Kapitel der *Poetik* nennt Aristoteles bekanntlich die Mimesis als Fundierungskategorie der Künste und bestimmt die Dichtung näherhin als Nachahmung von Handlung. Im sechsten Kapitel führt er den Begriff des Mythos ein und definiert ihn als „die Zusammensetzung der Geschehnisse"[17] bzw. als „Komposition einer einheitlichen Handlung"[18]. Damit ist eine inhaltliche, im weiteren Sinne *narrative* Bestimmung von Dichtung vorgegeben, deren Übertragung auf die *lirica* den Dichtungstheoretikern des Cinquecento deutliche Probleme bereitet, lässt sich doch eine ‚Handlung' im engeren Sinne hier kaum ansetzen. Hauptsächlich zwei unterschiedliche argumentative Strategien sind in der Diskussion auszumachen.[19] Zum einen wird der Gegenstandsbereich der Nachahmung ausgeweitet: Nicht nur Handlungen könnten nachgeahmt werden, heißt es etwa in der *Arte poetica* von Minturno, sondern auch Affekte und Gebräuche bzw. Verhaltensmuster, *affetti e costumi*[20] – eine Ausweitung, die sich im 18. Jahrhundert bei Batteux wiederfinden wird.[21] Der andere Lösungsweg liegt hingegen in einer Ausweitung des Handlungsbegriffs selbst: Hier werden nicht nur *azioni* im engeren Sinne als nachahmungsfähig angesetzt, sondern auch Handlungen wie Gehen, Denken und Sprechen. Beispielhaft für diesen Argumentationsweg kann Giulio Del Bene zitiert werden, der im zweiten Teil seiner *Due Discorsi*, einer Interpretation der *Poetik* des Aristoteles, die Frage aufwirft, wie man denn wissen solle, welcher Affekt einen Menschen

---

17 ARISTOTELES 1982, S. 19.

18 ARISTOTELES 2008, S. 9f.

19 Siehe hierzu bereits REGN 1987, S. 391.

20 Eine entsprechende Ausweitung des Gegenstandsbereichs der Nachahmung findet sich bei Agnolo Segni: „Doviamo considerare ancora che la maggior parte de' poemi lirici non hanno azione, ma immitano i costumi, gli affetti de l'animo e qualunque altro e' si propongono a esprimere, e nondimanco, così senza azione, sono da Aristotile e da Platone chiamati poesie così fatti poemi" (SEGNI 1573/1972, S. 35). – Ebenso heißt es bei Torelli, die *poesia lirica* sei „immitazione di costumi et affetti diversi" (TORELLI 1594/1974, S. 265).

21 Vgl. Charles Batteux, *Les beaux arts réduits à un même principe*, Paris 1746. Lyrik wird von Batteux als ‚Nachahmung der Empfindungen' bestimmt.

bewege, wenn dieser nicht, durch den Affekt motiviert, in bestimmter Weise handele – ein Argument, das sich zunächst klar dem Konnex von Handlung und Charakter bei Aristoteles zuordnen zu lassen scheint.[22] Die weitere Erklärung weicht
davon jedoch deutlich ab: „questi [affetti] mostrerà [= il poeta] con il volto, con il
volger gli occhi, con il viso pallido, con lo andare, con il pensare e con tutte le sue
azioni"[23] – die Affekte würden in der Mimik, der Gestik (etwa dem Blick) oder
Handlungen (dem Gehen, aber eben auch dem Denken) überhaupt erst erkennbar
bzw. dem Rezipienten vermittelbar. Dies heißt aber wohl nichts anderes, als dass
auch Beschreibungen von Mimik und Gestik und die Wiedergabe von Gedanken
als Nachahmung von Handlung deklariert werden.

Ich komme damit zu der zweiten Kategorie, dem Redekriterium: Aristoteles
unterscheidet bekanntlich die Künste fallweise nach den Mitteln bzw. Medien,
den Gegenständen und dem Modus ihrer Nachahmung.[24] Das sogenannte Redekriterium bezieht sich auf das letztgenannte Unterscheidungsmerkmal, den Modus
bzw. die Art und Weise der Nachahmung. Die zentrale, vielzitierte Stelle aus
Kapitel 3 der *Poetik* lautet in Fuhrmanns Übersetzung wie folgt:

> [...] es ist möglich, mit Hilfe derselben Mittel dieselben Gegenstände nachzuahmen, hierbei
> jedoch entweder zu berichten – in der Rolle eines anderen, wie Homer dichtet, oder so, daß
> man unwandelbar als derselbe spricht – oder alle Figuren als handelnde und in Tätigkeit
> befindliche auftreten zu lassen.[25]

Die Frage, wer spricht, ist hier klar dem jeweiligen Modus der Nachahmung
zugeordnet: Es wird eine binäre Unterscheidung zwischen erzählendem Bericht
und dramatischer Darstellung vorgenommen, wobei für den Modus des Berichtens
zusätzlich danach differenziert wird, ob „unwandelbar als derselbe" gesprochen
werde oder aber, nach Art Homers, „in der Rolle eines anderen".

Dieser Passus bereitet nun den Theoretikern des Cinquecento ein offenkundi-
ges Problem, was wohl vor allem daran liegt, dass in der Lyrik eben nicht, wie im
Epos oder auch im Drama, *Geschichten* erzählt bzw. dargestellt werden, die noch
dazu *anderen* als dem Dichter bzw. Sprecher widerfahren sind, sondern dass ein
Dichter-Ich ‚in eigener Sache' spricht, und es zumindest um die Suggestion bzw.

---

22 Vgl. hierzu Arbogast Schmitt, der in seiner Deutung der Aristotelischen *Poetik* den ‚Charak-
    ter' dem ‚Mythos' klar vor- und überordnet (s. SCHMITT 2008, S. 117).
23 DEL BENE 1574/1972, S. 203.
24 Nach PRIMAVESI 2008, S. 20: „a) *Medien* der Mimesis, b) *ethischer Rang* der dargestellten
    Handlungen, c) Präsenz oder Absenz eines übergeordneten *Berichterstatters*".
25 ARISTOTELES 1982, S. 9. In der Neuübersetzung von Schmitt lautet der Passus: „[...] auch in
    denselben Medien und bei denselben Gegenständen kann die Nachahmung mal im Modus des
    Berichts eines Erzählers geschehen – entweder mit einem Wechsel der Erzählperspektive, wie
    Homer es macht, oder in ein und derselben, nicht wechselnden Perspektive –, oder die nach-
    ahmenden <Künstler> lassen alle <Charaktere> als Handelnde und Akteure auftreten"
    (ARISTOTELES 2008, S. 5). Die Formulierung ‚Bericht eines Erzählers' ist ambig, insofern
    nicht ersichtlich ist, ob hier vom Dichter oder bereits von einer textinternen Sprechinstanz die
    Rede ist. Schmitt kommentiert allerdings, dass „[d]ie Vorstellung, dass der Erzähler einer
    Geschichte auch ein fiktiver Erzähler sein kann, [...] schon der *Odyssee* geläufig [ist], die
    spätere griechisch-römische Literatur spielt reichlich mit dieser Möglichkeit" (ARISTOTELES
    2008, S. 263).

Illusion der Wiedergabe *eigenen* Erlebens geht bzw., modern gesprochen, um ein Erlebnispostulat.

Um dies zu verdeutlichen, sei zunächst der Blick auf die Situation der Lyrik im 16. Jahrhundert gerichtet. Petrarca ist bekanntermaßen *der* Modellautor im Cinquecento, und in seiner Nachfolge erreicht die *lirica* eine wahre Blütezeit. Von der Bedeutung des petrarkischen Liebeskonzepts sei hier einmal gänzlich abgesehen; aus eher formaler Sicht ist vielmehr die spezifische Konstellation der Sprechsituation relevant, wie sie bei Petrarca vorgegeben ist und von den Dichtern und Dichterinnen in seiner Nachfolge aufgegriffen wird. Diese Sprechsituation zeichnet sich bekanntlich dadurch aus, dass das Sprecher-Ich zugleich Liebender und Dichter ist und in beiden Funktionen bzw. Rollen um die Liebe der *donna* wirbt und von ihr kündet. Nun ist dies eine Konstellation, wie sie sich grundsätzlich in ähnlicher Weise bereits im Minnesang und der Sangspruchdichtung des Mittelalters finden mag.[26] Die Lyrik Petrarcas wie auch in seiner Folge die petrarkistische Lyrik ist aber im Unterschied dazu gerade nicht an eine Aufführungssituation gekoppelt, ist nicht länger Bestandteil eines höfischen Repräsentationskontextes und nicht schon allein deshalb mit einem gewissen referentiellen Bezug versehen. Sie zeichnet sich vielmehr aufgrund ihrer dominanten Schriftlichkeit per se durch eine Entpragmatisierung, d.h. durch eine Abkoppelung vom lebensweltlichen Kontext, aus.[27] Es ist nun allerdings gerade diese hier zunächst einmal *naheliegende* Abkoppelung des Gedichtes von seinem Verfasser, die für Petrarca und – aus etwas anderen Gründen – auch für die Petrarkisten zum Problem zu werden scheint. Hierfür sprechen nicht nur verschiedentliche Äußerungen in Petrarcas Briefen,[28] sondern auch und vor allem die Unterlegung seiner Lyrik mit (pseudo-) biographischen Daten und Fakten, die wiederum eine Referentialisierbarkeit, und das heißt eine Identifizierung des historisch-empirischen Dichters Petrarca mit dem Dichter-Ich in seinen Gedichten, gerade nahelegen sollen. Es ist hier nicht der Ort, genauer über Petrarcas Lyrik und die Strategien seines *self-fashioning* zu sprechen. Wie wirkungsmächtig diese Strategien waren, belegt die Kommentar-

---

26 Dort lässt sich nämlich, wie insbesondere Jan-Dirk Müller und Peter Strohschneider herausgearbeitet haben, zwischen interner Sprecherrolle, externer Sängerrolle und Autorrolle unterscheiden, und die Dichtung selbst inszeniert die Grenzen ebenso, wie sie sie zu umspielen vermag. Vgl. MÜLLER 1994 und STROHSCHNEIDER 1996. Zur Disjunktion von realem Verfasser und fiktivem Sprecher im höfischen Roman und in der Lyrik der Trobadors vgl. bereits WARNING 1979. — Allerdings ist zu vermerken, dass die Poetiken des Secondo Cinquecento nicht auf die Praxis der französischen und deutschen mittelalterlichen Lyrik rekurrieren, sondern ihre theoretischen Ansätze speziell im Kontext der Aristoteles-Rezeption und in der Auseinandersetzung mit dem Modell Petrarca zu situieren sind.

27 Wenn ich hier von petrarkistischer Lyrik spreche, ist anzumerken, dass sich eine Reihe von Punkten auch in anderer Lyrik mit analoger Konstellation der Sprechhaltung zeigt, aber in jener wohl in besonderem Maße. — Es ist zwar richtig, dass auch diese volkssprachliche Lyrik in gesellschaftlichen Zirkeln an Höfen und in Salons vorgetragen wurde; dennoch ist sie an das Medium der Schrift gebunden und zirkulierte maßgeblich in Schriftfassung, sei es in handschriftlicher Form oder in Druckfassungen.

28 Vgl. etwa den Brief an Giacomo Colonna vom 21.12.1336, in dem sich Petrarca gegen den Vorwurf wehrt, er habe Laura nur erfunden (*Familiares* II, 9). Vgl. hierzu FÖCKING 2008.

Tradition des Cinquecento ebenso wie die volkssprachliche Dichtung in der Nachfolge Petrarcas, die gerade sowohl um eine *imitatio poesiae* als auch um eine *imitatio vitae* bemüht war. In der petrarkistischen Dichtung verstärkt sich das Referenzproblem nun allerdings noch, insofern es sich hier um hochrhetorisierte Formen dichterischer Äußerungen handelt – man denke nur an die kursierenden Auflistungen von bei Petrarca vorfindlichen Reimwörtern u.a.m., die als Schreib-anleitung fungierten. Zugleich aber ist festzuhalten, dass diese Dichtungsform de facto gerade einen vorzüglichen entpragmatisierten Freiraum der Fiktion bot, innerhalb dessen auch Dinge sagbar waren, die (etwa aus *decorum*-Gründen) in anderen Diskursen so nicht gesagt werden konnten – und die wiederum durchaus auf den lebensweltlichen Kontext rückzubeziehen waren. Ich komme hierauf noch zurück; zusammenfassend aber lässt sich bereits festhalten, dass die spezifische Sprechsituation lyrischer Texte diese gerade zwischen Entpragmatisierung und Repragmatisierung changieren lässt: Die Ausgestaltung der Sprechsituation setzt eine Grenze zwischen lebensweltlichem Kontext und davon primär abgekop-peltem Text voraus, die sodann wiederum umspielt und unterlaufen wird.

Der poetologische Diskurs formuliert dies nun allerdings keineswegs so klar; er arbeitet sich jedoch offensichtlich an einer geläufigen Praxis der Dichtung ab und versucht, auf z.T. erstaunlichen Umwegen, diese theoretisch einzuholen. Ein besonders aufschlussreiches Beispiel mag zunächst die dilemmatische Situation verdeutlichen, in der sich viele Theoretiker angesichts der spezifischen Konstella-tion der Lyrik Petrarcas befinden. Es handelt sich um einen Passus aus dem *Trat-tato della poesia lirica* von Pomponio Torelli von 1594, der die wohl umfang-reichste Lyrik-Abhandlung des Secondo Cinquecento darstellt:[29]

> […] Una difficoltà sopra il soggetto non si pò lasciare, che *essendo gli affetti propri del lirico e componendo allora bene un poeta lirico quando dall'affetto proprio è spinto a poetare* (come Dante eccellentissimo poeta diede per regola), *seguirà che la poesia lirica sarà più tosto istoria che poesia*, perciò che così sarà un'istoria degli affetti propri, i quali narrando non immiterà gli altrui. Onde non essendo immitatore, manco sarà poeta. *Quindi vediamo nel Petrarca*: „La longa istoria delle pene mie", „E se qui la memoria non m'aita", „E parlo cose manifeste e conte" […]. *Insomma i lirici, trattando i fatti suoi propri, più tosto narratori che immitatori appaiono.* / A questa opposizione si risponde che il lirico, essendo poeta, necessariamente immitarà sempre; e se conterà i suoi amori, le lodi della donna sua, serverà il precetto di Aristotele […] ch'è di *dir le cose non secondo che sono veramente accadute, ma secondo che accascar dovrebbono, e dir insomma quello che è in sé possibile secondo il verisimile o necessario.* […] *Così dunque tratterà il lirico gli affetti suoi et i costumi altrui.* E se averrà che occorra per ventura che 'l soggetto sia tale quale esser dovria, cioè in sommo grado di perfezione, quale di Laura e l'amor del Petrarca stimar si deve (ancor che chi non lo stimasse non saria articolo di fede), questo è *accidente alla poesia*, che non a quel che aviene ha l'occhio ma a quel che doveva avenire […].[30]

An diesem Passus wird beispielhaft eine gewisse paradoxal anmutende Position des Interpreten und Theoretikers Torelli erkennbar: Ausgangspunkt ist die An-nahme, dass Petrarca, wie andere *poeti lirici* auch, seine *eigenen* Gefühle

---

29 Siehe hierzu allgemein auch WEINBERG 1961, Bd. 2, S. 699–704; KAPPL 2006, S. 159–161.
30 TORELLI 1594/1974, S. 304ff.; m. Hervorh.

schildere; das Substrat der Lyrik ist mithin autobiographisch geprägt. Eben hieraus ergibt sich sodann aber das Problem einer mangelnden Unterscheidbarkeit des Lyrikers vom Geschichtsschreiber: Die Lyrik gleicht dieser Prämisse gemäß eher der Geschichtsschreibung im Sinne einer Schilderung von Ereignissen, die tatsächlich stattgefunden haben, als der Dichtung, die nachahme. In diesem Falle spielt der Handlungsbegriff keine Rolle, der Gegenstandsbereich ist vielmehr ausgeweitet: Torelli spricht hier zunächst eher indirekt der Dichtung die Aufgabe zu, Gefühle nachzuahmen – allerdings eben gerade nicht die eigenen („gli affetti propri"), sondern die Gefühle anderer („gli [affetti] altrui"). Der Lösungsweg, den Torelli sodann formuliert, präsupponiert seinerseits allerdings bereits eine Gleichsetzung von Lyrik und Dichtung: Der *lirico* ahme *als Dichter* („il lirico, essendo poeta") notwendigerweise nach, und schildere folglich die Dinge nicht so, wie sie gewesen seien, sondern so, wie sie vorgefallen sein *müssten*, bzw. das nach den Kriterien von Wahrscheinlichkeit und Notwendigkeit *Mögliche*. Der Scheinwiderspruch zwischen der ersten Annahme und der aristotelischen Regel löst sich in der allgemeinen Schlussfolgerung auf, der *lirico* spreche folglich sowohl von seinen eigenen Gefühlen wie auch von den Verhaltensweisen anderer („Così dunque tratterà il lirico *gli affetti suoi et i costumi altrui*.") – mit anderen Worten: Er mische Faktisches und Fiktives. Der Anteil an realem Substrat sei in der Lyrik jedoch nur akzidentiell („accidente alla poesia"), insofern sich Lyrik als Form der Dichtung essentiell über die Nachahmung des nur Möglichen, nicht aber über die Schilderung realer Fakten auszeichne. Der Status primär faktischer Elemente wandelt sich mithin, sobald diese Eingang in ein Gedicht finden: Sie werden fiktionalisiert. Und dennoch – und dies ist bezeichnend für eine grundlegende Ambivalenz sowohl in der Rezeptionshaltung wie auch der Konzeptualisierung – bleiben sie grundsätzlich offenbar als solche identifizierbar. Die Referenz auf die außertextuelle Wirklichkeit des Dichters ist gegenüber dem Entwurf einer nur möglichen Welt zweitrangig – aufgehoben bzw. gleichgültig geworden ist sie damit dennoch nicht, wie Torellis Argumentationsgang im Detail erkennbar werden lässt.

Bei allen erkennbaren Schwierigkeiten, eine durchaus geläufige Dichtungspraxis theoretisch zu reflektieren, sind die poetologischen Debatten des Secondo Cinquecento nicht zuletzt auch im Hinblick auf heute virulente Theorieprobleme aufschlussreich. So scheint etwa das Redekriterium höchstens auf den ersten Blick ein recht spezielles Detail der Dichtungslehre zu sein. Es erweist sich nämlich nicht nur als zentraler Eckpfeiler innerhalb der Diskussion um die Klassifizierung von Dichtung insgesamt; es ist auch – und dies ist hier weitaus entscheidender – hinsichtlich des pragmatischen Ortes der Lyrik im Besonderen relevant, und zwar mit Blick auf die Relationierung von Text und Welt, von textinternem Sprecher und empirischem Autor, von Entpragmatisierung und Referentialisierbarkeit der Aussagen.[31]

---

31 Am Beispiel des Redekriteriums erweist sich zudem einmal mehr die Notwendigkeit und Dringlichkeit einer Historisierung unseres heute aktuellen literaturwissenschaftlichen Instrumentariums. Dies gilt ebenso für die Kategorie des lyrischen Ich wie für die Diskussion um

Wird in den Poetiken allein auf die oben zitierte Stelle der Aristotelischen *Poetik* zum Redekriterium Bezug genommen, so ergibt sich für die Theoretiker noch kein wirklich großes Problem. Sieht man nämlich vom möglichen Gehalt des ‚Berichts' – und damit von der Frage der Narrativität – ab, so lässt sich die *lirica* zumindest dem ersten Anschein nach relativ problemlos dem berichtenden Modus zuordnen, und entsprechend wird zuweilen argumentiert: Der Dichter kann in diesem Falle ebenso *in persona propria* sprechen, also ‚unwandelbar als derselbe', wie auch *vestirsi l'altrui persona*, also ‚in der Rolle eines anderen'. Auf dieser Argumentationsbasis schlussfolgert beispielsweise Pomponio Torelli, dass die Lyrik in die mimetischen Gattungen integriert werden könne, insofern sie der ersten Variante entspricht.[32]

Bezieht man hingegen die Präzisierung mit ein, die Aristoteles in Kapitel 24 formuliert, so verlangt dies nach einer anderen Argumentation: Dort heißt es, der Dichter solle „möglichst wenig in eigener Person reden; denn insoweit ist er nicht Nachahmer".[33] Gerhard Regn hat eine verbreitete Tendenz der Dichtungstheorie des Secondo Cinquecento aufgezeigt, diesen Passus nicht nur auf das Epos zu beziehen, wie etwa Torelli dies im Anschluss an Aristoteles tut, sondern auf Dichtung generell. Erst hier ergeben sich tatsächliche Probleme, insofern auf der Basis dieser Vorgabe eine graduelle Abstufung hinsichtlich der nachahmenden Qualität innerhalb der verschiedenen Gattungen bzw. Texte vorzunehmen ist. Ein Lösungsansatz hierfür findet sich etwa bei Sebastiano Minturno, der vor diesem Hintergrund den *Canzoniere* Petrarcas gerade als vorbildlich lobt, „weil", so Regn, „dieses Korpus genau wie ein epischer Text den Wechsel von *narrare* und *vestirsi l'altrui persona* aufweise"[34]. In den adressatenbezogenen Gedichten spreche der Dichter nicht mehr als Dichter, sondern als Liebender:

> quando il Poeta parla ad altrui; *par, che* deponga *la persona del Poeta*; e ne prenda, ò tenga un'altra. Percioche *nel Petrarca due persone* intender possiamo: l'una del *Poeta*, quando egli narra; e l'altra dell'*amante*, quando dirizza à Madonna Laura il suo dire.[35]

Diesem Zitat lässt sich zunächst, wie Regn festhält, entnehmen, dass Minturno zwischen zwei ‚Rollen', die Petrarca in seiner Lyrik einnehme, unterscheidet: Mal spreche er als Dichter, mal als Liebender. Ausgehend von den konkreten Formulierungen dieses Zitats kann man nun jedoch wohl noch einen Schritt darüber hinausgehen: So deutet sich hier nämlich eine Dreiteilung an, innerhalb derer im

---

die Gattungstrias; es gilt ferner aber auch etwa für neuere narratologische Ansätze der Lyriktheorie, in denen die Benveniste'schen Kategorien von *histoire* und *discours* auf die Lyrik übertragen werden, ohne dass dies in irgendeiner Weise problematisiert würde (vgl. etwa MÜLLER-ZETTELMANN 2002), oder letztlich auch für eine ganz selbstverständliche – und darin ahistorische – Setzung von Lyrik als fiktionale Gattung. — Zur Bedeutungsvielfalt des Begriffs des lyrischen Ich in der Forschung und zu dessen Diskussion vgl. MARTÍNEZ 2002.

32 Siehe TORELLI 1594/1974, S. 268. Allerdings wirft er am Ende kurz ein, auch der Lyriker könne andere sprechen lassen, wobei er als Beispiel u.a. „il dialogo degli occhi del Petrarca, quello con l'anima" zitiert (ebd. S. 315).
33 ARISTOTELES 1982, S. 83.
34 REGN 1987, S. 391.
35 MINTURNO 1564/1971, S. 175; m. Hervorh.

Grunde bereits zwischen verschiedenen ‚Instanzen' zu differenzieren ist. Es ließe sich mithin unterscheiden zwischen 1.) Petrarca als (textexternem) *Dichter*, historischer Person und Verfasser seiner *Rime*; 2.) einer textinternen Dichter*figur* (*la persona del Poeta*), deren Rede freilich auf den ‚realen' Petrarca referiert; und 3.) der *Figur* des Liebenden (*la persona dell'amante*), ebenfalls textintern konzipiert, mit Bezeichnungsidentität (‚io'/‚Ich') gegenüber dem textinternen Dichter-Ich. Diese Deutung ergibt sich aus der Formulierung im ersten Satz, wenn der Dichter zu anderen spreche, *scheine* es, *als ob* er die Rolle bzw. ‚Person' des Dichters ablege und eine andere annehme („*par, che* deponga […]"). Im Umkehrschluss heißt dies, dass letztlich *faktisch* immer der Dichter spricht, *textintern* aber – qua Effekt der dichterischen Rede – die Sprecherrolle delegiert, sei es an die Figur des Dichters oder jene des Liebenden.[36]

Vor diesem Hintergrund ließe sich ein weiteres Problem lösen, das Agnolo Segni in seinen *Lezioni intorno alla poesia* von 1573 anspricht und das deutlich macht, wie absurd es offenbar schon manchem Zeitgenossen erschien, Petrarca *nicht* als Dichter bezeichnen zu wollen. So empört sich Segni, es gehe doch nicht an, dass man von Dichtung nur dort sprechen könne, wo sich der Dichter zurückziehe und darauf reduziert sei, in das Gewand bzw. in die Rolle eines anderen zu schlüpfen:

> Adunque, quando il poeta, uom savio e divino, ragiona egli, quella non è poesia, ma quando ne le sue narrazioni favella un servo, una meretrice, un matto o un malvagio uomo, quivi la poesia si mostra con la sua divinità e di tanto si gloria ella e si vanta.[37]

Wenn dies so gelte, dann müsse man den Titel ‚Dichter' vielen entziehen, auch Petrarca, diesem

> amplissimo possessore di questo nome, da molte parti e quasi da tutte ne sarà cacciato e spinto fuora, et assai meschino rifuggirà in un canto molto angusto, dove egli alcuna volta di rado fa parlar o Amore o le dame de la sua signora o certi uccelli presi da lui e mandati a presentare a non so chi.[38]

Die Lösung des Problems unterschiedlicher Sprecherrollen deutet sich nun genau im Modell der Kommunikationssituation lyrischer Texte an. Demzufolge spricht nicht der reale Dichter im Gedicht, sondern eine textinterne *figura* des Dichters – eine Präfiguration des lyrischen Ich, wie es 1910 von Margarete Susman in die

---

36 Ganz ähnlich formuliert schon Platon auf Homer und das Epos bezogen, zunächst rede „der Dichter selbst", in der Folge rede er „*als ob* er selbst der Chryses wäre" (*Politeia*/*Der Staat*, 3. Buch, 393a/PLATON 1990, S. 201; m. Hervorh.); und an anderer Stelle heißt es, der Dichter trage irgendeine Rede vor, „*als wäre er ein anderer*", woraus folgt: „müssen wir nicht sagen, daß er dann seinen Vortrag jedesmal so sehr als möglich dem nachbildet, von dem er vorher ankündigt, daß er reden werde? […] Nun aber sich selbst einem andern nachbilden in Stimme oder Gebärde, das heißt doch den darstellen, dem man sich nachbildet?" (ebd. 393c; m. Hervorh.). Insofern handelt es sich hier letztlich jeweils um bloß reportierte wörtliche Rede anderer Figuren resp. Stimmen. LATTMANN 2005 hebt diesbezüglich hervor, dass Platons Klassifikation, im Unterschied zu Aristoteles, die Kategorie der Diegesis zugrunde liege (s. S. 32ff.).

37 SEGNI 1573/1972, S. 22.

38 Ebd.

Lyriktheorie eingeführt wurde.[39] Zugleich wäre auch auf diesem Wege der Unterschied zwischen dem Dichter Petrarca und einem Geschichtsschreiber zu klassifizieren: Wiederholt wird nämlich in den Poetiken die Frage gestellt, inwiefern sich denn Petrarca, wenn er in eigenem Namen spreche – und über sein eigenes (Er-) Leben, ließe sich ergänzen – überhaupt vom Geschichtsschreiber unterscheide,[40] dessen Aufgabe es nach Aristoteles ja ist, das Besondere, das Einzelne, so wie es sich tatsächlich ereignet habe, zu berichten. Der Gehalt von Petrarcas Lyrik wird demnach – das zeigte bereits das Beispiel Torellis – eben nicht durchgängig und per se als ‚erfunden' begriffen;[41] sie stellt mithin aus dieser Sicht einen Sonderfall der Dichtung dar, die ihrerseits in den Poetiken des Cinquecento sonst als ‚Fiktion' bestimmt wird, und verlangt insofern offenkundig nach einer Rechtfertigung ihres poetischen Status. Ich komme hierauf noch zurück.

Eine Gattungstrias auf der Grundlage eines kommunikationstheoretischen Lösungsansatzes, wie er oben ausgeführt wurde, ist aber keinesfalls mit jener gleichzusetzen, wie sie bei Platon oder Aristoteles konzipiert ist. Sie grenzt sich vielmehr deutlich von dieser ab, auch wenn dies nicht explizit reflektiert wird. Der Knackpunkt der Debatten um das Redekriterium mit Bezug auf die *lirica* liegt nun offenbar genau in der Formulierung *il poeta parla in persona propria*. In der antiken Poetik bezog sich dieses Unterscheidungsmerkmal, wie eingangs erwähnt, auf den Dithyrambus als Form *diegetischer* Lyrik, in der der Dichter eine, von ihm unabhängige, Geschichte *erzählt*. Eben dies gilt nun jedoch nicht für die *lirica*, um die es den Poetiken im Cinquecento geht. Zwar wird vereinzelt formuliert, Petrarca *erzähle* (wenngleich seine eigene Geschichte), aber anderswo wird das Erzählen explizit als lediglich ein möglicher Modus des lyrischen Gedichts, etwa

---

39 SUSMAN 1910 bestimmt das ‚lyrische Ich' als „Erhöhung des empirischen Ich zu einem übergeordneten formalen" (S. 18f.). Im *Reallexikon der deutschen Literaturwissenschaft* heißt es, es handele sich beim ‚lyrischen Ich' um eine „Sprecherfunktion", eine „poetische *Leerstelle*, die zur imaginativen Füllung ebenso einlädt wie ggf. zur persönlichen *Identifikation*" (FRICKE/STOCKER 2007a, S. 509). Vgl. auch die Übersicht bei MARTÍNEZ 2002.

40 Vgl hierzu LIONARDI 1554/1970, der folgende Bedingung für den Dichter nennt: „in persona sua o non mai parla o quanto può meno, perciò che quanto più ragiona, più s'assimiglia all'istorico" (S. 258). S. auch CAPRIANO 1555/1970, S. 304.

41 Ergänzend seien hier Caprianos Ausführungen zu Petrarcas Lyrik zitiert, insofern auch er in ihnen eine faktische Ausgangsbasis erkennt, die dann jedoch – letztlich nach dem Prinzip der *natura naturans* – idealisiert bzw. fiktionalisiert werde: „Nel laudarla [= Laura], per dimostrar che non indegna, anzi degnissimamente fusse preso di lei, fece un concetto nell'animo d'una idea divina e d'una dèa mortale, alla vera sembianza della quale andò di tempo in tempo favorito dal cielo formando e dipingendo Laura; il che tanto felicemente e tanto gloriosamente le successe che nel suo essere e nel suo grado, *cioè come (possiam dire) lirico poeta e non come assoluto fittore o imitator di azioni (quantunche egli si possa dir aver finto ad un certo modo in universale*, avendo tolto a formar quasi un corpo di più membri, una donna compiutamente, benché con modo sparso e non con certo ordine, ma prendendo per il più occasione delle occorrenze del vero per il persuasibile e dissimulando l'arte in ogni loco per acquistarsi fede di verità) che ha, dico, superato in quel soggetto d'amore quanti Greci, Latini, Toscani e barbari furon mai, e col colmo della invenzione, sommo proposito e supremo consiglio, preoccupata la prima sede a tutti i posteri." CAPRIANO 1555/1970, S. 331; m. Hervorh.

neben Werben, Trösten, Loben oder Tadeln, geführt.[42] Aufgrund des weitgehenden Fehlens eines *erzählenden* Moments in der Lyrik rückt nun in besonderer Weise die Formulierung „in persona propria" in den Fokus.

Rufen wir uns noch einmal die zentrale Stelle bei Minturno ins Gedächtnis, so wird das Problem deutlich: Dort hieß es, dass sich Petrarcas Lyrik gerade dadurch auszeichne, dass er mal als Dichter, mal als Liebender spreche. Damit aber würde sich die Redesituation bei Petrarca nicht von der im Epos eines Homer unterscheiden: Beide, Homer wie Petrarca, sprächen nämlich demzufolge ebenso – wenn auch ‚möglichst wenig' – als sie selbst, wie sie anderen Figuren (bzw. ‚Rollen') ihre Stimme geben. Bei dieser Argumentation drängt sich demnach der Eindruck auf, der Unterschied zwischen Homer und Petrarca läge einzig in der „Nachahmung von Handlung", mithin in der Frage des Handlungsbegriffs, und somit allein im Bereich des Redegegenstands. Dass die Lösung so einfach aber eben nicht zu haben ist, zeigt sich an anderen Stellen der – durchaus divergenten – Argumentationen, und hier wird nun der Aspekt zentral, dass Petrarca keine von ihm unabhängige, sondern vielmehr seine eigene Geschichte ‚erzählt'. Das offensichtliche Problem liegt also in der eingangs genannten, die Dichtung Petrarcas fundierenden Figurenkonstellation und Sprechsituation begründet. Hieraus ergeben sich ja gerade Rückkoppelungseffekte auf den empirischen Autor, die es im Epos so eben *nicht* gibt. Und eben hierin ist die Ambivalenz der Formulierung des ‚parlare in persona *propria*' begründet.

Der Stellenwert dieser Ambivalenz für die Dichtungstheorie wird nun nicht nur an solchen Stellen deutlich, wo eine Unterscheidung zwischen textexterner und textinterner Kommunikationssituation annähernd vorformuliert ist. Vielmehr wird die Grenzziehung zwischen Text und Welt – und daran gekoppelt die Unterscheidung zwischen dem realen Dichter und dem textinternen, inszenierten, also letztlich fiktiven Dichter-Ich – auch in anderer Hinsicht akut. Um dies zu verdeutlichen, ist nochmals auf die Fundierungskategorie der Dichtung, die Nachahmung, zu rekurrieren. Die Kategorie der Nachahmung setzt per definitionem, und zwar noch vor jeglicher Präzisierung des Gegenstands der Nachahmung, seit der Antike eine Grenze zwischen Text und Welt, die allerdings im Mittelalter auf der Grundlage einer allegorischen Texthermeneutik unterlaufen wurde. ‚Nachgeahmt' wird etwas, das bzw. wie es sich so nicht realiter zugetragen *hat*, aber zugetragen haben *könnte* – hierin liegt ja gerade der Unterschied zwischen Dichtung und Geschichtsschreibung.

Um diesen Punkt klarer zu machen, komme ich noch einmal etwas ausführlicher auf die *Due Discorsi* zurück, die Giulio Del Bene 1574 vor der Accademia degli Alterati hielt. Wie bereits erwähnt, weitet Del Bene den Nachahmungsbegriff dahingehend aus, dass man gar nicht anders nachahmen könne als über Handlungen: Die Einführung einer Figur, die spricht, impliziere per se Handlung, d.h. wohl Sprechhandlung – und diese Figur kann, wie man an den Beispielen erkennt, die Del Bene zitiert, durchaus den Namen des realen Verfassers der

---

42 CRISPOLTI 1592/1974, S. 200, beispielsweise nennt als Modi *narrare, pregare, confortare, lodare, biasimare.*

Dichtung tragen.[43] Zudem sei die *lirica* zum einen eine junge Gattung, für die noch keine Regeln kodifiziert seien, und zum andern müssten die Dichter von Lyrik aufgrund deren Kürze *anders* nachahmen:

> [...] par necessario che di altre sorte azioni si debba da loro imitare, non si discostando però da l'uso poetico; e però questi tali poeti *imitono* le azioni *di loro stessi poeti, dimostrando* quello che per amore hanno fatto e quello [che] sopportono e le azioni virtuose delle loro innamorate e tal volta dello dio d'Amore, di Venere e delle Grazie [...]; e queste non si chiameranno azioni, poiché sono persone agenti e pazienti quale sono lo amante e la amata? e queste non sono imitazioni poiché loro stessi imitono? e queste non sono finzioni e favole poich'il più delle volte vere non sono le cose che scrivono, ma se le vanno formando nell'animo come quelli che le desiderono o le temono?[44]

Hier wird nun die Ambivalenz von Entpragmatisierung einerseits und Referentialisierbarkeit andererseits, die den Status der Lyrik, getreu dem Prototyp Petrarca, prägt, im theoretischen Ringen um ihre Aufnahme in den Kanon der etablierten Dichtungsarten ganz deutlich: Einerseits hebt Del Bene darauf ab, hier würde gesagt bzw. belegt werden („dimostrando"), was die Dichter aus Liebe getan hätten; andererseits aber heißt es einleitend, die Dichter *ahmten* ihre eigenen Handlungen nach: Der Begriff der Nachahmung, des *imitare*, verweist nun aber – und das ist mir der entscheidende Punkt – genau auf den, wie wir heute sagen würden, *fiktionalen Status* der Äußerungen. Wenn es vom Dichter hier heißt, er *ahme* sich in seinen Handlungen *selbst* nach, dann ist hier offenbar eine Differenz zwischen textexternem, empirischem Dichter einerseits und textinternem Dichter-Ich andererseits, und mithin die Kategorie eines lyrischen Ich präfiguriert. Über die Frage des fiktiven Gehalts dichterischer Aussagen hinaus – die Del Bene seinerseits im Einklang mit vielen Dichtungstheoretikern seiner Zeit grundsätzlich bejaht – wird in dieser Formulierung nicht nur eine fundamentale Differenz zwischen dem Ependichter und dem *lirico* manifest, sondern damit einhergehend die Denkmöglichkeit einer kategorialen Unterscheidung zwischen empirischem Dichter und textinterner Sprechinstanz, und zwar *trotz* oder aber gerade *aufgrund* deren möglicher Bezeichnungsidentität. Hier deutet sich mithin ein Gespür für die spezifische Kommunikationssituation lyrischer Texte an, wie sie in weiten Teilen der modernen Theorie geläufig ist:[45] Der Begriff der Nachahmung zielt ja gerade auf den fiktionalen Status der Dichtung, im Unterschied zum faktualen Reden, sei es über reale Sachverhalte, sei es über sich selbst. Insofern nun aber der Dichter ‚sich selbst' *nachahmt*, und zwar nicht nur in der Rolle des Liebenden, sondern bezeichnenderweise auch in der Rolle des Dichters, wird hier ein Freiraum zur Inszenierung – bzw. eben der Fiktion – eröffnet, der in der zeitgenössischen Dichtungspraxis in komplexer Weise genutzt wurde.

Aus dem bisher Gesagten lässt sich nun folgende These ableiten: Die dem Redekriterium, wie es in den Poetiken des Secondo Cinquecento diskutiert wird, entnommene Formulierung „parlare in persona propria" steht in der letztlich unre-

---

43 So zitiert er etwa Dante als Beispiel: „egli induce sempre persone che parlino, se ben sotto suo nome, e che sempre vadino facendo azioni" (DEL BENE 1574/1972, S. 200).

44 DEL BENE 1574/1972, S. 201; m. Hervorh.

45 Vgl. etwa MAHLER 2006.

duzierbaren Ambivalenz ihrer Referenz paradigmatisch für eine fundamental ambige Sprechsituation lyrischer Texte. Vor dem Hintergrund der für die Lyrik durchaus typischen Konstellation eines textinternen Ich-Sprechers, der sich zugleich als Liebender und Dichter präsentiert, suggeriert die Formel der *persona propria* eine Referenz auf den textexternen Dichter als Verfasser der Texte und historische Person, die das Nachahmungspostulat im Sinne einer *finzione* wiederum unterläuft.[46] Die spezifische Kommunikationssituation solcher lyrischen Texte ist in den poetologischen Debatten des Cinquecento genauso wenig einheitlich oder gar systematisch theoretisiert wie die Grenze zwischen Text und Welt, die ebenso als gesetzt wie durchlässig erscheint. Die Debatten machen jedoch deutlich, was zu dieser Zeit vor dem Hintergrund des Unternehmens einer neuen Gattungssystematik, die die Lyrik einbezieht, denkmöglich war: Die Poetiken erfassen zwar nicht die referentielle Ambivalenz als solche, reflektieren aber fallweise die Entpragmatisierung lyrischer Texte wie auch die Referentialisierbarkeit ihrer Aussagen.

Die Dichtungs*praxis* ist in dieser Hinsicht der Theoretisierung voraus. Als nur ein, allerdings besonders signifikantes, Beispiel für den diesbezüglichen Wissensvorsprung der Dichtung kann hier auf die *Rime* der Gaspara Stampa von 1554 verwiesen werden. Dort findet sich die zu Petrarca analoge Konstellation einer textinternen Ich-Sprecherin, die zugleich Liebende und Dichterin ist. Ihr zur Seite gestellt ist wiederholt ein *alter ego*, die Figur der Anassilla, die metonymisch auf das liebende Ich der Texte verweist und die es ermöglicht, vom ,parlare in persona propria' abzuweichen. Das Spiel um Bezeichnungs- und (fehlende) Referenzidentität erfährt nun dadurch eine zusätzliche, komplexe Steigerung, insofern ,Anassilla' auch der Gesellschaftsname war, unter dem die reale Dichterin Gaspara Stampa Mitglied einer literarischen Gesellschaft, der Accademia dei Dubbiosi, war. In einem Gedicht treffen dann gar ,Anassilla' und ,Gaspara Stampa', namentlich erwähnt, aufeinander.[47] Wer also spricht in diesen Texten? Und auf wen lassen sich die Äußerungen rückbeziehen? Gaspara Stampa schöpft

---

46 Agnolo Segni spricht in ähnlicher Weise von einer *orazione falsa* (s. SEGNI 1573/1972, S. 28).

47 Mentre al cielo il pastor d'alma beltate
  Coridon alza *l'una e l'altra Stampa*,
  e mentre *l'una e l'altra* arde ed avvampa
  di far lui chiaro a questa nostra etate,

  in note di vivace amor formate,
  d'amor, che solo in gentil cor s'accampa,
  dice *Anassilla* al sol volta, che scampa
  le forze avendo a più poter legate:

  – Deh, perché stil, vaghezza ed armonia
  d'alzar lui non ho io, rime e concento,
  a segno ove pastor mai non è stato?

  Perché a voglia sì santa e così pia
  non risponde il poter, che in un momento
  faria lo stato mio chiaro e beato?   (STAMPA 1554/2002, Nr. 285, S. 268; m. Hervorh.)

hier die Möglichkeiten, die ihr die Grenzziehung zwischen Text und Welt bietet, voll aus – und zwar in einer Weise, die es ihr erlaubt, Aussagen über sich als reale Person und Dichterin zu treffen, die ihr wiederum nicht nachgewiesen bzw. angelastet werden können. Die poetischen Äußerungen können mithin weder rein fiktional noch rein referentiell gelesen werden – sie unterlaufen gekonnt diese Unterscheidung, derer sie für ihre besonderen Effekte dennoch gerade bedürfen.[48]

Vor dem Hintergrund der Debatte um die Position der Lyrik innerhalb des Gattungssystems ist nun zu diskutieren, welcher Status und welche Funktionen den sogenannten Realitätsreferenzen in Gedichten zukommen. Wenn Dichtung als *Nachahmung* von – wie auch immer im Einzelnen bestimmter – Handlung angesetzt ist, ist ihr Realitätsbezug per se ein indirekter, ästhetisch vermittelter: Die Begriffe von Fiktion (*finzione*), Fiktivität (*finto*) und auch Imagination (*imaginazione* bzw. *imaginaria invenzione*) werden bekanntlich schon zeitgenössisch – vor dem Hintergrund der aristotelischen Unterscheidung zwischen Dichter und Geschichtsschreiber – mit dem der Mimesis assoziiert.[49] Die Frage der Faktizität einzelner Aussagen oder Daten innerhalb eines nachahmenden, sprich: fiktionalen, Textes wird in diesem Zusammenhang zwar thematisiert, stellt aber kein größeres Problem dar, das einer umfassenden Diskussion bedürfte, und zwar auch bezüglich der Lyrik nicht: So heißt es etwa wiederholt über Petrarca und andere Lyriker, dass die Dinge, die sie schrieben, zumindest meistenteils, „il più delle volte",[50] ‚nicht wahr', das heißt hier, keine *res factae* seien. Die Einbindung von Faktischem bedarf offenbar keiner sie erst legitimierenden Argumentation, weil bereits dem zeitgenössischen Theorieverständnis nach auch an sich reale Fakten im Zusammenhang der Dichtung fiktionalisiert werden – hier ist das Erbe der antiken Rhetorik und Poetik klar erkennbar. Hinzu kommt die Präfigurierung einer Grenze zwischen der äußeren und der inneren Kommunikationssituation, die in Teilen in der Diskussion um die Ansetzbarkeit des Redekriteriums in der Lyrik deutlich wird, wie oben ersichtlich wurde. Mit einer solchen Grenzziehung aber wird der Fiktionalitätsstatus auch der Lyrik nachhaltig untermauert.

Petrarcas *Canzoniere* und die an ihn anschließende, ihn ‚nachahmende' petrarkistische Dichtung ist in dieser Hinsicht sicherlich, wie erwähnt, als ein Sonderfall anzusehen – ein Sonderfall, der allerdings in der zeitgenössischen Dichtungstheorie eben gerade als Prototyp der *lirica* angesetzt wird. Ein Spezifikum petrarkistischer Dichtung liegt nun genau darin, dass die Geschichte des Protagonisten bzw. der Protagonistin gerade *nicht* als eine ‚beliebige' erfundene Geschichte, sondern als „eine Geschichte mit einer *scheinbar* autobiographischen Dimension" präsentiert wird.[51] Hierzu dient, wie Gerhard Regn hervorgehoben hat, genau die Einstrukturierung von Realitätsreferenzen, mittels derer „eine Rückkoppelung der innertextlichen Dichter-Rolle an den empirischen Autor" erfolgt.[52] Ein solches Bestreben nach einer Authentifizierung der ‚Liebes-

---

48   Siehe hierzu genauer SCHNEIDER 2007, Kap. 5, bes. S. 245–249 und S. 282ff.
49   Siehe CAPRIANO 1555/1970, S. 304.
50   Siehe DEL BENE 1574/1972, S. 201; s. auch SEGNI 1573/1972, S. 31.
51   REGN 1987a, S. 35; m. Hervorh.
52   Ebd.

geschichte' scheint somit auf den ersten Blick den poetologischen Prämissen in gewisser Hinsicht diametral entgegenzustehen, es erfolgt hingegen durchaus im Einklang mit der zeitgenössischen Rezeption.[53] Auch wenn hinsichtlich des Standes der Reflexion und ihrer Kenntnis zwischen Dichtungstheorie und Rezeptionsseite zu unterscheiden ist, so ist doch ein weiteres Spezifikum – nicht nur – petrarkistischer Dichtung, das einen Authentizitätsanspruch primär zu unterlaufen scheint, für beide Seiten offensichtlich: die stark intertextuelle Komponente der Dichtung im Kontext der *imitatio*-Ästhetik.

Hier ist nun eine weitere Kategorie aus der Dichtungstheorie zu berücksichtigen, nämlich das Wahrscheinlichkeitspostulat. Aristoteles hatte bekanntlich als die Aufgabe des Dichters bestimmt, das mitzuteilen, was geschehen *könnte*, „d.h. das nach den Regeln der Wahrscheinlichkeit oder Notwendigkeit Mögliche."[54] Bei Aristoteles zielen, wie verschiedentlich gezeigt wurde, die Kategorien der Wahrscheinlichkeit und Notwendigkeit primär auf die „Relation der einzelnen Elemente des Textes zueinander", wird mithin, wie Andreas Kablitz formuliert, „[d]er Außenbezug [...] durch interne Organisationsformen ersetzt"[55] – oder zumindest von ihnen dominiert, wie neuere Darstellungen nahelegen.[56] Der an das Wahrscheinlichkeitskriterium gebundene Vorrang der innertextlichen Relationen „vor der Beziehung des Textes zur außerhalb seiner [selbst] liegenden Wirklichkeit"[57] unterliegt in der Dichtungstheorie der Renaissance jedoch einem Wandel. Das ‚Allgemeine', das der Dichter mitteilen soll, wandelt sich zum ‚Typischen', einer Kategorie, die zentral an die außertextuelle Wirklichkeit bzw. andere Diskurse rückgebunden wird. Beispielhaft für diese Position kann auf den *Poetik*-Kommentar von Francesco Robortello von 1548 verwiesen werden.[58] Robortello ordnet zu Beginn seiner Ausführungen die Dichtung in das System der Künste ein und klassifiziert die Künste, die mit der Rede zu tun haben, gemäß ihrem Verhältnis zur Wahrheit. Gegenstand der Dichtung sei das Unwahre (*falsum*) und Erfundene (*fabulosum*).[59] Daher sei es besonders wichtig, dass das Fiktive glaubwürdig dargestellt werde, und eben hierfür müsse sich die Dichtung an der Wahrheit des Faktischen, an der Wirklichkeit orientieren. Die Glaubwürdigkeit der Darstellung resultiert dabei nicht mehr vorrangig aus der internen – ‚notwendigen' – Struktur, sondern bemisst sich an den Rezipienten und den sie vorprägenden, ihre Wahrnehmung lenkenden Diskursen. „Das Fiktive", so Brigitte Kappl, „wird akzeptabel [...] und damit wirksam [...], indem es gebunden wird an das Decorum, an die Wahrscheinlichkeit, an die Naturgesetze, an die Toleranz des Publikums."[60]

---

53 Siehe ebd. S. 36.
54 ARISTOTELES 1982, S. 29 (*Poetik*, Kap. 9).
55 KABLITZ 1989, S. 80.
56 Vgl. SCHMITT 2004 und KAPPL 2006.
57 KABLITZ 1989, S. 81.
58 Siehe hierzu KAPPL 2006, S. 78f.
59 „Poetice [sc. arripit] falsum seu fabulosum." ROBORTELLO 1548/1968, S. 3.
60 KAPPL 2006, S. 69. In dieser auf den ersten Blick recht heterogen anmutenden Reihung verschiedener Aspekte nimmt die Kategorie der Wahrscheinlichkeit die dominante Position ein;

Glaubwürdigkeit in diesem Sinne aber gewinnt die Dichtung nicht zuletzt aufgrund ihrer Anschaulichkeit, und so ließe sich eine weitere Funktion der Realitätsreferenzen eben hierin erkennen: in der Inszenierung von Authentizität um der
Glaubwürdigkeit willen. Auf die Lyrik bezogen gilt dies vor dem Hintergrund des
geltenden Postulats der *imitatio auctorum* sowie einer, damit verbundenen, deutlichen Tendenz zur Selbstreferenz möglicherweise gar in besonderem Maße. Die
lirica bedarf offenbar solcher expliziten, markierten Rückkoppelungen an die
außertextuelle Wirklichkeit schlicht, um glaubwürdig zu sein. Vor diesem Hintergrund, so ließe sich hinzufügen, wäre mithin auch die *imitatio vitae* als Bestandteil einer bloß fiktionalen Inszenierung zu fassen, ihrerseits funktionalisiert zum
Zwecke der Glaubwürdigkeit.

Die bisher genannten möglichen Funktionen der Realitätsreferenzen zielen
demnach auf ein Überspielen des Fiktionsstatus unter dem Signum der ‚Wahrscheinlichkeit'. Die im Cinquecento dominant wirkungsästhetische Kategorie der
Glaubwürdigkeit macht zudem einen direkten Anschluss an die außertextuelle
Wirklichkeit deutlich, an der sich Dichtung bemessen lassen muss. Natürlich ist
hierbei zu bedenken, dass diese Wirklichkeit ihrerseits kommunikativ vermittelt
bzw. diskursiv begründet ist; dies macht etwa die in diesem Zusammenhang zu
nennende Kategorie des *decorum* deutlich. Das Beispiel der Gaspara Stampa zeigt
somit im Übrigen auch, dass die klar und eindrücklich zu belegende Orientierung
weiblicher Autoren gerade am *decorum* nicht nur historisch-sozial – nämlich als
gender-Phänomen – begründbar ist, sondern im Cinquecento ebenso poetologisch,
nämlich im Rekurs auf das Postulat der Glaubwürdigkeit.

Aus einer anderen Perspektive manifestiert die Einbindung von Fakten, die –
scheinbar und doch durchaus auch tatsächlich – auf den empirischen Dichter referieren, vor dem Hintergrund der zeitgenössischen poetologischen Auseinandersetzungen hingegen nicht nur den generellen *Fiktions*status der *lirica*, ihr *fiktives*
Moment. Manifest wird vielmehr ebenso ihr *Fiktionalitäts*status, insofern man es
hierbei mit einem Phänomen der Ebene der Darstellung, und nicht nur des Dargestellten, zu tun hat. Es geht mithin aus dieser Sicht nicht primär um die Fakten
bzw. Referenzen als solche, sondern um ihre spezifische ‚Einbindung'[61] oder ‚Einstrukturierung'[62] in den jeweiligen Text. Eben darauf wird im Falle Gaspara Stam-
pas das Augenmerk gelenkt, wenn in ihrem *canzoniere* die verschiedenen Figuren
und Sprechinstanzen stellenweise nicht mehr auseinandergehalten werden können
und eine eindeutige Zuordnung der Aussagen zu einem identifizierbaren Sprecher-
Ich aufgrund ihrer ambigen Struktur wiederholt unterlaufen wird. In der Koppelung von (scheinbar) eindeutig dechiffrierbaren Realitätsreferenzen an *verschiedene* Sprechinstanzen, die textintern zudem gegeneinander ausgespielt werden,
wird hier nicht nur eine Dissoziation des den *canzoniere* insgesamt dominierenden
Sprecher-Subjekts vorgeführt, sondern zugleich die Sprechsituation im lyrischen

---

die Ausrichtung an den anderen Aspekten, die ihr mithin untergeordnet sind, dient genau
dazu, das Geschilderte wahrscheinlich erscheinen zu lassen.
61 Siehe HAUG 2003, S. 133.
62 Siehe REGN 1987, S. 35.

Text selbst reflektiert.[63] Die Meisterschaft im *brouiller les pistes*, die hierin zum Ausdruck kommt, rückt dabei einen weiteren Aspekt ins Blickfeld, auf den hier jedoch nicht mehr näher einzugehen ist: das *self-fashioning* als Dichterin oder Dichter, auf das sich der zeitgenössische Begriff des *imitare se stesso* durchaus beziehen ließe.[64] Für den Erfolg dieses *self-fashioning* bedarf es nämlich gerade einer *zweifachen* Rückkoppelung: von der außertextuellen Wirklichkeit in den Text – und zurück.[65]

Abschließend ist also festzuhalten, dass im Kontext der Etablierung der *lirica* als Großgattung in der Renaissance vielfach und unter unterschiedlichen Kategorien die Wechselbeziehungen von Fakt und Fiktion, von textexterner Wirklichkeit und textinterner Sprechsituation reflektiert werden. Wenngleich man von einer einheitlichen Konzeptualisierung weit entfernt ist, finden sich doch Ansätze, die in einer diesbezüglichen Grenzziehung eine Ermöglichungsstruktur zu erkennen scheinen: Sie eröffnet einen Freiraum für die Entfaltung *möglicher* Welten und Lieben, den wir Fiktion nennen, und bietet zugleich die Möglichkeit eines *self-fashioning*, das über die Grenzen der Fiktion hinausweist. Die Realitätsreferenzen schließlich sind zum einen in ihrer *Schein*referenz aus Sicht der modernen Fiktionstheorie mithin gerade als Fiktions*merkmal* zu klassifizieren;[66] als Fiktions*signal* werden sie in der zeitgenössischen Rezeption hingegen kaum verstanden – und nur und genau deshalb wiederum ist es u.a. auf ihrer Basis möglich, dem poetologischen Postulat der Glaubwürdigkeit der Darstellung Genüge zu leisten. Eben hierfür bedürfen sie nämlich eines Rückkoppelungseffekts auf die außertextuelle Wirklichkeit, der den Status einer bloßen *Schein*referenz wiederum unterläuft. Von einer Vergleichgültigung der Referenz, wie sie zuweilen als Merkmal der Fiktion angesetzt wird,[67] sind wir hier weit entfernt. Es ist mithin die Lyrik als Fiktion des Faktischen im doppelten Sinne, die die Dichtungstheoretiker des 16. Jahrhunderts so anhaltend umtreibt; ihre diesbezüglichen Intuitionen scheinen in den diversen Versuchen einer Theoretisierung des Status der *lirica* immer wieder auf.

---

63 Siehe SCHNEIDER 2007, S. 282ff.

64 Vgl. zu diesem Aspekt im Kontext des Dialogs, speziell bei Tasso, den Beitrag von Bernd Häsner in diesem Band.

65 Dass Rollenspiele und *self-fashioning* nicht nur eine literarische, sondern zu dieser Zeit ganz offenbar eine weitergehend soziale Praxis bildeten, davon zeugt nicht zuletzt auch die Praxis der Gesellschaftsnamen, unter denen die Mitglieder in Akademien und anderen Zirkeln auftraten.

66 Fiktionsmerkmale sind „Komponeten einer Theorie, die ein solches Verständnis [d.i. eines Textes als fiktionalen] zu rekonstruieren versucht, indem sie explizit die Bedingungen formulieren, die vorliegen müssen, um einen Text als – mehr oder weniger – fiktional einzustufen" (HEMPFER 1990, S. 121).

67 Vgl. etwa jüngst KABLITZ 2008.

Literaturverzeichnis

Primärtexte

ARISTOTELES 1982:
Aristoteles, *Poetik*. Griechisch/Deutsch, übers. u. hg. v. M. Fuhrmann, Stuttgart 1982.
ARISTOTELES 2008:
Aristoteles, *Poetik*, übers. u. erl. v. A. Schmitt, Berlin 2008.
CAPRIANO 1555/1970:
Capriano, G. P., *Della vera poetica* [1555], in: *Trattati di poetica e retorica del Cinquecento*, hg. v. B. Weinberg, 4 Bde., Bari 1970–1974, Bd. 2, 1970, S. 293–334.
CRISPOLTI 1592/1974:
Crispolti, C., *Lezione del sonetto* [ca. 1592], in: *Trattati di poetica e retorica del Cinquecento*, hg. v. B. Weinberg, 4 Bde., Bari 1970–1974, Bd. 4, 1974, S. 193–205.
DEL BENE 1574/1972:
Del Bene, G., *Due Discorsi* [1574], in: *Trattati di poetica e retorica del Cinquecento*, hg. v. B. Weinberg, 4 Bde., Bari 1970–1974, Bd. 3, 1972, S. 175–204.
LIONARDI 1554/1970:
Lionardi, A., *Dialoghi dell'invenzione poetica* [1554], in: *Trattati di poetica e retorica del Cinquecento*, hg. v. B. Weinberg, 4 Bde., Bari 1970–1974, Bd. 2, 1970, S. 211–292.
MINTURNO 1564/1971:
Minturno, S., *L'arte poetica*, Venedig 1564 (Reprint München 1971).
PLATON 1990:
Platon, *Politeia/Der Staat*, bearb. v. D. Kurz, gr. Text v. E. Chambry, dt. Übers. v. F. Schleiermacher (Platon, *Werke in 8 Bänden*, griech./dt., hg. v. G. Eigler), Bd. 4, Darmstadt 1990.
ROBORTELLO 1548/1968:
Robortello, F., *Explicationes in librum Aristotelis, qui inscribitur De Poetica* [1548], München 1968.
SEGNI 1573/1972:
Segni, A., *Lezioni intorno alla poesia* [1573], in: *Trattati di poetica e retorica del Cinquecento*, hg. v. B. Weinberg, 4 Bde., Bari 1970–1974, Bd. 3, 1972, S. 5–100.
STAMPA 1554/2002:
Stampa, G., *Rime* [1554], hg. v. M. Bellonci u. R. Ceriello, Mailand 2002.
TORELLI 1594/1974:
Torelli, P., *Trattato della poesia lirica* [1594], in: *Trattati di poetica e retorica del Cinquecento*, hg. v. B. Weinberg, 4 Bde., Bari 1970–1974, Bd. 4, 1974, S. 237–317.
TRISSINO 1549/1970:
Trissino, G. G., *La quinta e la sesta divisione della poetica* [ca. 1549], in: *Trattati di poetica e retorica del Cinquecento*, hg. v. B. Weinberg, 4 Bde., Bari 1970–1974, Bd. 2, 1970, S. 5–90.

Sekundärliteratur

BEHRENS 1940:
Behrens, I., *Die Lehre von der Einteilung der Dichtkunst vornehmlich vom 16. bis 19. Jahrhundert. Studien zur Geschichte der poetischen Gattungen*, Halle/Saale 1940.
BUCK 1952:
Buck, A., *Italienische Dichtungslehren vom Mittelalter bis zum Ausgang der Renaissance*, Tübingen 1952.

BUSCH 2008:
BUSCH, T., „Chronologische Übersicht zur Textgeschichte", in: Aristoteles, *Poetik*, übers. u. erl. v. A. Schmitt, Berlin 2008, S. XVII–XXVI.

FÖCKING 2008:
Föcking, M., „,Favola fui'. Petrarca und die Gefahren des Fabulösen", in: *Im Zeichen der Fiktion. Aspekte fiktionaler Rede aus historischer und systematischer Sicht*, Festschrift für Klaus W. Hempfer zum 65. Geburtstag, hg. v. I. Rajewsky u. U. Schneider, Stuttgart 2008, S. 109–123.

FRICKE/STOCKER 2007:
Fricke, H./Stocker, P., „Lyrik", in: *Reallexikon der deutschen Literaturwissenschaft*, hg. v. H. Fricke, Berlin/New York 2007, S. 498–502.

FRICKE/STOCKER 2007a:
Fricke, H./Stocker, P., „Lyrisches Ich", in: *Reallexikon der deutschen Literaturwissenschaft*, hg. v. H. Fricke, Berlin/New York 2007, S. 509–511.

GENETTE 1991:
Genette, G., *Fiction et diction*, Paris 1991.

HAUG 2003:
Haug, W., „Die Entdeckung der Fiktionalität", in: ders., *Die Wahrheit der Fiktion. Studien zur weltlichen und geistlichen Literatur des Mittelalters und der frühen Neuzeit*, Tübingen 2003, S. 128–144.

HEMPFER 1990:
Hempfer, K. W., „Zu einigen Problemen einer Fiktionstheorie", *Zeitschrift für französische Sprache und Literatur* 100 (1990), S.109–137.

HEMPFER 2008:
Hempfer, K. W., „Überlegungen zur historischen Begründung einer systematischen Lyriktheorie", in: *Sprachen der Lyrik. Von der Antike bis zur digitalen Poesie*, hg. v. K. W. Hempfer, Stuttgart 2008, S. 33–60.

KABLITZ 1989:
Kablitz, A., „Dichtung und Wahrheit – Zur Legitimität der Fiktion in der Poetologie des Cinquecento", in: *Ritterepik*, hg. v. K. W. Hempfer, Stuttgart 1989, S. 77–122.

KABLITZ 2008:
Kablitz, A., „Literatur, Fiktion und Erzählung – nebst einem Nachruf auf den Erzähler", in: *Im Zeichen der Fiktion. Aspekte fiktionaler Rede aus historischer und systematischer Sicht*, Festschrift für Klaus W. Hempfer zum 65. Geburtstag, hg. v. I. Rajewsky u. U. Schneider, Stuttgart 2008, S. 13–44.

KAPPL 2006:
Kappl, B., *Die Poetik des Aristoteles in der Dichtungstheorie des Cinquecento*, Berlin/New York 2006.

LATTMANN 2005:
Lattmann, C., „Die Dichtungsklassifikation des Aristoteles. Eine neue Interpretation von Arist. *poet.* 1448a19-24", *Philologus* 149 (2005), S. 28–51.

MAHLER 2006:
Mahler, A., „Towards a Pragmasemiotics of Poetry", *Poetica* 38 (2006), S. 217–258.

MARTÍNEZ 2002:
Martínez, M., „Das lyrische Ich. Verteidigung eines umstrittenen Begriffs", in: *Autorschaft. Positionen und Revisionen*, hg. v. H. Detering, Stuttgart 2002, S. 376–389.

MÜLLER 1994:
Müller, J.-D., „*Ir sult sprechen willekomen*. Sänger, Sprecherrolle und die Anfänge volkssprachlicher Lyrik", in: *Internationales Archiv für Sozialgeschichte der deutschen Literatur* (IASL) 19,1 (1994), S. 1–21.

MÜLLER-ZETTELMANN 2002:
Müller-Zettelmann, E., „Lyrik und Narratologie", in: *Erzähltheorie transgenerisch, intermedial, interdisziplinär*, hg. v. A. u. V. Nünning, Trier 2002, S. 129–153.

PRIMAVESI 2008:

    Primavesi, O., *„Aere perennius*? Die antike Transformation der Lyrik und die neuzeitliche Gattungstrinität", in: *Sprachen der Lyrik. Von der Antike bis zur digitalen Poesie*, hg. v. K. W. Hempfer, Stuttgart 2008, S. 15–32.

REGN 1987:

    Regn, G., „Mimesis und autoreferentieller Diskurs. Zur Interferenz von Poetik und Rhetorik in der Lyriktheorie der italienischen Spätrenaissance", in: *Die Pluralität der Welten – Aspekte der Renaissance*, hg. v. K. Stierle u. W.-D. Stempel, München 1987, S. 387–414.

REGN 1987a:

    Regn, G., *Torquato Tassos zyklische Liebeslyrik und die petrarkistische Tradition*, Tübingen 1987.

SCHMITT 2004:

    Schmitt, A., „Die *Poetik* des Aristoteles und ihre Neudeutung in der Dichtungstheorie des Secondo Cinquecento", *Anglia. Zeitschrift für Englische Philologie* 122 (2004), S. 6–23.

SCHMITT 2008:

    Schmitt, A., „Einleitung", in: Aristoteles, *Poetik*, übers. u. erl. v. A. Schmitt, Berlin 2008, S. 45–137.

SCHNEIDER 2007:

    Schneider, U., *Der weibliche Petrarkismus im Cinquecento. Transformationen des lyrischen Diskurses bei Vittoria Colonna und Gaspara Stampa*, Stuttgart 2007.

STROHSCHNEIDER 1996:

    Strohschneider, P., „,,nu sehent, wie der singet!'. Vom Hervortreten des Sängers im Minnesang", in: *,Aufführung' und ,Schrift' in Mittelalter und Früher Neuzeit*, hg. v. J.-D. Müller, Stuttgart/Weimar 1996, S. 7–30.

SUSMAN 1910:

    Susman, M., *Das Wesen der modernen deutschen Lyrik*, Stuttgart 1910.

WARNING 1979:

    Warning, R., „Lyrisches Ich und Öffentlichkeit bei den Trobadors", in: *Deutsche Literatur im Mittelalter. Kontakte und Perspektiven*, hg. v. C. Cormeau, Stuttgart 1979, S. 120–159.

WEINBERG 1961:

    Weinberg, B., *History of Literary Criticism in the Italian Renaissance*, 2 Bde., Chicago 1961.

WELLEK/WARREN 1995:

    Wellek, R./Warren, A., *Theorie der Literatur* [engl. 1948], mit einer Einf. v. H. Ickstadt, durchges. Neuaufl., Weinheim 1995.

Fiktion, Fakt und Fälschung

Lorenzo Valla, Ulrich von Hutten und die Ambiguität der *declamatio* in der Renaissance

ANITA TRANINGER (Berlin)

Zwischen Fakt und Fiktion ist die Fälschung einfach zu verorten, reklamiert sie doch mittels einer Täuschung Geltung im Bereich des Faktischen – sie ist damit ein elaboriertes und durch allerlei Authentifizierungsstrategien gestütztes textuelles Pendant der Lüge, das gleichzeitig performativ Realität schafft. Ein hervorragendes Beispiel dafür sind die rund 500 im *Decretum Gratiani*, also *dem* Kirchenrechtslehrbuch des Mittelalters, enthaltenen gefälschten Rechtsdokumente,[1] allen voran jenes – wie man heute annimmt – im neunten Jahrhundert entstandene, das festzuhalten vorgibt, wie Kaiser Konstantin durch Papst Silvester von der Lepra geheilt wird und der Kirche zum Dank die Westhälfte des Römischen Reichs schenkt, um sich selbst nach Byzanz zurückzuziehen: das *Constitutum Constantini* oder die Konstantinische Schenkung.[2]

Es liegt in der Natur der Sache, dass Fälschungen als solche entlarvt werden können. Ein, wenn nicht *das* Exemplar dieser Anstrengung ist Lorenzo Vallas 1440 ausformulierter Nachweis, dass eben diese Konstantinische Schenkung nicht erfolgt sein kann und es sich bei dem vermeintlichen Schenkungsdokument aus dem frühen 4. Jahrhundert um eine nicht einmal besonders geschickt gemachte, spätere Fälschung handelt. Worum es mir im Folgenden gehen wird, ist die *Form* von Vallas Schrift, die er selbst *oratio* nennt und von der er selbst sagt, dass er nie etwas Rhetorischeres geschrieben habe: „qua nihil magis oratorium scripsi."[3] Bekannt freilich wurde die Schrift nach der Neuausgabe durch Ulrich von Hutten 1518 unter dem Titel *Declamatio*, und während Unbehagen und der Verdacht eines Irrtums seitens Huttens angesichts dieser Etikettierung formuliert wurden, scheint niemand dieses Faktum für historisch rekonstruierbar und damit begründ-

---

1 Vgl. GRAFTON 1990, S. 28.

2 Der Text ist ediert in CONSTITUTUM 1984; eine Datierung auf die Jahre 830/833 und eine Lokalisierung der Fälschung im Umfeld Ludwigs des Frommen nimmt FRIED 2007 vor. Fried insistiert auf der Differenzierung von gefälschtem Schenkungstext (*Constitutum*) und der Fiktion der Übergabe weltlicher Macht an die Kirche (*Donatio*).

3 VALLA 1984, Br. 23, S. 252, an Giovanni Aurispa. Setz folgert aus Briefen an Guarino da Verona und Giovanni Aurispa, dass Valla seine Schrift in erster Linie als rhetorisch-literarisches Werk verstanden wissen wollte (s. SETZ 1975, S. 85). Nicht nur metatextuell, auch in der Rede selbst nennt Valla sie ‚oratio': VALLA 1975, S. 5*, 30; 50*, 9 (die Angaben beziehen sich jeweils auf Seiten- und Zeilenzahl in der von Setz besorgten Edition). – Die Literatur zu Vallas Schrift gegen die Konstantinische Schenkung ist Legion; spezifisch mit rhetorischen Aspekten befassen sich u.a. GRAY 1963, DE CAPRIO 1978, GINZBURG 1993, CAMPOREALE 1996, FUBINI 1996, ZORZI PUGLIESE 1991–92 und KABLITZ 2001.

bar zu halten. Es geht mir darum zu zeigen, dass Vallas *oratio* in der Tat an deklamatorischen Konventionen partizipiert und dass eine Lektüre des Textes mit Blick auf diese Gattungstradition insbesondere im Hinblick auf Fragen von Fakt und Fiktion erhellend ist.

Die Rechtmäßigkeit der Schenkung – und damit die Frage, ob es für einen Herrscher legitim ist, die Hälfte des Reichs zu verschenken – war bereits im Mittelalter Diskussionsgegenstand in der Rechtswissenschaft, wie in Kantorowicz' *The King's Two Bodies* an zahlreichen Stellen nachzulesen ist.[4] Schon 1433 hatte Nikolaus von Kues, der in Pavia zu Vallas Schülern gezählt hatte,[5] dem Konzil von Basel ein Gutachten vorgelegt, das darauf beruht, zu prüfen, ob die *Donatio* in anderen historischen Dokumenten Erwähnung findet – sein Befund ist negativ. Eines der zentralen Dokumente für den weltlichen Machtanspruch der Päpste war damit in Frage gestellt und zu einem *dictamen apocryphum* degradiert.[6]

Lorenzo Valla geht nun in seiner Schrift *De falso credita et ementita donatio Constantini (Die fälschlich für wahr gehaltene und gefälschte Konstantinische Schenkung)*[7] darüber hinaus und unterzieht den Text einer philologischen Textkritik. Aufgebaut ist die Rede nach dem kanonischen Schema einer Gerichtsrede: Auf ein *exordium* folgen eine kurze *narratio*, in der der Sachverhalt dargelegt wird, und die *partitio*, in der der Aufbau des Folgenden skizziert wird. Die *confirmatio*, in der traditionell logische Argumente als Beweis für die zu vertretende Position vorgebracht werden, entspricht jenem ersten, oft ‚rhetorisch' genannten Hauptteil, in dem Valla die vermeintliche Faktizität der Schenkung dadurch in Zweifel zieht, dass er die Unwahrscheinlichkeit des Vorgangs herausstellt. Hier sind es die Reden von Konstantins Söhnen, eines Gesandten des römischen Senats und des Papstes Silvester, die Valla fingiert, um die Widerstände zu ‚beweisen', die Konstantin angesichts seines Vorhabens entgegen geschlagen hätten. Der zweite, ‚philologisch' genannte Hauptteil fungiert als *refutatio*: Das Rechtsdokument wird hier Punkt für Punkt widerlegt. Abgeschlossen wird das Ganze mit einer *peroratio*, dem Ort, an dem typischerweise eine im technischen Sinne *pathos*-gesättigte Handlungs- oder Entscheidungsaufforderung steht.

Dies ist alles bekannt, und die berühmten Einzelpunkte, die aus Vallas umfassender historischer und linguistischer Kompetenz resultieren und die in Handbüchern gerne herausgegriffen werden – wie die anachronistische Ortsbezeichnung „Konstantinopel", die im Zeithorizont des Dokuments, so es denn echt sein soll, natürlich „Byzantium" lauten müsste; dieses spezifische Argument stellt übrigens schon Luther als Beispiel dafür heraus, „wie sich die Donatio

---

4   Siehe KANTOROWICZ 1997, *ad indicem*.
5   SETZ 1975, S. 77; zu *De concordantia Catholica* s. ebd. S. 106.
6   Zum Begriff des Apokryphen in der scholastischen Tradition s. MINNIS 1984, bes. S. 11. FUBINI 1996, S. 84 sieht Vallas Kritik am *Constitutum* in den Kategorien von ‚wahr' und ‚falsch/gefälscht' als direkte Reaktion auf die Cusanus' Gutachten zugrundeliegende institutionelle Opposition von ‚apokryph' vs. ‚kanonisch'.
7   SETZ 1975, S. 63.

Constantini selbs jnn die backen hewet"[8] –, stellen nur einen Bruchteil von Vallas sehr ausführlich und durchwegs polemisch vorgetragener Mängelliste dar.[9]

Im ersten Teil geht es um *probabilitas* als Beweismittel gegen fälschlich angenommene Faktizität, um die Demontage der *histoire*. Im zweiten erfolgt die Destruktion des Schenkungsdokuments über das Konzept der *veritas* bzw. ihres Gegenstücks, *falsitas*. Der Wortlaut des Schenkungsdokuments, sozusagen der *discours*, wird nicht als unwahrscheinlich, sondern als unwahr ausgewiesen.

Anders als das nüchterne, knapp gehaltene Gutachten des Cusaners ist Vallas Arbeit von einem Ton der Empörung über die Plumpheit der Fälschung ebenso wie über die folglich unrechtmäßige weltliche Herrschaft der Päpste geprägt. Gleichzeitig stilisiert sich Valla als über die Maßen mutiger Proklamator ansonsten beschwiegener Wahrheit. Im *exordium* beschwört er die Brisanz seiner Rede dadurch, dass er andeutet, die schlimmsten obrigkeitlichen und näherhin päpstlichen Konsequenzen als Reaktionen zu erwarten:

> Plures a me libri compluresque emissi sunt in omni fere doctrinarum genere, in quibus quod a nonnullis magnisque et longo iam evo probatis auctoribus dissentio, cum sint, qui indigne ferant meque ut temerarium sacilegumque criminentur, quid tandem nunc facturi quidam putandi sunt? quantopere in me debacchaturi? et, si facultas detur, quam avide me ad supplicium festinanterque rapturi? qui non tantum adversus mortuos scribo, sed adversus etiam vivos, nec in unum alterumve, sed in plurimos, nec contra privatos modo, verum etiam contra magistratus. At quos magistratus? Nempe summum pontificem, qui non temporali solum armatus est gladio regum ac principum more, sed ecclesiastico quoque, ut ab eo neque supter ipsum, ut sic loquar, clipeum alicuius principum protegere te possis, quominus excommunicatione, anathemate, execratione feriare.[10]

Trotz der vermeintlichen Lebensgefahr, in die sich der Verfasser mit Vorlage des Textes nach eigenem Bekunden also begibt, verlief dessen Rezeption im Quattrocento eher unspektakulär. Denn trotz der offenen Aggression nicht nur gegen ein kirchliches Dokument, sondern auch gegen den Papst gibt es keinerlei Hinweise darauf, dass der Papst und die Kurie versucht hätten, die Verbreitung zu verhindern, ein Befund, der auch klar durch die heute noch vorhandene hohe Zahl

---

8 LUTHER 1914, S. 83 (WA 50:83).

9 Die durchaus auch vorhandenen Schwächen von Vallas *ars critica* wurden bereits im späten 15. und 16. Jahrhundert aus der Perspektive einer methodisch weiter entwickelten Philologie bemängelt, vgl. dazu DELPH 1996.

10 VALLA 1975, S. 3*, 1–12: „Viele, sehr viele Bücher wurden von mir in fast allen Bereichen der Gelehrsamkeit veröffentlicht, in denen ich einigen großen und lange bewährten Autoren widerspreche. Nachdem es welche gibt, die empört sind und mir Verwegenheit und Religionsfrevel vorwerfen, was werden sie nun wohl tun? Wie sehr werden sie gegen mich rasen? Und, wenn sie die Möglichkeit haben, wie eifrig und wie umgehend werden sie mich zur Hinrichtung fortschleppen? Ich schreibe nicht nur gegen die Toten, sondern auch gegen die Lebenden – nicht gegen den einen oder den anderen, sondern gegen viele, und nicht allein gegen Privatpersonen, sondern in der Tat gegen hochgestellte Würdenträger. Und welche Würdenträger? Sogar gegen den Summus Pontifex, der nicht nach Art der Könige und Fürsten allein mit einem zeitlichen Schwert bewaffnet ist, sondern auch mit einem kirchlichen, so dass du dich vor ihm nicht sozusagen unter dem Schild irgendeines Fürsten schützen kannst, um nicht von Exkommunikation, Anathema (Kirchenbann) oder Verfluchung getroffen zu werden." Alle Übersetzungen stammen, sofern nicht anders angegeben, von mir.

von 25 Manuskripten gestützt wird.[11] Selbstredend gab es Kritiker, wie auch
einige Verteidigungsbriefe Vallas belegen, doch fand er bereits unter Eugens IV.
Nachfolger Nikolaus V. Anstellung als päpstlicher *scriptor*, um unter Calixt III.
zum apostolischen Sekretär befördert zu werden.[12] Das ist keine brillante Karriere,
doch auch keinesfalls eine Vernichtung Vallas. Zu Vallas wichtigen Werken wird
die Arbeit im 15. Jahrhundert keineswegs gezählt,[13] und seine Ladung vor die
Inquisition im Jahr 1444 war auch nicht durch die Kritik an der *Donatio*, wie oft
zu lesen ist, sondern in erster Linie durch seine – gerechtfertigte – Behauptung
begründet, das Apostolische Glaubensbekenntnis stamme nicht von den Apo-
steln.[14]

Es scheint also, als ob der Text nicht als die antiklerikale Brandschrift ernst
genommen worden wäre, die das 19. Jahrhundert in ihm – und eigentlich gemäß
einer ernsthaften Lesart des Exordiums – mit so viel Nachdruck gesehen hat; es
scheint, als ob die *oratio* für lesenswert, aber keineswegs für ein Fanal gehalten
worden wäre. Dementsprechend bleibt auch noch der Erstdruck von 1506 ohne
nennenswerte Rezeptionsspuren.[15] Die Wende bringt eine weitere Ausgabe,
achtzig Jahre nach Entstehung der *oratio*, die auch Grundlage für Übersetzungen
in mehrere europäische Volkssprachen und alle weiteren Diskussionen werden
sollte: Ulrich von Hutten, der Reichsritter, *poeta laureatus*, Korrespondent des
Erasmus und Agitator gegen die weltliche Macht des Papstes, gab Vallas Schrift
ohne Datierung, wohl aber 1518 erneut in den Druck und widmete diesen Papst
Leo X.[16] Die *praefatio*, also der Widmungsbrief, ist rund um die Begriffe *pax* (die
Forderung) und *veritas* (den Anspruch) arrangiert und formuliert eine klare
Forderung: Leo solle als Friedenspapst agieren und für Frieden sorgen, indem er
die Wahrheit, die seine – durchweg als Räuber, Diebe und Tyrannen geschmäh-

---

11 SETZ 1975, S. 91.
12 Einen knappen Überblick über Vallas Karriere im Hinblick auf die Kurie gibt PARTNER 1990,
    S. 120–123.
13 „Es gibt nur einige katalogartige Notizen aus dem 15. und 16. Jahrhundert, die sich zumeist
    auf die Aufzählung der Werke beschränken, höchstens noch einige Stationen seines Lebens
    nennen. Die Schrift gegen die Konstantinische Schenkung spielt dabei keine besondere
    Rolle" (SETZ 1975, S. 13).
14 Zum Prozess s. FOIS 1969, S. 359–382. Zu Vallas *defensio* s. auch ZIPPEL 1970.
15 Siehe SETZ 1975, S. 193.
16 Die *praefatio* ist mit 1. Dezember 1517 datiert. Kalkoff hält eine Datumsfiktion für möglich
    und ein tatsächliches Entstehungsdatum 1519 für wahrscheinlich. Er begründet die vermeint-
    liche Rückdatierung damit, dass Hutten vermeiden wollte, „als literarischer Parteigänger
    Luthers aufgefaßt zu werden, [er] wollte seinen Kampf gegen Rom von der Sache des Witten-
    berger Mönches getrennt halten, wie er nachmals betont hat." KALKOFF 1925, S. 223,
    Anm. 1. Völlig überzeugend hält dagegen SETZ 1975, S. 159–162 die gegebene Datierung für
    zutreffend und ein Publikationsdatum 1518 für zweifellos erwiesen. Holborn betont freilich,
    dass das Buch die Öffentlichkeit nicht vor 1520 erreichte, s. HOLBORN 1937, S. 81, Anm. 17.
    Im Jahr 1520 bekam auch Luther Huttens Ausgabe in die Hände, s. ebd. S. 142.

ten – Vorgänger nicht hätten hören wollen,[17] erkennt und anerkennt – als Papst solle er seine geistliche Macht wahrnehmen, die weltliche aber aufgeben.[18]

Unterpfand der Forderung ist Vallas *oratio*, die nun aber gattungssystematisch umsortiert wird: Im Titel der *praefatio* nennt Hutten Vallas Text *libellus*, im Text *liber*, doch im Inhaltsverzeichnis erscheint der Begriff, um den es im Folgenden gehen soll: *declamatio*.[19] Der Ausdruck taucht freilich *nur* dort, im Inhaltsverzeichnis, auf, bleibt damit unerklärt und unbegründet – ganz so, als ob sich diese Gattungsbezeichnung fraglos aus dem Material selbst erschlösse.

Die Kategorisierung des Texts als *declamatio* wird gemeinhin und ausgehend von Wolfram Setz' grundlegender Monographie als unglücklich, weil unzutreffend kritisiert, was aber gleichzeitig kein Hindernis dafür darstellte, dass ‚declamatio' in der Valla-Forschung die ubiquitäre Kurzbezeichnung für die Widerlegungsschrift wurde. Eine *declamatio,* so die Kritiker, sei doch eine Schulrede, allenfalls noch eine auf spektakuläre Effekte und ästhetische Überwältigung abzielende Prunkrede. Valla selbst habe einen deutlichen Unterschied zwischen dem *orator*, der vor Gericht oder politischen Versammlungen spreche, dem *rhetor*, der Rhetorikunterricht gebe, und dem *declamator* gemacht, der einen fiktiven Fall vor einer Gruppe von Schülern verteidige, um sich auf wirkliche Prozesse vorzubereiten.[20] Vallas Anliegen wird aber in seiner Gesamtheit als ernsthaft eingestuft, und Huttens politische Instrumentalisierung der Rede in seinem Anrennen gegen den Papst und die ‚Romanisten' scheint mit dieser vermeintlichen Rückstufung in den Bereich pädagogischer oder artistischer Einhegung erst recht nicht zusammenzugehen. Warum aber sollte ein profunder Kenner der rhetorischen Tradition ebenso wie der zeitgenössischen humanistischen Diskussion wie Ulrich von Hutten einen solchen Fehlgriff tun? Meines Wissens wurde die Frage nach möglichen Beweggründen für diese Gattungszuordnung bisher nicht diskutiert.

17 „quia verum audire noluerunt", BÖCKING 1963, Bd. 1, S. 157.
18 Die Frage, ob Hutten in seinem Widmungsbrief ironisch oder ernsthaft agiert, wenn er u.a. Leo als *restaurator pacis* lobt, kann auf der Grundlage des Textes selbst nicht beantwortet werden. Die Hutten-Forschung trägt feingliedrige Datierungsfragen an die Widmung heran (vgl. Anm. 16), die sich zwischen folgenden Polen bewegen: „1517 setzte Hutten noch auf einen Papst, der zur Wiederherstellung des Friedens bereit ist und weltlichem Machtstreben absagt [...]. Erst eine Datierung auf 1519 würde eine ironische oder sarkastische Lesart der Widmungsvorrede erlauben." JAUMANN 2008, Sp. 1230. Während die ältere Forschung die *praefatio* als von konventioneller Verstellung geprägt liest (KALKOFF 1925, S. 225, spricht von „geheuchelte[r] Verherrlichung dieses Papstes", während inhaltlich aber Vallas Thesen wiederholt würden), geht z.B. BEST 1969, Anhang, davon aus, dass Hutten Leo X. ein ernsthaftes Anliegen ernsthaft und nach den Regeln der Briefstellerei vorlegt. Formal jedenfalls wird an Huttens Widmungsbrief deutlich, wie ein solcher Text auszusehen hat, von der Anrede des Papstes als *pater beatissime* bis zum Gruß, verbunden mit dem Wunsch „Interea Christus Optimus Maximus sic bonum te, sic verum pontificem nobis diu incolumen servet." Vor dieser Folie wird umso deutlicher, welche Strukturdifferenzen Vallas *oratio* aufweist.
19 Siehe BÖCKING 1963, Bd. 1, S. 157f. Von einer Einordnung als *declamatio* durch Valla selbst geht irrtümlich GRAY 1963, S. 511f. aus. Grays Analyse der Rhetorizität des Textes schließe ich mich dagegen an.
20 VALLA 1999, IV, 81.

Eine erste Spur legt die in der Forschung wenig beachtete *editio princeps* von 1506.[21] In einem nicht gezeichneten Nachwort wird zuerst Vallas Stoßrichtung bekräftigt und Vallas Aussprechen der Wahrheit über eine Fiktion in eine eingängige Formel gebracht – „Vera dixit Valla de donatione Constantini ficta et simulata" –, doch dann wird Vallas agonaler Duktus kritisiert: Er habe den Papst allzu ungestüm (*proterue*), anmaßend (*arroganter*) und nachgerade wie ein wildes Tier (*bestialiter*) angegriffen; ein gemäßigter Ton wäre effizienter gewesen.[22] Auf einen Auszug aus der Übersetzung der *Donatio* von Bartholomaeus Pincernus folgt der Gesamttext des *Titulus* CI aus der *Narrenschiff*-Fassung des Josse Bade, latinisiert Jodocus Badius Ascensius,[23] der mit folgendem Epigramm beginnt:

> Cum mihi diuini sit declamatio verbi
> Iniuncta officio: plurima dissimulo
> Hic etenim colaphis vel stricto territet ense
> Ille neget mensis pinguibus accipere
> Sic taceo verum quod non est rite tacendum
> Nauem stultiferam meque meisque replens[24]

Es wurde bisher nicht zur Kenntnis genommen, zumindest aber nicht für diskutierenswert gehalten, dass im ersten Vers das Schlüsselwort *declamatio* fällt; allerdings steht es hier in der Bedeutung des Herausschreiens und scheint zunächst keinen Bezug zur Gattungstradition der Deklamation zu haben. Das Zitat wird offenbar ganz im Sinne der Kommentartradition als Komplement zum *exordium* herangetragen, wo Valla das zur Sprache Bringen eines Vergehens als Wagnis darstellt, das er nun zum Wohle aller eingehen würde:

21 Sie erschien mit folgendem Druckervermerk auf der letzten Seite: „Impressum per Anonymum de Aloysio Idus Martias Anno ab incarnatione domini. Millesimo. Quingentesimo sexto", doch wird der Druck Johannes Grüninger in Straßburg zugeschrieben. Ich habe das Exemplar der Österreichischen Nationalbibliothek, Sign. 43.X.55, benutzt.
22 VALLA 1506, Nachwort fol. Eiiij^v–[Eviij]^r, Zitat fol. Eiiij^v.
23 Die *Navis stultifera* des Josse Bade, latinisiert Jodocus Badius Ascensius, wurde in Anlehnung an Sebastian Brants *Narren Schyff* auf Latein verfasst und erstmals in Paris 1505 gedruckt; es folgte die erste Basler Ausgabe 1506 und ein Nachdruck des Nikolaus Lamparter in Basel 1507. Badius hatte bereits 1499 *Stultiferae naves* vorgelegt, in denen er Brants Werk allein um Fehler der Frauen ergänzt. Für die *Navis stultifera* übernimmt er die Struktur des Gedichts von Jakob Lochers lateinischer Übersetzung von Brants Text sowie die Holzschnitte von Brant. Im Fall des *Titulus* CI ist dies ein Geistlicher auf der Kanzel, der angesichts gezückter Schwerter in der versammelten Gemeinde den Finger auf den Mund legt. Ein Faksimile der Ausgabe Basel 1507 und bibliographische Informationen bietet die exzellente Seite der UB Basel, *Opera poetica Basiliensia*, <http://131.152.212.24/spez/poeba/poeba-002724748.htm#top>, letzte Einsicht: 15.09.2009.
24 Ebd. fol. [Eviij]^r. „Obwohl mir durch das Amt das Herausschreien des göttlichen Wortes // auferlegt ist, verschweige ich das meiste. // Dieser nämlich könnte mich mit Faustschlägen oder dem gezückten Schwert in Schrecken versetzen, // Jener könnte es verweigern, mich zu fetten Tafeln einzuladen // So verschweige ich die Wahrheit, die nicht mit Recht verschwiegen werden darf // und fülle das Narrenschiff mit mir und meinesgleichen."

Neque enim is verus est habendus orator, qui bene scit dicere, nisi et dicere audeat. Audeamus itaque accusare, quicunque digna committit accusatione, et qui in omnes peccat, unius pro omnium voce carpatur.[25]

Die Stilisierung des *orator* als *vir bonus*, der sich unerschrocken gegenüber den Mächtigen zeigt, wird in der Ausgabe von 1506 noch verstärkt durch die Beigabe des Endes von Horaz' *Epistula* I, 16, das bereits bei Josse Bade abgedruckt ist:

[V]Ir bonus et sapiens audebit dicere pentheu
Rector thebarum quid me perferre patique
Indignum coges: adimam bona. nempe pecus: rem
Lectos argentum: tollas licet. et manicis et
Compedibus seuo te sub custode tenebo
Ipse deus simul atque volam me soluet. opinor
Hoc sentit: moriar: mors vltima [sc. linea] rerum est[26]

Bade ergänzt diesen Dialog um vier weitere Verse und schließt mit einer Maxime: „Summum etenim scelus est vitam preponere vero" („Es ist nämlich das größte Verbrechen, das Leben über die Wahrheit zu stellen").

Vallas *oratio* wird durch die Beigabe dieser Passagen in ein Textgefüge eingebettet, das das kompromisslose Eintreten für die Wahrheit und die Geringschätzung von Besitz und Stellung, ja sogar des Lebens, gegenüber der moralischen Pflicht zum Festhalten an der Wahrheit unter allen Umständen thematisch macht. Auf diese Weise wird der Gestus des Wagemuts, wie er im *exordium* von Vallas *oratio* formuliert ist, durch intertextuelle Relationierung verstärkt. Durch diese Textkonstellation, die aus dem Argumentationsgang der *oratio* gerade den Aspekt der Courage herausgreift, wird Vallas behauptete Exponiertheit gleichsam gegengezeichnet. Der Begriff der *declamatio* wird mithin zur Signatur einer heroischen, ein Risiko für Leib und Leben bewusst in Kauf nehmenden Kompromisslosigkeit. Gleichzeitig aber positioniert der satirische Charakter des *Narrenschiffs* den Text auf der Schneide von Fakt und Fiktion in einem zeitgenössischen Kontext politischer Kritik. Bei genauerem Hinsehen wird Vallas Rede in eine explizit literarische Reihe gestellt und wird damit *auch* als ein Exemplar im Rahmen fiktionaler Rede dargestellter Mutproben präsentiert.[27]

25 VALLA 1975, S. 4*, 3–6. „Denn derjenige, der gut zu reden weiß, kann nicht für einen wahren Redner (*orator*) gehalten werden, wenn er nicht zu reden wagt. Wagen wir es daher denjenigen anzuklagen, der etwas der Anklage Würdiges begangen hat; wer gegen alle sündigt, wird von der Stimme eines einzelnen für alle zerrissen."

26 Ebd. fol. [Evij]ʳ. Dt. Übers. in HORAZ 1986, S. 61: „Der gute, weise Mann wird den Mut haben zu sprechen: ‚Pentheus, Herr von Theben, welche Schande wirst du mich zwingen zu ertragen und zu erdulden?' ‚Deinen Besitz nehme ich dir fort!' ‚Das Vieh wohl? Das Vermögen? Die Einrichtung, das Silberzeug? Das magst du alles gerne nehmen!' ‚In Handschellen und Fußfesseln werd ich dich gefangenhalten unter einem grausamen Kerkerknecht!' ‚Gott selbst wird frei mich machen, sobald ich es nur will!' Das heißt, so meine ich: ‚Ich weiß zu sterben!' Der Tod bleibt jener letzte Strich, der aller Dinge Ende weist." Horaz greift hier eine Szene aus Euripides' *Bakchen* auf, in der Dionysos (in der Gestalt eines Priesters) von dem thebanischen König Pentheus bedroht wird.

27 Zur Ambiguität der Satire s. den Beitrag von Susanne Goumegou in diesem Band.

Doch wie bereits angedeutet ist dies nicht die einzige – und nicht einmal die primäre – Bedeutung von *declamatio*, die zu Beginn des 16. Jahrhunderts verfügbar ist. Ulrich von Hutten hatte die Idee und das Material für die Neuausgabe von Vallas Schrift von seiner zweiten Italienreise 1517 mitgebracht. Auf dem Rückweg war er in Bologna bei Johannes Cochläus auf eine bessere (*correctior*) Handschrift gestoßen, mit Hilfe derer er den Erstdruck zu emendieren gedachte.[28] Auf eben dieser Reise freilich hatte Hutten die neuesten Werke des Erasmus herumgezeigt, darunter die neueste Ausgabe der *Adagia* und das *Lob der Torheit* (*Moria*), das explizit als *declamatio* ausgewiesen ist.[29] In welcher Weise sind nun das *Laus stultitiae* und der Fälschungsnachweis unter einen Gattungsbegriff zu bringen?

Als Referenzrahmen für Valla muss zunächst die antike Vorgeschichte betrachtet werden. Was ist dort eine *declamatio*? George Kennedy sieht in ihr nichts weniger als „the major rhetorical phenomenon of the Roman Empire".[30] Damit ist nicht allein das Training in den Rhetorenschulen bezeichnet, sondern auch Reden, die von erwachsenen, angesehenen Männern vor Publikum als autonome Performances gehalten wurden. In römischer Zeit sind die beiden Hauptgenera Kontroversien und Suasorien, wobei die *controversiae* fingierte Plädoyers vor Gericht sind, die *suasoriae* fingierte Beratungsreden in zumeist historischen Entscheidungssituationen. Üblich war, in einer Entscheidungsfrage entweder *pro* oder *contra*, in einem fingierten Gerichtsprozess entweder für den Kläger oder den Angeklagten zu argumentieren; Ziel war aber natürlich, beide Seiten mit gleicher Überzeugungskraft vertreten zu können.[31]

Das Interessante an diesen Reden ist freilich, dass nicht nur die zugrunde gelegten Fälle, der ‚Anwalt' oder ‚Berater', die handelnden Personen und die Umstände fiktiv sind, sondern auch die Gesetze, auf die hin argumentiert wird. So existiert beispielsweise die *lex raptarum*, die besagt, dass eine vergewaltigte Frau zwischen dem Tod ihres Vergewaltigers oder Heirat mit ihm ohne Mitgift wählen dürfe, allein im deklamatorischen ‚Rechtsbestand' und hat kein Pendant in den Digesten.[32] Die Deklamation bildete damit einen eigenen Referenzkosmos aus, der sich thematisch weniger aus in der juristischen Praxis geläufigen Fällen speiste, sondern, so das satirische Urteil in Petronius' *Satyricon*, „nur Piraten [kennt,] die mit Ketten am Strande stehen, nur Tyrannen, die mit schriftlichen Erlassen Söhnen Befehl geben, den eigenen Vätern die Köpfe abzuschneiden, nur Orakel, die gegen Pestilenz ergehen und drei oder mehr Jungfrauen zu opfern heißen

---

28 Siehe SETZ 1975, S. 151f.
29 Siehe Huttens ‚Reisebericht' an Erasmus vom 20. Juli 1517: ALLEN Nr. 611 und BÖCKING 1963, Bd. 1, S. 146ff. Zur Beziehung zwischen Erasmus und Hutten s. KAEGI 1924; HONEMANN 1998.
30 KENNEDY 1980, S. 103.
31 BONNER 1949, S. 52f., KASTER 2001, S. 319. Vgl. dagegen BOWERSOCK 2007, S. viii, der irrtümlich meint, Vallas *oratio* könne schon deshalb keine *declamatio* sein, weil sie nicht beide Seiten argumentiere.
32 Siehe KASTER 2001, S. 328.

[…]".[33] Natürlich wurde diese thematische Exotik schon seit den Anfängen als praxisfern kritisiert – unter anderem auch von Quintilian (Inst. orat. II, 10), der gleichzeitig als Deklamator berühmt war –, doch hat dies dem Deklamieren als Praxis nicht geschadet, ja, es nicht einmal beeinträchtigt. Dies liegt zweifelsohne daran, dass, wie Robert Kaster überzeugend argumentiert, die Deklamation auf der einen Seite ein Vehikel für das Einüben gesellschaftlicher Werthaltungen war, die im Kontext des Bizarren erst recht ihre Geltung hätten. Zum anderen beförderte und erforderte die absurde Konstellation der Fälle die Fähigkeit des Redners, unter widrigsten Umständen schlagende Argumente zu finden.[34] Denn trotz aller Phantastik im Arrangement der den Reden zugrunde liegenden *histoires* befinden sich diese im Status eines *argumentum*; sie behandeln, was nicht ist, aber sein könnte, eine *ficta res*.[35] Diese ist im Theorierepertoire der Antike im Bereich des Möglichen angesiedelt und nicht im Bereich des Erfundenen, der *fabula*. Dieser Möglichkeitsraum des Wahrscheinlichen stellt schließlich das Operationsfeld der antiken juristischen Rhetorik dar:

> Die Rhetorik geht ja gewissermaßen von dem Axiom aus, daß vor Gericht (erst recht natürlich vor der Volksversammlung und ganz besonders vor der Festgemeinde) die Wahrheit – zumindest die *ganze* Wahrheit – nur von sekundärem Interesse ist. Die Deklamation bildet nun ein vorzügliches Mittel, diese Haltung zu erreichen und gleichzeitig zu verschleiern. Der Deklamierende erfährt nämlich die Realität nicht als etwas Gegebenes, sondern als etwas, das er selber, nach Art eines Dichters, erschafft. Das ist die Haltung, die er später vor Gericht und in der Politik braucht. Daß er sie ungestraft und ohne schlechtes Gewissen einüben kann, sichert ihm der fiktive Charakter der Deklamation. (Damit ist freilich nicht gesagt, daß sich die Sache für einen antiken Betrachter so dargestellt hat.)[36]

Doch wenngleich die *declamatio* als in der Antike geschätztes und gepflegtes Genus über die Beschreibungen insbesondere bei Seneca d.Ä. und Quintilian

33 „nihil ex his quae in usu habemus […], sed piratas cum catenis in litore stantes, sed tyrannos edicta scribentes quibus imperent filiis ut patrum suorum capita praecidant, sed responsa in pestilentiam data ut virgines tres aut plures immoletur, sed mellitos verborum globulos et omnia dicta factaque quasi papavere et sesamo sparsa." PETRONIUS 1978, S. 8f. Der Beginn des *Satyricon* stellt sich als Anklage gegen die Phantastik der Deklamation dar, die allerdings selbst nicht *in propria persona* gesprochen wird, vgl. COURTENEY 2001, S. 54–62, bes. S. 57, wo Courteney warnt: „[…] great care needs to be taken if we attempt to read views of the author Petronius out of the utterances of his fictional characters." Valla zitiert diese Stelle in ihrem erweiterten Kontext in seinem Kommentar zu Quintilians *Institutio oratoria* (zu II, 10, 6, s. VALLA 1996, S. 62). Dieser besteht zeittypisch in erster Linie aus thematisch relevanten Stellen aus anderen autoritativen Texten, wobei, wenn dies nicht explizit im Text gesagt wird, nicht davon auszugehen ist, dass der Kompilator des Kommentars alle zitierten Positionen teilt. Nachdem schon Petronius' Text durch einen textinternen Sprecher und die Schreibweise der Satire gebrochen ist, geht es zu weit, daraus eine Opposition Vallas gegen die *declamatio* als „esatto contrario della magnificenza della retorica" abzuleiten, wie dies CESARINI MARTINELLI 1986, S. 50 tut. Zum Verhältnis des Kommentars zu Vallas sonstigen Schriften s. FERNÁNDEZ LÓPEZ 1993; sowie zu Vallas Quintilian-Studien ausführlich CAMPOREALE 1972, S. 31–208.
34 Siehe KASTER 2001, S. 325; vgl. auch BONNER 1949, S. 36f.
35 ZINSMAIER 1993, S. 37.
36 DINGEL 1988, S. 5.

greifbar war, so gab es doch kaum überlieferte Texte und damit Fluchtpunkte für die frühneuzeitliche *imitatio*. Die einzigen vollständig erhaltenen *declamationes*, die nicht dem Schul-, sondern dem Performance-Kontext entstammen, sind die dem Quintilian zugeschriebenen *Declamationes maiores*;[37] die Sammlung von *Controversiae* und *Suasoriae* Senecas des Älteren bietet dagegen nur die sogenannten *sententiae*, also besonders gewitzte und daher merkens- und bemerkenswerte Wendungen, und eine Diskussion der *colores*, also des Spin, wie man heute sagen würde, der einem Sachverhalt jeweils gegeben wurde.[38]

Zu dem Zeitpunkt, als Valla den Fälschungsnachweis der Konstantinischen Schenkung in Angriff nimmt, ist in Italien kaum mit der Wiederbelebung der Gattung begonnen worden. In der ersten Hälfte des Quattrocento waren allenfalls zwei undatierte, in drei Manuskripten überlieferte Deklamationen Coluccio Salutatis bekannt, in denen er für und gegen den Selbstmord Lucrezias argumentierte, sowie ein um 1400 entstandenes Übungsstück Leonardo Brunis, eine nach griechischem Vorbild gearbeitete *Declamatio Hemi de amore Pomi et Pomiliae*.[39] Selbst wenn Valla diese Arbeiten gekannt haben sollte, so betritt er doch mit der formalen Gestaltung seiner *oratio* Neuland. Ich werde im Folgenden zeigen, inwiefern sich der Text selbst als nach deklamatorischen Prinzipien konstruiert ausstellt.

Schon das *exordium*, das vermeintlich Vallas prekäre Sprecherposition angesichts drohender existentieller Risiken vor Augen führt und das im Nachwort der Ausgabe von 1506, wie oben gezeigt, so effektvoll intertextuell aufgedoppelt wurde, ist in der Tat einer deklamatorischen Exordialtopik verpflichtet. Im *prooemium* soll von der eignen Person oder der des Gegners gesprochen werden, um die Gunst des Richters bzw. seine Abneigung gegenüber dem Gegner zu gewinnen.[40] Auch in stilistischer Hinsicht ist der Befund einwandfrei: Die Stilmerkmale der Rede – rhetorische Fragen, Apostrophen, Superlative, Antithesen, Hyperbeln, pointierte Formulierungen (*sententiae*), ständige Anrede der Richter, Aneinanderreihung von Ausdrücken, die im Prinzip dieselbe Bedeutung haben, Imperative, optative Konjunktive, Ironie, Sarkasmus – lesen sich wie ein mustergültig abgearbeiteter Katalog deklamatorischer Vorgaben.[41] Sogar die deklamationstypische Wendung ‚facinus est'[42] wird zweimal eingeflochten, und zwar exponiert zu Beginn und am Ende des Textes. Nachdem zu Beginn so drastisch von den zu erwartenden Konsequenzen bis hin zum Bannfluch des Papstes die Rede

---

37   Alle *Declamationes maiores* sind *controversiae*; Valla kannte die Sammlung und hielt Quintilian für deren Autor. Er zitiert die *Declamatio* XII in der Schrift gegen die Schenkung (VALLA 1975, S. 45*, 21f.) – allerdings inhaltlich und nicht mit Bezug auf den Gattungskontext.

38   S. dazu BONNER 1949, S. 54f.; FAIRWEATHER 1981, S. 166–178 (*colores*) und 202–207 (*sententiae*).

39   Vgl. VAN DER POEL 1987, S. 210f.

40   Siehe DINGEL 1988, S. 35; BERRY / HEATH 1997.

41   BONNER 1949, S. 51–70; ZINSMAIER 1993, S. 56, spricht vom „bis zur Überspanntheit ehrgeizigen Stil der Deklamatoren", und Vallas *aemulatio* erscheint in dieser Hinsicht durchweg erfolgreich.

42   Siehe SUSSMAN 1987, S. iv.

war, betont Valla, keineswegs die Schandtat (*facinus*) begehen zu wollen, eine Philippika zu schreiben.[43] Die zweite Stelle, an der Valla die Wendung einsetzt, korrespondiert diesem ersten Zitat in paradoxer Weise. Denn seine *peroratio* ist stellenweise nichts anderes als eine Brandrede gegen den Papst – Valla begeht mithin genau die ‚Schandtat‘, von der er sich im Exordium so klar zu distanzieren trachtete. Nun ist es in der Tat der Papst, der des Verbrechens angeklagt wird; nun ist es die Uneinsichtigkeit des Papstes in seine vermeintlichen verbrecherischen Machenschaften, die mit der Interjektion „o indignum facinus" kommentiert wird.[44] Die Spannung zwischen den beiden Passagen scheint auf das Ja und Nein, das Oszillieren zwischen Assertion und Zurücknahme, zwischen Distanzierung und Parteinahme, wie sie für die Erasmianische Deklamation kennzeichnend sein wird, vorauszudeuten.

Die aggressive Grundstimmung des Textes ist weniger Ausdruck einer spontanen Indignation,[45] sondern folgt vielmehr ebenfalls einem deklamatorischen Kalkül. In einem Brief an Guarino da Verona bietet Valla seine *oratio* im Austausch gegen ein Plinius-Manuskript an und beschreibt sie dabei als „orationem meam, que et ipsa prope tota in contentione versatur" („meine Rede, die fast zur Gänze in die Form einer *contentio* gebracht wurde").[46] Was bedeutet hier *contentio*? Der Ausdruck meint zunächst jede Art von Anspannung oder Anstrengung, in der Rhetorik grundsätzlich die allmähliche Hebung der Stimme, im Speziellen aber das Feuer und die Heftigkeit des Redetons in der öffentlichen Rede. *Contentio* ist das begriffliche Gegenstück zum privaten, entspannten *sermo*.[47] Im Weiteren bedeutet *contentio* ein Sich-Messen, einen Wettstreit, einen – wie es in Georges' Handwörterbuch heißt – „Kampf in Wort und Tat als das Bestreben, sein Recht, seine Meinung deutlich zu machen".

Genau letzterer Typ von *contentio* prägt die Demontage des Schenkungsdokuments. Sie ist bestimmt von jener Agonalität, die der humanistischen Philo-

---

43 VALLA 1975, S. 4*, 19–22. „Neque vero id ago, ut quenquam cupiam insectari et in eum quasi Philippicas scribere – hoc enim a me facinus procul absit – sed ut errorem a mentibus hominum convellam, ut eos a vitiis sceleribusque vel admonendo vel increpando summoveam." – „Und ich mache das wirklich nicht, um jemanden zu beschimpfen und gegen ihn gleichsam Philippiken zu schreiben – diese Schandtat sei mir fern –, sondern um den Irrtum aus dem Geist der Menschen herauszureißen und um sie durch Ermahnung oder Tadel von Lastern und Verbrechen wegzubringen."

44 VALLA 1975, S. 49*, 25.

45 Grundsätzlich hatte sich der Redner nicht emotional zu engagieren, sondern Emotion zu Zwecken der *persuasio* glaubhaft zu simulieren (Quint. Inst. orat. VI, 2, 30: Selbstaffizierung des Redners in Analogie zum Schauspieler) und im Richter zu evozieren (Cic. De orat. II, 189; Cic. Tusc. Disp. IV, 55; Sen. De ira II, 14, 1 und II, 17, 1: Richter werden zu einer bestimmten Emotion geführt bzw. verführt, indem der Redner genau diese Emotion verkörpert). Vgl. dazu auch CAMPE 2000, bes. S. 150, sowie ROBLING 2003.

46 VALLA 1984, Br. 21 an Guarino da Verona, S. 245: 25. Oktober 1443. Die Formulierung scheint ein Echo auf Cic. Or. 14, 46f. zu sein („quidquid est quod in controversia aut in contentione versetur").

47 Vgl. Cic. de or. III, 203. Zum emotionalen Stimmgebrauch in der Rede s. HALL 2007, bes. S. 220–224. Die Deklamation als in erster Linie stimmliches Phänomen diskutiert STROH 2003.

logie grundsätzlich eingeschrieben ist.[48] Es geht stets um den Nachweis einer
Lesart, einer Konjektur, einer Interpretation *gegen* jemanden. Valla folgt also
einem Modell, das nicht nur die kulturelle Basisstruktur der Philologie darstellte,
sondern das auch konkret sein Arbeitsumfeld prägte – ich verweise hier nur
pauschal auf die vom Kampf zwischen Valla, Panormita und Bartolomeo Facio
um die beste Lesart geprägte *ora del libro* am neapolitanischen Hof.[49] Vallas
virtueller Antagonist im zweiten Hauptteil der *oratio* ist folgerichtig der vermeintliche Fälscher des Schenkungsdokuments. Seine Beschimpfungen wenden
sich freilich im wahrsten Sinne des Wortes gegen einen Strohmann: Das *Constitutum Constantini* ist im *Decretum Gratiani* unter den Paleae eingereiht,
späteren Zusätzen, wörtlich ‚Stroh‘ oder ‚Spreu‘. Valla missdeutet dies als Autor-
bzw. Kompilatorenangabe und wird nicht müde, den „Strohkopf“ Palea nicht nur
der philologischen Unfähigkeit zu zeihen, sondern sich seine adäquate Behandlung physisch-grobianisch auszumalen: „Sed ipsum falsarium ac vere paleam, non
triticum, optorto collo in iudicium trahere volo.“[50] Zentral ist aber, dass nicht
allein gegen den Fälscher argumentiert und er auch im Stil einer Invektive persönlich diffamiert, sondern dass die Gerichtssituation immer wieder evoziert wird.

Damit kommen neben elokutionären und stilistischen Parallelen zur antiken
Deklamation auch strukturelle Analogien in den Blick. Es wird ein – wenngleich
nicht ganz stringentes – Gerichtsszenario evoziert, in dem ein Dialog mit ver-
teilten Rollen von einem einzigen Sprecher aufgeführt wird. Bereits in der klassischen *controversia* geht das Rollenspiel über das Fingieren einer Parteinahme
hinaus. In der Regel agiert der Deklamator als *patronus*, als anwaltlicher Fürsprecher für seinen fiktiven Klienten, und durchsetzt seine Rede mit vermeintlichen direkten, auch längeren Zitaten desselben, die er in Stimmlage und Gestus
an Geschlecht, sozialen Status, etc. der evozierten Person annähert.[51] Quintilian
empfahl dezidiert die Orientierung an Komödienautoren (namentlich an Menan-
der), um unterschiedliche Redeweisen adäquat nachzuahmen.[52] Die *prosopopoeia*
der rhetorischen Anfangsübungen, der *Progymnasmata*, findet hier ihren Einsatz-

---

48 Siehe GRAFTON 1988, S. 23f. Vgl. auch MARSH 1979.
49 Siehe RAO 1978, bes. S. 28f. Die dort praktizierte Livius-Auslegung bzw. -Emendation der
    am Hof Alfonsos V. angestellten Humanisten mündete im Austausch bitterer Invektiven.
50 VALLA 1975, S. 20*, 28–29. „Ich möchte diesen Fälscher, der wirklich Spreu und nicht
    Weizen ist, beim Kragen packen und vor Gericht schleifen.“
51 Siehe BONNER 1949, S. 52f.
52 „ego tamen plus adhuc quiddam conlaturum eum declamatoribus puto, quoniam his necesse
    est secundum condicionem controversiarum plures subire personas, patrum filiorum, [caeli-
    bum] maritorum, militum rusticorum, divitum pauperum, irascentium deprecantium, mitium
    asperorum. in quibus omnibus mire custoditur ab hoc poeta decor.“ (Inst. orat. X, 1, 71, übers.
    in QUINTILIAN 2006: „Ich glaube indessen, daß er [i.e. Menander] zudem für die Deklama-
    tionsvorträge besonders viel bieten kann, weil ja die Deklamierenden entsprechend der
    jeweiligen Aufgabe in der Kontroversie mehrere Rollen übernehmen müssen, die von Vätern
    und Söhnen, von Junggesellen und Ehemännern, von Soldaten und Landwirten, von Reichen
    und Armen, von Zürnenden und um Verzeihung Bittenden, von Sanften und Rauhen. In allen
    diesen Typen wahrt unser Dichter aufs erstaunlichste alles, was zu ihnen paßt.“) Zu den
    Bezügen zwischen Deklamation und Komödie s. auch ZINSMAIER 1993, S. 4f., bes. Anm. 21.

ort.[53] Valla potenziert dieses Modell der Verkörperung und emuliert verschiedene Parteien – Konstantins Söhne, einen Gesandten des römischen Senats sowie den zu beschenkenden Papst Silvester –, die Einwände gegen das Schenkungsvorhaben erheben. Dies wird gemeinhin als den Konventionen der rhetorisch fundierten Geschichtsschreibung geschuldeter Kunstgriff gedeutet, die es zulassen, dass erfundene, aber plausible Reden in die Erzählung einer historischen Ereignisfolge eingepasst und als einer moralischen Wahrheit zuarbeitend verstanden werden.[54] Es ist jedoch auffällig, dass an erster Stelle dieser Reden das Motiv der problematischen Vater-Sohn-Beziehung figuriert: Der Auftritt der schluchzend um die Bewahrung ihres Erbes flehenden Söhne Konstantins leitet die fiktiven Reden im ersten Teil ein. Die Leser/Hörerschaft – auf die Frage der Medialität wird noch zurückzukommen sein – wird aufgefordert, sich die Szene im Detail auszumalen und erhält konkrete Imaginationsanleitungen im Sinne der rhetorischen *enargeia*:

> Ponite igitur illos [i.e. filios] ante oculos mente Constantini audita trepidos, festinantes, cum gemitu lacrimisque ad genua principis procumbentes, et hac voce utentes: Ita ne, pater antehac filiorum amantissime, filios privas, exheredas, abdicas?[55]

Die Frage des Enterbens ist ein rekurrentes Problem in den überlieferten Deklamationen und Deklamationspassagen, in denen der enterbte Sohn nicht nur eine Standardfigur war, sondern im Weiteren Vater-Sohn-Konflikte zentrales und auch quantitativ dominantes Thema waren.[56] Nachdem der Fälschungsnachweis gut ohne die probablen Beweise des ersten Teils auskäme, insbesondere aber die nicht identifizierten und individualisierten Söhne ein recht schematisches Kollektiv bleiben, darf man davon ausgehen, dass mit dem Rückgriff auf das typisierte

---

53 Der eigentlichen Deklamationspraxis war eine aufeinander aufbauende Reihe von Übungen vorgeschaltet, die sogenannten Progymnasmata, die von der Elementarstufe des Nacherzählens eines Mythos bis zur Kritik eines Gesetzes reichen. Sie sind, wie Ruth Webb betont hat, den voll ausgebauten Deklamationen, auf die sie vorbereiten sollen, in komplexer Weise verbunden, denn die Übungen sind zugleich Textstrategien, teilweise auch ausgearbeitete Textteile, die in die Deklamationen eingehen können und typischerweise auch eingehen, s. WEBB 2001, S. 290. Zur Wiederbelebung der Progymnasmata als Schulübung im 16. Jahrhundert s. CLARK 1952 und MARGOLIN 1979. Zur Prosopopoeia s. auch den Band AMATO/SCHAMP (Hgg.) 2005.

54 Siehe KABLITZ 2001, bes. S. 55–59. Die Steuerungsfunktion des *decorum* für den Charakter der Reden betont GRAFTON 2007, S. 34–39. In der mediävistischen Literaturwissenschaft wird das Phänomen unter dem Schlagwort der „funktionalen Fiktionalität" diskutiert, vgl. BURRICHTER 1996 und kritisch dazu MÜLLER 2004.

55 VALLA 1975, S. 8*, 15–19. „Stellt sie Euch vor Augen, nachdem sie von Konstantins Absicht gehört haben – verwirrt, eilig, mit Seufzern und Tränen zu seinen Knien sich hinwerfend, sagen sie Folgendes: Vater, der du deine Söhne bisher so geliebt hast, willst du deine Söhne wirklich berauben und enterben?"

56 Siehe SUSSMAN 1995, S. 182. Zum Einüben der Rolle des *pater familias* und Sklavenhalters in der Deklamation s. BLOOMER 1997. Zum Zusammenhang von Deklamation und männlichem *self-fashioning* s. GLEASON 1995; vgl. auch den Freudianischen Blick auf die deklamatorische Vater-Sohn-Konstellation bei GUNDERSON 2003.

178 Anita Traninger

Figureninventar der antiken Deklamation eine Gattungsreferenz ausgespielt werden sollte.

Doch das Mittel der Prosopopöie ist nicht auf den ersten, ‚rhetorischen' Teil der *oratio* beschränkt. Im zweiten Teil geht es auch darum, mögliche Einwände, die jeweils als Fragen an den Orator formuliert und mit einem „dicitis" (‚Ihr sagt') eingeleitet werden, zu entkräften. Ein Einwand ist jener, warum die europäischen Herrscher die *Donatio* nicht einfach zurückgewiesen hätten, statt sie beständig zu affirmieren und damit fortzuschreiben. Als Exemplum herausgegriffen wird Ludwig der Fromme, der mit dem *Pactum Hludovicianum* von 817 die Schenkung gleichsam bestätigt habe.[57] Interessant ist hier die Koppelung von historischem Urkundenwortlaut und fingierter Rede: Der Figur Ludwigs als Ich-Sprecher wird zuerst der Text des *Pactum* in den Mund gelegt, als ob er vor Zeugen die Urkunde erst ausstelle, in der er bestätigt, dass die *civitas Romana* und die Toskana unter der Herrschaft des Papstes stehe: „Ego Ludovicus […]". Der Orator[58] geht den eben als den Text des Rechtsdokuments sprechende Figur eingeführten ‚Ludwig' – jenseits aller Regeln des *decorum* – scharf an und fragt, warum er denn etwas bestätige, wenn es doch angeblich bereits genau so geregelt sei? Es folgt eine weitere fiktive Rede, in der Ludwig dem inquisitorischen Orator seine Zwickmühlen klagt: jede erdenkliche Lösung, von juristischem Widerstand bis zu bewaffneter Auseinandersetzung, scheine in eine Sackgasse zu münden. Es ist dann – wiederum entgegen aller eigentlich gegenüber einem König gebotenen Form – der Orator, der dem Frankenkönig Dispens spendet: „Iam apud me excusatus es, Ludovice" – „Von mir aus bist du entschuldigt, Ludwig".

Die beiden Reden, der Urkundenwortlaut und Ludwigs Klage seiner Handlungsunfähigkeit, werden hier also zu einem Dialog mit dem Orator montiert. Dies ist eine gänzlich fiktionale Konfiguration, die Kommunikationspartner zusammenbringt, denen keine Lebenswelt gemein ist, die Hierarchien völlig preisgibt bzw. invertiert, Faktisches und Fiktives mischt – und das Ganze dann aber in den Rang eines ‚Beweises' erhebt. Hier kann es nicht um die Frage gehen, ob diese offenbar nach heutigen Maßstäben fiktional konfigurierten Redeteile nun wahr oder nicht wahr sind. Am gerade referierten Beispiel ist offensichtlich, dass im Sinne dieser Dichotomie das zitierte *Pactum Hludovicianum* ‚wahr', weil historisch belegt, die ‚zweite' Rede Ludwigs aber fiktiv ist. Während die Reden im ersten Teil durchwegs glaubwürdig (*credibile*) sind und durchaus auch als Exemplare der fiktiven Reden der älteren Historiographie gelesen werden können, stellt sich die Situation im zweiten Teil ganz anders dar: Gegen einen Urkundenwortlaut wird eine Rede montiert, die kontrafaktisch ist, die nicht historisch verortet werden kann, sondern die allein auf die textuell inszenierte Verhörsituation zu beziehen ist. Das Referenzmodell ist hier klar nicht mehr jenes der

---

57 Siehe dazu SETZ 1975, S. 61. Die betreffende Passage ist VALLA 1975, S. 42*f. Vor dem Hintergrund der neuesten Forschungsergebnisse zum Ursprungskontext der Fälschung (s. oben Anm. 2) entbehrt Vallas Herausgreifen gerade Ludwigs des Frommen nicht eines gewissen – unfreiwilligen – Witzes.

58 Ich bezeichne Vallas textinterne *persona* als ‚Orator', denn das ist die Funktion, in der er sich inszeniert.

Historiographie, sondern allein das der *controversia*, in der nach Belieben Zeugenschaft simuliert wird.

Die Zahl und Zusammensetzung der Interakteure sprengt dementsprechend jeden historisch denkbaren Rahmen: Einmal wird ein zweifelndes Publikum angesprochen, einmal der Fälscher des Dokuments; einmal Konstantin, einmal Ludwig der Fromme, einmal die (nicht näher spezifizierten) europäischen weltlichen Herrscher, einmal der Papst oder gar mehrere Päpste, der lebende und die verstorbenen. Olga Zorzi Pugliese hat dies als Quelle des Eindrucks unmittelbarer Oralität charakterisiert,[59] doch ist recht eigentlich das Gegenteil der Fall: Gerade weil diese Runde niemals versammelt sein könnte, wird der dialogische Duktus als ein inszenierter ausgewiesen und die genuine Schriftlichkeit der *oratio* profiliert. Hier tut sich ein wesentlicher Unterschied zu den antiken Vorbildern auf: Vallas *oratio* ist keine Rede im strikten Sinn, sondern ein schriftlicher Text, der die Möglichkeiten der Schriftlichkeit ausstellt und ausschöpft. So spricht Valla selbst das Als Ob seiner Rede explizit an: Er imaginiert sich als „quasi in contione regum ac principum orans", also „gleichsam in der Versammlung der Könige und Fürsten sprechend" – und reflektiert gleichzeitig die Transposition in das Medium der Schrift: Er tue dies auf jeden Fall, denn die Rede werde sicher in deren Hände gelangen, „ut certe facio, nam mea hec oratio in manus eorum ventura est".[60]

Wie oben schon angedeutet, gibt Valla in den *Elegantiae linguae latinae* die schulmäßige Definition eines Deklamators: „qui in conventu scholasticorum fictam causam agit".[61] Gegen den Status der *oratio* als *declamatio* wird in der Regel eben diese Stelle angeführt: Valla differenziere den *declamator* vom *verus orator*, und er sei doch gewiss allein mit Letzterem zu identifizieren. Doch in der Tat übernimmt Valla genau die Aufgabenstellung des Deklamators: Er führt einen fiktiven Prozess (*fictam causam agit*) und schreibt dabei die Entpragmatisierung seinem Text an entscheidenden Stellen ein. Dies scheint nicht zuletzt Konsequenz der Literalität zu sein, die es erfordert, dass die Rahmung, die in der rhetorischen Tradition durch den Übungs- oder Performance-Kontext gewährleistet war, in den Text hineinverlagert und so signalisiert wird. Der Aufführungsrahmen der klassischen Deklamation ermöglichte es, dass Anklage geführt, Partei ergriffen, ein Urteil verlangt wurde. Allein, nichts davon war unmittelbar lebensweltlich handlungsanleitend, eben weil es im Kontext einer klar physisch und kontextuell durch die Aufführungssituation demarkierten Inszenierung gesprochen wurde. Es handelte sich um mimetische Sprechakte im Sinne des Aristoteles: Lebensweltliche Handlung wird nachgeahmt bzw., wie es heute einleuchtender zu formulieren ist, simuliert.[62] Valla arbeitet nun – zusätzlich zu seinen expliziten Bemerkungen zum Als Ob der Situation – die Signale der Uneigentlichkeit direkt in den Text ein: Es

59 Siehe ZORZI PUGLIESE 1991–92, S. 164; sie sieht die Textualität der *oratio* allein dadurch unterstrichen, dass lange Passagen wörtlich aus anderen Texten übernommen sind, vgl. ebd. S. 165.
60 VALLA 1975, S. *5, 30–31.
61 VALLA 1999, IV, 81, Zitat S. 509.
62 Zum Vorschlag des Terminus ‚simulieren' s. OATLEY 1994.

gibt auf den zweiten Blick keinen eindeutigen Adressaten, keinen einzelnen klar
benannten Angeklagten, keine Aufforderung zum Handeln. Sogar die *peroratio*
schließt mit einer negierten Handlungsempfehlung: Der Orator wolle die Fürsten
und Völker *nicht* auffordern, den Papst in seine Grenzen zu verweisen; vielmehr
solle der zuvor als einer der Angeklagten figurierende Papst nur gewarnt werden.
Das Druckmittel, um diese Warnung durchzusetzen, bleibt ebenso konturlos:
Widrigenfalls würde Valla eine weitere, viel unfreundlichere Rede in Angriff
nehmen („ad alteram orationem multo truculentiorem accingemur").[63] Die Grenzen der Perlokution sind dem Text mithin eingeschrieben.

Salvatore Camporeale hat Vallas *oratio* als dominant epideiktischen Diskurs
mit forensischen und deliberativen Einsprengseln gelesen.[64] Nach diesem Durchgang liegt es aber vielmehr nahe, die Rede als Adaption der *controversia* zu
sehen, die ja mit dem *genus iudiciale*, dem Vicenzo de Caprio die *oratio* zugeordnet hat, strukturidentisch ist.[65] Gleichsam gespiegelt wird dies durch die
nördliche Rezeption von Vallas Schrift: Das Wort ‚libellus' im Titel der Ausgabe
von 1506 ist sowohl als ‚Büchlein' wie auch als ‚Klagschrift' zu verstehen, und
der Ausdruck „Clagrede" im Titel der frühneuzeitlichen deutschen Übersetzung
lässt sich eher als ‚Anklagerede vor Gericht' denn als ‚Trauerrede' lesen.[66]

Die Schrift gegen das *Constitutum Constantini* entstand, als Valla im Dienst
Alfonsos V. von Neapel stand. Die damit verbundene, wenngleich im Modus des
Als Ob gehaltene Attacke auf den Papst lag ohne Zweifel in Alfonsos Interesse,
der mit Eugen IV. Territorialkriege austrug und generell nach Einflussnahme auf
die Kirche strebte.[67] Die Schrift ist – das belegt schon die formale Gestaltung –
allerdings kein Auftragswerk in dem Sinn, dass sie beispielsweise im Rahmen
einer Gesandtschaft an den päpstlichen Hof hätte vorgetragen werden können.
Nicht umsonst wird Valla seitens Antonio Corteses, Mitglied der päpstlichen
Kanzlei, in dem unter dem Titel *Antivalla* überlieferten Fragment als *homo
privatus* gescholten, der Anklage erhebe, wo doch die weltlichen Herrscher, denen
dies zustünde, schwiegen.[68] In diesem Sinn hat Valla klar eine *oratio ficta*
geschrieben, die zum Teil in der Tat mit Alfonsos politischen Interessen koinzi-
dierte, gewiss aber auch dessen gelehrten Interessen zupass kam: Dass Alfonso
seine Landsleute, die Spanier Lucan und Seneca in Ehren halte und mit des
letzteren Deklamationskompilation vertraut sei, erwähnt Valla selbst in einem

---

63   „Verum ego in hac prima nostra oratione nolo exhortari principes ac populos, ut papam
     effrenato cursu volitantem inhibeant eumque intra suos fines consistere compellant, sed tan-
     tum admoneant, qui forsitan iam edoctus veritatem sua sponte ab aliena domo suam et ab
     insanis fluctibus sevisque tempestatibus in portum se recipiet. Sin recuset, tunc ad alteram
     orationem multo truculentiorem accingemur." VALLA 1975, S. *50, 9–16.
64   Siehe CAMPOREALE 1996, S. 11.
65   Siehe DE CAPRIO 1978, S. 45.
66   VALLA 1981a.
67   Siehe RYDER 1990, S. 313; GAETA 1955, S. 129–166. Die politischen Ziele Alfonsos werden
     gemeinhin als Schreibanlass für Vallas *oratio* angesetzt, vgl. z.B. ANTONAZZI 1985, S. 59;
     kritisch hingegen bereits Setz, der betont, dass die Kritik an der Urkunde im Zentrum stand
     und die Schrift nicht Mittel zu einem politischen Zweck war (SETZ 1975, S. 65).
68   Siehe SETZ 1975, S. 140; der *Antivalla* ist ediert in ANTONAZZI 1985, S. 195–206.

Brief an den König.[69] So erscheint es durchaus denkbar, dass in der Schrift zur Konstantinischen Schenkung zwei weiteren – abseits des Politischen gelagerten – Präferenzen des Königs Rechnung getragen wurde: der kompetitiven Emendation und Textkritik auf der einen Seite und der Dramatik und Hyperbole der antiken Deklamation auf der anderen. Valla hat mithin keine *declamatio* klassischen Zuschnitts geschrieben, aber er hat sich ihrer technischen Versatzstücke bedient, um ein aktuelles Thema in eine radikale Form zu bringen und gleichzeitig sein philologisches Ingenium effektiv auszustellen.[70]

Am wichtigsten in unserem Zusammenhang ist dabei der Aspekt des oratorischen Als Ob: Die *contentio*, in welche die Materie übersetzt wurde, etabliert eine Differenz zwischen der lebensweltlichen Person Vallas und dem textinternen Orator. Sie deutet in die Richtung der Autor/Erzähler-Differenz, die sich als Konsequenz voll ausgebildeter Fiktionalität ergibt, wie Klaus Hempfer betont hat,[71] doch wird die Ruptur nicht vollzogen. Der Rahmen des Oratorischen ermöglicht ein Auseinandertreten von lebensweltlich erforderlichem *decorum* und textintern ausagiertem aggressivem Überschuss. Im Text wird der Obrigkeit in einer Weise entgegengetreten, die in der Wirklichkeit, also z.B. im Kontext der protokollarisch gesteuerten direkten Interaktion mit dem Heiligen Stuhl und der Kurie, nicht möglich wäre. In Konsequenz dessen sind die Aussagen des Textes nicht allesamt wörtlich zu nehmen, sie sind aber auch nicht im Sinne von Fiktionalität suspendiert. Vielmehr handelt es sich um ein Rollenspiel, das keine voll ausgebildete dramatische Rolle bereithält, die verkörpert wird; der Orator tritt im Prinzip als er selbst auf, agiert aber aggressiver, drastischer, überlebensgroß. Es drängt sich Johan Huizingas Bild des Pfauen auf, der sich beim Stolzieren beobachten lässt: „Macht der Vogel dabei Tanzschritte, dann ist es eine Vorstellung, ein Heraustreten aus der gewöhnlichen Wirklichkeit, eine Übertragung dieser Wirklichkeit in eine höhere Ordnung."[72]

Huizinga formuliert dies, um sein Kriterium des Spiels als Kampf und Darstellung zu illustrieren. Die Unzufriedenheit mit der Etikettierung von Vallas Schrift als *declamatio* speist sich nicht zuletzt daraus, dass dem Text damit ein ludischer Charakter zugesprochen werde und dass er mithin in Opposition zu ‚Ernsthaftigkeit' gerückt werde. Wie Rainer Warning unter Berufung auf Jacques Ehrmann argumentiert, ist es ein moderner Spielbegriff, „wie ihn die bürgerliche Ästhetik mit ihrer Vorstellung von der Autonomie der Kunst ausgebildet hat und

---

69 VALLA 1984, Br. 27, S. 259.

70 Valla geht es um die Wahrheit ebenso wie um seinen Ruhm, wie er im Brief an den Kardinal Ludovico Trevisan formuliert: „Hoc tantum consideres velim, non odio pape adductum, sed veritatis, sed religionis, sed cuiusdam etiam fame gratia motum, ut quod nemo sciret, id ego scisse solus viderer." VALLA 1984, Br. 22, S. 248.

71 Siehe HEMPFER 2002, S. 120. Für die antike Deklamation ist hingegen eine klare Separation von lebensweltlichem Redner und in der Deklamation angenommener *persona* anzusetzen, vgl. MAL-MAEDER 2007, die die Sprecherinstanzen der Deklamation in narratologischen Kategorien analysiert, s. bes. S. 41–64.

72 HUIZINGA 1987, S. 21. Vgl. die weitreichende Kritik an die daran geknüpfte Konzeption des Spiels bei EHRMANN 1968, S. 36.

wie er im bürgerlich-industriellen Zeitalter ideologisch kanonisiert wurde", der für die „Ideologisierung des Spiels zum zweckfreien, konsequenzlosen Verhalten" verantwortlich ist.[73] Vallas deklamatorisches Spiel ist gerade das nicht: Es ist im Sinne der Spielmodi der Vormoderne alles andere als anspruchs- und konsequenzlos; die historisch-philologische Forschungsleistung zumal ist durch die exaltierte Form keineswegs ausgehebelt. Doch arbeitet der Text einer Determinierung seiner pragmatischen Reichweite entgegen: Will Valla auch den Papst bedrohen? Sieht er sein eigenes Leben in Gefahr? Will er die europäischen Fürsten indirekt doch zum Widerstand gegen Rom anstacheln? Zwar bringt er gerade zu Beginn das Gewicht seiner Persönlichkeit ins Spiel – und dennoch oszilliert die Zurechnung der Textaussage im Folgenden zwischen Innen und Außen, zwischen *persona* und Autor.

Zum einen ist also die lebensweltliche Geltung einzelner im Rahmen der Deklamation vorgetragener Positionen nicht immer klar auszumachen. Zum anderen aber ist das Gattungsprofil selbst im frühen 16. Jahrhundert, als Ulrich von Hutten Vallas Text aufgreift, alles andere als allgemeinverbindlich fixiert. Erasmus von Rotterdam und später auch Agrippa von Nettesheim versuchen mit einiger apologetischer Anstrengung, die *declamatio* über die Entkopplung von lebensweltlicher Überzeugung und textuell präsentierter Meinung zu definieren.[74] Gleichzeitig aber wird die Gattung in den Dienst der Verhandlung zeitaktueller, auch brisanter Themenstellungen gestellt, die gerade das Beziehen einer Position einzufordern scheint. Dass die *declamatio* eine ambige Aussagestruktur ermöglichte, heißt aber gerade nicht, dass die Propositionen im Rezeptionsprozess ebenfalls in der Schwebe gehalten wurden. Wie gerade Erasmus' Auseinandersetzungen und apologetische Schriftwechsel mit Theologen belegen, ließen sich die Aussagen durchaus einer auktorialen Verantwortlichkeit unterstellen.[75]

Der Fall Ulrichs von Hutten stellt sich nochmals schwieriger dar. Er gehörte der Diskursgemeinschaft der Humanisten an, verfügte über und partizipierte an deren Kommunikationsmodi und wurde von Erasmus als eine der Zukunftshoffnungen der Bewegung der *bonae litterae* gewürdigt;[76] dennoch spielte Hutten deren volatile – wenngleich, wie schon betont, keineswegs irrelevanten – Angriffs-, Rückzugs- und Ambiguisierungsspiele nicht mit. Anders als seine Humanistenfreunde verfügte er zudem über einen konkreten – wenngleich zunehmend prekärer werdenden – militärischen Handlungsradius als Reichsritter. Der schillernde Charakter von Vallas Text hinderte ihn nicht daran, diesen dem Papst als Grundlage einer als Friedensforderung vorgebrachten Aufforderung zum

---

73 WARNING 1983, S. 192.

74 S. besonders POEL 1997, S. 153–184 sowie POEL 2000 und POEL 2005.

75 Ich werde mich an anderer Stelle genauer mit den Argumenten auseinandersetzen, die der Pariser Theologe Josse Clichtove 1526 im *Propugnaculum Ecclesie adversus Lutheranos* gegen Erasmus' *Encomium matrimonii* vorbrachte. Sie deuten auf ein solides Verständnis der antiken rhetorischen Tradition hin, das Erasmus auf dem Gebiet seiner eigenen Expertise herausfordert (und ihn nicht allein mit theologischem *rigor* zum Schweigen zu bringen versucht).

76 Vgl. HOLBORN 1937, S. 120f.; HONEMANN 1998, S. 73.

Verzicht auf weltliche Macht vorzulegen. Für Hutten standen exaltierte Form und realpolitische Forderung nicht im Gegensatz zueinander. In der Radikalität seiner Handlungen war Hutten jedoch singulär und taugt kaum als Maßstab für die Beurteilung oder gar als Index für die Eliminierung der Ambiguität der Deklamation.

Abschließend und zusammenfassend soll ein ebenso verzerrendes wie erhellendes Instrument des Auf-den-Begriff-Bringens, der hinkende Vergleich, bemüht werden. Um die Quintessenz der Deklamation zu destillieren, scheint sich in der Forschung eine Tradition des Vergleichs mit musikalischen Genera abzuzeichnen. Die Konstruktion der Analogie erfolgt jeweils über ein Tertium, das gleichsam den Kern des jeweiligen Analysezugriffs auf die Deklamation ausmacht. Henri-Irénée Marrou sah in diesem Sinn die Deklamation in seiner grundlegenden Arbeit zum Bildungssystem der Antike in Analogie zur Improvisation im Jazz.[77] Jacques Chomarat dagegen zog in seiner monumentalen Arbeit zu *Grammaire et Rhétorique chez Erasme* von 1980 aufgrund des Performance-Charakters eine Verbindungslinie zum italienischen *bel canto*.[78] Folgerichtig und in Kondensation des Aspekts, unter dem ich die Deklamation betrachtet habe, bietet sich am Beginn des 21. Jahrhunderts als popkulturelles Pendant der Hip Hop an. Mit dem Oszillieren zwischen politisch relevant erscheinenden Thematiken und kalkuliert aggressiver Pose, vor allem aber der deutlich wahrnehmbaren Differenz zwischen lebensweltlichem Musiker und in der Performance angenommener *persona*, wobei die Grenze freilich sowohl produktions- als auch rezeptionsseitig beständig überspielt und verwischt wird, ist er ein würdiges modernes Komplement der frühneuzeitlich rekonfigurierten Deklamation.[79]

---

77 Siehe MARROU 1955, S. 275. Marrou spricht von der rhetorischen Improvisation im Allgemeinen, KASTER 2001, S. 321 münzt das Zitat auf die Deklamation. Der Vergleich von Deklamation und Jazz ebenso bei FANTHAM 1996, S. 91.

78 Siehe CHOMARAT 1981, S. 935.

79 Eine Analogie von Deklamation und Hip Hop wurde meines Wissens noch nicht diskutiert. Was ich gerade nicht meine, ist, dass die Analogie von Hip Hop und Deklamation über das Tertium der leeren Pose konstituiert sei, wie es der Hip Hop-Kritiker John McWhorter im Interview mit der *Frankfurter Allgemeinen Zeitung* – wenngleich sicherlich nicht mit Blick auf die rhetorische Deklamation im hier untersuchten Sinn – formuliert: „Der Hip-Hop deklamiert nur." LOCHBIHLER 2008, S. 48. Für den Hinweis danke ich Ulrike Schneider.

Literaturverzeichnis

Primärtexte

ALLEN:

Opus epistolarum Desiderii Erasmi Roterodami, hg. v. P. S. Allen u.a., 12 Bde., Oxford 1906–1958.

BADE 1507:

Bade, J., Navis stultifera a domino sebastiano Brant primum edificata: et lepidissimis teutonice lingue rithmis decorata: Deinde ab Jacobo Lochero philomuso latinitate donata: et demum ab Jodoco Badio Ascensio vario carminum genere non sine eorundem familiari explanatione illustrata, Basel 1507.

BÖCKING 1963:

Hutten, U. von, Opera quae reperiri potuerunt omnia, hg. v. E. Böcking, 7 Bde., Aalen 1963 (Neudr. d. Ausgabe Leipzig 1859–1861).

CICERO 1976:

Cicero, M. Tullius, De oratore. Über den Redner. Lateinisch/Deutsch, übers. u. hg. v. H. Merklin, Stuttgart [2]1976.

CICERO 1997:

Cicero, M. Tullius, Tusculanae disputationes. Gespräche in Tusculum. Lateinisch/Deutsch, übers. u. hg. v. E. A. Kirfel, Stuttgart 1997.

CICERO 1998:

Cicero, M. Tullius, Orator. Lateinisch/Deutsch, hg. u. übers. v. B. Kytzler, Düsseldorf/Zürich 1998.

CONSTITUTUM 1984:

Das Constitutum Constantini (Konstantinische Schenkung). Text, hg. v. H. Fuhrmann, Hannover 1984 (Monumenta Germaniae Historica X; unveränd. Nachdr. d. Ausgabe Hannover 1968).

ERASMUS s. ALLEN

HORAZ 1986:

Horatius Flaccus, Q., Epistulae. Briefe. Lateinisch/Deutsch, übers. u. hg. v. B. Kytzler, Stuttgart 1986.

HUTTEN s. BÖCKING 1963

LUTHER 1914:

Luther, M., „Einer aus den hohen Artikeln des päpstlichen Glaubens, genannt Donatio Constantini (1537)", hg. v. O. Clemen und O. Brenner, in: D. Martin Luthers Werke. Kritische Gesamtausgabe, Bd. 50, Weimar 1914 (= WA), S. 65–89.

PETRONIUS 1978:

Petronius, Satyrica. Schelmengeschichten. Lateinisch/Deutsch, hg. v. K. Müller u. W. Ehlers, München 1978.

QUINTILIAN 1987:

Quintilianus, M. Fabius, The Major Declamations Ascribed to Quintilian, übers. v. L. A. Sussman, Frankfurt a.M./Bern/New York 1987.

QUINTILIAN 1989:

Quintilianus, M. Fabius, Declamationes minores, hg. v. D. R. Shackleton Bailey, Stuttgart 1989.

QUINTILIAN 2006:

Quintilianus, M. Fabius, Institutionis oratoriae libri XII. Ausbildung des Redners. Zwölf Bücher, 2 Bde., hg. u. übers. v. H. Rahn, Darmstadt 2006.

SENECA d.Ä. 1974:

Seneca, L. Annaeus, d.Ä., Declamations in two volumes, übers. u. hg. v. M. Winterbottom, Cambridge (Mass.)/London 1974.

SENECA d.J. 2007:
Seneca, L. Annaeus, d.J., *De ira. Über die Wut.* Lateinisch/Deutsch, übers. u. hg. v. Jula Wildberger, Stuttgart 2007.

VALLA 1506:
Valla, L., *De falso credita et ementita Constantini donatione libellus*, Straßburg: Anonymus de Aloysio 1506.

VALLA [1518]:
Valla, L., „Laurentij Vallensis patritij Romani contra ipsum, ut falso creditum & ementitum priuilegium declamatio, cum Vdalrici Hutteni equitis Germani ad Leonem. X. Pont. Max. praefatione", in: *De donatione Constantini qui ueri habeat, eruditorum quorundam iudicium*, o.O. o.J. [Mainz: Joh. Schöffer 1518].

VALLA 1975:
Valla, L., „Laurentii Vallensis De falso credita et ementita Constantini donatione", in: W. Setz, *Lorenzo Vallas Schrift gegen die Konstantinische Schenkung De falso credita et ementita Constantini donatione. Zur Interpretation und Wirkungsgeschichte*, Tübingen 1975, S. 3*–50*.

VALLA 1981:
Valla, L., *Laurentii Valle Antidotum in Facium*, hg. v. M. Regogliosi, Padua 1981.

VALLA 1981a:
Valla, L., *Des Edlen Römers Laurentij Vallensis Clagrede/ wider die erdicht vnnd erlogene begabung/ so von dem Keyser Constantino der Römischen kirchen sol geschehen sein. Eine deutsche Übersetzung aus der Reformationszeit*, hg. v. W. Setz, Basel u.a. 1981.

VALLA 1984:
Valla, L., *Laurentii Valle Epistole*, hg. v. O. Besomi u. M. Regogliosi, Padua 1984.

VALLA 1996:
Valla, L., *Le postille all',Institutio oratoria' di Quintiliano*, krit. hg. v. L. Cesarini Martinelli u. A. Perosa, Padua 1996.

VALLA 1999:
Valla, L., *De linguae latinae elegantia*, eingel., kritisch hg., übers. und ann. v. S. López Moreda, 2 Bde., Cáceres 1999.

Sekundärliteratur

AMATO/SCHAMP (Hgg.) 2005:
Amato, E./Schamp, J. (Hgg.), *Ethopoiia. La représentation de caractères entre fiction scolaire et réalité vivante à l'époque impériale et tardive*, Salerno 2005.

ANTONAZZI 1985:
Antonazzi, G., *Lorenzo Valla e la polemica sulla donazione di Costantino*, Rom 1985.

BERRY / HEATH 2001:
Berry, D. H./Heath, M., „Oratory and declamation", in: *Handbook of Classical Rhetoric in the Hellenistic Period 330 B.C.–A.D. 400*, hg. v. Stanley E. Porter, Boston/Leiden 2001, S. 393–420.

BEST 1969:
Best, T. W., *The Humanist Ulrich von Hutten*, Chapel Hill 1969.

BLOOMER 1997:
Bloomer, W. M. „Schooling in Persona: Imagination and Subordination in Roman Education", *Classical Antiquity* 16/11 (1997), S. 57–78.

BLOOMER 2007:
Bloomer, W. M., „Roman Declamation: The Elder Seneca and Quintilian", in: *Roman Rhetoric*, hg. v. W. Dominik u. J. Hall, Malden, MA 2007, S. 296–306.

BONNER 1949:
Bonner, S. F., *Roman Declamation in the Late Republic and Early Empire*, Liverpool 1949.

186 Anita Traninger

BOWERSOCK 2007:
    Bowersock, G. W., „Introduction", in: Lorenzo Valla, *On the Donation of Constantine*, übers. v. G. W. Bowersock, Cambridge, MA/London 2007 (I Tatti Renaissance Library 24), S. vi–xv.

BURRICHTER 1996:
    Burrichter, B., *Wahrheit und Fiktion. Der Status der Fiktionalität in der Artusliteratur des 12. Jahrhunderts*, München 1996 (Poetica. Beihefte 21).

CAMPE 2000:
    Campe, R., „Affizieren und Selbstaffizieren. Rhetorisch-anthropologische Näherung ausgehend von Quintilian ‚Institutio oratoria' VI 1–2", in: *Rhetorische Anthropologie. Studien zum* Homo rhetoricus, hg. v. J. Kopperschmidt, München 2000, S. 135–152.

CAMPOREALE 1972:
    Camporeale, S. I., *Lorenzo Valla. Umanesimo e teologia*, Florenz 1972.

CAMPOREALE 1990:
    Camporeale, S. I., „Lorenzo Valla: The Transcending of Philosophy through Rhetoric", *Romance Notes* 30/3 (1990), S. 169–284.

CAMPOREALE 1996:
    Camporeale, S. I., „Lorenzo Valla's ‚Oratio' on the Pseudo-Donation of Constantine: Dissent and Innovation in Early Renaissance Humanism", *Journal of the History of Ideas* 57/1 (1996), S. 9–26.

CESARINI MARINELLI 1986:
    Cesarini Martinelli, L., „Le postille di Lorenzo Valla all',Institutio oratoria' di Quintiliano", in: *Lorenzo Valla e l'umanesimo italiano. Atti del convegno internazionale di studi umanistici (Parma, 18–19 ottobre 1984)*, hg. v. O. Besomi u. M. Regogliosi, Padua 1986, S. 21–50.

CHOMARAT 1981:
    Chomarat, J., *Grammaire et Rhétorique chez Erasme*, 2 Bde., Paris 1981.

CLARK 1952:
    Clark, D. L., „The Rise and Fall of Progymnasmata in Sixteenth and Seventeenth Century Grammar Schools", *Speech Monographs* 19 (1952), S. 259–263.

COURTENEY 2001:
    Courteney, E., *A Companion to Petronius*, Oxford 2001.

DE CAPRIO 1978:
    De Caprio, V., „Retorica e ideologia nella *Declamatio* di Lorenzo Valla sulla donazione di Costantino", *Paragone – Letteratura* 29 (1978), S. 36–56.

DELPH 1996:
    Delph, R. K., „Valla Grammaticus, Agostino Steuco, and the Donation of Constantine", *Journal of the History of Ideas* 57/1 (1996), S. 55–77.

DINGEL 1988:
    Dingel, J., *Scholastica materia. Untersuchungen zu den* Declamationes minores *und der* Institutio oratoria *Quintilians*, Berlin/New York 1988.

EHRMANN 1968:
    Ehrmann, J., „Homo Ludens Revisited", *Yale French Studies* 41 (1968), S. 31–57.

FAIRWEATHER 1981:
    Fairweather, J., *Seneca the Elder*, Cambridge u.a. 1981.

FANTHAM 1996:
    Fantham, E., *Roman Literary Culture: from Cicero to Apuleius*, Baltimore u.a. 1996.

FERNÁNDEZ LÓPEZ 1993:
    Fernández López, J., „Las anotaciones de Lorenzo Valla a la *Institutio oratoria* de Quintiliano: relaciones con el resto de sus obras", *Cuadernos de Filología Clásica. Estudios latinos* 5 (1993), S. 181–188.

FOIS 1969:
    Fois, M., *Il pensiero cristiano di Lorenzo Valla nel quadro storico-culturale del suo ambiente*, Rom 1969.

FRIED 2007:
Fried, J., Donation of Constantine *and* Constitutum Constantini. *The Misinterpretation of a Fiction and its Original Meaning. With a contribution by Wolfram Brandes:* „The Satraps of Constantine", Berlin/New York 2007.

FUBINI 1996:
Fubini, R., „Humanism and Truth: Valla Writes against the Donation of Constantine", *Journal of the History of Ideas* 57/1 (1996), S. 79–86.

GAETA 1955:
Gaeta, F., *Lorenzo Valla. Filologia e storia nell'umanesimo italiano*, Neapel 1955.

GINZBURG 1993:
Ginzburg, C., „Préface", in: L. Valla, *La Donation de Constantin (Sur la donation de Constantin, à lui faussement attribuée et mensongère)*, übers. u. hg. v. J.-B. Giard, Paris 1993, S. ix–xxi.

GLEASON 1995:
Gleason, M. W., *Making Men: Sophists and Self-Presentation in Ancient Rome*, Princeton, NJ 1995.

GRAFTON 1988:
Grafton, A. T., „Quattrocento Humanism and Classical Scholarship", in: *Renaissance Humanism. Foundations, Forms, and Legacy*, hg. v. A. Rabil, Jr., Bd. 3. *Humanism and the Disciplines*, Philadelphia 1988, S. 23–66.

GRAFTON 1990:
Grafton, A. T., *Fälscher und Kritiker. Der Betrug in der Wissenschaft*, übers. v. E. B. Drolshagen, Frankfurt a.M. 1990.

GRAFTON 2007:
Grafton, A. T., *What was History? The Art of History in Early Modern Europe*, Cambridge u.a. 2007.

GRAY 1963:
Gray, H. H., „Renaissance Humanism: The Pursuit of Eloquence", *Journal of the History of Ideas* 24/4 (1963), S. 497–514.

GUNDERSON 2003:
Gunderson, E., *Declamation, Paternity, and Roman Identity. Authority and the Rhetorical Self*, Cambridge 2003.

HALL 2007:
Hall, J., „Oratorical Delivery and the Emotions: Theory and Practice", in: *Roman Rhetoric*, hg. v. W. Dominik u. J. Hall, Malden, MA 2007, S. 218–234.

HEMPFER 2002:
Hempfer, K. W., „Zu einigen Problemen der Fiktionstheorie", in: ders., *Grundlagen der Textinterpretation*, hg. v. S. Hartung, Stuttgart 2002, S. 107–133 [zuerst in: *Zeitschrift für französische Sprache und Literatur* 100 (1990), S. 109–137].

HOLBORN 1937:
Holborn, H., *Ulrich von Hutten and the German Reformation*, übers. v. R. H. Bainton, New York 1937.

HONEMANN 1998:
Honemann, V., „Erasmus von Rotterdam und Ulrich von Hutten", in: *Ulrich von Hutten in seiner Zeit. Schlüchterner Vorträge zu seinem 500. Geburtstag*, hg. v. J. Schilling u. E. Giese, Kassel 1988, S. 61–86.

HUIZINGA 1987:
Huizinga, J., *Homo Ludens. Vom Ursprung der Kultur im Spiel*, Reinbek bei Hamburg 1987.

JAUMANN 2008:
Jaumann, H., „Hutten, Ulrich von", in: *Deutscher Humanismus 1580–1420: Verfasserlexikon*, hg. v. F. J. Worstbrock, Bd. 1 A–K, Berlin u.a. 2008, S. 1185–1237.

KABLITZ 2001:

Kablitz, A., „Lorenzo Vallas Konzept der Geschichte und der Fall der Konstantinischen Schenkung. Zur ‚Modernität' von *De falso credita et ementita Constantini donatione*", in: *Historicization – Historisierung*, hg. v. G. W. Most, Göttingen 2001, S. 45–67.

KAEGI 1924:

Kaegi, W., „Hutten und Erasmus. Ihre Freundschaft und ihr Streit", *Historische Vierteljahrsschrift* 22 (1924), S. 200–278 und 461–514.

KALKOFF 1925:

Kalkoff, P., *Huttens Vagantenzeit und Untergang. Der geschichtliche Ulrich von Hutten und seine Umwelt*, Weimar 1925.

KANTOROWICZ 1997:

Kantorowicz, E. H., *The King's Two Bodies. A Study in Mediaeval Political Theology*, Princeton 1997 [erstmals 1957].

KASTER 2001:

Kaster, R. A., „Controlling Reason: Declamation in Rhetorical Education at Rome", in: *Education in Greek and Roman Antiquity*, hg. v. Y. L. Too, Leiden/Boston/Köln 2001, S. 317–337.

KENNEDY 1980:

Kennedy, G. A., *Classical Rhetoric and Its Christian and Secular Tradition from Ancient to Modern Times*, Chapel Hill 1980.

LOCHBIHLER 2008:

Lochbihler, C., „Das ist Faulheit, die sich politisch gebärdet. Ein Gespräch mit dem Hip-Hop-Kritiker John McWhorter", *Frankfurter Allgemeine Zeitung* 255 (31. Oktober 2008), S. 48.

MAL-MAEDER 2007:

Mal-Maeder, D. van, *La fiction des déclamations*, Leiden/Boston 2007.

MARGOLIN 1979:

Margolin, J.-C., „La Rhétorique d'Aphthonius et son influence au XVIe siècle", *Caesarodunum* 14bis (1979), S. 239–269.

MARROU 1955:

Marrou, H.-I., *Histoire de l'éducation dans l'antiquité*, Paris ³1955.

MARSH 1979:

Marsh, D., „Grammar, Method, and Polemic in Lorenzo Valla's ‚Elegantiae'", *Rinascimento* 19 (1979), S. 91–116.

MINNIS 1984:

Minnis, A. J., *Medieval Theory of Authorship. Scholastic Literary Attitudes in the Later Middle Ages*, London 1984.

MÜLLER 2004:

Müller, J.-D., „Literarische und andere Spiele. Zum Fiktionalitätsproblem in vormoderner Literatur", *Poetica* 36 (2004), S. 281–311.

OATLEY 1994:

Oatley, K., „A Taxonomy of the Emotions of Literary Response and a Theory of Identification in Fictional Narrative", *Poetics* 23 (1994), S. 53–74.

PARTNER 1990:

Partner, P., *The Pope's Men. The Papal Civil Service in the Renaissance*, Oxford 1990.

POEL 1987:

Poel, M. G. M. van der, *De declamatio bij de humanisten. Bijdrage tot de studie van de functies von de rhetorica in de renaissance*, Nieuwkoop 1987.

POEL 1997:

Poel, M. G. M. van der, *Cornelius Agrippa, the Humanist Theologian and His Declamations*, Leiden/New York/Köln 1997.

POEL 2000:

Poel, M. G. M. van der, „Erasmus, Rhetoric and Theology: The *Encomium Matrimonii*", in: *Myricae. Essays on Neo-Latin Literature in Memory of Jozef Ijsewijn*, hg. v. D. Sacré, Leuven 2000, S. 207–227.

POEL 2005:

Poel, M. G. M. van der, „For Freedom of Opinion: Erasmus's Defense of the *Encomium matrimonii*", *Erasmus of Rotterdam Society Yearbook* 25 (2005), S. 1–17.

RAO 1978:

Rao, E. I., „The Facio-Valla Controversy", in: B. Facio, *Invective in Laurentium Vallam*, hg. v. E. I. Rao, Neapel 1978, S. 27–42.

ROBLING 2003:

Robling, F.-H., „Anthropologie des Redners", in: *Homo Inveniens. Heuristik und Anthropologie am Modell der Rhetorik*, hg. v. S. Metzger u. W. Rapp, Tübingen 2003, S. 75–86

RYDER 1990:

Ryder, A., *Alfonso the Magnanimous. King of Aragon, Naples and Sicily, 1396–1458*, Oxford 1990.

SETZ 1975:

Setz, W., *Lorenzo Vallas Schrift gegen die Konstantinische Schenkung* De falso credita et ementita Constantini donatione. *Zur Interpretation und Wirkungsgeschichte*, Tübingen 1975.

STROH 2003:

Stroh, W., „Declamatio", in: *Studium declamatorium. Untersuchungen zu Schulübungen und Prunkreden von der Antike bis zur Neuzeit. Joachim Dingel zum 65. Geburtstag*, hg. v. B.-J. Schröder u. J.-P. Schröder, München/Leipzig 2003, S. 5–34.

SUSSMAN 1987:

Sussman, L. A., „Introduction", in: M. Fabius Quintilianus, *The Major Declamations Ascribed to Quintilian*, übers. v. L. A. Sussman, Frankfurt a.M./Bern/New York 1987, S. i–xii.

SUSSMAN 1995:

Sussman, L. A., „Sons and Fathers in the Major Declamations Ascribed to Quintilian", *Rhetorica* 13/2 (1995), S. 179–192.

WARNING 1983:

Warning, R., „Der inszenierte Diskurs. Bemerkungen zu einer pragmatischen Relation der Fiktion", in: *Funktionen des Fiktiven*, hg. v. D. Henrich u. W. Iser, München 1983, S. 183–206.

WEBB 2001:

Webb, R., „The Progymnasmata as Practice", in: *Education in Greek and Roman Antiquity*, hg. v. Y. L. Too, Leiden/Boston/Köln 2001, S. 289–316.

WINTERBOTTOM 1982:

Winterbottom, M., „Schoolroom and Courtroom", in: *Rhetoric Revalued. Papers from the International Society for the History of Rhetoric*, hg. v. B. Vickers, Binghamton, NY 1982, S. 59–70.

ZINSMAIER 1993:

Zinsmaier, T., *Der von Bord geworfene Leichnam. Die sechste der neunzehn größeren pseudoquintilianischen Deklamationen. Einleitung, Übersetzung, Kommentar*, Frankfurt a.M. u.a. 1993.

ZIPPEL 1970:

Zippel, G., „L'autodifesa di Lorenzo Valla per il processo dell'inquisizione napoletana (1444)", *Italia medioevale e umanistica* 13 (1970), S. 59–94.

ZORZI PUGLIESE 1991–92:

Zorzi Pugliese, O., „The Power of the Text in Humanist Culture: Valla and the Donation of Constantine", *Scripta Mediterranea* 12–13 (1991–92), S. 157–168.

Die Pazzi im Inferno

Spielräume des Faktischen in Angelo Polizianos *Coniurationis commentarium* (1478)

Marc Föcking (Hamburg)

1. Mord in der Kathedrale

Am 26. April 1478 sahen die Besucher der Sonntagsmesse im Dom von Florenz einem besonderen Gottesdienst entgegen. Neben den Brüdern Lorenzo und Giuliano de' Medici und einer großen Zahl von Florentiner Honoratioren hatte sich der soeben aus Rom eingetroffene Kardinal und Neffe des Papstes Sixtus IV., der siebzehnjährige Raffaele Sansoni Riario, mit seinem Gefolge eingefunden. Doch sie wussten nicht, wie bedeutsam diese Messe werden sollte: Kaum hatte der Priester die Wandlung vollzogen, stürzte sich der verschwenderische Bankrotteur Bernardo Bandini Baroncelli auf den vom ganzen Volk wegen seiner Schönheit, Bildung und Eleganz geliebten Giuliano de' Medici und stieß ihm einen Dolch in die Brust. Giuliano taumelte rückwärts, doch der eitle, verschwenderische und von Neid auf die Freundlichkeit und Tugend der Medici-Brüder zerfressene Francesco de' Pazzi stürzte ihm nach und stach mehrmals auf ihn ein. Von 19 Stichen durchbohrt starb Giuliano nahe des Portals zur Via de' Servi. Sein Bruder Lorenzo, nicht weniger tugendhaft und mutig als Giuliano, stand während der Wandlung mit Freunden in der Nähe der alten Sakristei, als sich der verkommene Priester Stefano, Sekretär des Sippenchefs Jacopo de' Pazzi, und ein weiterer Geistlicher von hinten auf ihn stürzten, ihn aber nur leicht am rechten Ohr verletzten. Er entkam geistesgegenwärtig und von seinen Freunden, unter ihnen Angelo Poliziano, gedeckt in die nördliche, neue Sakristei, wurde auf dem Weg aber von Baroncelli und Francesco de' Pazzi angegriffen. Francesco Nori, der kluge und weise Leiter der Medici-Bank und Freund der Familie, warf sich vor Lorenzo, Baroncelli stieß ihm sein Schwert in den Bauch, doch Lorenzo hatte mit wenigen Freunden die neue Sakristei bereits erreicht. Nori, den man noch schnell hereingezogen hatte, bevor Poliziano die schweren Bronzetüren verriegelte, starb Minuten später. Lorenzo aber war in Sicherheit. Der Anschlag im Dom von Santa Maria dei Fiori war gescheitert – ebenso wie die flankierenden Maßnahmen, mit denen die Verschwörer den Palazzo della Signoria einzunehmen gehofft hatten: Während der Messe hatte sich Francesco Salviati, der von Ehrgeiz zerfressene Erzbischof von Pisa, zusammen mit dem eitlen Jacopo Bracciolini – Sohn des Humanisten Poggio Bracciolini – und einer Schar bewaffneter Peruginer Exilierter unter dem Vorwand einer Unterredung mit dem Gonfaloniere della Giustizia, Cesare Petrucci, Zugang zum Palast verschafft. Doch der nervöse Salviati verhaspelte sich so sehr im Gespräch mit dem Gonfaloniere, dass dieser Verdacht schöpfte und den Erzbischof überwältigte. Da das bewaffnete Gefolge des Erzbischofs sich in Unkenntnis der ausgeklügelten Selbstverriegelungsmechanismen der Palasttüren selbst in der Kanzlei auf der Nordseite eingesperrt hatte, brach auch diese Aktion der Verschwörung zusammen.

Inmitten des Aufruhrs zwischen Dom und Signoria, des Läutens der Alarmglocken und der Gerüchte über den Tod beider Medici-Brüder zog nun Jacopo, das Oberhaupt des Pazzi-Clans, Spieler, Gotteslästerer, geborener Geizhals und Verschwender, mit einer Schar von Bewaffneten vor die Signoria und versuchte, die Menge aufzuwiegeln – doch das gute Volk war auf der Seite der Medici und antwortete mit deren Schlachtruf „palle, palle", während die Wachmannschaft der Signoria Jacopos Söldner von den Wehrgängen aus mit Geschossen bombardierte; Jacopo flüchtete in den Familienpalast und dann aus der Stadt, während Salviati, Francesco de' Pazzi, Jacopo Bracciolini und die meisten anderen Verschwörer ergriffen und aus den Fenstern des Palazzo del Popolo gestürzt und vom Volk in Stücke gerissen oder an den Fensterkreuzen des Bargello, des Palazzo del Popolo oder der Loggia dei Lanzi aufgeknüpft wurden. Als man die Leichen von den Stricken schnitt, fiel Salviatis Körper auf den Francescos de' Pazzi und verbiss sich – sei es aus Zufall, sei es aus Zorn – in dessen Brust.

Zwei Tage später griffen Bauern den flüchtigen Jacopo auf, man brachte ihn nach Florenz, verhörte und hängte ihn. Ganz seiner zornigen und gewalttätigen Natur gemäß empfahl er seine Seele vor seinem Tod laut schreiend dem Teufel. Doch kaum war der unrühmliche Jacopo im Familiengrab beigesetzt, begann es sintflutartig zu regnen. Die Bauern der Umgebung sahen darin einen Fingerzeig Gottes, gruben die Leiche Jacopos aus dem geweihten Boden aus und verscharrten sie an der Stadtmauer. Damit nicht genug – Kinder gruben ihn wieder aus, schleiften ihn an dem Strick, den er noch um den Hals trug, durch die Stadt zum Pazzi-Palast und schlugen den Kopf gegen die Tür mit den Spott-Worten „Ist jemand zu Hause? Will niemand den Herren und sein Gefolge begrüßen?" Dann warfen sie die Leiche in den Arno. Damals wurde der folgende Witz geprägt: Jacopo de' Pazzi wäre alles gelungen, hätte er zu Lebzeiten nur dieselbe Begleitung gesucht wie im Tod.

2. Polizianos *Coniurationis commentarium* – Geschichtsschreibung oder Propaganda?

Derjenige, der so die Ereignisse des April 1478 beschreibt, ist niemand anders als Angelo Poliziano selbst, der Freund und Sekretär Lorenzos, Erzieher seines Sohnes Piero und Augenzeuge des Mordanschlags. Schon im Sommer 1478 arbeitete Poliziano an einer Beschreibung des Anschlags, die bereits gegen Ende des Jahres mit dem Titel *Coniurationis commentarium* in Florenz erschien. Poliziano steuert damit seinen ersten gedruckten Text einer intensiven Pressekampagne bei, die nach der Exkommunikation Lorenzos durch Sixtus IV. am 1. Juni, dem Interdikt gegen Florenz am 20. Juni und der Kriegserklärung Fernandos de Aragón am 13. Juli 1478 die mediceische Sicht eines vom Neid der Pazzi, der Ranküne des in seinen nepotistischen Bestrebungen von den Medici behinderten Papstes Sixtus IV. und dem Konkurrenzdenken Fernandos I. von Neapel motivierten Mordanschlags in Europa verbreiten[1] und auf die anti-florentinische Propaganda-Kampagne des Vatikans antworten sollte: Nach Sixtus' IV. Willen war das Interdikt sogleich „stata posta in stampa a tutto il mondo".[2]

Poliziano sichert die Glaubwürdigkeit seiner Reportage durch eine doppelte Autorität ab, die des Augenzeugen und die des retrospektiv arbeitenden Historikers: Als Freund, Sekretär und Erzieher Pieros betont Poliziano, am 26. April 1478 stets an der Seite Lorenzos gestanden zu haben – vom Gang zur Messe am Morgen („Eo Laurentius atque egomet cum puero Petro, Laurentii filio, accedimus", CC, S. 26)[3] über Flucht und Verbarrikadierung in der neuen Sakristei („Tum ego […] aliique nonnulli fores, quae aheneae sunt, occludimus", CC, S. 34) bis zur Betrauerung des toten Giuliano und dem Rückzug aus dem Dom („Ego recta domum perrexi Iulianumque multis confectum vulneribus", CC, S. 36f.). Schließlich mischt sich Poliziano am Nachmittag unter die wütende Volksmenge und beobachtet mit dem Gestus des Zeugen („arbitror", CC, S. 45) das Strafgericht unter den Pazzi und ihren Anhängern („Memini me tum venire in forum […] ibique multa cadavera foede lacerata passim videre proiecta", CC, S. 46). Damit reklamiert Poliziano die im Mittelalter gängige, von Isidor von Sevilla etymologisch mit der Bedeutung des „historicus" verschmolzene Autorität des „rei visae scriptor".[4]

Da die im Quattrocento nicht minder autoritative rhetorische Tradition der *Herennius*-Rhetorik aber die „historia" auf „res gestae ab aetatis nostrae memoria remota" festlegt,[5] kombiniert Poliziano seinen Augenzeugenbericht mit dem Gestus dessen, der retrospektiv aus fremder Information gewonnene Fakten[6] in einem intertextuell als historisch markierten Diskurs mitteilt. In fast schon überdeterminierter Weise schließt sich Poliziano bereits durch den Titel *Coniurationis commentarium* an einen der in Mittelalter und Früher Neuzeit bekanntesten Texte der römischen Geschichtsschreibung an: an Sallusts *De coniuratione Catilinae*, erstmals gedruckt wenige Jahre zuvor (1470) in Venedig mit Kommentaren von

---

1   Siehe POLIZIANO 1958, S. V–XIII, zur Datierung und zum publizistischen Umfeld des
    Coniurationis commentarium. Bereits im Sommer 1478 wurde die Schlusserklärung einer
    (tatsächlichen oder fingierten) Synode des Florentiner Territoriums, verfasst vom Erzbischof
    von Arezzo, Gentile Becchi, über die Unrechtmäßigkeit des päpstlichen Interdikts gedruckt;
    wenige Wochen später wurde das den Papst eindeutig belastende Geständnis des römischen
    Condottiere und Planungschefs der Verschwörer, Giambattista di Montesecco, gedruckt,
    ebenfalls in Florenz bei Niccolò della Magna. Zum Ablauf der Pazzi-Verschwörung insge-
    samt s. etwa FUBINI 1993 und 1994, ausführlich MARTINES 2004, knapp REINHARDT 2004, S.
    82–88, und WAIBLINGER 2005. Zum *Coniurationis commentarium* im Zusammenhang mit
    Polizianos Biographie s. MAIER 1966, S. 358ff.
2   So Sixtus IV. in einem Brief an Federico d'Urbino, nach Perosa in POLIZIANO 1958, S. VIII.
3   Im Fließtext mit der Abkürzung CC und Seitenangabe zitierte Textstellen beziehen sich auf
    POLIZIANO 1958.
4   Zu Isidors Bevorzugung der Augenzeugenschaft (ISIDOR VON SEVILLA 1966, I, xli, 1) und der
    davon ausgehenden Bestimmung des Historikers als „rei visae scriptor" bei Konrad von
    Hirsau KNAPP 1997b, S. 20.
5   AD HERENNIUM 1958, S. 22 (I, vii, 13); s. ISIDOR VON SEVILLA 1966, I, xli, 5.
6   Siehe etwa CC, S. 20: „coniurationis huius et Renatum et Guillelmun Pactios non ignaros
    fuisse compertum est".

Lorenzo Valla.[7] Der Rekurs auf Catilinas Verschwörung gegen Senat und Konsuln des republikanischen Rom im Jahre 63 vor Christus ‚historisiert' so die erst wenige Wochen alte Pazzi-Verschwörung. Beides, die Aktualität der Augenzeugenschaft und die Bemühung um Historisierung, führt Poliziano schließlich in der Gattungsangabe des Titels zusammen: Mit ‚commentarium' schließt er sich an die von der humanistischen Geschichtsschreibung wieder belebte römische Form des *commentarium* an, ursprünglich ein von römischen Konsuln oder Staatsbeamten verfasster Tätigkeitsbericht unmittelbar nach einer Amtszeit oder speziellen Aufgabe,[8] deren bekanntester Gaius Julius Caesars *De bello gallico commentarium* ist. Leonardo Bruni greift sie in *Rerum suo tempore gestarum commentarius* auf, Giovanni Simonetta in *De rebus gestis Francisci Sfortiae commentarii* (1476)[9] oder – in eigener Sache – Aenea Silvio Piccolomini, Papst Pius II., in *De gestis Concilii Basilienisis commentariorum libri II* und *Commentariorum Pii Secundi Ponteficis Maximi libri XIII* (bis 1464).

Doch bei all diesem doppelt abgesicherten und deutlich markierten Anspruch auf die Tatsächlichkeit der mitgeteilten *res gestae* – war Jacopo de' Pazzi wirklich ein geborener Spieler und von „multa avaritia, multa perdendi patrimonii voluptas" (CC, S. 7f.) zerfressener Mensch, der seine Seele dem Teufel verschworen hat? Hat der Leichnam Francescos tatsächlich „sive id casus aliquis sive rabies dederit" seine Zähne in die Brust des toten Salviati geschlagen (CC, S. 45)? Hat es nach der kirchlichen Bestattung Jacopos sintflutartig geregnet? Guicciardini und Machiavelli berichten in ihren dreißig bzw. fünfzig Jahre später geschriebenen Geschichtswerken Anderes. Sie beschreiben die Aushöhlung republikanischer Strukturen durch Lorenzo als inoffiziellen „capo dello stato"[10] und die systematische Abkanzelung und Behinderung der finanziell (und weniger politisch) konkurrierenden Pazzi.[11] Jacopo ist bei ihnen ein „uomo d'assai reputato e tutto da bene, se si gli fussi [sic] levato el vizio di giucare e bestemmiare",[12] das er aber durch „molte elemosine ricompensava".[13] Im Verhör (von dem bei Poliziano nicht die Rede ist) gibt er die systematische Behinderung der Familienunternehmungen durch die Medici und die gezielt gegen die Pazzi erlassene Erbgesetzgebung als Grund für seine Beteiligung an der Verschwörung an.[14] Die bei Poliziano ausgebreiteten grausig-sensationellen Details der Totenschändungen fehlen, ebenso die legendenhaften Elemente beißender Leichen oder sich über Florenz ergießender Sturzbäche – dafür aber überliefern beide im Gegensatz zum hier höchst einsilbi-

---

7 Siehe LANDFESTER (Hg.) 2007, S. 532, und HUNGER/STEGMÜLLER/ERBSE (Hgg.) 1975, S. 390f.

8 Siehe MEHL 2001, S. 66.

9 Zu Simonettas 1483 publiziertem Text wie zur Textform humanistischer *Commentarii* s. IANZITI 1988, zu letzterer auch das Vorwort von Meserve und Simonetta in PICCOLOMINI 2003, S. vi–xxiv.

10 GUICCIARDINI 1931, S. 30 (*Storie IV*).

11 Siehe MACHIAVELLI 1926, S. 450f. (*Istorie VIII, ii*).

12 GUICCIARDINI 1931, S. 30 (*Storie IX*).

13 MACHIAVELLI 1926, S. 461 (*Istorie VIII, ix*).

14 Siehe GUICCIARDINI 1931, S. 31f. (*Storie IX*).

gen Poliziano den Schlachtruf Jacopos, mit dem er das Volk gegen die Medici aufzurufen suchte: „Il popolo e la libertà",[15] was Machiavelli mit dem bitteren Kommentar versieht: „Ma perchè l'uno era dalla fortuna e dalla liberalità de' Medici fatto sordo, l'altra in Firenze non era cognosciuta, non gli fu riposto da alcuno".[16]

Trotz des überdeutlichen Gestus des Historikers scheint es um die Glaubwürdigkeit Polizianos und der von ihm berichteten ‚res gestae' nicht gut bestellt zu sein, und tatsächlich ist die gegenwärtige Geschichtsschreibung auf ihn erheblich schlechter zu sprechen als auf Machiavelli oder Guicciardini: „Scharfzüngig und parteiisch, reduziert sein Bericht, ein abgeschmacktes Werk mit eindeutig aufwieglerischer, propagandistischer Absicht, die Motive der Verschwörer auf kaum mehr als eine böswillige Mischung aus Niedertracht, Verderbtheit und Gier", so urteilt Lauro Martines in seiner grundlegenden Studie *April Blood. Florence and the Plot against the Medici*.[17] Und er hat Recht – Poliziano ist parteiisch. Gleichwohl ist Martines' Verdikt auf erstaunliche Weise unhistorisch, denn es unterschiebt Poliziano die Verpflichtung eines modernen Historikers, die dieser, die Historiographie der Renaissance und besonders die Verfasser der *Commentarii* des Quattrocento weder kennen noch teilen konnten.[18]

3. Typen der Faktizität in der Frühen Neuzeit

Dass es Polizianos *Coniurationis commentarium* mitsamt seiner krassen Schwarz-Weiß-Malerei, den semi-legendarischen Erzählungen und unterdrückten Informationen dennoch um die Darstellung von *res gestae* im Rahmen des zeitgenössischen historiographischen Diskurses gegangen ist, zeigt nichts anderes, als dass zwischen dem modernen Begriff des historischen ‚Faktums' im Sinne einer der empirischen Feststellbarkeit unterworfenen ‚Tatsache'[19] und dem vormodernen der *res facta* oder *res gesta* ein deutlicher Unterschied besteht. Denn während der etwa seit dem 18. Jahrhundert in Empirismus und Positivismus vorherrschende Begriff des Faktums im Sinne von ‚Tatsache' als „neutrales Substrat jeder Einordnung in Wert-, Bedeutungs- oder Legitimationszusammenhänge" vorgelagert ist,[20] bleibt der vormoderne (mittelalterliche wie frühneuzeitliche) Begriff der *res facta* viel enger dem etymologischen Ursprung des ‚factum' als Partizip Perfekt von ‚facere', ‚machen', verbunden: Die *res facta* ist ‚Gemachtes', folglich sind

---

15 MACHIAVELLI 1926, S. 458 (*Istorie* VIII, viii); bei Guicciardini ruft Jacopo nur „La libertà!", siehe GUICCIARDINI 1931, S. 35.

16 MACHIAVELLI 1926, S. 458 (*Istorie* VIII, viii).

17 MARTINES 2004, S. 174. Weniger harsch, aber doch ganz wie Martines, schreibt FUBINI 1994, S. 87: „È chiaro che lo storico moderno non può appagarsi di tradizioni così legati alla contingenza, siano pur esse nobilitate dalla maestria letteraria di un Poliziano o di un Machiavelli."

18 Grundsätzlich zur Historiographie des Humanismus und der Renaissance vgl. etwa KELLEY 1990, MUHLACK 1991 oder MAURER 2003.

19 Zum Begriff der ‚Tatsache' und des ‚Faktums' s. KAMLAH/LORENZEN 1973, S. 140f.

20 RITTER/GRÜNDER (Hgg.) 1998, Sp. 911.

auch stets der ‚Macher' und seine Motive mitgedacht. Hier lassen sich drei Ebenen unterscheiden:

1. Im christlichen Mittelalter empfängt „das *ens factum* als Seiendes gleich einem *ens naturale* aus Gottes Schöpfungs- und Heilsplan" seine Dignität und seinen Zweck.[21] So schreibt Augustinus in *De doctrina christiana* II, 28:

> Narratio autem historica cum praeterita etiam instituta narrantur, non inter humana instituta ipsa historia numeranda est, quia iam quae transierunt nec infecta fieri possunt, in ordine temporum habenda sunt, quorum est conditor et administrator deus.[22]

> Wenn jedoch in einer Geschichtsschreibung vergangene Handlungen erzählt werden, so kann die Geschichte selbst nicht zu den menschlichen Handlungen gezählt werden, denn was vergangen ist und nicht mehr ungeschehen gemacht werden kann, muss seinen Platz bereits in der Ordnung der Zeiten haben, deren Schöpfer und Verwalter Gott ist. (Übers. d. Verf.)

Wenn, wie es in Mt. 10, 29 heißt, kein Spatz „zur Erde fällt ohne den Willen des Vaters", dann ist alles Geschehen ein *factum*, und auch die Geschichte „congrua sane ac provida dispensatione creatoris id *factum*", „nach einem sinnvollen, vorausschauenden Plan des Schöpfers *gemacht*",[23] was insbesondere, aber nicht nur die mittelalterlichen Weltchroniken wie Ottos von Freising *Chronica* herauspräparieren. Der Einfachheit halber werde ich diesen Fakten-Begriff ‚Schöpfungsfaktizität' nennen.

2. Abgeleitet von dieser grundsätzlich göttlichen Urheberschaft der *res factae* bemühen sich im Mittelalter auch die menschlichen Agenten, ihr Handeln als kongruent mit dem göttlichen Plan zu arrangieren – ganz gleich, wie strategisch diese symbolisch hergestellte Evidenz und Legitimierung der jeweiligen Taten eingesetzt werden konnte. Diesem Fakten-Begriff könnte man das Etikett einer vertikalen ‚Handlungsfaktizität' geben. Davon zeugen besonders die an die Abendmahlsfeier angelehnten Krönungszeremonien des Hochmittelalters, etwa die Ottos des Großen 936 in Aachen,[24] oder deren Bindung an liturgisch bedeutsame Festtage: Wenn etwa König Konrad nach dem Reichstag zu Pfingsten 1138 die Überstellung der Reichsinsignien am Fest Peter und Paul (29.VI.) anordnet,[25] dann liefert er durch den Bezug auf den himmlischen Schlüsselbewahrer Petrus zugleich die selbstlegitimierende offizielle Interpretation seiner Einsetzung als Kaiser im Rahmen der göttlichen Ordnung.

In der Renaissance scheint sich vor diese vertikale Relation eine horizontale zu schieben, in der die Selbstinterpretation der Handelnden nicht über den teleologisch angelegten Heilsplan funktioniert, sondern durch gezielte Analogie zu

---

21 KNAPP 2002, S. 151.
22 AUGUSTINUS 1962, II, 28.
23 OTTO VON FREISING 1960, S. 10f., Hervorhebung M.F. Das englische ‚matter of fact' und das davon erstmals 1756 abgeleitete deutsche Wort ‚Tatsache' bedeutete im 18. Jahrhundert ‚Sachen der Tat' Gottes und zielte bei J. Butler, *The Analogy of Religion, natural and revealed, to the Constitution and Course of Nature*, auf den Nachweis der Übereinstimmung von Welt- und Heilsgeschichte, s. das Lemma „Tatsache" in: RITTER/GRÜNDER (Hgg.) 1998, Sp. 910.
24 Siehe BORST 1979, S. 474–479.
25 Siehe OTTO VON FREISING 1960, S. 541.

Exempla der Antike. Man könnte dies ‚paradigmatische‘ oder ‚horizontale‘ Handlungsfaktizität nennen. Einer solchen sind ganz offensichtlich die Mörder Galeazzo Maria Sforzas verpflichtet, die den Mailänder Herrscher am 26. Dezember 1476 beim Messgang zum Stephans-Fest in Santo Stefano erdolchten: Der jüngste der drei Verschwörer, Gerolamo Olgiati, hatte bei dem Humanisten Cola Montano die Geschichte Roms studiert und war besonders durch die Lektüre von Sallusts *De coniuratione Catilinae* für die Idee begeistert worden, durch eine große republikanische Tat seiner *patria* Mailand zu dienen – durch den Mord am Tyrannen Galeazzo Maria Sforza.[26] Diese römisch-republikanische Selbstinterpretation modelliert die eigene Handlung im Sinne einer profanen Typologie als Übertragung antiker Modi des Tyrannenmords und reklamiert so deren durch Ciceros *De officiis* abgesicherte innerweltliche Positivität für sich.[27] Im späten 15. und frühen 16. Jahrhundert führte dies zu einer Aufwertung des Cäsarenmörders Brutus[28] und zu einem spezifischen Arrangement der Verschwörung:[29] Zunächst die formale Einschwörung („congiura“) der Beteiligten auf das politisch (nach Cicero sogar ethisch) als gerechtfertigt gesetzte Handlungsziel, das sich als Wiederherstellung republikanischer Legitimation begreift.[30] In Anlehnung an die Iden des März des klassischen Anschlags auf Caesar fordert der neuzeitliche Tyrannenmord ferner die Wahl eines markanten Datums, etwa im Falle des Mordes an Galeazzo das Fest des – gesteinigten! – Stephanus sowie die Wahl eines öffentlichen, symbolträchtigen Ortes. Dass die Mailänder Verschwörer eine Kirche wählten, kann dann auch bedeuten, dass der Tyrann keinerlei Legitimität und Schutz genießt, auch und schon gar keine göttliche. Die Anlage des Tyrannenmordes ist so durch den Zwang zur Selbstrechtfertigung und Differenzierung von einem banalen Mord ganz besonders auf das zeichenhafte Arrangement paradigmatischer Handlungsfaktizität angewiesen.

3. Schließlich gewinnen diese von metaphysischen oder innerweltlichen Symbolangeboten geprägten *res factae* auf Objektebene ihre Bedeutung für die histori-

---

26 Siehe BURCKHARDT 1981, S. 84–88; MARTINES 2004, S. 26.

27 Siehe CICERO 1959, S. 108 (III, 19): „Hat nun deshalb derjenige ein Verbrechen auf sich geladen, der einen Tyrannen, der ihm sogar befreundet war, tötete? Das römische Volk wenigstens vertritt diesen Standpunkt nicht, es sieht eine solche Tat als die allerrühmlichste an“.

28 Dazu s. BAKER 2007, S. 312–316.

29 Zu den Standard-Elementen des Tyrannenmordes in der Renaissance s. ebd., S. 312–313, und MARTINI 1972. Zum politischen Mord als Symbolhandlung, der deutlich auf die Erkennbarkeit des eigenen Zitatcharakters und damit auf mediale Einbettung angewiesen ist, s. SOMMER 2005, S.19; zum politischen Mord insgesamt DEMANDT (Hg.) 1996 und SOMMER (Hg.) 2005.

30 In diesem Zusammenhang ist bemerkenswert, dass das Wort ‚coniuratio‘ in den italienischen Stadtstaaten in Mittelalter und Frührenaissance auch die ‚Eidverbrüderung‘ im Sinne eines Zusammenschlusses gesellschaftlicher und wirtschaftlicher Gruppen (Zünfte, Gilde) bedeutete, die sich insbesondere gegen die Herrschaft von (Adels-)Geschlechtern richtete, s. WEBER 2005, S. 952, 955. Die ‚coniuratio‘ im Sinne der ‚Verschwörung‘ wäre so lexikalisch wie begrifflich eine besondere Form der ‚Eidverbrüderung‘, um eben diese gegen autokratische wie geschlechterzentrierte Regierungsformen zu verteidigen.

schen Diskurse der unterschiedlichen Epochen, und auch ihnen kommt ein deutlicher Anteil des ‚Machens‘ zu. Ich nenne das abkürzend ‚diskursivierte Faktizität‘. Musste es dem mittelalterlichen Geschichtsschreiber darum gehen, die
grundsätzliche Heils-Relevanz und Autorschaft Gottes von *res factae* durch diese
Diskursivierung herauszupräparieren, dann rechtfertigte das „sogar die Fälschungen, die krass parteiisch narrativen Darstellungen politischer [und] juristischer
[…] Vorgänge in Chroniken"[31] – also das, was die Forschung „funktionale Fiktion"[32] genannt hat.

Sobald mit dem spätmittelalterlichen Nominalismus aber die Erscheinungen
des Mundanen nicht mehr *per se* als irdische Zeichen einer ihnen korrelierten
heilsgeschichtlichen Syntagmatik gelesen werden, wird die Auffüllung von Be-
gründungslücken durch funktionale Fiktion in im Ganzen heilsgeschichtlich ge-
rechtfertigten Zusammenhängen angreifbar. Aber auch die Bestimmung des
historischen Ortes des Menschen ist nicht mehr syntagmatisch, sondern nur noch
paradigmatisch möglich. Die Geschichtsschreibung des Quattrocento kennt so
zum einen prominente Fälle der Entlarvungen von zuvor heilsgeschichtlich ge-
deckten Fälschungen wie etwa der Konstantinischen Schenkung durch Lorenzo
Valla.[33] Gleichzeitig legt zum anderen bereits Petrarca unter Rückgriff auf Ciceros
Überlegungen in den *Tusculanae disputationes* die *historia* auf Paradigmatisie-
rung der *res gestae* zum handlungspraktischen Exemplum fest,[34] was natürlich
auch eine Auswahl der *imitatio*-tauglichen *res factae* fordert:

> Quis enim, queso, Parthorum aut Macedonum, quis Gothorum et Unnorum et Vandalorum
> atque aliarum gentium reges ab ultimis repetitos in ordinem digerat, quorum et obscura sem-
> per et iam senio deleta sunt nomina? […] Neque enim quisquis opulentus et potens confestim
> simul illustris est; […] neque ego fortunatos sed illustres sum pollicitus viros.[35]

> Denn wer würde, ich bitte dich, die Könige der Parther oder Makedonen, wer die der Gothen,
> Hunnen oder Vandalen […] ausgraben, deren Namen schon immer dunkel waren. […] Denn
> nicht jeder, der reich und mächtig ist, ist damit auch schon leuchtend. […] Und ich habe nicht
> versprochen, vom Glück begünstigte, sondern leuchtende Männer vorzustellen. (Übers. d.
> Verf.)

Für die humanistische Geschichtsschreibung des Quattrocento eignet der Geschichte eine über jede Singularität und Kontingenz hinausgehende Lehrhaftigkeit
des Exemplarischen, die die *historia* mit der *poesia* teilt. Ja, das Quattrocento
ordnet die Dichtung der Geschichtsschreibung genau aus dem Grund unter, dass
ihre Exempla „glaubwürdiger" – weil basierend auf verbürgtem Geschehen –

---

31 KNAPP 2002, S. 152.
32 MÜLLER 2004, S. 286.
33 Siehe dazu den Beitrag von Anita Traninger in diesem Band; ferner GINZBURG 2001.
34 CICERO 1984, S. 244: „Duplex est igitur ratio veri reperiendi […]. Nam aut ipsius re natura
    qualis et quanta sit, quaerimus […] aut a disputandi subtilitate orationem ex exempla tradu-
    cimus."
35 PETRARCA 1955, *De viris illustribus* [Prohemium], S. 222.

seien als die der Dichtung.[36] Der Vorzug der Geschichte wird also nicht ontologisch, sondern rein pragmatisch begründet. So können in der frühhumanistischen
Tradition des Tre- und Quattrocento ausgehend vom Vergil-Kommentar des Ser-
vius die in der *Herennius*-Rhetorik getrennten Parameter *historia* und *argumentum* zusammenfallen[37] und auf dieser Basis Geschichtsschreibung und Dichtung
dieselbe Aufgabe der *persuasio* durch *exempla* haben. Diesem Mainstream
schließt sich auch Poliziano in seiner *Praefatio in Suetonum* an:

> Iam nec poeticen quidem, si ad gloriam spectes, ulla ex parte cum historia contuleris, quippe
> cui aut omnino fides abrogetur aut tum denique habeatur, cum sese maxime ad historiae imi-
> tationem conformet. […]
> Ne ipsa quidem philosophia, inquam, sine historiae adminiculo suum cursum tenebit unquam
> […] utqui valentius, efficaciusque docendi genus per exempla quam per praecepta esse nemo
> non fateatur, ita prolixius humanum genus historia quam philosophia demeretur.[38]

> Wenn du ihren Anspruch auf Ruhm betrachtest, dann wirst du die Dichtung überhaupt nicht
> mit der Geschichtsschreibung vergleichen. Denn Wahrhaftigkeit wird der Dichtung entweder
> ganz abgesprochen, oder, wenn man ihr diese zuschreibt, dann nur, insofern sie sich an die
> Geschichtsschreibung annähert und ihr ähnlich wird. […]
> Ich sage, dass die Philosophie niemals in der Lage sein wird, ohne die Geschichte ihren
> Verlauf zu nehmen […], denn es herrscht generelle Übereinkunft, dass das Lehren durch
> Beispiele wirkungsvoller ist als Unterrichtung durch Vorschriften, so dass das Menschen-
> geschlecht leichter auf die Philosophie als auf die Geschichte verzichten könnte. (Übers. d.
> Verf.)

4. Mediceische Deutungshoheit und diskursivierte Faktizität
im *Coniurationis commentarium*

Vor diesem Hintergrund verbietet es sich, Polizianos *Coniurationis commentarium* die schlichte Opposition „Fakten vs. Fiktion" zuzumuten. Einer solchen
Lektüre widerspricht bei näherem Hinsehen Poliziano selbst implizit durch den
Titel *Coniurationis commentarium*: Da die Ereignisse der Verschwörung hoch-
aktuell waren, bot sich im Gattungssystem des historiographischen Diskurses im
Humanismus der Texttyp des gegenwartsgebundenen *commentarium* an. Der aber
war durch die Lizenz zur Enkomiastik, zur Parteilichkeit von Lob und Tadel
gekennzeichnet, und lag damit auf der Linie dessen, was Leonardo Bruni zur
laudatio formuliert: „Aliud enim historia, aliud laudatio. Historia quidem veritatem sequi debet, laudatio vero multa supra veritatem extollit".[39] Ein *commen-*

---

36 So etwa Lorenzo Valla, *De rebus a Ferdinando Hispaniarum rege* […] *gestis*, für den
    „history is more robust than poetry because it is more truthful [and] oriented not towards ab-
    straction but towards truth and teaching by example", KELLEY 1990, S. 749.
37 Siehe KNAPP 1997, S. 172.
38 POLIZIANO 1533, Bd. III, S. 122–125. S. dazu GODMAN 1998, S. 52f.
39 Bruni, *Epistulae*, viii, 4, 112, zit. nach IANZITI 1988, S. 13. Zum Zusammenhang von En-
    komiastik und Historiographie im *commentarium* ebd.: „The commentaries might be regarded
    as the irruption of laudatory licence into the field of history. […] Hence the importance of
    rhetoric, as a strategy not only for elaborating elusive, relative truth about man and his world,

tarium gibt also der per se rhetorisch-persuasiv funktionierenden humanistischen Geschichtsschreibung einen diese Persuasivität verstärkenden Drall hin zur Nutzung des Exemplarischen (der *virtus* oder des *vitium*) für die Enkomiastik des Dienstherren. Durch die hybridisierende Kombination des *commentarium* mit einem intertextuell aufgerufenen autoritativen Werk retrospektiver Geschichtsschreibung – Sallusts *De coniuratione Catilinae* – versucht Poliziano diese enkomiastische Funktion zwar zu tarnen; doch auch der Rückgriff auf Sallust fließt ein in den Versuch, durch exemplarische Diskursivierung eine durch die Verschwörer vorgegebene Handlungs-Faktizität umzuinterpretieren und so die Deutungshoheit der Geschehnisse des 26. April 1478 für seinen Dienstherren Lorenzo de' Medici zu beanspruchen.

Die Verschwörer hatten nämlich ihre Tat mit einer für die Macht der Medici bedrohlichen Selbstinterpretation ausgestattet: Die Ermordung Lorenzos und Giulianos war zwar nicht ursprünglich für die Sonntagsmesse des 26. April 1478 im Dom geplant, sie musste nach drei Fehlschlägen vielmehr improvisiert auf diesen Moment verlegt werden. Dennoch implizieren Anlass, Zeit und Ort eine Analogie zum Mord an Galeazzo Maria Sforza in Santo Stefano ein gutes Jahr zuvor. Da Galeazzo einerseits Verbündeter des von den Medici beherrschten Florenz war, er andererseits den Zeitgenossen als berüchtigter und brutaler Gewaltherrscher bekannt war, konnte die Tyrannis-Konnotation auch auf die Medici-Brüder übergehen. Da die Mörder Galeazzos (insbesondere der Jüngste, Olgiati) sich an aus Sallusts *De coniuratione Catilinae* bezogenen republikanischen Ideen berauschten, standen analog auch solche in Florenz im Raum. Ganz gleich, wie instrumentell diese von den Verschwörern eingesetzt wurden – sie wurden benutzt: Wenn Jacopo de' Pazzi nach dem gescheiterten Mord an Lorenzo mit dem Mut der Verzweiflung das Volk mit dem alten republikanischen Kampfruf „Il popolo e la libertà" gegen die Medici aufzuwiegeln versuchte (wie Machiavelli berichtet), dann bezog er sich auf das der Geschlechter- und Adelsherrschaft entgegen gesetzte Konzept des ‚popolo‘ als im Florentiner Bewusstsein sozial wie politisch eingeschliffenen Begriff starker, in Gilden organisierter Handwerker, Kaufleute, Händler, Notare, etc., die bis gegen Mitte des Quattrocento durch die Prioren die Herrschaft der Stadt bestimmten. Mit diesem Begriff des ‚popolo‘ etwa verband Leonardo Bruni in seinen *Historiae Florentini populi* das Maximum an politischer Freiheit von Fremdherrschaft, an Partizipation aller qualifizierten Bürger an der Regierung und an internem Konsens der mittleren und oberen Schichten der Florentiner Bürgerschaft.[40]

---

but also for capturing consent, the only criterion of veracity". S. dazu STRUEVER 1970, S. 12ff., 43ff.

40   Zu diesem Begriff des ‚popolo‘ siehe bereits Max Webers großartigen Aufsatz „Die nichtlegitime Herrschaft (Typologie der Städte)" von 1921, § 4, „Die Plebejerstadt": „Bei vollem Erfolg des Popolo war also rein formal betrachtet, der Adel völlig negativ privilegiert", WEBER 2005, S. 984–1010, hier S. 986. Ferner Hankins in BRUNI 2001, S. XVI–XVII.

Dass Poliziano ausgerechnet diesen republikanischen Kampfruf im Gegensatz zu fast allen zeitgenössischen[41] und späteren Quellen unterdrückt und nur den vermeintlich generellen pro-mediceischen Konsens des „palle, palle" referiert, zeigt, dass er die Gefahr der republikanischen Deutung des Anschlags sehr wohl erkannt hat. Er setzt in seinem Text alles daran, die Positionen von ‚Republikanern' und ‚Tyrannen' umzubesetzen – und zwar durch einen geschickten Rekurs auf Sallusts *De coniuratione Catilinae*.

Dass Poliziano die April-Verschwörung mit der Catilinas in einen paradigmatischen Zusammenhang stellt und damit exemplarisiert, zeigt sich bereits im Titel und dem ersten Satz des Textes, der folgendermaßen lautet:

> Pactianam coniurationem paucis describere institui, nam id in primis memorabile facinus tempestate mea accidit parumque abfui, quin Florentinam omnem rem publicam penitus everteret. (CC, S. 3)

> Ich bin entschlossen, in aller Kürze die Pazzi-Verschwörung zu beschreiben, ein Verbrechen, geschehen zu meiner Zeit, das der Erinnerung höchst würdig ist, weil es in der Tat beinahe die ganze Republik von Florenz von innen zerstört hätte. (Übers. d. Verf.)

Er greift damit unübersehbar auf Sallusts Ankündigung zurück:

> Igitur de Catilinae coniuratione, quam verissiume potero, paucis absolvam; nam id facinus in primis ego memorabile existiumo sceleris atque periculo novitate.

> So will ich denn über die Verschwörung des Catilina so wahrheitsgemäß, wie ich kann, mit wenigen Worten berichten; denn diese Tat halte ich insbesondere für denkwürdig wegen der Neuartigkeit des Verbrechens und der Gefahr.[42]

Da Poliziano hier wie Sallust die Gefahr der Verschwörung für die *res publica* herausstreicht, finden sich die Verschwörer automatisch in Opposition zur „res publica" Florenz.

Doch geht es Poliziano mit dieser Parallelisierung um mehr als um eine bloße von Rom auf das Florenz der Gegenwart übertragene Analogie, er impliziert vielmehr, dass die Pazzi-Verschwörung eine Neuauflage eben der Gefährdung gewesen ist, die die Ausläufer der historischen Verschwörung Catilinas im Jahr 63 vor Christus für die Ursprünge der Stadt Florenz selbst gewesen sind: Leonardo Bruni hatte in seinen *Historiae Florentini populi* nämlich beschrieben, wie die von römischen Veteranen gegründete Stadt Faesulae, das Ur-Florenz, durch die Truppen Catilinas bedroht wurde und so durch dessen Verschwörung ein „primum periculum et ultimum paene discrimen tenerae" („eine erste Gefahr und seine frühste Krise") zu bestehen hatte. Eine Krise, aus der, so Bruni, die Stadt heilsame Lehren ziehen konnte: „Per aliena namque pericula, spe novarum dictaturarum praemoniorumque quibus ante vehementius inhiabant deposita" („Durch die Gefahr anderer lernten sie, ihre Gelüste nach Macht und neuer Beute aufzugeben").[43] Durch Brunis Bericht über die erste, existenzbedrohende Gefahr durch Catilina

---

41 Jacopos Ruf „popolo e libertà" wird auch vom Augenzeugen Luca Landucci bestätigt, s. LANDUCCI 1918, Bd. I, S. 32.

42 SALLUST 1972, S. 8f. (5).

43 BRUNI 2001, S. 16, s. SALLUST 1972, S. 42 (30).

wird die Analogiesetzung Pazzi–Catilina als jüngste Gefährdung in ihrer Be-
drohlichkeit nicht nur verstärkt, Poliziano stellt vielmehr einen vereinnahmenden
Bezug zu Bruni her. Dessen *Historiae Florentini populi* galten der Signoria als
eine Art offizielle Geschichtsdarstellung der Stadt Florenz, eine Kopie des Werkes
wurde zusammen mit anderen identitätsstiftenden Insignien und Trophäen in der
Kapelle des Palazzo Vecchio aufbewahrt. Dass die Signoria 1456 Poggio Bracciolini – den Vater des Mitverschwörers Jacopo Bracciolini – mit einer Fortsetzung
beauftragt und eine 1473 von Donato Acciauoli beendete und 1476 gedruckte
italienische Übersetzung auf den Weg gebracht hatte,[44] zeigt, wie sehr Brunis
republikanisch ausgerichtetes Geschichtswerk[45] mit seiner offiziösen Autorität in
die Gegenwart der Pazzi-Verschwörung hereinreicht.

Poliziano musste sich folglich bemühen, durch die Inszenierung einer maxi-
malen Distanz der Pazzi zum ,popolo'-Ideal des offiziösen Geschichtswerks
Brunis die Konformität der Medici mit diesem zu suggerieren. Durch den affir-
mierenden Zusammenschluss von Brunis Deutung der Catilinarischen Verschwörung als „erster Gefahr" für Florenz mit der aktuellen Gefahr der Catilinas
ähnlichen Pazzi-Verschwörung insinuiert Poliziano, dass sich das mediceische
Florenz Lorenzos in vollem Einklang mit dem Ideal aus Brunis *Historiae Florentini populi* befindet und zwischen ,popolo' und ,palle palle' eben nicht die Opposition besteht, die die Verschwörer mit ihrem Ruf „Il popolo e la libertà" suggerieren wollten. Gleichzeitig wird Sallusts Text, der ja das republikanische, durch
„continentia et aequitate" geleitete Rom[46] verherrlicht und folglich eine gefährli-
che Bibel republikanischer Verschwörer – etwa der gegen Lorenzos Verbündeten
Galeazzo – werden konnte, umgepolt zu einem Lehrstück, wie sich die Republik –
der Medici – gegen Umstürzler – die Pazzi – völlig legitim zur Wehr gesetzt hat.

Konsequenterweise setzt Poliziano alles daran, das Familienoberhaupt der
Pazzi, Jacopo, als Kopie Catilinas in krasser Negativität zu gestalten: Hatte Catilina bei Sallust ein „ingenio malo pravoque" („böses und verkehrtes Wesen") und
einen „animus audax, subdolus, varius, quoius rei lubet simulator ac dissimulator,
alieni appetens, sui profusus, ardens in cupiditatibus" („sein Geist war verwegen,
hinterhältig, verschlagen, was man wollte, heuchlerisch und ableugnend, auf
Fremdes aus, mit Eigenem verschwenderisch, erhitzt in Begierde"),[47] so sind
genau das die Eigenschaften, die Poliziano Jacopo de' Pazzi beigibt: Spielsucht,
Blasphemie, Eitelkeit und vor allem die Kopräsenz zweier sich ausschließender
Laster, „multa avaritia, multa perdendi patrimonii voluptas" (CC, S. 8), die Sallust
in ähnlichem Wortlaut Catilina zuschreibt: „pessuma ac divorsa inter se mala,
luxuria atque avaritia".[48]

Die Suche nach Exemplarität antiker Vorbilder konditioniert so die Modellie-
rung der Gegenwart und bestimmt und begrenzt gleichzeitig die Lizenzen im
Umgang mit dem kontingenten Rohmaterial des Historischen – und das auch dort,

44   Siehe Hankins in BRUNI 2001, Bd. I, S. XI.
45   Siehe ebd. S. XVII und HANKINS 2000.
46   SALLUST 1972, S. 6 (2).
47   Ebd. S. 8 (5).
48   Ebd. S.10 (5).

wo Poliziano auf die positiven Protagonisten zu sprechen kommt. Da für das Paar
des den Messerstichen der Attentäter zum Opfer gefallenen Giuliano und des
überlebenden Lorenzo kein historisches Analogon bei Sallust aufzufinden war,
musste Poliziano auf ein anderes prominentes Anschlagsopfer der Antike zurückgreifen – auf Gaius Julius Caesar. So ist es nicht erstaunlich, dass etwa Suetons
Caesar-Vita intertextuell schon seit dem ersten Satz des *Commentarium coniurationis* präsent ist – nämlich im „quin Florentinam omnem rem publicam penitus"
(CC, S. 3), das auf eine analoge Wendung aus Suetons *Leben Caesars* zurückver-
weist.[49]

Dieser Bezug wirkt jedoch zunächst inkonsistent: Denn während die Semantik
des Eingangssatzes die verderbliche Wirkung der Pazzi auf die *res publica*
Florenz umreißt, weist die intertextuelle Relation auf eine Textpassage, in der
Sueton Marcus Cato – erbitterter Gegner Catilinas – Caesar als einzigen bezeichnet, der „nüchtern an den Umsturz der Republik" gegangen sei.[50] Cato stellt bei
Sueton damit den die Republik liquidierenden Caesar in eine Linie mit Catilina.
Doch was auf den ersten Blick wie eine eklektische, intertextuelle Panne scheint,
entpuppt sich als subtile Aufweichung der zunächst von Poliziano hervorge-
kehrten ‚republikanischen' Position der Medici gegen die Pazzi als Feinde der *res
publica*. Denn vorbereitet durch diese zu Beginn des *Commentarium* noch kaum
merkliche Anspielung auf das Prinzipat Caesars wird ganz am Ende des Textes
eben dieses Prinzipat als die eigentliche Perspektive der „res publica" von Florenz
nach der Pazzi-Verschwörung eingeführt – ebenfalls nicht explizit, sondern
intertextuell. Das Portrait des toten Giuliano schließt Poliziano nämlich mit einer
gebetsartigen Bitte:

> Deum tamen optimum maximumque, ne prohibeat precamur
> Hunc saltem everso iuvenem succurrere saeclo (CC, S. 65)

> Wir bitten den besten und größten Gott, dass
> wenigstens dieser junge Mann nicht gehindert werde,
> dieser schiffbrüchigen Zeit zu helfen. (Übers. d. Verf.)

Diese letzten Worte des *Commentarium* hat Poliziano dem Ende des ersten Buchs
von Vergils *Georgica* entnommen.[51] Hier beziehen sie sich auf die befriedende
Mission Octavians nach der Ermordung Caesars und den Wirren des Bürgerkrie-
ges – mithin auf das Ende der Republik, um deren Konformität mit dem medicei-
schen Florenz sich Polizianos Sallust-Adaption auf einer ersten, sichtbaren und
sozusagen ‚verfassungskonformen' Ebene bemüht hatte. Nun aber führt er äußerst
subtil die Gleichung Caesar/Giuliano de' Medici und Lorenzo/Octavian bzw.
Augustus ein, kehrt sich damit gegen den offiziösen Republikanismus der
Bruni'schen Geschichtsschreibung und enthüllt das, was schon vor dem Attentat

---

49 Siehe SUETON 1993, S. 70, § 53. S. die Anmerkung Perosas in POLIZIANO 1958, S. 3, Anm.3.
50 SUETON 1993, S. 70f., § 53.
51 VERGIL 1994, S. 114 (I, 500).

insgeheim die Realität der Florentinischen Politik war und nach dem Anschlag offen sein wird: die faktische Alleinherrschaft Lorenzos.[52]

Mit dieser Perspektive hat Poliziano also die ‚republikanische' Legitimierung der Florentinischen *res publica*, wenn auch versteckt und allein durch intertextuelles Wissen entschlüsselbar, verlassen und kann so auch den Pessimismus Sallusts überwinden, den er sich ja durch seinen überdeutlichen Bezug zu *De coniuratione Catilinae* eingehandelt hat: Sallust hatte in der Verkommenheit Catilinas ein Abbild der „corrupti civitatis mores"[53] gesehen, er und seine Verschwörung sind Symptome für den Verfall des alten republikanischen Ideals, den Sallust in den ersten vier Kapiteln der *Coniuratio* geißelt. Eine ähnliche kulturpessimistische Motivierung der Verschwörung ist aber für Poliziano in seinem Bestreben, das Florenz der Medici als besten aller Staaten zu zeichnen, völlig unbrauchbar. Aber warum haben sich die Pazzi dann gegen die fabelhaften Medici-Brüder erhoben?

Hier scheint nun nach allen Versuchen, die Ereignisse des April 1478 auf der Basis klassisch-antiker Motivationsmodelle zu diskursivieren, für Poliziano der Moment eines Wechsels von der exemplarisch-horizontalen zur vertikal-metaphysischen Handlungsfaktizität gekommen zu sein: Die Verschwörung der Pazzi erklärt er weder historisch noch sozial, sondern sieht sie durch deren intrinsischsündhafte Natur konditioniert. Poliziano spricht zum einen von negativen Familieneigenschaften frei von externen Motivationen („id quod Pactiis omnibus peculiare fuit", CC, S. 15), weitet die eigentliche Begründung für das Attentat und dessen Scheitern zum anderen aber in Richtung des Diabolisch-Sündhaften aus: Die forcierte Begrenzung der Kerngruppe der Verschwörer auf sieben („Septem hi fuere cives, qui facinus susciperent", CC, S. 19) und die jedem dieser sieben zugeschriebenen Laster wie „avaritia", „luxuria", „vanitas" oder „ira"[54] lassen sogleich an die menschliche Personifikation der sieben Todsünden denken. Gesteigert sieht Poliziano diese Sündhaftigkeit dadurch, dass sich die Verschwörer durch den Mord an Giuliano der blasphemischen Entweihung des Doms schuldig gemacht haben („in templo, inter aras et sacra crudeliter trucidatum; violatum hospitium, violata sacra, pollutum humano sanguine templum", CC, S. 47). Von hier aus lässt sich nicht nur die allein von Poliziano Jacopo de' Pazzi in den Mund gelegte Teufelsbeschwörung erklären („Manes suos adverso daemoni dedere se clamat", CC, S. 52), sondern auch die bizarre Episode der vom Strick geschnittenen Leichen des Erzbischofs Salviati und Francescos de' Pazzi:

> Cum deiceretur (id quod mirum quidem omnibus visum iri arbitror, nemini tamen ignotum eo tempore extiterit), sive id casus aliquis sive rabies dederit, ipsum illud Francisci cadaver dentibus invadit alterquamque eius mamillam, vel cum laqueo suffocatus est, apertis furaliter oculis, mordicus detinebat. (CC, S. 45)

---

52 Zu den Folgen der Pazzi-Verschwörung, insbesondere der Festigung der Machtposition Lorenzos s. MARTINES 2004, S. 216–231.
53 SALLUST 1972, S. 10 (5).
54 Jacopo: „avaritia, multa perdendi patrimonii voluptas", CC, S. 8, „luxuria perditus et lenociniis infamis", CC, S. 11; Salviati: „multae levitatis ac vanitatis", CC, S. 11; Francesco de' Pazzi: „animo vanitatem", CC, S. 13; „sanguinarius homo", CC, S. 15; etc.

Als er heruntergeworfen wurde (ich beobachtete in den erstaunten Gesichtern der Menge, was passierte, und niemandem blieb das damals unbekannt), biss er [Salviati] entweder aus Zufall oder aus Zorn in die Brust der Leiche Francescos, und selbst, als man ihn am Strick fortzog, die zornigen Augen offen, hielt sein Biss an ihm fest. (Übers. d. Verf.)

Dieses Ereignis ist dermaßen spektakulär, dass es sich keiner der zeitgenössischen Augenzeugen in Tagebüchern oder sonstigen Quellen hätte entgehen lassen. Da trotz der auffälligen Beteuerungen („niemandem blieb es unbekannt") tatsächlich aber Poliziano der einzige ist, der den Francesco de' Pazzi noch nach dem Tode beißenden Erzbischof erwähnt, drängt sich der Verdacht der freien, aber im metaphysischen Begründungsschema der Sieben Todsünden sich rechtfertigenden Erfindung auf.

Die evasive Interpretation, hier sei entweder der Zufall oder der Zorn am Werk gewesen („casus" oder „ira"), macht allerdings deutlich, dass Poliziano die Reserven humanistischer Geschichtsschreibung gegenüber Wundergeschichten[55] einkalkuliert. Er scheint hier gleichwohl strategisch einen anderen, populären Diskurs zur Denunzierung der Pazzi auszubeuten, den des Dante'schen *Inferno*: Durch den Konnex von ‚Beißen' und „ira" macht er nämlich klar, in welche Kategorie der Sünder dieser Pazzi-Abkömmling und sein Anhänger gehören und warum: Francesco, zuvor als „sanguinarius homo", als ‚blutdürstiger Mensch' (CC, S. 15) bezeichnet, der wie ein Wilder auf Giuliano eingestochen und sich dabei sogar selbst verletzt hatte (CC, S. 31), ist für Poliziano der Typ des Verbrechers, in dem „iracundia", Hochmut („magnam arrogantiam sumpserat", CC, S. 14) und Blasphemie („nullo honestatis, nullo religionis", CC, S. 16) zusammentreffen. Wenn eben dieser „iracundus" von dem nicht weniger blasphemischen Erzbischof („omnis divini atque humani iuris ignarus", CC, S. 11) gebissen wird, dann überträgt Poliziano eine für „Wütende" typische Höllenstrafe aus Dantes *Divina Commedia* auf das Paar Francesco de' Pazzi/Jacopo Salviati: In *Inferno* VIII, 61–63, ist es die „ombra […] furiosa" Filippo Argentis, „il fiorentino spirito bizzaro", der „in se medesimo si volgea co' denti". (Sich selbst) Beißen ist bei Dante grundsätzlich Zeichen der im *Inferno* leidenden *iracondi,* und das nutzt Poliziano, um die irdische Exekution der Verschwörer als Analogon zu der Behandlung zu modellieren, die die *iracondi* im fünften Girone des *Inferno* erfahren.

Indem Poliziano dergestalt auf die Höllenstrafen der *iracondi* der *Divina Commedia* anspielt, kann er gleichzeitig implizit auch darauf aufmerksam machen, dass schon bei Dante der Platz der Pazzi in der Hölle ist: Die paarweise durch den Biss in die Brust zusammengespannten Leichen Jacopo Salviatis und Francescos de' Pazzi verweisen so gleichzeitig auf ein prominentes Paar in Canto XXXII des *Inferno*, das ‚Dante' „sì stretti / Che il pel del capo aveano insieme misto" und Brust an Brust („sì stringete i petti") im Eis der Caina eingefroren sieht (*Inf.* XXXII, 41 f.). Es handelt sich um die Brudermörder Napoleone und Alessandro di Mangona, wie ‚Dante' von „un ch'avea perduto ambo gli orecchi / Per la freddura" erfährt – von Camicion dei Pazzi, der aus Habgier einen Ver-

---

55 Siehe MAURER 2003, S. 283.

wandten hinterrücks erschlagen hatte und in der Eishölle der Verräter gleich noch einen weiteren Pazzi, Carlin, wegen des Verrats der Burg Piantravigne an die Fraktion der Neri 1302 denunziert.[56] Da Dante diese beiden Pazzi als Verräter an Verwandten mit den Erz-Verrätern Judas, Cassius und dem Caesarenmörder Brutus in den Mäulern Luzifers (Canto XXXIV) im innersten Bereich der Hölle zusammengespannt hat, kann Poliziano mit dem Rekurs auf die *Divina Commedia* als (zu Brunis *Historiae Florentini populi*) alternativen autoritären Text der Florentinischen *res publica* zurückgreifen, um den positiven, ciceronianisch-republikanisch konnotierten Brutus-Mythos in sein Gegenteil zu verkehren.

Damit liegt Polizianos Argumentationsgang ganz auf der Linie zeitgenössischer volkssprachlicher Texte, die die Pazzi-Verschwörung unverstellt auf der Folie von Dantes *Commedia* behandeln, so das anonyme Terzinen-Gedicht „Questo è il tradimento della morte di Giuliano", gedruckt wohl schon im Oktober 1478 in Florenz.[57] Der Text, der seine bänkelsängerisch-populäre Natur explizit formuliert,[58] setzt umstandslos mit der Einweisung der Pazzi in die Verräterhölle ein – direkt neben Judas und Brutus:

> O Giesù Christo nostro salvatore
> El quale da' traditori non ti ghuardasti,
> benché tu conoscessi el loro errore,
> per quella gran passion che sopportasti
> ti priego quanto posso a compimento
> mi conceda tal gratia, che mi basti
> lo 'ngegno e recitare un tradimento
> sí maledecto, iniquio & tanto grande,
> che a pensarlo tutto mi spavento.
> Que d'Antenor, el qual molto si spande,
> che la gran Troia misse d'alto in basso,
> non fu di sì mortifere vivande;
> né quel che fece el triste Bruto Crasso
> al gran Cesare Augusto non fu tale,
> &stanno nelle bocche a Satanasso.[59]

Das Meer von Blut, die an Lanzen durch die Stadt getragenen Leichenteile der Verschwörer, die am Galgenstrick von Kindern durch die Straßen geschleifte verwesende Leiche Jacopos de' Pazzi – alles das gewinnt im „Tradimento della morte di Giuliano"[60] wie auch bei Poliziano vor dem Hintergrund der *Inferno*-Bezüge gezielt den Charakter der auf die Erde verlagerten Höllenstrafen und dient so trotz aller Grausamkeit als Ausweis einer göttlichen, auf Seiten der Medici ste-

---

56   DANTE 1988, Bd. IV, S. 464.
57   FLAMINI 1889, S. 318–330.
58   Ebd. S. 319 („O tutti voi, benigni ascholatori!"), S. 326 („perché fu in un momento vo' sappiate").
59   Ebd. S. 318f.
60   Ebd. S. 328: „et impiccati furo(no) e fraudolenti, / Jacopo di messer Poggio & Franceschino, / in quel tal corno con molte altre genti; / et morti e traditori a llor dimino, / dalle lor membra furon strascinate / per la cictà per miracol divino / da fanciulli […]".

henden Gerechtigkeit eines syntagmatischen Heilsplans, die sich in irdischen Zeichen offenbart.

Poliziano zeigt sich in seinem *Coniurationis commentarium* als äußerst wendiger, mit den unterschiedlichsten Diskursangeboten arbeitender Propagandist Mediceischer Herrschaft, der ebenso die Ansprüche klassischer Geschichtsschreibung, humanistischer Enkomiastik und populärer, volkssprachlicher Literatur bedient, um so der der Verschwörung inhärenten selbstlegitimierenden Interpretation als Tyrannenmord den Boden zu entziehen und die Medici gleichzeitig von der Verpflichtung auf die republikanische Geschichte der Stadt Florenz zu entbinden. Die Spielräume des Faktischen, die die mittelalterliche wie frühneuzeitliche Freistellung der *res gestae* von empirischer ‚Tatsächlichkeit' öffnet, nutzt und gestaltet Polizianos früher Text ebenso virtuos wie effizient.

Literaturverzeichnis

Primärtexte

AD HERENNIUM 1958:
  Ad C. Herennium. De ratione dicendi, hg. v. H. Caplan, London/Cambridge, Mass. 1958.
AUGUSTINUS 1962:
  Augustinus, A., *De doctrina christiana*, hg. v. J. Martin, Turnhout 1962 (Corpus Christianonum, Series Latina 32).
BRUNI 2001:
  Bruni, L., *History of the Florentine People*, hg. v. J. Hankins, Cambridge, Mass./London 2001.
CICERO 1984:
  Cicero, M. T., *Tusculanae disputationes/Gespräche in Tuskulum*, hg. v. K. Büchner, München 1984.
CICERO 1959:
  Cicero, M. T., *Vom pflichtgemäßen Handeln*, hg. v. K. Atzert, München 1959.
DANTE 1988:
  Dante Alighieri, *Die Göttliche Komödie. Italienisch und deutsch*, hg. v. H. Gmelin, 6 Bde., München 1988.
FLAMINI 1889:
  Flamini, F., „Versi in morte di Giuliano de' Medici", *Il propugnatore: studii filologici et bibliographici* II (1889), S. 315–334.
GUICCIARDINI 1931:
  Guicciardini, F., *Storie fiorentine*, hg. v. R. Palmarocchi, Bari 1931.
ISIDOR VON SEVILLA 1966:
  Isidor von Sevilla, *Etymologiae*, hg. v. W. M. Lindsay, Oxford 1966.
LANDUCCI 1918:
  Landucci, L., *Ein florentinisches Tagebuch 1450–1516*, hg. v. M. Herzfeld, 2 Bde., Jena 1918.
MACHIAVELLI 1926:
  Machiavelli, N., *Istorie fiorentine*, hg. v. E. Bianchi, Florenz 1926.
PIUS II 2003:
  Pius II, *Commentaries I (Books I–II)*, hg. v. M. Meserve u. M. Simonetta, Cambridge, Mass./London 2003.

OTTO VON FREISING 1960:
  Otto von Freising, *Chronik oder die Geschichte der zwei Staaten*, hg. v. A. Schmidt u.
  W. Lammers, Berlin 1960.
PETRARCA 1955:
  Petrarca, F., *De viris illustribus*, in: ders., *Prose*, hg. v. G. Martellotti, Mailand/Neapel 1955.
POLIZIANO 1533:
  Angeli Poliziani Opera, 3 Bde., Lyon 1533.
POLIZIANO 1958:
  Poliziano, A., *Della congiura dei Pazzi* (*Coniurationis commentarium*), hg. v. A. Perosa,
  Padua 1958.
SALLUST 1972:
  Gaius Sallustius Crispus, *De coniuratione Catilinae/Die Verschwörung des Catilina*, hg. v.
  K. Büchner, Stuttgart 1972.
SUETON 1993:
  Sueton, *Kaiserbiographien*, lat./dt., übers. u. hg. v. O. Wittstock, Berlin 1993.
VERGIL 1994:
  Vergil, *Eclogues, Georgics, Aeneid 1–6*, hg. v. H. Rushton Fairclough, Cambridge, Mass./
  London 1994.

                                   Sekundärliteratur

BAKER 2007:
  Baker, N. S., „Writing the Wrongs of the Past: Vengeance, Humanism, and the Assassination
  of Alessandro de' Medici", *Sixteenth Century Journal* 28/2 (2007), S. 307–327.
BORST 1979:
  Borst, O., *Lebensformen im Mittelalter*, Berlin 1979.
BURCKHARDT 1981:
  Burckhardt, J., *Die Kultur der Renaissance in Italien*, hg. v. W. Rehm, Herrsching 1981.
DEMANDT (Hg.) 1996:
  Demandt, A. (Hg.)., *Das Attentat in der Geschichte*, Köln 1996.
FUBINI 1993:
  Fubini, R., „La congiura dei Pazzi", in: *Lorenzo de' Medici: New Perspectives*, hg. v.
  B. Toscani, New York 1993, S. 219–247.
FUBINI 1994:
  Fubini, R., *Italia Quattrocentesca. Politica e diplomazia nell'età di Lorenzo il Magnifico*,
  Mailand 1994.
GINZBURG 2001:
  Ginzburg, C., „Lorenzo Valla über die Konstantinische Schenkung", in: ders., *Die Wahrheit
  der Geschichte. Wahrheit und Beweis*, Berlin 2001, S. 63–110.
GODMAN 1998:
  Godman, P., *From Poliziano to Machiavelli. Florentine Humanism in the High Renaissance*,
  Princeton/New Jersey 1998.
HANKINS 2000:
  Hankins, J., *Renaissance Civic Humanism. Reappraisals and Reflections*, Cambridge 2000.
HAUG 2002:
  Haug, W., „Geschichte, Fiktion und Wahrheit. Zu den literarischen Spielformen zwischen
  Faktizität und Phantasie", in: *Historisches und fiktionales Erzählen im Mittelalter*, hg. v.
  F. P. Knapp u. M. Niesner, Berlin 2002, S. 115–131.
HUNGER/STEGMÜLLER/ERBSE (Hgg.) 1975:
  Die Textüberlieferung der antiken Literatur und der Bibel, hg. von H. Hunger, O. Stegmüller,
  H. Erbse u.a., München 1975.
IANZITI 1988:
  Ianziti, G., *Humanistic Historiography under the Sforzas*, Oxford 1988.

KAMLAH/LORENZEN 1973:

Kamlah, W./Lorenzen, P., *Logische Propädeutik. Vorschule des vernünftigen Denkens*, Mannheim/Wien/Zürich [2]1973.

KELLEY 1990:

Kelley, D. R., „The Theory of History", in: *The Cambridge History of Renaissance Philosophy*, hg. v. C. B. Schmitt u. Q. Skinner, Cambridge 1990, S. 746–762.

KNAPP 1997:

Knapp, F. P., „Wirklichkeit und Fiktion in der lateinischen Version des arabischen ‚Poetik'-Kommentars", in: ders., *Historie und Fiktion in der mittelalterlichen Gattungspoetik*, Heidelberg 1997, S. 153–178.

KNAPP 1997a:

Knapp, F. P., „Historie und Fiktion in der spätscholastischen und frühhumanistischen Poetik", in: ders., *Historie und Fiktion in der mittelalterlichen Gattungspoetik*, Heidelberg 1997, S. 101–120.

KNAPP 1997b:

Knapp, F. P., „Historische Wahrheit und poetische Lüge. Die Gattungen weltlicher Epik und ihre theoretische Rechtfertigung im Hochmittelalter", in: ders., *Historie und Fiktion in der mittelalterlichen Gattungspoetik*, Heidelberg 1997, S. 9–64.

KNAPP 2002:

Knapp, F. P., „Historiographisches und fiktionales Erzählen im Mittelalter", in: *Historisches und fiktionales Erzählen im Mittelalter*, hg. v. dems. u. M. Niesner, Berlin 2002, S. 147–159.

LANDFESTER (Hg.) 2007:

Geschichte der antiken Texte. Autoren- und Werklexikon, hg. v. M. Landfester, Stuttgart/ Weimar 2007.

MAIER 1966:

Maier, I., *Ange Politien: La formation d'un poète humaniste*, Genf 1966.

MARTINES 2004:

Martines, L., *Die Verschwörung. Aufstieg und Fall der Medici im Florenz der Renaissance*, Darmstadt 2004 (engl. Oxford 2003).

MARTINI 1972:

Martini, F., *Lorenzino de' Medici e il tirannicidio nel Rinascimento*, Rom 1972.

MAURER 2003:

Maurer, M., „Neuzeitliche Geschichtsschreibung", in: *Aufriß der historischen Wissenschaften*, Bd. 5: *Mündliche Überlieferung und Geschichtsschreibung*, hg. v. M. Maurer, Stuttgart 2003, S. 281–499.

MEHL 2001:

Mehl, A., *Römische Geschichtsschreibung. Eine Einführung*, Berlin/Köln 2001.

MÜLLER 2004:

Müller, J.-D., „Literarische und andere Spiele. Zum Fiktionsproblem in vormoderner Literatur", *Poetica* 36 (2004), S. 280–311.

MUHLACK 1991:

Muhlack, U., *Geschichtswissenschaft im Humanismus und in der Aufklärung. Die Vorgeschichte des Historismus*, München 1991.

REINHARDT 2004:

Reinhardt, V., *Die Medici. Florenz im Zeitalter der Renaissance*, München [3]2004.

RITTER/GRÜNDER (Hgg.) 1998:

Historisches Wörterbuch der Philosophie, hg. v. J. Ritter u. K. Gründer, Bd. 10, Basel 1988.

SOMMER (Hg.) 2005:

Sommer, M. (Hg.), *Politische Morde. Vom Altertum bis zur Gegenwart*, Darmstadt 2005.

SOMMER 2005:

Sommer, M., „Einleitung", in: SOMMER (Hg.) 2005, S. 9–20.

STRUEVER 1970:

Struever, N., *The Language of History in the Renaissance*, Princeton 1970.

WAIBLINGER 2005:

    Waiblinger, E., „Die Verschwörung der Pazzi. Florenz, 1478", in: SOMMER (Hg.) 2005, S. 127–135.

WEBER 2005:

    Weber, M., „Die nichtlegitimierte Herrschaft (Typologie der Städte)" [1921], in: ders., *Wirtschaft und Gesellschaft. Grundriß der verstehenden Soziologie*, hg. v. A. Ulfig, Neu-Isenburg 2005, S. 923–1102.

Lizenz zum Fingieren

Dichterische Freiheit und Zeitgeschichte in der italienischen Tragödie des 16. Jahrhunderts

ROLF LOHSE (Bonn)

In vielen Tragödien des 16. Jahrhunderts bildet die historische Wirklichkeit die Quelle, den Hintergrund oder den Bezugspunkt der Bühnenhandlung. Die Gattung der Komödie ist dagegen hinsichtlich ihres Wirklichkeitsbezugs nicht eindeutig festgelegt. Sie ist zwar „Spiegel des Lebens" – so die von Donat überlieferte und Cicero zugeschriebene Formel: „Comoediam esse Cicero ait imitationem vitae, speculum consuetudinis; imaginem veritatis (Don 5,1)"[1] –, sie ist aber nicht strikt an einen tatsächlichen historischen Stoff gebunden. Der Komödienautor des 16. Jahrhunderts kann seinen Stoff frei auswählen: Er kann sich auf die zeitgenössische Realität beziehen, auf schon literarisierte Stoffe zurückgreifen, wie sich an den Komödien Ariosts ablesen lässt, oder er kann sich seinen Stoff auch frei ausdenken. Im Falle der Tragödie ist die Lage insofern komplizierter, als im 16. Jahrhundert mit Blick auf diese Gattung sehr unterschiedliche Forderungen hinsichtlich der Berücksichtigung von historischer Wirklichkeit aufgestellt wurden. Um 1500 und noch während des gesamten 16. Jahrhunderts ging man davon aus, dass die Tragödie die historische Wirklichkeit abzubilden hatte. Die Spiegelmetapher Ciceros wurde daher bisweilen auch auf die Tragödie ausgedehnt: In der Widmungsvorrede seiner Tragödie *Thesida* (1576) hält Giovanni Paolo Trapolini fest: „[...] & appò Greci hauuto sotto grandissima uenerazione, di appresentare in scena alcune attione humane co'l mezzo della Comedia, e Tragedia uerissimi specchi (come Arist. afferma) della uita nostra."[2]

Im Zuge der um 1536 einsetzenden breiten Aristotelesrezeption gerät jedoch so manche liebgewonnene Gewissheit ins Wanken – darunter auch die der historischen Verankerung der tragödientauglichen Stoffe. Der bislang bestehende Konsens darüber, historische sowie literarisierte Stoffe der Antike zu privilegieren, löst sich auf, und so lassen sich in der Folge unterschiedliche Positionen hinsichtlich der Freiheit der Dichter erkennen, einen Tragödienstoff zu erfinden und beim Verfassen einer Tragödie den Stoff abzuwandeln.

---

1 CICERO 2001, S. 153. Thoss ordnet diese Aussage *De re publica* iv. 11 zu. Als Beispiel für die Nutzung der Formel Ciceros durch einen Komödienautor des 16. Jahrhunderts kann folgender Ausschnitt des Prologs der Komödie *Il Geloso* (Vinegia 1545) von Ercole Bentivoglio dienen: „Che ueramente la Comedia è specchio / Di naturai costumi; imitatione / Del Viver nostro; imagine del uero". BENTIVOGLIO 1545, fol. 4ʳ.

2 TRAPOLINI 1576, fol. 2–4ᵛ, hier fol. 3. An keiner Stelle spricht Aristoteles in seiner *Poetik* von einer solchen Spiegelfunktion.

Im Folgenden soll anhand von relevanten dramentheoretischen Texten die Frage diskutiert werden, wieviel dichterische Freiheit die Tragödiendichter des 16. Jahrhunderts hinsichtlich von Stoffwahl und Stoffgestaltung genossen. Dieser Diskussion lassen sich Hinweise entnehmen für die Tauglichkeit des Begriffs „Aristotelismus", der häufig in Darstellungen der Entwicklung der Dramentheorie verwendet wird, etwa bei Spingarn, Buck und Weinberg.[3] Es wird sich zeigen, dass dieser Begriff die komplexe Konfiguration der Dichtungslehren im 16. Jahrhundert nicht zutreffend beschreibt, da die produktive Anverwandlung der aristotelischen *Poetik* zwar schon in den 30er Jahren des 16. Jahrhunderts beginnt, aristotelisches Gedankengut aber bis zum Ende des Jahrhunderts die Dichtungstheorie nicht in dem Maße durchdringt, dass von einer wirklichen Dominanz gesprochen werden kann.[4] Die Aristotelesrezeption gewinnt einen wachsenden Anteil an der zeitgenössischen Dramentheorie, wird aber nie gänzlich bestimmend, so dass sich die Frage stellt, worauf sich Autoren sonst beziehen konnten.

Anhand von drei Tragödien aus der zweiten Hälfte des 16. Jahrhunderts kann gezeigt werden, wie Ereignisse der Zeitgeschichte im 16. Jahrhundert in Form der Tragödie verarbeitet wurden und wie dabei jenseits der vorherrschenden dramentheoretischen Modelle neue Wege ausprobiert wurden. Es handelt sich um die Tragödien *Tragedia* (1548) von Barbaro, *Irene* (1579) von Giusti und *Bragadino* (1589) von Fuligni. Alle drei Tragödien dürften nicht allzu bekannt sein, sie sind aber unter dem Gesichtspunkt der Darstellung von relativ aktueller historischer Wirklichkeit und hinsichtlich des Grades an dichterischer Freiheit von großem Interesse.

1. Tragödientheorie: Widerstreitende Ansätze

Hinsichtlich der Frage nach der dichterischen Freiheit bei der Stoffwahl werden im Falle der Tragödie grundsätzlich unterschiedliche dramatische Konzeptionen sichtbar, die im 16. Jahrhundert miteinander konkurrierten. Zwei dieser pronociert unterschiedlichen Konzeptionen sollen im Folgenden dargestellt werden. Der Hinweis auf eine weitere differente Position – die von Patrizi – lässt erkennen, dass es sich dabei keineswegs um eine Konfiguration handelte, die auf zwei einander gegenüberstehende Positionen beschränkt war.

In der dramentheoretischen Diskussion des 16. Jahrhunderts sind die Verfasser von Tragödien zunächst weitgehend auf Stoffe festgelegt, die der geschichtlichen Wirklichkeit der Antike oder der antiken Mythologie entstammen. Diese Forderung nach historischer oder literarischer Verbürgtheit tragischer Stoffe verliert im Zuge der Rezeption der *Poetik* des Aristoteles an Dringlichkeit.[5] Die *vor*

---

3   SPINGARN 1899, S. 60; BUCK 1952, S. 118, 146; WEINBERG 1961, S. 304, 523, 632.
4   Brigitte Kappl weist nachdrücklich auf unaristotelische Aristoteleslektüren im 16. Jahrhundert hin (KAPPL 2006, S. 71).
5   Kappl sieht in dieser Ausrichtung auf die historische Wirklichkeit die Lösung eines Legitimationsproblems, das durch den Begriff der aristotelischen Mimesis aufgelöst werde (KAPPL 2006, S. 74). In ihrer ausführlichen Diskussion der dichtungstheoretischen Positionen hin-

der Aristotelesrezeption im 16. Jahrhundert geltende Festlegung, eine Tragödie solle einen bekannten Stoff historisch treu wiedergeben, gehört zum festen Bestand der humanistischen Dramentheorie und wird seit der Spätantike überliefert. Es war allerdings nicht Horaz, auf den man sich hinsichtlich der Frage der historischen Verankerung berufen konnte, denn Horaz billigt dem Dichter zu, mit dem gewählten Stoff frei zu verfahren oder sich selbst einen Stoff auszudenken: „Aut famam sequere aut sibi convenientia finge / scriptor."[6] Der spätantike Gewährsmann, auf den man sich zur Rechtfertigung des Konnexes zwischen historischem Stoff und Tragödie berufen konnte, ist vielmehr Euanthius (1. Hälfte 4. Jh. n. Chr.), der in seinem Traktat *De fabula* zum Ausdruck bringt: „quod omnis comoedia de fictis est argumentis, tragoedia saepe de historica fide petitur."[7]

Sobald die *Poetik* des Aristoteles als relevanter poetologischer Text erkannt worden war, betonten die Dichtungstheoretiker sofort den Unterschied zwischen Euanthius' Traktat und ihrer Lesart der *Poetik*. Bekanntlich setzt Aristoteles die Dichtung in einen Gegensatz zur Geschichtsschreibung: Diese beschreibe, was war, während jene gestalte, was sein könnte (*Poetik* 1451a–1451b). Aristoteles geht es an dieser Stelle um eine klare Abgrenzung zur Geschichtsschreibung. Er lehnt mit Blick auf die Tragödie die Darstellung von historischen Gegenständen daher nicht ab, wie aus dem 14. Abschnitt der *Poetik* hervorgeht:

sichtlich der polaren Begriffe Dichtung und Realität (S. 72–169) weist Kappl zu Recht darauf hin, dass die Dichtungstheorien des 16. Jahrhunderts unterschiedslos auf „Grundannahmen" aufbauen, die nicht aristotelischer Herkunft sind, gibt jedoch nur einen einzigen Hinweis auf die spätantiken dichtungstheoretischen Positionen Donats und Euanthius', die den Lesarten der aristotelischen *Poetik* bis in die zweite Hälfte des 16. Jahrhunderts zugrunde liegen (S. 79, Fn. 37). Sie nennt diese Quellen nochmals in anderem Zusammenhang (S. 264), sieht in ihnen allerdings – ganz analog zu Weinberg (WEINBERG 1961, S. 106) – „Einflüsse", die eher unbeachtlich sind und daher höchstens in einer Fußnote Erwähnung finden. So harrt ein wesentliches Substrat der Aristotelesrezeption, von dem aus die Voraussetzungen sichtbar werden, von denen die Exegeten des 16. Jahrhunderts aus argumentierten, weiterhin der Wiederentdeckung.

6   HORAZ 2002, S. 10/12, V. 119f. „Entweder folge der Sage oder erdichte, was in sich übereinstimmt / Schriftsteller." Übersetzung von E. Schäfer. Horaz macht weitere normkritische Bemerkungen, warnt vor „Kleinmut und dem Gesetz des Werkes" (HORAZ 2002, S. 13) und fordert eine Abkehr von sklavischer Imitatio. Darauf weist auch TRINKAUS 1966, S. 49 hin. Buck benennt als Quelle der Forderung einer notwendigen Verankerung von Tragödienstoffen recht pauschal die *Ars poetica* von Horaz (BUCK 1952, S. 148f.). Die Forderung, die Dichtung müsse sich auf historische Stoffe stützen, lässt sich allerdings nicht auf Horaz stützen, allenfalls auf eine Lesart der *Ars poetica*, die sie schon in einer Perspektive moralischer Zwecksetzungen deutet und die von Horaz zugestandene dichterische Freiheit über die Maßen beschneidet. Auf die Deutung von Horaz auf der Grundlage von Donat weist Weinberg hin (WEINBERG 1961, S. 84).

7   EUANTHIUS 1979, S. 147. „[...] weil die Komödie ganz von ausgedachter Handlung ist, und man von der Tragödie oft geschichtliche Glaubwürdigkeit einfordert". (Namentlich nicht gekennzeichnete Übersetzungen lateinischer Passagen sind von mir.) Weinberg weist vor allem auf Donat hin (WEINBERG 1961, etwa S. 52, 79 und vor allem 192) und nur am Rande auf Euanthius (ebd. S. 106).

> Es ist nun nicht gestattet, die überlieferten Geschichten zu verändern; ich meine z.B., daß Klytaimestra von Orestes getötet werden muß und Eriphyle von Alkmeon. Man muß derartiges selbst erfinden oder das Überlieferte wirkungsvoll verwenden.[8]

Heute würde man wohl eher zu dem Ergebnis kommen, dass zwischen der spätantiken Position und der, die aus der *Poetik* des Aristoteles rekonstruiert werden kann, *de facto* nur minimale Unterschiede mit Blick auf die Stoffwahl bestehen.[9] Denn weder schließt Aristoteles die Gestaltung von historischen Gegenständen aus, noch verbietet Euanthius eine freie Gestaltung solcher Gegenstände. Bei seiner Kommentierung der wohl frühesten humanistischen Dichtungstheorie von Bartolommeo della Fonte, *De poetice ad Laurentium Medicem libri III* (ca. 1490– 92), hebt Trinkaus hervor: „[The] discussion of invention [...] has not yet become a very pressing question to the humanist critic."[10] Für die Dichtungstheoretiker des 16. Jahrhunderts jedoch wird die Rolle der Einbildungskraft zu einem dringlichen Problem. Sie verschärften den Unterschied zwischen der spätantiken und der als aristotelisch verstandenen Position hinsichtlich der Stoffwahl und stellten sie als unvereinbar gegenüber: Nun entstand erst der Gegensatz zwischen einer Position, die die Tragödie notwendig an historische Ereignisse geknüpft sah, was Euanthius so gar nicht gesagt hatte, und einer anderen, die nichts von dem Joch der Geschichtstreue hielt und die den Dichter vor allem dazu anhielt, darzustellen, was sein könnte, mit anderen Worten, ihm die Freiheit gab, einen Tragödienstoff selbst ausstaffieren und sogar frei ausdenken zu können. Als die poetologischen Aussagen des Aristoteles in der zweiten Hälfte des 16. Jahrhunderts zu wichtigen Lehrmeinungen (neben anderen) wurden, so in einer Interpretation, die zuspitzte und die Unterschiede zur spätantiken Dichtungstheorie betonte, die bis in die jüngere Vergangenheit gleichsam unumschränkt galt. Daher sahen sich die Tragödientheoretiker und -praktiker spätestens seit der Jahrhundertmitte, d.h. nach den bedeutenden *Poetik*-Kommentaren Robortellos, Segnis und Maggis, mit verschiedenen, sich teilweise gegenseitig ausschließenden poetologischen Konzeptionen konfrontiert, von denen die hier benannten sich hinsichtlich der Frage der Stoffwahl diametral gegenüberstanden. Wenn dichtungstheoretische Ansätze in der Folge immer wieder auf Synthesen der als unterschiedlich eingeschätzten Konzeptionen zielten, so darf darüber aber nicht aus den Augen verloren werden, dass die Gegensatzverhältnisse häufig durch die unterschiedlichen Lesarten der Theorien, auf die man sich bezog, erst verursacht worden waren.

---

8 ARISTOTELES 2003, 1453b 14, S. 43–45.
9 Wenn im Folgenden von der ‚spätantiken' Position die Rede ist, ist immer impliziert, dass es diese Position ist, die das Mittelalter hindurch bis in das frühe 16. Jahrhundert als die geltende angesehen wurde, s. WEINBERG 1961, S. 84.
10 TRINKAUS 1966, S. 74.

1.1 Die spätantike Position: Die Festlegung der Tragödie auf historische Stoffe

Dichter, die sich der spätantiken Konzeption verpflichtet sahen, wählten ihre tragischen Stoffe aus der antiken Geschichte oder Mythologie. Dies ist etwa der Fall bei Trissinos Tragödie *Sofonisba* (verfasst 1514/15, gedruckt 1524 in Rom), die als die erste neoklassische Tragödie der Neuzeit gilt.[11] Der Stoff – Ereignisse aus dem zweiten Punischen Krieg – wird bei Polybius, Cassius Dio, Livius und Diodorus überliefert und ist zusätzlich durch seine Bearbeitung in Petrarcas Epos *Africa* legitimiert.

Eine Reihe von Poetiken des 16. Jahrhunderts vertritt diese traditionelle Position. In Marco Girolamo Vidas früher Poetik *De arte poetica* (1527) werden die angehenden Dichter auf die Lektüre der antiken Dichtung verwiesen, der „uatum monimenta [sic]", der Schriften der Dichter.[12] Bei Vida ist hinsichtlich der Stoffwahl der Bezug auf die Wahrheit oder die Wirklichkeit ohne Alternative. So differenziert er zwischen Handlungen, die wahr sind, solchen, die wahrheitsanalog sind, und solchen, die zwar der Wirklichkeit widersprechen, die aber durch die Religion gerechtfertigt seien. Diese unterschiedlichen Klassen sind jedoch grundsätzlich dadurch bestimmt, dass sie nicht-fiktional sind.[13] Die neun Jahre später erschienene *Poetica* (1536) von Bernardino Daniello stellt die traditionelle, auf die Wahrheit fixierte, und jene Auffassung, die als aristotelisch verstanden wird, zum ersten Mal nebeneinander: Es ist einerseits die Rede davon, dass die dichterischen Stoffe nicht ausgedacht sein dürfen. Einer der Partner in dem fiktiven Dialog verdammt die Dichter, die „spauenteuoli fittioni", Erfindungen, vortragen;[14] andererseits wird eine als aristotelisch identifizierbare Position entwickelt, nach der die Fiktion ihren Platz in der Dramenkonzeption erhält und nach der Stoffe auch ausgedacht sein können:

> Ma siate accorti figliuoli, di mescolar sempre con le uere, le false cose in guisa, che nel primo dal mezzo: ne il mezzo dal fine si discordi. Dico mescolar le cose uere, con le false, & fitte, perche non è tenuto il Poeta com'è l'Historico, di descriuere le cose tali, quali elle ueramente state et auenute sono: ma ben quali esser deurebbono.[15]

Bei der aristotelischen Unterscheidung zwischen Dichtung und Geschichtsschreibung kommt genau dieses Moment der Erfindung, das gemäß der spätantiken Position ausgeschlossen war, wieder ins Spiel und wird explizit vertreten. Gerade hinsichtlich der Erfindung von Stoffen unterscheidet sich die Dichtung – gut aristotelisch – von der Geschichtsschreibung, die sich um die Wahrheit kümmere, jene hingegen um die Wahrscheinlichkeit. Daniellos Poetik ist viel widersprüch-

---

11 Zu Recht wird allerdings immer wieder auf die frühere gleichnamige Bearbeitung des Stoffes durch Galeotto del Caretto aus dem Jahr 1502 (gedruckt Venedig 1546) hingewiesen.

12 VIDA 1527, fol. Biii^V, Lib. I, V. 502.

13 Siehe WEINBERG 1961, S. 717.

14 DANIELLO 1968, S. 15. Siehe auch WEINBERG 1961, S. 723.

15 DANIELLO 1968, S. 41.

licher, als dies etwa Weinberg wahrhaben möchte.[16] Sie stellt Aussagen der spätantiken Auffassung unverbunden neben solche, die der aristotelischen *Poetik*
entstammen, und ignoriert nonchalant die Widersprüche zwischen der humanistischen Ablehnung der Stofferfindung und der aristotelischen Aufforderung zur
Erfindung. Die beiden Positionen, die durch das gesamte 16. Jahrhundert immer
wieder zu Streit führen, finden sich bei Daniello schlicht nebeneinander. Allerdings findet aristotelisches Gedankengut bis 1548 eher schleppend Eingang in ein
Theorieumfeld, das wesentlich von der traditionellen humanistischen Dramenkonzeption geprägt ist.

Girolamo Muzio fordert in *Dell'Arte Poetica* (1551), die Tragödie solle auf
einer wahren Handlung beruhen, während die Komödie vom Autor auch erfunden
werden kann: „De lo scrittore è la comedia tutta, / Non cosi la tragedia".[17] Diese
klare Unterscheidung wird im Weiteren wieder etwas aufgeweicht, wobei in dem
Appell an den Dichter aristotelisches Gedankengut und moralphilosophische
Vorschriften amalgamieren: „Pur che si notin simiglianti al uero. / Lascia'l uero a
l'historia, & ne' tuoi uersi / Sotto i nomi priuati a l'uniuerso / Mostra che fare, &
che non far si debbia."[18]

Auch an den folgenden Beispielen wird deutlich, dass sich die spätantike
poetologische Konzeption hinsichtlich der verwendeten Stoffe bis weit in die 90er
Jahre des 16. Jahrhunderts hinein hält und die Freiheiten einschränkt, die mit der
aristotelischen Position verknüpft werden. Man kann also kaum davon sprechen,
dass die aristotelische Position bis zur Jahrhundertwende zu so etwas wie der
Norm geworden ist.

Für Iulius Caesar Scaliger muss das Dargestellte direkt der antiken Geschichte
entsprechen. Scaliger stellt im dritten Buch der *Poetices libri septem* (1561)
heraus, dass der Stoff der Tragödie – ganz im Sinne der spätantiken Tradition –
der Geschichte zu entstammen habe: „Cum igitur ex historiis argumenta petant,
curandum est, ne multum ab ea deflectantur."[19] Scaliger bekräftigt auch in weiteren Unterscheidungen von Komödie und Tragödie diese Quelle der tragischen
Stoffe: „Differt autem a tragoedia in eo quoque; illa enim accipit ex historia et
rem et nomina primaria, ut Agamemnonis, Herculis, Hecubae, aliqua affingit, at
comoedia fingit omnia atque personis maxima exparte pro re imponit nomina."[20]

Noch Castelvetro hält sich in seiner Übersetzung und Kommentierung der
Poetik des Aristoteles, der *Poetica d'Aristotele Vulgarizzata, Et Sposta* (1570), an

---

16 Siehe WEINBERG 1961, S. 723f.
17 MUZIO 1970, S. 174.
18 Ebd. S. 188.
19 SCALIGER 1994–2003, Bd. III; Buch 3, Kap. 96; S. 24–55, hier S. 26. „Da nun [die Tragö-
    dien] ihre Stoffe der Überlieferung entlehnen, muß man darauf achten, daß sie sich nicht
    allzusehr von ihr entfernen." Übersetzung von Deitz/Vogt-Spira, ebd. S. 27.
20 Ebd. S. 48. „Auch hierin unterscheidet sie sich nämlich von der Tragödie: Diese entlehnt
    ihren Stoff und ihre vornehmen Namen – wie Agamemnon, Hercules, Hecuba – der Ge-
    schichte und erfindet kaum etwas hinzu, während die Komödie alles erfindet und die Per-
    sonen größtenteils dem Stoff entsprechend mit Namen versieht." Übersetzung von Deitz/
    Vogt-Spira, ebd. S. 49.

die spätantike Position und wendet sich damit gegen die dichterische Freiheit, die ansonsten gern aus der *Poetik* des Aristoteles herausgelesen wird. Die Tragödie soll sich nach Castelvetro an historische Gegenstände halten:

> Et quindi è, che le fauole di tutte le tragedie, & di tutte l'epopee sono & deono essere composte d'accidenti, che si possono domandare historici auegna che Aristotele habbi diuersa opinione per alcune ragioni alle quali poco appresso daremo sufficiente risposta, percioche si sa per historia o per fama quelli essere auenuti.[21]

Der Hinweis auf die *fama* weicht allerdings die ausschließlich geschichtstreue Position ein wenig auf. Zur Frage der Darstellung von Wirklichkeit oder Fiktion meint Castelvetro an anderer Stelle: „non ci possiamo imaginare vn re, che non sia stato, ne attribuirgli alcuna attione".[22]

Giovanni Paolo Trapolini entscheidet sich ebenfalls für die spätantike Position, wie aus dem Widmungsschreiben seiner Tragödie *Thesida* (1576) ersichtlich ist: „hauendo, i dì passati, col mezzo del mio debile ingegno unita questa mia altra Tragedia, il cui titolo è Thesida, Historia, e' non fauola" (fol. 3ᵛ). Damit ordnet er seine Tragödie *Thesida* jenem Traditionsstrang zu, der – anders als Aristoteles – die Tragödie der historischen Wirklichkeit verpflichtet sieht und nicht der auf Einbildungskraft gründenden Fiktionalität. Die eingangs erwähnte Spiegelmetapher, die im Widmungsschreiben Trapolinis zwar irrtümlich Aristoteles zugeschrieben wird, unterstreicht die Festlegung der Tragödie auf die Funktion der Wirklichkeitsverarbeitung.

Tasso lässt in seinen *Discorsi dell'arte poetica et in particolare del poema heroico* (1587) die Erfindung von Stoffen zwar gelten, bevorzugt jedoch eindeutig die Verwendung von geschichtlichen Ereignissen. Er hält fest, dass der Dichter die Handlungen aus bestehenden Stoffen auswähle: Er habe nichts weiter zu tun, als „a scegler materia tale, che sia atta à ricever in sè quella più eccellente forma, che l'artificio del poeta cercarà d'introdurvi".[23] Diese Position differenziert er jedoch sogleich: „La materia [...] o si finge, ed allora par che il poeta abbia parte non solo nella scelta, ma nella invenzione ancora; o si toglie da l'istorie [sic]. Ma molto meglio è, a mio giudicio, che da l'istoria si prenda."[24] Interessanterweise hat Tasso sich in seinen elf Jahre zuvor verfassten *Estratti della Poetica del Castelvetro* (erschienen 1875) genau für die andere Position entschieden und streng aristotelisch argumentiert. Er widerspricht in den *Estratti* Castelvetros Ansicht, Dichtung und Geschichtsschreibung griffen auf die gleichen Intrigen zurück: „Se la materia del poema fosse quella dell'istoria, sarebbe quell'istessa, e perciò non sarebbe simile. Rispondi tu a questa. Oltre di ciò il poeta non ne meritarebbe lode, perchè non si sarebbe faticato a trovarla. Questa è miglior ragione."[25]

Rossi hält 1590 noch an der traditionellen Tragödientheorie fest. Hinsichtlich der Stoffwahl gesteht er im *Discorso intorno alla tragedia* (1590) den Autoren

21 CASTELVETRO 1968, fol. 104ᵛ.
22 Ebd.
23 TASSO 1875, Bd. 1, S. 9.
24 Ebd. S. 11.
25 TASSO 1875, Bd. 1, S. 280.

von Komödien zwar zu, Stoffe selbst auszudenken, es gebe jedoch kein Gesetz, das den Komödiendichtern verbiete, historische Stoffe zu nutzen. Tragische Stoffe hingegen sollten in jedem Fall historisch belegt sein: „ella [la tragedia] dee prendere azione o vero tolta dalla istoria o vero dalla fama commune che di quella sia publicata."[26] Als Zugeständnis an die *Poetik* des Aristoteles ist wohl der Gedanke zu werten, dass im Gegensatz zum Historiker die Dichter sich an das halten sollten, was wahrscheinlich, und nicht an das, was genau geschehen ist.[27]

1.2 Die ‚aristotelische' Position – offen für fiktive Stoffe

Während die traditionelle Position die Verwendung von fiktiven Stoffen in der Tragödie ablehnt, gibt es im 16. Jahrhundert Autoren, die literarisierte und nicht im strikten Sinne historische Stoffe verwenden sowie selbst erdachte Stoffe. Diese Autoren wenden sich von der spätantiken Auffassung ab und nehmen damit eine Position ein, die sie von der *Poetik* des Aristoteles gedeckt sehen, die in ihren Augen ein bislang ungeahntes Freiheitspotential begründet.[28] Zu den Autoren des 16. Jahrhunderts, die diese aristotelische Position vertreten, gehört Lodovico Dolce, der im „Argomento" seiner Tragödie *Didone* (1547) selbstbewusst herausstellt, dass der Stoff dieser Tragödie nicht der Geschichte entstamme. Er insistiert zudem auf der Freiheit des Dichters, den Stoff verändern zu können:

> Il soggetto è tolto secondo la fauola finta da Virgilio, & non secondo la uerità dell'historia. Però l'Autore alcune cose muta, come in Sicheo descriuendolo di sacerdote Re; & alcune aggiunge, come la morte di Anna. Questa licenza diedero gia ad alcune delle sue Tragedie meno Sophocle, che Euripide.[29]

1.2.1 Die Aristoteleskommentare von Robortello, Segni und Maggi/Lombardi

In seinem Kommentar (1548) zu der Aristoteles-Passage über „verisimile" und „necessario" lässt Robortello – ganz wie Aristoteles – sowohl wahre (d.h. historische) als auch neue (d.h. erfundene) Figuren zu:[30]

> Si igitur personae verae sunt, & facta ab ipsis, euentaque rerum, quae narrantur, vera sunt; debent tunc personarum mores exprimi à poëta, secundum necessarium. hoc est (vt aptè declarat Auerroës) secundum veritatem. Si nouae sint personae, illarum mores exprimendi

---

26 ROSSI 1974, S. 69.
27 Siehe ebd.
28 Dieses Freiheitspotential wäre – wie schon gesagt – auch bei Horaz zu finden gewesen, s. oben, Fn. 6.
29 DOLCE 1547, fol. 3.
30 ROBORTELLO 1968, S. 174.

erunt secundum verisimile. hoc est (vt idem interpretatur Auerroës) secundum plurimorum opinionem.[31]

Segni schreibt in seinem Aristoteleskommentar 1549 nicht mehr vor, dass die Tragödie an der historischen Wirklichkeit anknüpfe, sondern lässt sogar die Texte Boccaccios unbeschränkt als Stoffquelle für Komödien, Epen und Tragödien gelten:

> Per i quali suoi detti [gemeint ist Aristoteles] si può conchiudere, che le Fauole del nostro Boccaccio si poßin' chiamar' Poemi atti secondo le materie, & secondo le persone, di chi si tratta, à poter essere hor' Poemi heroici, & hor' Poemi comici; di quella sorte, che (come più di sotto uedraßi) corrisponde al Margite d'Homero. O uogliam' dire, che poßin' essere Poemi tragici, & Poemi comici, s'e' fußino rappresentati con gli Istrioni.[32]

Maggi sieht in dem von ihm publizierten Aristoteleskommentar *Aristotelis librum de poetica communes explanationes* (1550), in dem auch Bartolomeo Lombardis Kommentierungen der *Poetik* enthalten sind, das Ziel der Dichtung in der didaktischen Funktion, die Zuschauer zum rechten Verhalten zu führen. Daher scheint ihm die Bindung an die Wirklichkeit nicht relevant zu sein. Seine didaktische Zielsetzung ist sowohl mit wahren als auch mit ausgedachten Stoffen zu erreichen: „quòd ei propositus finis est, bonos mores instituere: quos siue ueris, siue falsis narrationibus in hominum animos inducat, uoti compos efficitur."[33]

1.2.2 Weitere Exegeten des Aristoteles

Giraldi Cinzio verwendet für seine Dramen zumeist ausgedachte (*Altile*, *Epitia*) oder schon literarisierte Stoffe (*Orbecche*, *Dido*, *Cleopatra*). In seinem 1554 erschienenen *Discorso intorno al comporre delle comedie, e delle tragedie* (verfasst 1543) stellt es Giraldi dem Dichter im Rückgriff auf Aristoteles frei, tragische Stoffe zu erfinden und überlieferte Handlungen zu verändern.

Zunächst referiert Giraldi die traditionelle Auffassung, dass die Tragödie sich eng an historische Stoffe zu halten habe, hält dann aber seine eigene – durch Aristoteles gedeckte – Auffassung dagegen, dass die Handlung doch verändert werden könne. Er behauptet, dass erfundene Stoffe sogar viel bühnenwirksamer seien: „Et quantunque la fauola sia commune alla Comedia, & alla Tragedia, uogliono non di meno alcuni, che quella della Tragedia si pigli dalla historia, &

---

31 Ebd. S. 175. „Wenn daher die Personen wahr sind und ihre Handlungen und die Folgen der Dinge, die erzählt werden, wahr sind, dann müssen die Sitten der Personen von dem Dichter nach der Notwendigkeit zum Ausdruck gebracht werden. Das heißt (wie es Averroes treffend erklärt), entsprechend der Wahrheit. Wenn Figuren neu erfunden werden, sind ihre Sitten nach der Wahrscheinlichkeit zum Ausdruck zu bringen. Und dies heißt (wie es eben dieser Averroes deutet), nach der Meinung der Vielen."

32 SEGNI 1549, S. 281.

33 MAGGI/LOMBARDI 1969, S. 267f. („[...] da es sein [i.e. des Gedichts] Ziel ist, gute Sitten zu vermitteln, wird sein Wunsch erfüllt, egal ob es wahre oder falsche Geschichten in die Köpfe der Menschen einführt").

quella della Comedia si finga dal Poeta."[34] Dieser Auffassung wird er nun widersprechen, denn er bemerkt in der antiken römischen Diskussion der Tragödie eine Einschränkung der Regel. So müsse die Tragödie nicht immer ihren Stoff aus der Geschichte beziehen: „[...] Comulo dopo lui [Aristoteles] appresso i Latini dicendoci che la Comedia si finge la fauola, & la Tragedia spesse uolte la piglia dall'historia, mostra, che non sempre è necessario pigliarla dall'historia."[35] Diese Aufweichung der Stoffwahl der Tragödie – „che non sempre è necessario pigliarla dall'historia" – illustriert Giraldi mit seiner eigenen Tragödie *Orbecche* (1541). In der dieser Tragödie beigefügten Verteidigungsschrift „La Tragedia a chi legge" ergreift die Tragedia das Wort und wendet sich direkt an den Leser:

> E benigno censor, ch'aspero, e crudo,
> [...]
> Ne mi dei men pregiar, perch'io sia nata
> Da cosa noua, e non da historia antica,
> Che chi con occhio dritto il uer riguarda,
> Vedrà che senza alcun biasimo, lece,
> Che da noua materia, e noui nomi
> Nasca noua Tragedia; [...].[36]

Giraldi spricht sich für erfundene Stoffe aus, weil diese bühnenwirksamer seien: „Et forse tanto maggiormente si mouono per la finta gli affetti a introduttione de buoni costumi, quanto per uenir noua ne gli animi de gli ascoltanti, si apparecchia ella maggiore attentione."[37] Damit wird die von Aristoteles vertretene Ebenbürtigkeit wirklicher und erfundener Stoffe zur Überlegenheit der erfundenen Stoffe umgedeutet. Auch in dem (auf 1549 datierten) *Discorso intorno al comporre dei romanzi* rechtfertigt er schon die „favole finte":

> [...] la nouità del soggetto senza alcun dubbio porta con eßolei molta uaghezza, & molto diletto, come mostra Aristotile nella sua Poetica, parlando della Tragedia laquale (quanto alla imitatione delle attioni illustri) è simigliantißima alle compositioni Heroiche: & dandone egli l'essempio del fiore di Agatone, mostra che le fauole finte sono piu grate perche non sono note, & argomentando soura ciò, mostra, che ad ogni modo è cosi, perche tra le fauole note, quelle che men note sono, riescono piu grate. Et questo è stato cagione, che io (non curando quello che ne siano per dire i morditori) ho composto la maggior parte delle mie Tragedie di soggetto nuouo, & da me trouato, anchora che non ue ne sia essempio appresso i Tragici, ne Greci, ne Latini, c'hoggi dì si leggono. uolendo piu tosto errare con giudicio d'Aristotile, che compiacer coloro, ai quali ogni cosa spiace, so non quello, che eßi fanno, o che è conforme ai loro discorsi contrarij molte uolte a tutti i buoni giudicij.[38]

Giovanni Pietro Capriano sieht in *Della vera poetica* (1555) das produktive Grundprinzip der Dichtung analog zur Natur, die dauernd neue Dinge schaffe, in der Möglichkeit der Dichter, Dinge zu erfinden: „fingendo & producendo attioni

---

34 GIRALDI 1554, S. 208.
35 Ebd. S. 209.
36 GIRALDI 1583, S. 129, V. 20, S. 130, V. 31–36.
37 GIRALDI 1554, S. 209.
38 GIRALDI 1554a, S. 12f.

finte, ad imitation di essa che continuamente di vere ne produce".[39] Der Dichter, dessen Schaffen in Analogie zur *Natura naturans* gesehen werden kann, erfindet in diesem Sinne seine Dichtung aus dem Nichts heraus: „li veri poeti debbono di nulla fingere la lor' poesia".[40] Del Bene berührt in einem vor der Florentinischen Accademia degli Alterati gehaltenen Vortrag, „Che egli è necessario à l'esser poeta imitare actioni" (1574), die Frage der Freiheit des Künstlers, die er grundlegend bejaht. Die Wahl des Stoffes und die Art der Verarbeitung liege „in suo arbitrio", also in der Entscheidung des Künstlers.[41]

In der Dramentheorie des 16. Jahrhunderts wird eine Aristotelesdeutung entwickelt, die die Freiheit des Dichters gegenüber konventionellen Festlegungen herausstreicht und durch die Kategorien der Wahrscheinlichkeit und Notwendigkeit reguliert. Diese Lesart der *Poetik* steht hinsichtlich der Stoffwahl allerdings bis zum Ende des 16. Jahrhunderts in Konkurrenz zur spätantiken Auffassung. Die Übergangszeit zur französischen neoklassischen Poetik dauert noch gut ein halbes Jahrhundert, und auch die französischen Theoretiker des 17. Jahrhunderts werden sich mit der Konkurrenz zwischen den genannten konträren dichtungstheoretischen Ansätzen beschäftigen. Diese Feststellungen stehen – das ist einzuräumen – im Gegensatz zu gängigen Darstellungen, die mit Blick auf das 16. Jahrhundert von „Aristotelismus" sprechen und damit zu verstehen geben möchten, die aristotelische Poetik habe sich im 16. Jahrhundert schon umfassend durchgesetzt. Die hier diskutierten Stellungnahmen hinsichtlich der Stoffwahl zeigen jedoch ein anderes Bild, das durch die Konkurrenz verschiedener Ansätze bestimmt ist, die bis zum Jahrhundertende nicht entschieden sein wird.

Giovanni Antonio Viperano stellt sich in seinen *De poetica libri tres* (1579) auf die Seite Aristoteles' und Giraldis, indem er das freie Spiel der Einbildungskraft, das „fingere", betont, das für das Wohlgefallen sorge: „Nec vtetur his argumentis quibus Dialecticus, neque expolitionibus quibus orator, sed à peruulgata docendi via & ratione declinans fingendo instituet auditorem."[42]

Denores radikalisiert in seiner *Poetica* (1588) hinsichtlich der Stoffwahl die Auffassung, dass die Handlung der Tragödie nicht durch eine historische Begebenheit gedeckt sein müsse. Er greift einen von Bernardo Segni im Jahre 1549 geäußerten Gedanken auf und stellt auch literarische Stoffvorlagen, die erst seit kurzem überliefert werden, mit denen gleich, deren historische Dignität durch eine längere Überlieferungstradition gesichert ist. So hält Denores den Stoff der Novelle neun aus dem vierten Buch aus Boccaccios *Decameron* für schlechthin tragödientauglich:

> Hor la presente nouella contien vna tutta attion, horribile, & miserabile, dolorosa, & affettuosa, dell'inamoramento della Moglie di Messer Guglielmo Rossiglione con Messer Guglielmo Guardastagno persone Illustri, & mezzane fra buone, & cattiue per errori humani,

39 CAPRIANO 1970, S. 304.
40 Ebd.
41 DEL BENE 1972, S. 179.
42 VIPERANO 1967, S. 19. „Er [i.e. der Dichter] wird nicht die Beweise des Dialektikers nutzen und auch nicht den Schmuck des Redners, sondern er wird die bekannten Lehrweisen und -methoden vermeiden und den Zuhörer durch das Erfinden belehren."

col suo principio, mezzo, & fine, & con la sua debita tramutation di Fortuna dalla felicità all'infelicità, & con agnitione. Onde può essere argomento, Fauola di vna perfettissima Tragedia.[43]

Denores, der sich in der *Poetica* explizit als Aristoteliker bezeichnet – so zumindest im Titel –, verwendet nicht nur in diesem Text die spätantike Definition der Tragödie, sondern auch schon in seinem *Discorso* von 1587, wo er die Komödie und die Tragödie ganz traditionell nach der sozialen Stellung ihrer Handlungsträger sowie nach ihrem Handlungsverlauf unterscheidet:

> Et per cio fare acconciamente, attribuirono alla comedia le attion de'priuati, ma che fossero talmente tessiute, che trauaglio se nel principio riuscissero alla fine in festa, in riso & in allegrezza; alla tragedia dispensarono le attioni de gli huomeni potenti, & tiranni, ma che fossero anchor esse in tal guisa ordite insieme, che, essendo prospere nel primo loro ingresso, cadessero finalmente in ruine, in esilii, in uccisioni, occorrendo tutte queste sciagure uerisimilmente il piu delle uolte a coloro, che si dipartono dal giusto, & legittimo gouerno, & che signoreggiano a gli altri uiolentemente.[44]

In einem ungedruckten Begleitbrief zu seiner Tragödie *Sidonia* (1583) an die Accademici Innominati stellt Orazio Ariosto heraus, dass er eine neue Intrige erfunden habe. Die dichterische Perfektion bestehe darin, etwas zu erfinden: „colui, che poetarà senza esser facitore della fauola, serà quanto á se, padre d'un corpo senz'anima; e cosí uerrà ad esser' auttore degli accidenti, per cosí dire, ma non della sostanza della Poesia".[45] Dies ist eine der weitgehendsten Stellungnahmen für die freie Erfindung von Stoffen im 16. Jahrhundert. Es ist dabei keineswegs ausschlaggebend, dass dieses Argument nicht generell zum Tragen gekommen ist. Wichtig ist, dass es gefunden und zur Verteidigung einer innovatorischen Position genutzt wurde. Hier wird der Standpunkt Giraldis, der von einer weitgehenden Freiheit des Dichters ausgeht, radikalisiert. Orazio Ariosto stellt damit eine neue Hierarchie der Dichter auf: Unten befinden sich die, die einen Plot übernehmen, darüber die, die ihn abändern, ganz oben die, die eine neue Intrige erfinden. Das liege daran, dass die Erfindung eines Plots die höchste Form von dichterischer Einbildungskraft sei: „ordinare un corso di cose, quali è uerisimile, che auengano".[46]

1.3 Zwischenergebnis

Im 16. Jahrhundert verläuft hinsichtlich der Frage, ob Tragödienstoffe einer historischen Fundierung bedürfen oder ausgedacht sein können, eine Bruchlinie zwischen traditionellen (spätantiken) poetologischen Überzeugungen und der aktuellen Lesart der *Poetik* des Aristoteles. Diese ‚aristotelische' Position erweist sich als die, die ein höheres Maß an dichterischer Erfindung erlaubt. Diese Dar-

---

43   DENORES 1588, fol. 53^v.
44   DENORES 1587, fol. 3–3^v.
45   WEINBERG 1961, S. 935, Anm. 45 weist das Zitat Ariosts im MS Vat. Lat. 8531, fol. 3 nach.
46   Ebd. fol. 3^v.

stellung von zwei einander ausschließenden Konzeptionen darf allerdings nicht
dazu verführen, anzunehmen, dass im 16. Jahrhundert eine reine Dualität bestanden hätte, denn es gab zwischen den genannten polaren Positionen weitere:
Gegenüber den Theoretikern, die Aristoteles für die Verteidigung der freien Stoffwahl in Anspruch nahmen, glaubte etwa Francesco Patrizi die Freiheit der Stoffwahl *gegen* Aristoteles – in diesem Fall gegen das Mimesisgebot – verteidigen zu
müssen, genauer gesagt gegen die Vorstellung, die Dichtung müsse auf Wahrheit
und Wirklichkeit beruhen.[47] Diese Diskussion entsteht, weil die spätantike Theorie
die Gattungsdifferenzierung auch und vor allem über das Verhältnis der dramatischen Stoffe zur historischen Wirklichkeit regelt – es steht die ausgedachte Komö-
dienhandlung der in der Geschichte gründenden Tragödienhandlung gegenüber –
und den Tragödienautor damit auf die historische Wirklichkeit verpflichtet. Diese
Position wird im 16. Jahrhundert abgelöst durch eine Konzeption, die einen höheren Grad an Freiheit erlaubt und die sich auf die aristotelische Unterscheidung von
Dichtung und Geschichtsschreibung berufen kann.

2. Tragödienpraxis

Die im 16. Jahrhundert entwickelte Tragödie ist von großer Variationsbreite: Sie
reicht von lateinischen Nachahmungen antiker Stücke, wie sie schon im 14. und
15. Jahrhundert gepflegt wurden, und Übersetzungen sowie eigenständigen Adap-
tationen antiker Stoffe – wie im Falle des *Edippo* von Dell'Anguillara (1565) –,
über die Dramatisierung von Novellen – wie im Falle der *Tragedia* des Antonio
Camelli di Pistoia oder auch einiger der „tragedie di lieto fine" Giraldis, die teils
vollständig erdachte Handlungen haben –, bis hin zu Tragödien, die auf einem
historischen Stoff basieren und damit der von der Mehrzahl der Theoretiker im 16.
Jahrhundert weiterhin vertretenen Forderung genügten. Die bisher vorgestellten
theoretischen Ansätze bezogen sich vor allem auf Stoffe der antiken Geschichte
und auf literarisierte Stoffe, deren Dignität durch die Überlieferung gesichert ist,
wie etwa auf Boccaccios Novellen. Doch was ist zu bedenken, wenn Autoren sich
der aktuellen Zeitgeschichte zuwenden? Innerhalb welcher der dargestellten Positionen wäre diese Stoffwahl zu verorten?
    Die Wahl von zeitgenössischen Stoffen wird von beiden Positionen aus ge-
sehen zum Problem: Im Hinblick auf die spätantike Position wird diese Stoffwahl
problematisch, weil die Orientierung an der antiken Geschichte wegfällt und man
es teils mit einer ungesicherten Datenlage zu tun hat, in der notwendigerweise
Erfindung und Deutung das ersetzen müssen, was die Geschichtsschreibung nicht
liefert. Aber auch vor dem Hintergrund der ‚aristotelischen' Position, die eine
historische Verankerung des Stoffes für nicht zwingend notwendig hält, ist eine
solche Stoffwahl für die Tragödie nicht vollständig zu rechtfertigen. Die Bearbeitung von Stoffen der Zeitgeschichte stellt einen blinden Fleck der Theoriebildung
dar, die durch die spezifische dramentheoretische Konstellation im 16. Jahrhun-

---

47   Siehe WEINBERG 1961, S. 773f. und STILLERS 1988, S. 390.

dert entstanden ist. Es ist allerdings festzustellen, dass eine dramatische Verarbeitung von unmittelbarer Zeitgeschichte im 16. Jahrhundert nur in wenigen Aus-
nahmewerken erfolgt. Deren Autoren betreten Neuland, erweitern allerdings für
die Zukunft die Möglichkeiten der Tragödie hinsichtlich der Stoffwahl erheblich.

Erste Schritte in dieser Richtung unternahm schon der frühe humanistische
Dramatiker Albertino Mussato, der u.a. für seine Tragödie *Eccerinis* (1314) zum
Poeta laureatus gekrönt wurde. Die Tragödie, deren Handlung auf zeitgeschicht-
lichen Ereignissen beruht, wurde mit dem Ziel verfasst, die Bürger Paduas zur
Wehrhaftigkeit gegen die Expansionsbestrebungen Veronas unter Cangrande della
Scala I aufzurufen. Sie gestaltet den Machtwahn des Veronesischen Tyrannen
Ezzel und dessen Untergang. Die Verarbeitung von Zeitgeschichte ist damit keine
Innovation des volkssprachlichen Renaissancetheaters. Aber sie ist doch bemer-
kenswert in einem Kontext, in dem die Dramatiker ihre Stoffe selten aus anderen
Quellen als aus der antiken Geschichte und Mythologie schöpften. Und wenn sie
es taten, so wandten sie sich – zunehmend selbstbewusst – ausgedachten Stoffen
zu. Tragödien, die Zeitgeschichte verarbeiten, sind im 16. Jahrhundert selten; eine
solche Stoffwahl lässt sich als Versuch erklären, Inhalt, Form und Funktion der
Gattung auszuweiten und damit einer Belastungsprobe mit dem Ziel zu unter-
ziehen, die Grenzen des Möglichen auszuloten. Die im Folgenden betrachteten
drei Tragödien des 16. Jahrhunderts sind von besonderem Interesse, weil sie den
existierenden literarischen Mustern der Verarbeitung von historischer Realität ein
Stück weit widersprechen. Alle drei Tragödien setzen sich mit historischen Ereignissen auseinander, die im Italien des 16. Jahrhunderts auf hohes Interesse stießen,
nämlich mit den zeitgenössischen Kriegszügen der Türken. Die drei Tragödien
können als unterschiedliche Versuche verstanden werden, Zeitgeschichte in dramatischer Form darzustellen. Barbaros Tragödie beschäftigt sich mit der Erstür-
mung der Festung Buda in Ungarn, Giusti und Fulgni bearbeiten die Ereignisse
bei der Eroberung Zyperns durch die Türken. Eine jede dieser Tragödien erkundet
eine eigene Konfiguration des Widerspruchs zwischen dichterischer Freiheit und
Treue zur Geschichte.

Daniele Barbaro (1513–1570) greift in seiner *Tragedia* (1548) eine politische
und militärische Auseinandersetzung der jüngeren Vergangenheit auf.[48] Im Jahre
1541 befand sich das ungarische Königshaus nach Ableben des Königs Zapolyai
in einer schwierigen politischen Lage: Zapolyai hatte sich durch einen Pakt mit
dem osmanischen Reich die Unabhängigkeit von Österreich sichern können und
die Herrschaft seines Thronfolgers vor dem Zugriff der Habsburger durch ein
Bündnis mit der Pforte geschützt, obwohl er vertraglich zugestimmt hatte, dass
sein Reich bei seinem Tod an die Habsburger fallen sollte. Damit war der Konflikt
zwischen dem Sultan und Karl V. um Ungarn vorprogrammiert. Karl V. nutzte
beim Ableben Zapolyais die Gelegenheit, Buda anzugreifen, um Ungarn zu er-
obern. Die Königin rief das Osmanische Reich zu Hilfe. Die Schlacht bei Buda
zwischen der türkischen und der österreichischen Armee endete mit dem Sieg der

---

48   BARBARO 1987, S. 92–159.

Türken. Der ungarische Thronfolger geriet im Kindesalter in vollständige Abhängigkeit vom Osmanischen Reich.

Barbaro gestaltet die historisch rezente Begebenheit analog zu den Tragödienvorbildern *Sofonisba* (1524) von Trissino oder *Cleopatra* (1543) von Giraldi. Insbesondere verwendet er eine ähnliche Situierung der Handlung, die auf die Königin und die engsten politischen Berater fokussiert ist, die in den inneren Gemächern der Burg auf den Ausgang des Geschehens warten. Die Tragödie evoziert den Moment, in dem die Macht des ungarischen Königshauses verloren geht und in dem sich am ungarischen Hofe, der in die Abhängigkeit der zunächst verbündeten Türken fällt, Angst breit macht. Von dem Geschehen draußen vor der Burg erfährt man durch Botenberichte. Die Königin, die sich den österreichischen Ansprüchen nicht beugen wollte, beobachtet mit wachsender Furcht den Verlauf der Schlacht. Ihr wird bewusst, dass sie sich in die Hände der Türken begeben hat, und sie fürchtet um ihre Herrschaft und um das Leben ihres Sohnes, den der türkische Heerführer in sein Lager beordert. Ihre Machtlosigkeit wird offenbar, als sie ‚zu ihrem Besten‘ ins Exil geschickt wird und die Macht über Ungarn an die Türken fällt. Die Tragödie endet also nicht mit dem Tod der Herrscherin, sondern mit der Aussicht auf ein langes Exil. Barbaro wählt diesen Stoff und diese Art der Gestaltung, um eindringlich eine politische Botschaft an sein venezianisches Publikum zu richten. Im „Prologo“ dieser Tragödie, der von der Figur der *Pena* gesprochen wird, wird diese Botschaft unmissverständlich formuliert. Es ist eine Warnung vor einer unklugen Politik, im konkreten Fall die Warnung vor einem Bündnis mit dem Osmanischen Reich:

> Ora v'apporto inanzi
> le cose consciute, ma ben degne
> che spesso sian da voi
> raccolte nelle menti,
> acciò che quei tormenti
> diversi acerbi inutili et eterni,
> che nell'inferno s'hanno,
> dall'ombra d'un timor, d'un poco danno
> che in vita aver potete,
> vi sian levati ne i vostri governi.[49]

Dieser im 16. Jahrhundert erste Versuch der Darstellung von Zeitgeschichte macht deutlich, dass kein Widerspruch bestehen muss zwischen der dichterischen Freiheit, die mit dem Ziel einer dramatischen Zuspitzung eingesetzt werden kann, und einer wirklichkeitsnahen Darstellung von realen Ereignissen. Beiden gängigen Darstellungsmodi wird etwas abgerungen. Gegenüber der ‚aristotelischen‘ Position wird die Realgeschichte gewonnen, gegenüber der spätantiken Konzeption wird die aktuelle Geschichte eingemeindet. Mit Blick auf beide Modelle könnte man von einer Erweiterung sprechen, deren Gewinn in der Formulierung einer Botschaft liegt, die darauf zielt, ein zeitgenössisches Publikum zu einer politischen Stellungnahme herauszufordern.

---

49 BARBARO 1987, S. 94, V. 44–54.

Vicenzo Giusti bezieht sich in der Tragödie *Irene* (1579) ebenfalls auf ein aktuelles Ereignis: die türkische Eroberung von Zypern im Jahre 1571. Er situiert die Handlung allerdings nicht in Famagosta, sondern in der antiken Festung Salamina, verlegt sie in eine mythische Vorzeit und transponiert den türkisch-venezianischen Konflikt in einen armenisch-zypriotischen. Schließlich kleidet er die Handlung in das Schema einer antikisierenden Tragödie. Das Geschehen wird nicht direkt geschildert, sondern durch Botenberichte erfährt die Königin Irene, die in der Festung verblieben ist, von der scheiternden Übergabe der Stadt an die Armenier und von dem Blutbad, das die Armenier unter den Zyprioten anrichten. Im Mittelpunkt der Darstellung stehen nicht die Ereignisse, sondern ihre Wirkung auf die Königin, die mehr und mehr verängstigt ist und der im letzten Akt das entstellte Haupt ihres Gatten und die abgeschlagenen Hände ihres Sohnes überbracht werden. Diese Tragödie, die mit dem Freitod Irenes endet, reiht sich ein in die Tradition der Horrortragödien Senecas (*Thyeste*), Giraldis *(Orbecche)* und Speronis (*Canace*), bringt aber etwas grundsätzlich Neues: Die Möglichkeit, auf Ereignisse der Zeitgeschichte in der Form der antikisierenden Tragödie zu reagieren. Dass sich die Tragödie auf die Ereignisse auf Zypern bezieht, die zu dem Zeitpunkt, als sie verfasst wird, acht Jahre zurückliegen, wird aus dem Verlauf der Handlung unmißverständlich deutlich. Explizit wird der Bezug zu den Geschehnissen in Famagosta allein durch eine Vorrede hergestellt, die in der Erstausgabe des Textes abgedruckt, aber in späteren Ausgaben ausgespart ist. Im Ergebnis kaschiert diese Tragödie damit ihre aktuellen Bezüge eher, als dass sie sie hervorhebt.

Giusti findet somit eine bemerkenswerte Lösung für das Problem, eine Handlung darzustellen, die nicht in die etablierten Muster der Tragödientheorie passt. Vermutlich um seine Zeitgenossen nicht mit der noch nicht allzu weit zurückliegenden Niederlage zu konfrontieren, verkleidet er das zeitgeschichtliche Ereignis und transponiert es in eine andere Zeit. Mit dieser Transposition geht eine starke Verfremdung der zugrundeliegenden zeitgeschichtlichen Ereignisse einher. Aus der Sicht der bestehenden Dramenkonventionen können allerdings dennoch Einwände gegen diese Konzeption erhoben werden: Die Einkleidung des rezenten Geschehens in das Schema der Schauertragödie wird letztlich der Historizität des Geschehens nicht gerecht, und damit wird eine zentrale Forderung der traditionellen Dramenkonzeption verfehlt. Auf der anderen Seite wird auch die ‚aristotelische' Position verfehlt, da die anachronistische Einkleidung des historischen Geschehens keinen Gewinn an Probabilität bietet. Es ist damit festzustellen, dass Giusti gegenüber den beiden etablierten Positionen der Tragödiengestaltung ein neues Modell entwirft, das allerdings mit der Transposition in eine andere geschichtliche Epoche und mit der Wahl des Schemas der Horrortragödie eine starke Verfremdung der historischen Ereignisse erkauft und so zwischen die Stühle der vorherrschenden Tragödienkonzeptionen gerät.

Auf eine solche Verfremdung durch Transposition verzichtet Valerio Fuligni zehn Jahre später völlig: Seine Tragödie *Bragadino* (1589) stellt Figuren auf die Bühne, die die unmittelbar an den gerade 18 Jahre zurückliegenden historischen Ereignissen von 1571 beteiligten Personen darstellen: die italienischen Verteidiger Famagostas und ihre türkischen Widersacher. Die Tragödie enthält nichts, was nicht unmittelbar mit diesem Konflikt in Verbindung stünde. Der Autor erfindet keine Königin und keine Kinder, die schauerlich geschlachtet werden. Er hält sich an das Geschehen, das grausam genug ist: Das Heer der Venezianer wird von den Türken nach dem Abschluss eines vorgetäuschten Friedensvertrags besiegt und niedergemacht, der Kommandant Bragadino wird lebendigen Leibes geschunden und dann getötet.

Sehr geschickt lässt Fuligni die Tragödie in dem Moment beginnen, in dem der Friedensvertrag mit den Türken ausgehandelt ist: Die Venezianer dürfen abziehen, und die Festung von Famagosta wird den Türken überlassen. Dies ist eine Situation, in der die bedrängten Venezianer Hoffnung schöpfen, nicht jedoch ihr Kommandeur Bragadino. Verschiedene Vorzeichen deuten auf den Verrat der Türken hin, doch sind Teile des venezianischen Heeres schon auf den Schiffen, und die Festung ist nicht mehr zu verteidigen. Als Bragadino in dieser Situation die Festung übergeben will, erklärt der türkische Heerführer unter einem Vorwand den Vertrag für nichtig, und die Venezianer werden niedergemetzelt.

Die Tragödie baut zügig eine angstvolle Erwartungsspannung auf, die sich in der Vernichtung des venezianischen Heeres entlädt und in der von einem Augenzeugen detailliert berichteten Misshandlung und Tötung ihres Kommandanten. Im Falle dieser Tragödie könnte man geradezu von einer ‚Dokutragödie‘ sprechen, die von den vorherrschenden Tragödienmodellen, die im 16. Jahrhundert entwickelt wurden, deutlich abweicht. Herrick hält *Bragadino* für ein „poorly constructed play“, verkennt aber den innovativen Schritt, den Fuligni macht.[50] Fuligni geht über Giustis und Barbaros Ansätze, die sich in formaler Hinsicht an dem etablierten Modell der Renaissancetragödie orientieren, weit hinaus und stellt Zeitgeschichte gleichsam unverschleiert dar. Wie Barbaros und Giustis Tragödien verweigert sich Fulignis Text auch einer eindeutigen Zuordnung zu einer der herrschenden dramentheoretischen Positionen: Weder stellen diese Tragödien ein Geschehen der antiken Geschichte oder Mythologie dar, noch denkt sich ihr Verfasser die Handlung völlig aus. Die Gestaltung eines Ereignisses der jüngeren Geschichte auf der Basis historischer Quellen darf nicht als eine Synthese aus beiden bestehenden theoretischen Positionen verstanden werden, sondern als ein neuer Weg, der das Gattungsschema der Tragödie im 16. Jahrhundert um eine Gestaltungsmöglichkeit erweitert. Diese Erweiterung trifft nicht sofort auf Widerhall, sie steht dennoch von nun an späteren Autoren zur Verfügung.

Wie Barbaro formuliert auch Fuligni eine politische Botschaft, die er im Widmungsbrief der Tragödie explizit macht. Zunächst begründet er die Wahl seines Stoffes:

> [...] che fra tanti Eccellenti Poeti niuno poneua mano à trar, quasi delle tenebre d'una compendiosa historia, alla chiara luce d'un nobil poema tragico, quel, non meno spauenteuole, che compassioneuol caso, accaduto à i di nostri nell'infelice Isola di Cipro.[51]

Er sieht den Nutzen seiner Tragödie in Folgendem: „[...] un si lagrimoso auenimento, dalla consideratione del quale non poco di utile trar ne potrebbe la nostra

---

50 HERRICK 1965, S. 221.
51 FULIGNI 1589, fol. A2ᵛ–A3.

gente militare".[52] Zudem ruft er die Christenheit zu einem Feldzug gegen die Türken auf:

> Nè stimerei questi versi rimaner senza il desiato frutto, quando accendessero, & destassero vn generoso sdegno ne'petti de' ualorosi guerrieri Latini, che gli armasse contra gli infedeli usurpatori di Cipro & che gli mouesse al racquisto nò solamente di quel Regno; ma di tutta la Grecia, & à snidar da tutt'Europa quella perfida setta.[53]

Fuligni formuliert in seinem Widmungsbrief damit zwei konkrete Forderungen an die Politik und die Heeresleitung: Man solle die Türken aus Europa vertreiben sowie in militärischer Hinsicht Lehren aus der Vergangenheit ziehen.

Die Tragödie *Bragadino* kann als ein wegbereitender Text interpretiert werden, der konsequent die Richtung einschlägt, die Mussato und Barbaro vor Fuligni erkundet haben: Fuligni entscheidet sich dafür, die italienische Zeitgeschichte quasi ungefiltert zu transportieren. Die Anpassung der Handlung an das Schema der Horrortragödie dürfte die politische Zielsetzung ebenso behindert haben wie die Transposition in eine diffuse Vergangenheit. Dadurch gelangt er zu einer innovativen Form der Verarbeitung von Zeitgeschichte, bei der der Autor, der die wahren Abläufe im Detail nicht kennen kann, hinzuerfindet, was so geschehen sein könnte. Damit gewinnt Fuligni in spätantiker poetologischer Perspektive die aktuelle Zeitgeschichte und in der Perspektive der zeitgenössischen Interpretation der *Poetik* des Aristoteles die Möglichkeit, ein historisches Geschehen im Sinne der Wahrscheinlichkeit zu gestalten. Es entsteht so eine innovative Konfiguration, die sich in der Praxis allen Unkenrufen zum Trotz als historisches Drama als höchst produktiv erwiesen hat, wie der Blick auf Shakespeares Königsdramen und Schillers *Wallenstein* lehrt.

Die vorgestellten Tragödien zeigen, dass im 16. Jahrhundert tragische Verarbeitungsmodelle entwickelt werden, die nicht so recht zu etablierten dramentheoretischen Positionen passen. Sie lassen sich auch nicht als Versuche deuten, eine Synthese zwischen der spätantiken Forderung nach Historizität des Stoffes und der Orientierung an der dichterischen Freiheit nach aktueller Lesart der aristotelischen Poetik herzustellen. Es scheint eher so, dass sie – wie häufig im 16. Jahrhundert – innovative Wege einschlagen und so neue Stoffe für die Gestaltung von Tragödien gewinnen, die in den vorliegenden Fällen der unmittelbaren Zeitgeschichte entnommen sind und sich dazu eignen, aktuelle politische Botschaften zu transportieren. Das Ziel, neue darstellerische Möglichkeiten zu gewinnen, ebnet offenbar Verbote und Grenzmarkierungen bestehender dramentheoretischer Positionen ein.

Damit reklamieren diese Autoren einen Standpunkt für sich, den Sperone Speroni in seiner Verteidigungsschrift der *Canace*, den 1558 verfassten *Lettioni in difesa della Canace*, formulierte. Speroni spricht sich dafür aus, dass die Könner unter den Schriftstellern sich auch von den dramentheoretischen Vorschriften entfernen können. In diesem Fall spricht er von den Vorschriften des Aristoteles, nimmt aber tendenziell alle Regeln ins Visier: „Ma coloro, che intendono l'arte,

---

52   Ebd. fol. A3^{v}.
53   Ebd. fol. A7.

possono anco col giuditio, che hanno allungarsi dà i precetti, & far qualche cosa anche, che non sia dà l'arte insegnata, & in questo si dimostra la sua eccellenza."[54]

Erst spät im 16. Jahrhundert melden sich Stimmen zu Wort, die die ganze Frage entdramatisieren. Gabriele Zinano hält in seinem *Discorso della tragedia* (1590) die Frage von Wahrheit und Erfundenheit für nebensächlich:

> [...] crediamo, che delle vere, & delle finte favole, e nomi si possino fare Tragedie nella perfezione eguali, e che la perfezione, et eccellenza della tragedia consista assolutamente in altro, che nella finzione, e nella verità, e questa verità, o finzione, & queste si fatte cose esser cose accidentali, che non ponno alterar la sostanza.[55]

3. Zusammenfassung

In der zweiten Hälfte des 16. Jahrhunderts konkurrieren verschiedene dramentheoretische Konzeptionen, die sich u.a. hinsichtlich des Wirklichkeitsbezugs der Tragödie unterscheiden. Zwei konträre Positionen beriefen sich auf die spätantike Dramenkonzeption einerseits und auf eine zeitgenössische Lesart der Aristotelischen *Poetik* andererseits. Diese konkurrierenden theoretischen Ansätze, neben denen weitere bestanden, wurden durch Fortentwicklungen der Theaterpraxis in Frage gestellt und bereichert. Die in diesem Beitrag thematisierte Verarbeitung von Zeitgeschichte und die Vermittlung politischer und ideologischer Botschaften stellen die beiden dargestellten dramentheoretischen Positionen vor Herausforderungen und führen zu Positionen, die die Differenzierung der Gattungen durch die Frage nach dem Wahrheitsgehalt und der historischen Verbürgtheit der Handlung letztlich aufgeben. Die drei untersuchten Tragödien wenden sich auf unerhörte Weise zeitgeschichtlichen Stoffen zu und zeigen verschiedene Grade der Wirklichkeitstreue und der dichterischen Erfindung. Mit der hier fassbaren Ausweitung der dichterischen Freiheit erfolgt eine Umorientierung von den spätantiken Kategorien Wirklichkeit und Fiktion, nach denen Komödien und Tragödien unterschieden wurden, hin zu den Kategorien der Wahrscheinlichkeit und der Notwendigkeit, die aus der *Poetik* des Aristoteles gewonnen, aber auch anderen poetologischen Ansätzen, wie der *Ars poetica* des Horaz, entnommen werden konnten. Es ist damit auszumachen, dass die Auseinandersetzung um den historischen Gehalt von Tragödien zu einer Klärung der Frage geführt hat, wie tauglich spätantike Überlegungen für die Klassifizierung der dramatischen Gattungen sind. Damit kann festgehalten werden, dass im 16. Jahrhundert Ansätze zur Dramentheorie zunehmen, die ihren Gegenstand weniger schematisch als nach der historischen Wirklichkeit des gewählten Stoffes klassifizieren.

---

54 SPERONI 1597, S. 193.
55 ZINANO 1974, S. 138f.

Literaturverzeichnis

Primärtexte

ARISTOTELES 2003:
Aristoteles, *Poetik*, hg. v. M. Fuhrmann, Stuttgart 2003.

BARBARO 1987:
Barbaro, D., *Tragedia* (1548), in: *Discours littéraires et pratiques politiques*, hg. v. A. Ch. Fiorato, Paris 1987 (Cahiers de la Renaissance italienne 1), S. 92–159.

BENTIVOGLIO 1545:
Bentivoglio, E., *Il Geloso*, Venedig 1545.

CAPRIANO 1970:
Capriano, G. P., *Della vera poetica* (1555), in: *Trattati di Poetica e Retorica del Cinquecento*, hg. v. B. Weinberg, 4 Bde., Bari 1970–1974, Bd. 2, 1970, S. 293–334.

CASTELVETRO 1968:
Castelvetro, L., *Poetica d'Aristotele Vulgarizzata, Et Sposta* [Nachdr. der Ausg. Wien 1570], München 1968 (Poetiken des Cinquecento 1).

CICERO 2001:
Cicero, M. T., *De re publica*, eingel. u. komm. v. H. Thoss, München 2001.

DANIELLO 1968:
Daniello, B., *La Poetica di Bernardino Daniello Lvcchese* [Nachdr. der Ausg. Venedig 1536], München 1968 (Poetiken des Cinquecento 2).

DEL BENE 1972:
Del Bene, G., *Due discorsi* (1574), in: *Trattati di Poetica e Retorica del Cinquecento*, hg. v. B. Weinberg, 4 Bde., Bari 1970–1974, Bd. 3, 1972, S. 175–204.

DENORES 1587:
Denores, G., *Discorso di Giason Denores intorno a' que' principii, cause, et accrescimenti, che la comedia, la tragedia, et il poema heroico ricevono dalla philosophia morale, & civile e da' Governatori delle Republiche*, Padua 1587.

DENORES 1588:
Denores, G., *Poetica di Iason Denores Nella qual per via di Definitione, & Diuisione si tratta secondo l'opinion d'Arist. della Tragedia, del Poema Heroico, & della Comedia*, Padua 1588.

DOLCE 1547:
Dolce, L., *Didone*, Venedig 1547.

EUANTHIUS 1979:
Euanthius, *De fabula*, hg. v. G. Cupaiuolo, Neapel 1979.

FULIGNI 1589:
Fuligni, V., *Bragadino*, Pesaro 1589.

GIRALDI 1554:
Giraldi Cinzio, G., *Discorso intorno al comporre delle comedie, e delle tragedie*, Venedig 1554.

GIRALDI 1554a:
Giraldi Cinzio, G., *Discorso intorno al comporre dei romanzi*, Venedig 1554.

GIRALDI 1583:
Giraldi Cinzio, G., „La Tragedia a chi legge", in: ders., *Orbecche*, Venedig 1583, S. 129–135.

GIUSTI 1579:
Giusti, V., *Irene*, Venedig 1579.

HORAZ 2002:
Horaz, *Ars Poetica. Die Dichtkunst*, übers. u. hg. v. E. Schäfer, Stuttgart 2002.

MAGGI/LOMBARDI 1969:
Maggi, V./Lombardi, B., *In Aristotelis librum de poetica communes explanationes* [Nachdr. der Ausg. Venedig 1550], München 1969 (Poetiken des Cinquecento 4).

MUZIO 1970:

    Muzio, G., *Dell'Arte Poetica [Tre libri di Arte Poetica]*, Venedig 1551, in: *Trattati di Poetica e Retorica del Cinquecento*, hg. v. B. Weinberg, 4 Bde., Bari 1970–1974, Bd. 2, 1970, S. 163–209.

PATRIZI 1969–1971:

    Patrizi da Cherso, F., *Della poetica*, hg. v. D. A. Barbagli, Florenz 1969–1971.

RICCOBONI 1585:

    Riccoboni, A., *Poetica Antonii Riccoboni poeticam Aristotelis per paraphrasim explicans, & nonnullas Ludouici Casteluetrij captiones refellens. Eivsdem ex Aristotele ars comica*, Vicenza 1585.

ROBORTELLO 1968:

    Robortello, F., *In librum Aristotelis de arte poetica explicationes, paraphrasis in librum Horatii, qui vulgo de arte poetica ad Pisones inscribitur [Nachdr. der Ausg. Florenz 1548]*, München 1968 (Poetiken des Cinquecento 8).

ROSSI 1974:

    Rossi, N., *Discorso intorno alla tragedia* (1590), in: *Trattati di Poetica e Retorica del Cinquecento*, hg. v. B. Weinberg, 4 Bde., Bari 1970–1974, Bd. 4, 1974, S. 59–120.

SCALIGER 1994–2003:

    Scaliger, I. C., *Poetices libri septem. Sieben Bücher über die Dichtkunst*, hg. v. L. Deitz u. G. Vogt-Spira, 5 Bde., Stuttgart-Bad Cannstatt 1994–2003.

SEGNI 1549:

    Segni, B., *Rettorica et poetica d'Aristotile, tradotte di greco in lingua vulgare fiorentina da Bernardo Segni*, Florenz 1549.

SPERONI 1597:

    Speroni, S., *Lettioni in difesa della Canace [Recitate nell'academia degli Elevati in Padova, 1558]*, in: ders., *Canace*, Venedig 1597, S. 163–253.

TASSO 1875:

    Tasso, T., *Prose diverse*, hg. v. C. Guasti, 2 Bde., Florenz 1875.

TRAPOLINI 1576:

    Trapolini, G. P., *Thesida*, Padua 1576.

TRISSINO 1524:

    Trissino, G. G., *Sofonisba* (1514/1515), Rom 1524.

VIPERANO 1967:

    Viperano, G. A., *Antonii Viperani De poetica libri tres* [Nachdr. der Ausg. Antwerpen 1579], München 1967 (Poetiken des Cinquecento 10).

VIDA 1527:

    Vida, M. G., *Marci Hieronymi Vidae Cremonensis De Arte Poetica Libri III*, Rom 1527.

ZINANO 1974:

    Zinano, G., *Discorso della tragedia* (1590), in: *Trattati di Poetica e Retorica del Cinquecento*, hg. v. B. Weinberg, 4 Bde., Bari 1970–1974, Bd. 4, 1974, S. 121–139.

Sekundärliteratur

BUCK 1952:

    Buck, A., *Italienische Dichtungslehren vom Mittelalter bis zum Ausgang der Renaissance*, Tübingen 1952.

HERRICK 1965:

    Herrick, M. T., *Italian Tragedy in the Renaissance*, Urbana 1965.

KAPPL 2006:

    Kappl, B., *Die Poetik des Aristoteles in der Dichtungstheorie des Cinquecento*, Berlin 2006.

SPINGARN 1899:

Spingarn, J. E., *A History of Literary Criticism in the Renaissance with Special Reference to the Influence of Italy in the Formation and Development of Modern Classicism*, New York 1899.

STILLERS 1988:

Stillers, R., *Humanistische Deutung. Studien zu Kommentar und Literaturtheorie in der italienischen Renaissance*, Düsseldorf 1988.

TRINKAUS 1966:

Trinkaus, Ch., „The Unknown ‚Quattrocento' Poetics of Bartolommeo della Fonte", *Studies in the Renaissance* 13 (1966), S. 40–122.

WEINBERG 1961:

Weinberg, B., *A History of Literary Criticism in the Italian Renaissance*, 2 Bde., Chicago 1961.

TEXT UND KONTEXT
Romanische Literaturen und Allgemeine Literaturwissenschaft

Herausgegeben von Klaus W. Hempfer.

Franz Steiner Verlag   ISSN 0933–4769

Möglichkeiten des Dialogs
Struktur und Funktion einer literarischen
Gattung zwischen Mittelalter
und Renaissance in Italien
2002. XV, 312 S., kt.
ISBN 978-3-515-07953-2

16. Klaus W. Hempfer / Helmut Pfeiffer (Hg.)
Spielwelten
Performanz und Inszenierung
in der Renaissance
2002. XIV, 163 S., kt.
ISBN 978-3-515-07907-6

17. Klaus W. Hempfer / Gerhard Regn (Hg.)
Petrarca-Lektüren
2003. 246 S., kt.
ISBN 978-3-515-08083-5

18. Marc Föcking / Bernhard Huss (Hg.)
Varietas* und *Ordo
Zur Dialektik von Vielfalt und Einheit
in Renaissance und Barock
2003. XV, 251 S., kt.
ISBN 978-3-515-08258-7

19. Michael Schwarze
**Generische Wahrheit – Höfischer
Polylog im Werk Jean Froissarts**
2003. 341 S., kt.
ISBN 978-3-515-08244-0

20. Susanne Zepp
Jorge Luis Borges und die Skepsis
2003. 156 S., kt.
ISBN 978-3-515-08343-0

21. Klaus W. Hempfer (Hg.)
Poetik des Dialogs
Aktuelle Theorie und rinascimentales
Selbstverständnis
2004. 191 S., kt.
ISBN 978-3-515-08576-2

22. Klaus W. Hempfer / Gerhard Regn /
Sunita Scheffel (Hg.)
**Petrarkismus-Bibliographie
1972–2000**
2005. XIII, 214 S., kt.
ISBN 978-3-515-08618-9

23. Roger Friedlein (Hg.)
**Der Renaissancedialog
auf der iberischen Halbinsel**
2005. 146 S., kt.
ISBN 978-3-515-08777-3

24. Klaus W. Hempfer (Hg.)
**Grenzen und Entgrenzungen
des Renaissancedialogs**
2006. 203 S., kt.
ISBN 978-3-515-08991-3

25. Ulrike Schneider
**Der weibliche Petrarkismus
im Cinquecento**
Transformationen des lyrischen Diskurses
bei Vittoria Colonna und Gaspara Stampa
2007. 364 S., kt.
ISBN 978-3-515-09047-6

26. Klaus W. Hempfer / Anita Traninger (Hg.)
**Der Dialog im Diskursfeld
seiner Zeit**
Von der Antike bis zur Aufklärung
2010. 374 S., kt.
ISBN 978-3-515-09247-0

27. Klaus W. Hempfer (Hg.)
Sprachen der Lyrik
Von der Antike bis zur digitalen Poesie
2008. 464 S., kt.
ISBN 978-3-515-09204-3

28. Barbara Ventarola
***Kairos* und Seelenheil**
Textspiele der Entzeitlichung in Francesco
Petrarcas *Canzoniere*
2008. 347 S., kt
ISBN 978-3-515-08800-8

29. Philipp Jeserich
Musica naturalis
Tradition und Kontinuität spekulativ-
metaphysischer Musiktheorie in der Poetik
des französischen Spätmittelalters
2008. 504 S., kt.
ISBN 978-3-515-9219-7

30. Susanne Dürr
Die Öffnung der Welt
Sujetbildung und Sujetbefragung
in Cervantes' *Novelas ejemplares*
2010. 303 S., kt.
ISBN 978-3-515-09272-2

31. Henning S. Hufnagel
Ein Stück von jeder Wissenschaft
Gattungshybridisierung, Argumentation
und Erkenntnis in Giordano Brunos
italienischen Dialogen
2009. 320 S., kt.
ISBN 978-3-515-07605-8

32. Ulrike Schneider / Anita Traninger (Hg.)
**Fiktionen des Faktischen in der
Renaissance**
2010. 232 S., kt.
ISBN 978-3-515-09675-1